高等职业教育机电类专业"互联网+"创新教材

工程制图与 CAD

第 2 版

主　编　谭　静　任　娇
副主编　张　磊　冯海芹　刘　江
参　编　周秩宇　曾玉如　刘　丽
　　　　塞巧利　张植琳

机械工业出版社

本书内容涵盖了工程制图课程的主要知识点，包括制图基础能力训练、识读和绘制三视图、识读和绘制组合体三视图、识读和绘制基本图样、识读和绘制标准件及常用件、零件图识读和绘制能力训练、装配图识读和绘制能力训练、AutoCAD 绘图能力训练、电子与电气工程制图，共 9 个模块。本书有配套的习题集，并附有详细解答过程。

本书可作为高等职业院校机械类、机电类专业及近机械类专业教材，也可作为相关专业从业人员的参考用书。

本书配有电子课件，凡使用本书作为授课教材的教师可登录机械工业出版社教育服务网 www.cmpedu.com，注册后免费下载。咨询电话：010-88379375。

图书在版编目（CIP）数据

工程制图与 CAD／谭静，任娇主编． --2 版．
北京：机械工业出版社，2024.9（2025.9 重印）． --（高等职业教育机电类专业"互联网+"创新教材）． -- ISBN 978-7-111-76203-4

Ⅰ．TB237
中国国家版本馆 CIP 数据核字第 2024M3T476 号

机械工业出版社（北京市百万庄大街 22 号　邮政编码 100037）
策划编辑：刘良超　　　　　　　　责任编辑：刘良超
责任校对：杜丹丹　张慧敏　景　飞　封面设计：王　旭
责任印制：单爱军
中煤（北京）印务有限公司印刷
2025 年 9 月第 2 版第 2 次印刷
184mm×260mm・17 印张・420 千字
标准书号：ISBN 978-7-111-76203-4
定价：59.80 元

电话服务　　　　　　　　　　网络服务
客服电话：010-88361066　　　机　工　官　网：www.cmpbook.com
　　　　　010-88379833　　　机　工　官　博：weibo.com/cmp1952
　　　　　010-68326294　　　金　书　网：www.golden-book.com
封底无防伪标均为盗版　　　　机工教育服务网：www.cmpedu.com

前 言

为深入实施创新驱动发展战略，更好地服务于经济社会发展的需要，党中央、国务院做出了加快发展现代职业教育的重大战略部署。《国家中长期教育改革和发展规划纲要》《国务院关于加快发展现代职业教育的决定》等一系列重要文件的出台，旨在加快构建现代职业教育体系，形成定位清晰、结构合理的职业教育层次结构，培养高素质劳动者和技术技能型人才。为满足高职层次专业人才培养的需要，体现职业教育特色，本着"着重职业技术技能训练，基础理论以够用为度"的原则，编者结合现行《机械制图》和《技术制图》国家标准，将工程制图、电子与电气工程制图与计算机绘图有机融合，编写了本书。

党的二十大报告指出："推进教育数字化，建设全民终身学习的学习型社会、学习型大国。"为贯彻党的二十大精神，本书制作了动画、视频等数字资源，以二维码形式放置于相应知识点处，学生用手机扫码即可观看相应资源，丰富了教学手段，有利于信息化教学。

本书内容涵盖了工程制图课程的主要知识点，包括制图基础能力训练、识读和绘制三视图、识读和绘制组合体三视图、识读和绘制基本图样、识读和绘制标准件及常用件、零件图识读和绘制能力训练、装配图识读和绘制能力训练、AutoCAD 绘图能力训练、电子与电气工程制图，共 9 个模块。其中模块 9 主要是针对机电类（如机电一体化技术、工业机器人等）专业编写的，其他专业可作为选学内容。为培养学生学习兴趣，便于学生理解和掌握知识点，本书配有多媒体电子课件及实物图片、动画等素材，并有配套的《工程制图与 CAD 习题集》，习题集配有详细解答，方便学生课下复习和检测。

本书由四川城市职业学院谭静、任娇担任主编，四川城市职业学院张磊、冯海芹，重庆工程职业技术学院刘江担任副主编，四川城市职业学院周秩宇、曾玉如、刘丽、蹇巧利、张植琳参与了本书编写。

由于编者水平有限，书中难免有不足之处，恳请读者批评指正。

编 者

二维码索引

资源名称	二维码	页码	资源名称	二维码	页码
二维码 1-1 平面图形的画法及标注		19	二维码 4-5 阀体的实体模型动画		97
二维码 1-2 手柄三维动画		19	二维码 5-1 键连接动画		126
二维码 2-1 应县木塔及其榫卯结构		23	二维码 6-1 轴动画		143
二维码 2-2 几何体三视图画法		37	二维码 6-2 阅读零件图的步骤		165
二维码 3-1 组合体三视图的形体分析		52	二维码 7-1 榫卯结构		177
二维码 4-1 基本视图的形成和展开		77	二维码 7-2 齿轮泵动画		189
二维码 4-2 基本视图的配置		78	二维码 7-3 滑动轴承动画		191
二维码 4-3 局部视图		79	二维码 8-1 AutoCAD 基本绘图命令		206
二维码 4-4 局部视图全方位动画		79	二维码 9-1 单片机控制发光二极管原理图绘制流程		236

目 录

前言
二维码索引
模块1　制图基础能力训练 ……………… 1
　【课前阅读】 ……………………………… 1
　【学习重点】 ……………………………… 1
　【学习难点】 ……………………………… 1
　【思维导图】 ……………………………… 2
　1.1　国家标准 …………………………… 2
　1.2　常用绘图工具 ……………………… 12
　1.3　常用几何图形绘制 ………………… 14
　1.4　平面图形的画法及标注 …………… 18
　【拓展任务】 …………………………… 21
模块2　识读和绘制三视图 …………… 23
　【课前阅读】 …………………………… 23
　【学习重点】 …………………………… 23
　【学习难点】 …………………………… 23
　【思维导图】 …………………………… 24
　2.1　投影法的基本知识 ………………… 24
　2.2　点、直线与平面的投影 …………… 26
　2.3　基本几何体的投影 ………………… 35
　2.4　基本几何体的尺寸注法 …………… 42
　2.5　截交线与相贯线 …………………… 43
　【拓展任务】 …………………………… 49
模块3　识读和绘制组合体三视图 …… 50
　【课前阅读】 …………………………… 50
　【学习重点】 …………………………… 50
　【学习难点】 …………………………… 50
　【思维导图】 …………………………… 51
　3.1　组合体的形体分析 ………………… 51
　3.2　组合体三视图的画法 ……………… 55
　3.3　组合体的尺寸标注 ………………… 59
　3.4　组合体三视图的读图方法 ………… 64
　3.5　轴测图的画法 ……………………… 67
　【拓展任务】 …………………………… 75
模块4　识读和绘制基本图样 ………… 76
　【课前阅读】 …………………………… 76
　【学习重点】 …………………………… 76
　【学习难点】 …………………………… 76
　【思维导图】 …………………………… 77
　4.1　视图 ………………………………… 77
　4.2　剖视图 ……………………………… 80
　4.3　断面图 ……………………………… 87
　4.4　局部放大图与简化画法 …………… 89
　4.5　第三角投影法 ……………………… 95
　4.6　机件表达方法综合案例 …………… 96
　【拓展任务】 …………………………… 98
模块5　识读和绘制标准件及常用件 … 99
　【课前阅读】 …………………………… 99
　【学习重点】 …………………………… 99
　【学习难点】 …………………………… 99
　【思维导图】 …………………………… 100
　5.1　螺纹与螺纹紧固件 ………………… 100
　5.2　齿轮 ………………………………… 119
　5.3　键连接与销连接 …………………… 126
　5.4　滚动轴承 …………………………… 131
　5.5　弹簧 ………………………………… 134
　【拓展任务】 …………………………… 137
模块6　零件图识读和绘制能力训练 … 139
　【课前阅读】 …………………………… 139
　【学习重点】 …………………………… 139
　【学习难点】 …………………………… 139
　【思维导图】 …………………………… 140
　6.1　零件图概述 ………………………… 140
　6.2　零件图的尺寸标注 ………………… 146
　6.3　零件图的技术要求 ………………… 151
　6.4　零件图的识读方法与步骤 ………… 164
　6.5　徒手绘制零件图 …………………… 165
　6.6　测量尺寸的工具与测量方法 ……… 173
　【拓展任务】 …………………………… 175
模块7　装配图识读和绘制能力训练 … 177
　【课前阅读】 …………………………… 177
　【学习重点】 …………………………… 178

【学习难点】 …………………………… 178
【思维导图】 …………………………… 178
7.1 装配图的基础知识 ………………… 178
7.2 装配图的表达方法 ………………… 180
7.3 装配图中的尺寸标注 ……………… 183
7.4 常见的装配结构 …………………… 185
7.5 由零件图画装配图的方法与步骤 …… 188
7.6 由装配图拆画零件图 ……………… 191
【拓展任务】 …………………………… 195

模块 8　AutoCAD 绘图能力训练 …… 196
【课前阅读】 …………………………… 196
【学习重点】 …………………………… 196
【学习难点】 …………………………… 197
【思维导图】 …………………………… 197
8.1 AutoCAD 软件的特点与基本功能 … 197
8.2 AutoCAD 2024 操作环境 …………… 198
8.3 AutoCAD 2024 的基本绘图命令 …… 206
8.4 AutoCAD 2024 的应用 ……………… 210
8.5 绘制案例 …………………………… 215

【拓展任务】 …………………………… 219

模块 9　电子与电气工程制图 ………… 220
【课前阅读】 …………………………… 220
【学习重点】 …………………………… 220
【学习难点】 …………………………… 220
【思维导图】 …………………………… 221
9.1 电子与电气工程制图基础知识 …… 221
9.2 电子与电气工程制图的规则与符号 … 222
9.3 典型电气控制图 …………………… 229
9.4 用 AutoCAD 绘制电动机控制电路图 … 239
9.5 实训 ………………………………… 244
【拓展任务】 …………………………… 248

附录 ……………………………………… 249
附录 A　螺纹 …………………………… 249
附录 B　常用的标准件 ………………… 250
附录 C　极限与配合 …………………… 255
附录 D　常用的机械加工一般规范和零件的结构要素 …………………… 262

参考文献 ………………………………… 265

模块 1

制图基础能力训练

【课前阅读】

千里之堤，溃于蚁穴

白圭是战国时期魏国人，他因善于修堤筑坝，水利经验丰富，而成为魏国专管治水的大臣。

那时，魏国的都城大梁城距离黄河很近，而黄河时常泛滥，大梁城中常遭水灾。因此，白圭在城外修筑了高高的河堤和拦水坝，之后他要求手下的人每天沿着堤坝巡查，寻找堤坝上蚂蚁的洞穴，只要见了蚂蚁的洞穴就立即清除掉。

很多人不解，就问他："这么长的堤坝，住几只蚂蚁能怎样呢？为什么非要把蚁穴都清理干净呢？"白圭回答说："千里长堤，要想固若金汤，就不能有一丝的松动和缝隙。别小看了那些小小的蚁穴，它们虽然微小，但聚少成多时就会使得长堤崩溃。防患于未然，必须见一个蚁穴就清除一个。"

作为一名工程技术人员，必须具备工程意识和标准化的意识。这种意识在白圭的故事中得到了充分体现，他以严谨的工作态度和精湛的专业技能，精心护卫堤坝，防患于未然，展现出工程技术人员应具备的基本素质。

【学习重点】

1) 相关国家标准的基本规定。
2) 平面图形的分析方法和作图步骤。

【学习难点】

平面图形的尺寸分析和线段分析。

【思维导图】

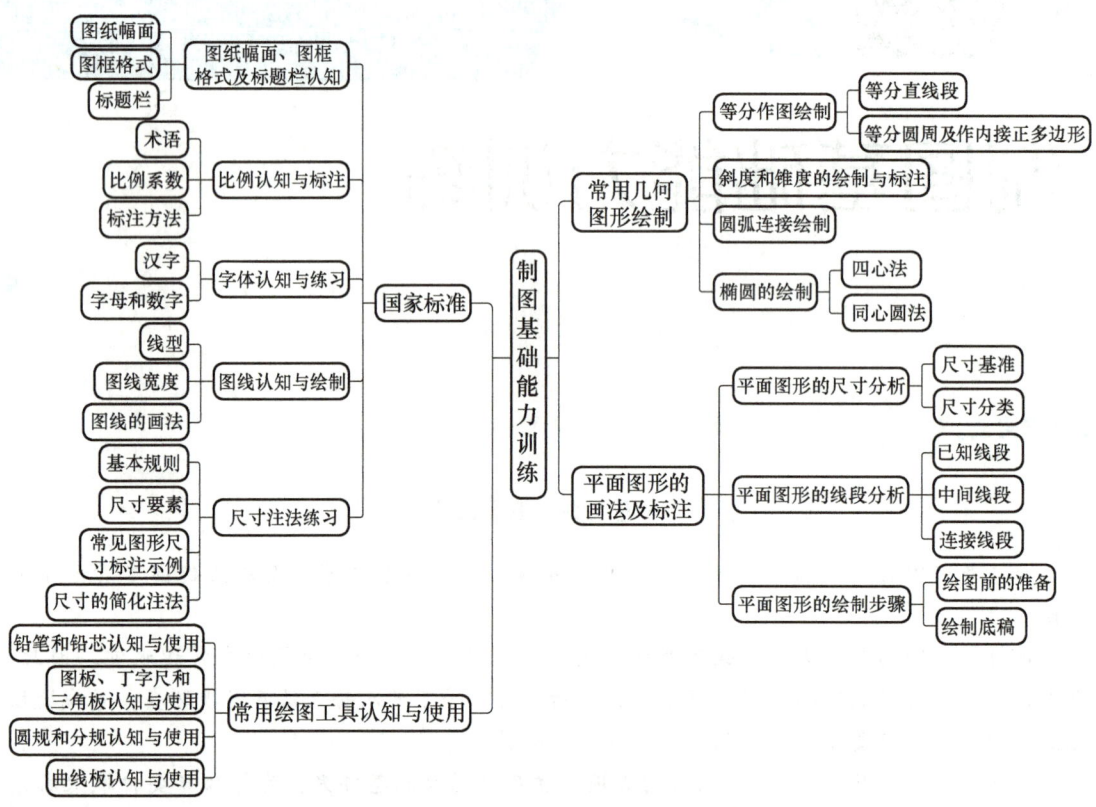

1.1 国家标准

  图样是表达工程技术人员设计意图、交流技术思想、组织和指导生产的重要工具，是现代工业生产中必不可少的技术文件，图样作为技术交流的共同语言，必须有统一的规范。

  国家质量监督检验检疫总局和国家标准化管理委员会发布了《技术制图》和《机械制图》等一系列国家标准。对图样的内容、格式、表示法等做了统一规定。《技术制图》国家标准是一项基础技术标准，在内容上具有统一性和通用性，在制图标准体系中处于最高层次；《机械制图》国家标准是机械专业的制图标准。《技术制图》和《机械制图》国家标准是绘制机械图样的根本依据，工程技术人员必须严格遵守其有关规定。

  以"GB/T 14689—2008"为例说明国家标准编号的含义，其中，"GB/T"称为"推荐性国家标准"，简称"国标"；"14689"表示标准顺序号，"2008"是该标准的年代号，表示该标准是2008年颁布的。

1.1.1 图纸幅面、图框格式及标题栏

1. 图纸幅面

  1）图纸幅面是指图纸宽度与长度组成的图面。绘制图样时，应优先采用表 1-1 中规定的图纸基本幅面尺寸。基本幅面由大到小代号依次为 A0、A1、A2、A3、A4。

表 1-1　基本幅面尺寸　　　　　　　　　　　　　　　　（单位：mm）

幅面代号		A0	A1	A2	A3	A4
尺寸 $B×L$		841×1189	594×841	420×594	297×420	210×297
边框	a	25				
	c	10			5	
	e	20		10		

2）必要时允许加长幅面，但应注意只能按照图 1-1 所示的格式加长，即基本幅面的短边成整数倍地增加。

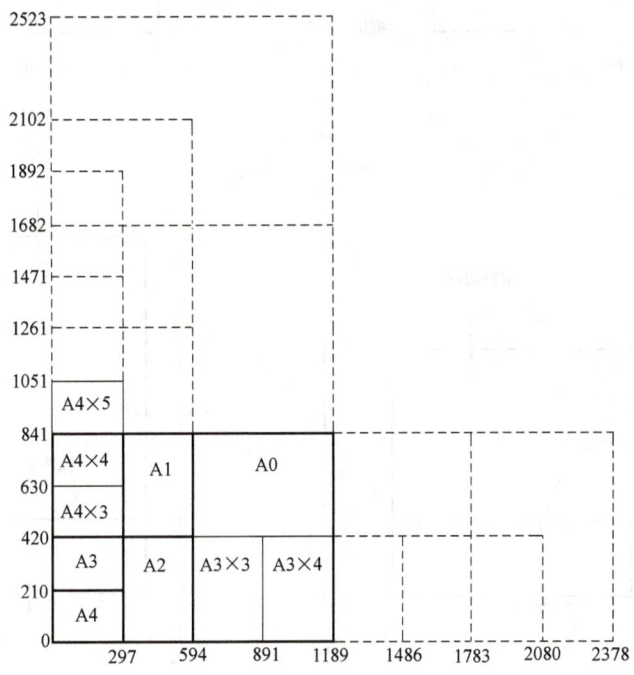

图 1-1　图纸的幅面及加长尺寸

2. 图框格式

图框是指图纸上限定绘图区域的线框。必须用粗实线在图纸上画出图框。图框格式有留装订边和不留装订边两种，但同一产品图样只能采用一种格式。每张技术图样中均应画出标题栏。当标题栏的长边置于水平方向并与图纸的长边平行时，构成 X 型图纸；当标题栏的长边与图纸的长边垂直时，则构成 Y 型图纸，如图 1-2 所示。此时，看图的方向与标题栏中的文字方向一致。

3. 标题栏

每张图纸都必须画出标题栏，其位置位于图纸的右下角。对于标题栏的内容、格式及尺寸，国家标准《技术制图　标题栏》（GB/T 10609.1—2008）做了规定，如图 1-3a 所示。学生作业中的标题栏，建议采用图 1-3b 所示的形式。

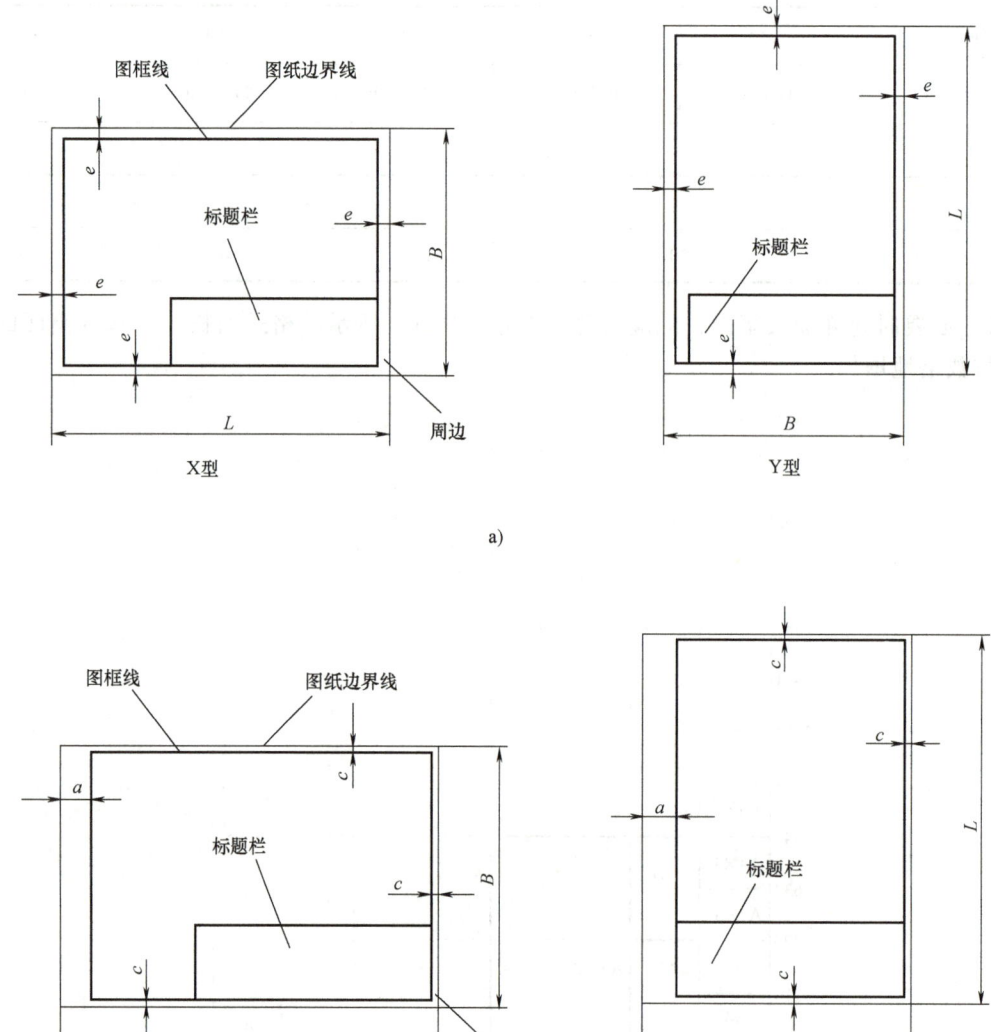

图 1-2 图框格式
a）不留装订边 b）留装订边

1.1.2 比例

（1）术语 图样中，图形与其实物相应要素的线性尺寸之比称为比例。比例包括原值比例（比值为1）、放大比例（比值大于1）和缩小比例（比值小于1）三种。

（2）比例系数 绘制图样时，应选用国家标准《技术制图 比例》（GB/T 14690—1993）中规定的比例系数，见表1-2，优先选择表中第一系列的比例，并尽量选用1∶1的比例。

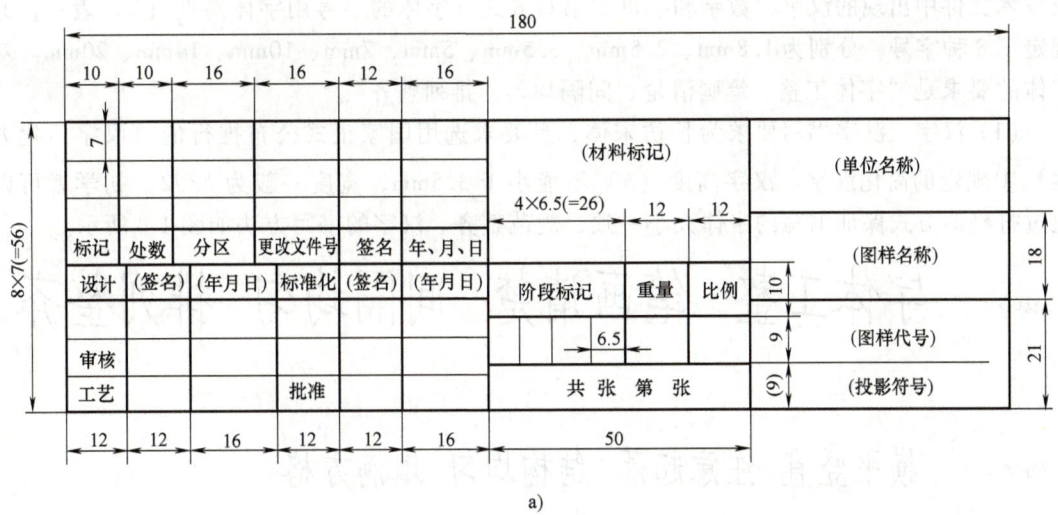

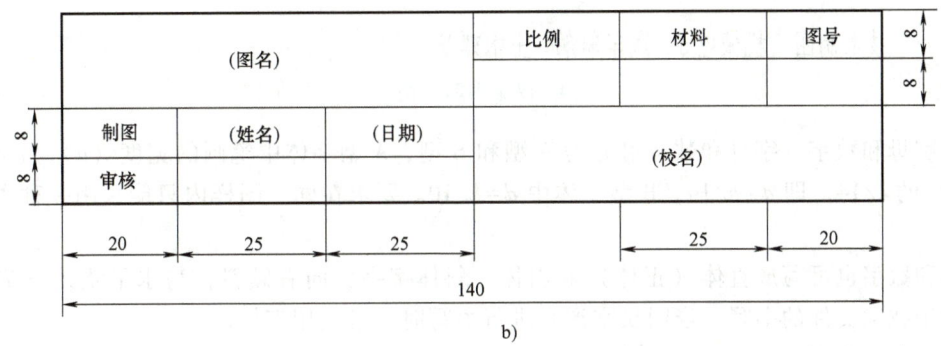

图 1-3 标题栏
a)国家标准中的标题栏 b)学生作业中的标题栏

表 1-2 比例

种 类	比例	
	第一系列	第二系列
原值比例	1:1	—
缩小比例	1:2 1:5 1:1×10^n 1:2×10^n 1:5×10^n	1:1.5 1:2.5 1:3 1:4 1:6 1:1.5×10^n 1:2.5×10^n 1:3×10^n 1:4×10^n 1:6×10^n
放大比例	2:1 5:1 1×10^n:1 2×10^n:1 5×10^n:1	2.5:1 4:1 2.5×10^n:1 4×10^n:1

（3）标注方法　在同一机件内，要选用相同的比例绘制各图形，且在标题栏中进行标注。若有某一图形采用的是不同的比例，需要另加标注。无论采用的是哪一种比例，在图样中都必须标注机件的实际尺寸大小。

1.1.3　字体

国家标准《技术制图　字体》（GB/T 14691—1993）对制图字体做了规定。字体即图样及技术文件中出现的汉字、数字和字母的书写方式。字体的字号用字体高度（h）表示，共规定了 8 种字号，分别为 1.8mm、2.5mm、3.5mm、5mm、7mm、10mm、14mm、20mm。对字体的要求是"字体工整、笔画清楚、间隔均匀、排列整齐"。

（1）汉字　汉字书写要求为长仿宋体，且要求选用国家正式公布推行的《汉字简化方案》中规定的简化汉字。汉字高度（h）不能小于 3.5mm，宽度一般为 $h/\sqrt{2}$。初学者可以通过打格的方式保证书写的字体大小一致、规范整齐。汉字的书写方法如图 1-4 所示。

10号字　　字体工整　笔画清楚　间隔均匀　排列整齐

7号字　　横平竖直　注意起落　结构均匀　填满方格

5号字　　技术制图　机械电子　汽车船舶　土木建筑

图 1-4　汉字书写方法

（2）字母和数字　字母和数字可分为 A 型和 B 型，A 型字体中笔画的宽度（d）为字体高度（h）的 1/14，即 $d=h/14$，B 型字体中 $d=h/10$。要求在同一图样内只能采用一种类型的字体。

字母和数字也可写成直体（正体）和斜体。斜体字字头向右倾斜，与水平线约成 75°。斜体多用于技术文件的书写，当同汉字混合进行书写时，可选用直体。

字母和数字书写示例如图 1-5 所示。

ABCDEFGHIJKLMNOPQRSTUVWXYZ ABCDEFGHIJKLMNOPQRSTUVWXYZ
abcdefghijklmnopqrstuvwxyz abcdefghijklmnopqrstuvwxyz

a)

0123456789　0123456789

b)

图 1-5　字母和数字书写示例
a）字母示例　b）数字示例

1.1.4　图线

1. 线型

绘制图样时，应采用国家标准《机械制图　图样画法　图线》（GB/T 4457.4—2002）中规定的图线类型，见表 1-3。

表 1-3　常用图线（部分）

图线名称		线型	图线宽度	应用举例
实线	粗实线	———————	d	可见轮廓线、可见棱边线、相贯线
	细实线	———————	约 $d/2$	过渡线、尺寸线、尺寸界线、剖面线、重合断面的轮廓线、指引线
	波浪线	～～～～	约 $d/2$	断裂处的边界线、视图和剖视图的分界线
	双折线	─\/\/\/─	约 $d/2$	断裂处的边界线、视图和剖视图的分界线
虚线	细虚线	- - - - - -	约 $d/2$	不可见轮廓线、不可见棱边线
	粗虚线	- - - - - -	约 d	允许表面处理的表示线
点画线	细点画线	— · — · — · —	约 $d/2$	轴线、对称中心线、剖切线
	粗点画线	— · — · — · —	d	限定范围的表示线
细双点画线		— ·· — ·· —	约 $d/2$	相邻辅助零件的轮廓线、极限位置的轮廓线、剖切面之前的结构轮廓线、轨迹线

2. 图线宽度

在图样绘制过程中，图线宽度分成粗、细两种，比例为 2∶1。依据图样的尺寸及类型，图线宽度 d 可以在下列数系中进行选择，即 0.25mm、0.35mm、0.5mm、0.7mm、1mm、1.4mm、2mm。其中，优先采用宽度为 0.5mm 和 0.7mm 的尺寸。各种类型图线的应用示例如图 1-6 所示。

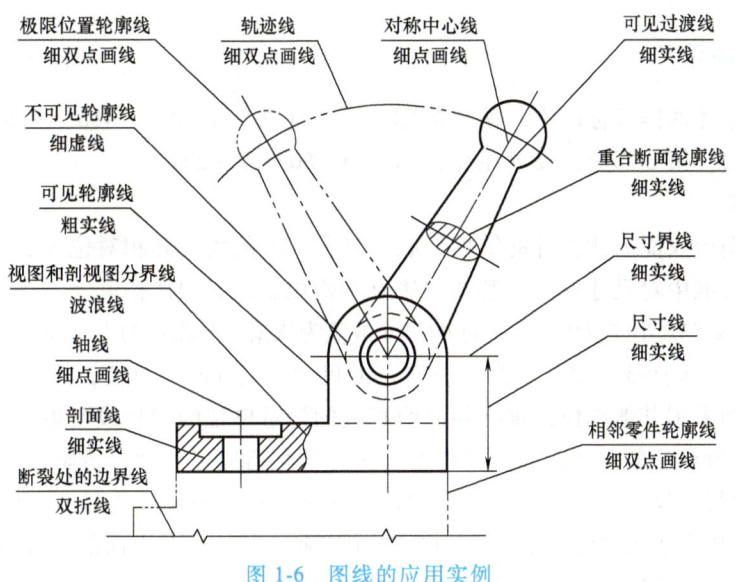

图 1-6　图线的应用实例

3. 图线的画法

如图 1-7 所示，在进行图线绘制时，有以下几点注意事项。

1）在同一图样中，要保证同类图线的宽度基本一致。同时，虚线、点画线及双点画线长度和间隔也应该各自保持大体相等。

2）两条平行线之间的距离应不小于粗实线的两倍，最小间距不小于0.7mm。

3）绘制圆的对称中心线时，点画线两端应超出圆的轮廓线2~5mm；圆心应是线段的交点。在较小的图形上绘制点画线有困难时，可用细实线代替。

4）两条虚线、点画线或双点画线相交应以线段相交，而不应相交在点或间隔处。

5）直虚线在实线的延长线上相接时，虚线应留出间隔。

6）虚线圆弧与实线相切时，虚线圆弧应留出间隔。

7）点画线、双点画线的首末两端应是线段，而不应是短画。

8）当有两种或更多的图线重合时，通常按图线所表达对象的重要程度选择绘制顺序：可见轮廓线＞不可见轮廓线＞尺寸线＞各种用途的细实线＞轴线和对称中心线＞假想线。

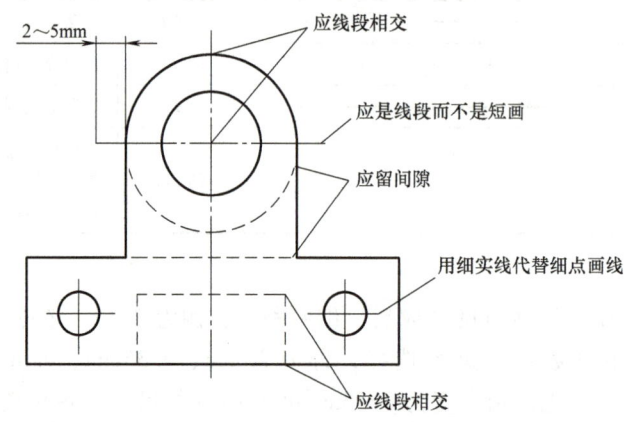

图 1-7　图线的正确绘制方法

1.1.5　尺寸注法

关于尺寸标注的国家标准有《机械制图　尺寸注法》（GB/T 4458.4—2003）、《技术制图　简化表示法　第2部分：尺寸注法》（GB/T 16675.2—2012）。

1. 基本规则

图样中的图形仅能表达机件的结构形状，其各部分的大小和相对位置关系还必须由尺寸来确定。国家标准中对尺寸标注的基本方法有明确规定，必须严格遵守。

1）机件的真实大小应以图样上所注的尺寸数值为依据，与图形的大小及绘图的准确度无关。

2）图样中（包括技术要求和其他说明）的尺寸，以mm为单位，不需标注计量单位的代号或名称，如采用其他单位，则必须注明相应的计量单位的代号或名称。

3）图样中所标注的尺寸，为该图样所示机件的最后完工尺寸，否则应另加说明。

4）机件的每一尺寸，一般只标注一次，并应标注在反映该结构最清晰的图形上。

5）绘图时按理想关系绘制的，如相互平行平面和相互垂直平面的关系均按图形所示几何关系处理，一般不需标注尺寸，如垂直不需标注90°。

2. 尺寸要素

一个完整的尺寸，一般由尺寸界线、尺寸线、尺寸线终端和尺寸数字四要素组成。

1）尺寸线表明度量尺寸的方向。线性尺寸的尺寸线应与所标注的线段平行，其间隔与平行的尺寸线之间的间隔应一致，为5~10mm。

2）尺寸界线表明所注尺寸的范围。一般与尺寸线垂直，且超过尺寸线2~3mm。

3）尺寸线终端表明尺寸的起、止。

4）尺寸数字表示机件的实际大小。

此外，还有以下几点注意事项。

1）尺寸数字按标准字体书写，且同一张纸上的字高（多采用3.5号字体）要一致，通常注写在尺寸线的上方或中断处。水平方向的尺寸数字字头向上，垂直方向的尺寸数字字头向左，倾斜方向的尺寸数字字头偏向斜上方。对于非水平方向的尺寸，其数字也可注写在尺寸线的中断处。尺寸数字在图中遇到图线时，须将图线断开。如图线断开影响图形表达时，须调整尺寸标注的位置。

2）一般情况下，尺寸线不能用其他图线代替，也不得与其他图线重合或画在其他图线的延长线上。

3）尺寸线的终端有箭头和线段两种形式。机械制图中多采用箭头。同一张图样上箭头大小要一致，一般应采用一种形式。箭头尖端应与尺寸界线接触。当采用箭头时，在空间不够的情况下，允许用圆点或斜线代替箭头。

4）尺寸界线应自图形的轮廓线、轴线、对称中心线引出。轮廓线、轴线、对称中心线也可以用作尺寸界线。

5）尺寸线与尺寸界线用细实线绘制。

3. 常见图形尺寸标注示例

（1）线性尺寸的数字方向标注示例　尺寸数字一般书写在尺寸线的上方或中断处，并尽量避免在30°范围内标注，如图1-8a所示，当无法避免时，按图1-8b标注。位置不够时可以引出注在外面。

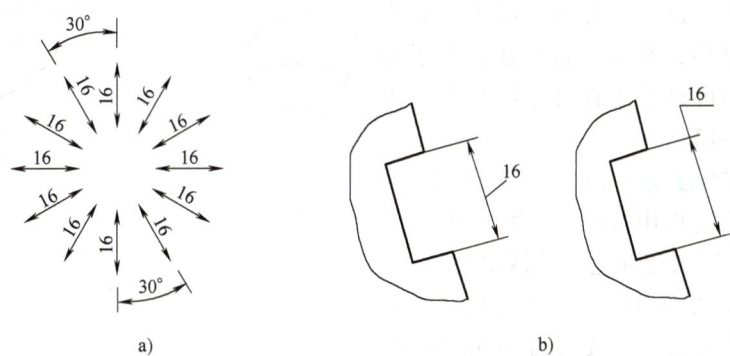

图1-8　线性尺寸数字标注方向

（2）角度标注示例　尺寸界线应延径向画出，尺寸线应画成圆弧，圆心是角的顶点。尺寸数字一律水平书写在尺寸线的中断处，必要时可写在上方或外面，也可引出标注，如图1-9所示。

（3）直径与半径标注示例　在对直径进行标注时，要在尺寸数字前加注符号"ϕ"，对半径进行标注时，要在尺寸数字前加注符号"R"，其尺寸线要经过圆心，尺寸线的末端要画箭头。对球面的直径或半径进行标注时，要在符号"ϕ"或"R"前再加注符号"S"，如图1-10所示。

（4）弦长及弧长标注示例　在对弧长进行标注时，要在尺寸数字的上方加注符号

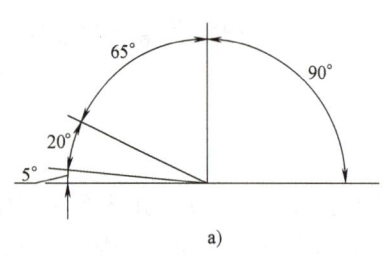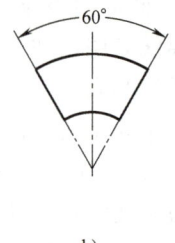

图 1-9 角度标注示例

a)常见角度标注 b)尺寸数字标注在尺寸线中断处

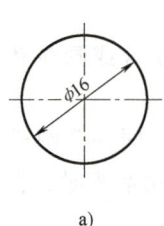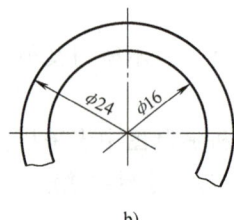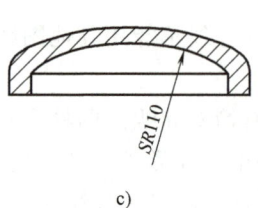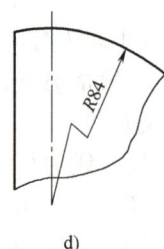

图 1-10 直径与半径标注示例

a)直径标注 b)同心圆直径标注 c)球面半径标注 d)半径标注

"⌒"。弦长及弧长的尺寸界线要平行于该弦的垂直平分线,当弧较大时,尺寸界线可沿径向引出,如图 1-11 所示。

(5)小尺寸标注示例 当没有位置注写小尺寸时,箭头可画在外边,也可以用小圆点代替两个箭头;在一些特殊情况下,允许只画一个箭头对小圆直径进行标注;为了避免产生误解,还可以采用将尺寸线断开的方法标注,如图 1-12 所示。

4. 尺寸的简化注法(GB/T 16675.2—2012)

在绘制好的图样中进行尺寸标注时,为了减少工作量,可采用简化尺寸标注法。

(1)带箭头的指引线 在进行尺寸标注时,可以使用单边箭头,或者带箭头的指引线,也可以采用不带箭头的指引线,如图 1-13 所示。

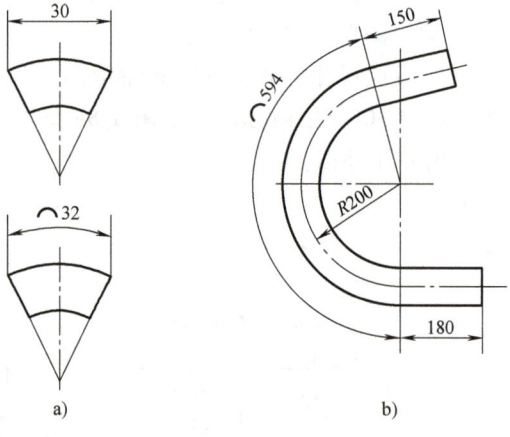

图 1-11 弦长及弧长标注示例

a)弧长标注 b)较大弧长标注

(2)同一图形中相同要素的简化标注 对于同一图形中出现的相同要素,如尺寸相同的孔、槽等,可只在其中一个要素上标注尺寸和数量。如图 1-14a 所示,图中"EQS"表示均匀分布的孔。若图中组成要素的定位及分布情况已经明确,可不标注角度并省略缩写词"EQS",如图 1-14b 所示。

(3)一组圆和圆弧的简化标注 一组同心圆弧可采用共用的尺寸线和箭头依次表示,如图 1-15a、b 所示。若一条直线上有多个圆心圆弧的尺寸,也可以采用相同的简化注法,如图 1-15c 所示。

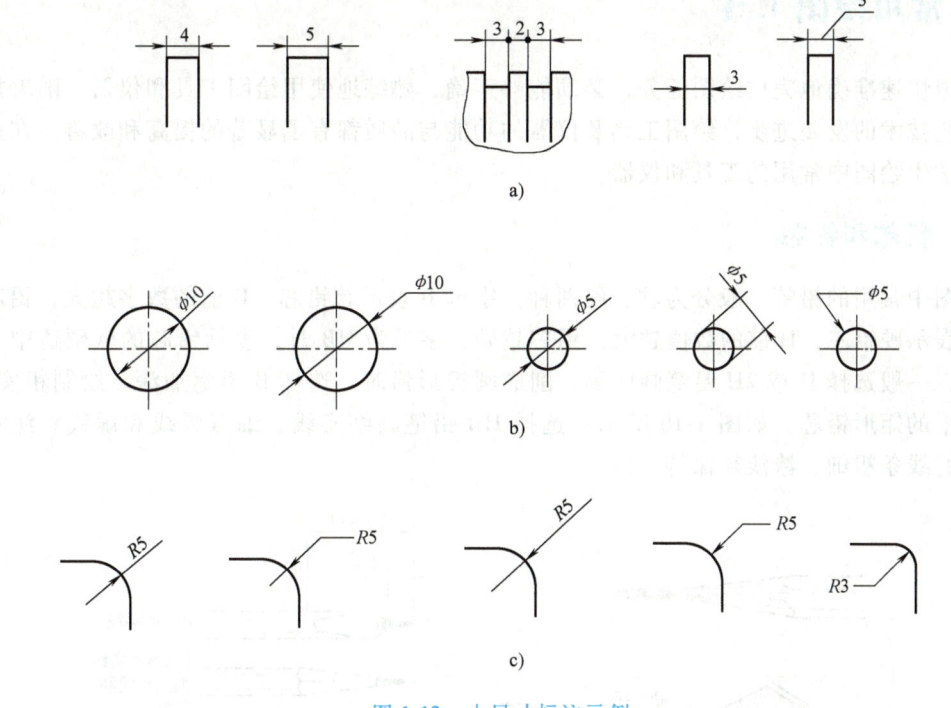

图 1-12 小尺寸标注示例
a）线性标注 b）直径标注 c）圆弧标注

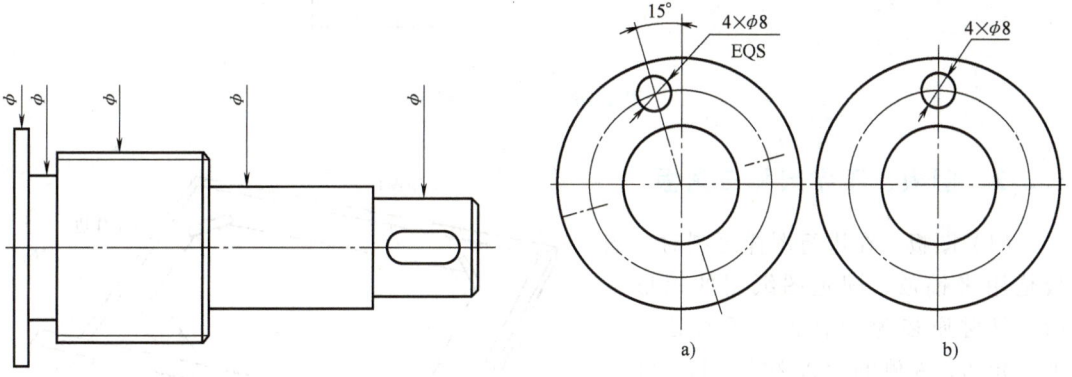

图 1-13 带箭头的指引线简化注法示例　　图 1-14 同一图形中相同要素的简化注法示例

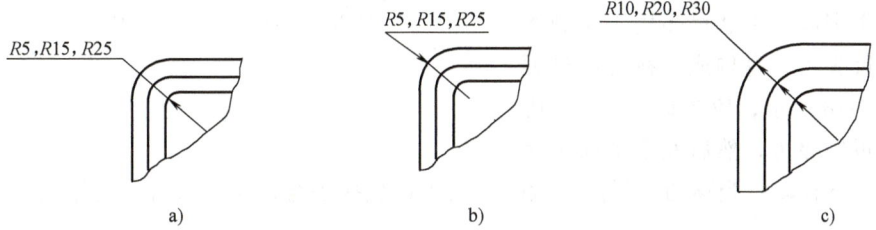

图 1-15 一组圆和圆弧的简化注法示例

1.2 常用绘图工具

若想快速准确地完成绘图任务，必须能够正确、熟练地使用绘图工具和仪器。随着加工制造工艺技术的发展进步，绘图工具及仪器的功能与品质都有了显著的提高和改善。在此介绍几种学生绘图中常用的工具和仪器。

1.2.1 铅笔和铅芯

绘图中常用的铅笔一般分为软、硬两种。字母 B 表示软铅芯，B 前的数字越大，铅芯越软；H 表示硬铅芯，H 前的数值越大，铅芯越硬；字母为 HB 时，表示铅芯的软硬适中。在绘图时，一般选择 H 或 2H 铅笔画底稿，削成圆锥形铅芯；选择 B 铅笔加深，绘制粗实线，削成扁平的矩形铅芯，如图 1-16 所示；选择 HB 铅笔画细实线、细点画线和虚线。注意相同类型的线条粗细、浓淡须保持一致。

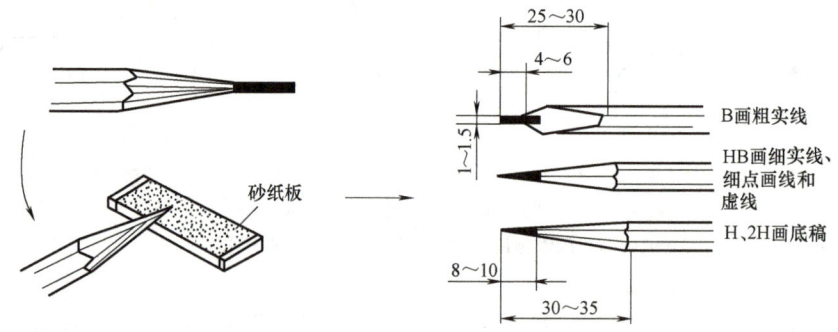

图 1-16 绘图常用铅笔

1.2.2 图板、丁字尺和三角板

（1）图板 在进行图样绘制时，图板是用来铺放、固定图纸用的矩形木版，其材质多为胶合板。板面必须平整、光洁，左侧的导边必须平直，如图 1-17 所示。在使用过程中，要保持图板的整洁完好。

（2）丁字尺 丁字尺多用于绘制水平线，由尺头和尺身构成。在使用过程中，如图 1-18 所示，应注意保持尺头内侧靠紧图板的导边，然后左手推动丁字尺进行上、下移动。当移动到所需位置时，则可以变换手势，压住尺身，再用右手从左至右画水平线。

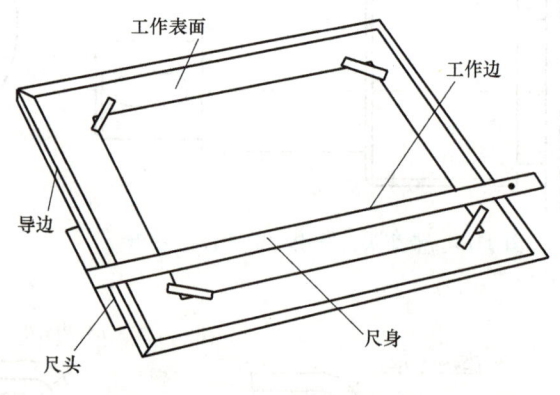

图 1-17 图板

（3）三角板 三角板一般由 45°、45°、90°和 30°、60°、90°两块合成为一副。如图 1-19

所示,将三角板与丁字尺配合使用,可以画出垂直线、倾斜线及一些常用的特殊角度,如 15°、75°、105°等;也可以将两块三角板配合使用,作出已知直线的平行线或垂直线。

1.2.3 圆规和分规

(1)圆规 圆规是绘制圆或圆弧的工具。常见的有大圆规、弹簧规和点圆规等。大圆规的一条腿内装有钢针,另一条腿可

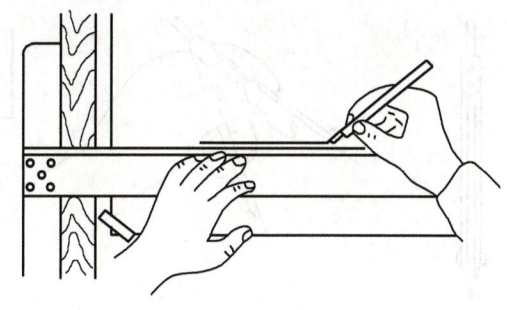

图 1-18 丁字尺

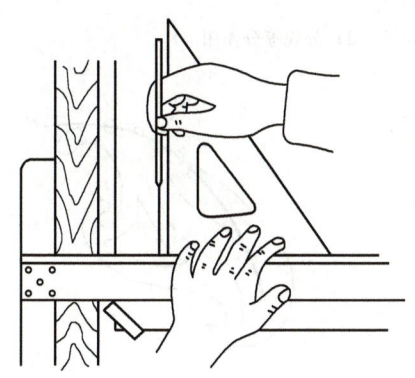
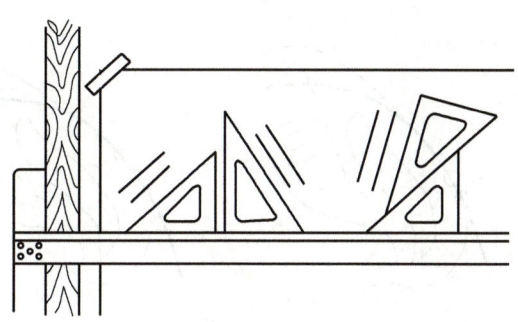

图 1-19 三角板

以装入铅芯插腿或鸭嘴插腿。使用圆规时应注意,当两腿并拢后,针尖须略高于铅芯尖。如图 1-20 所示,绘制图样时,先将钢针插入图板内,使圆规稍倾斜于前进的方向,且用力均匀,平稳转动。当画较大圆时,应尽量使圆规两脚与纸面垂直。

(2)分规 分规的作用主要是截取尺寸、等分线段和圆周。使用时应注意,分规的两个针尖并拢时应平齐。图 1-21 所示为分规的使用方法。

1.2.4 曲线板

绘制曲线图形时常采用曲线板。画图时,应先按照相应的作图方法找出曲线上的一些点,接着徒手将各点轻轻地连成曲线,然后找出曲线板与曲线相吻合的线段,分几段逐次将各点圆滑地连接成曲线,注意为了能够获得流畅、准确的线条,相邻曲线段之间应留至少两点间的一小段作为过渡,即应有一小段与已画曲线段重合,如图 1-22 所示。

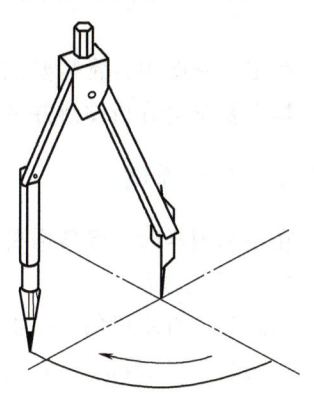

图 1-20 圆规的使用方法

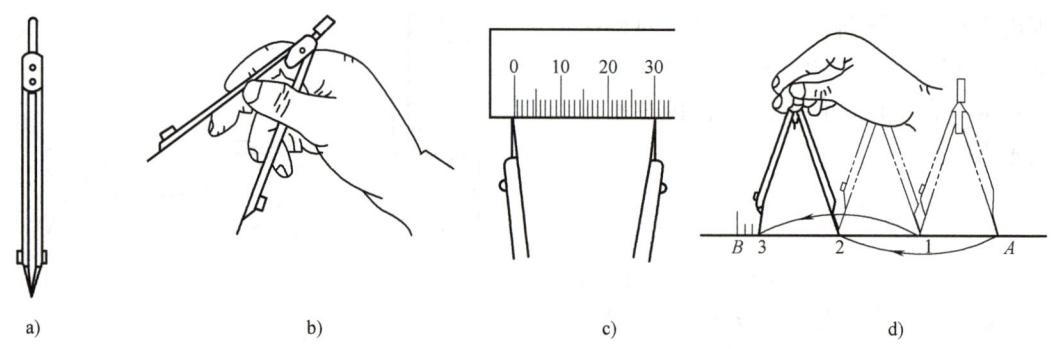

图 1-21 分规的使用方法
a) 分规 b) 分规使用方法 c) 分规截取尺寸 d) 分规等分作图

图 1-22 曲线板的使用方法

1.3 常用几何图形绘制

在工程制图中，常需要依照给定的条件，准确地完成几何图形的绘制。对于一些复杂图形，学生要学会分析图形并掌握基本的几何作图方法，才能准确无误地完成图形的绘制。

1.3.1 等分作图

在绘制图样时，经常需要进行等分处理，下面介绍几种图形的等分作图方法。

1. 等分直线段

任意等分直线段的方法如图 1-23 所示。

1）过已知线段的一个端点，画任意角度的直线，并用分规自线段的起点量取 n 条线段。

2）将等分的最末点与已知线段的另一端点相连。

3）过各等分点作该线的平行线，与已知线段相交的点即为等分点，即推画平行线法。

2. 等分圆周及作内接正多边形

作圆周的等分及内接正六边形时可以采用图 1-24 所示的两种方法。

（1）用三角板与丁字尺作图　采用 60°三角板配合丁字尺作平行线，先将四条斜边画

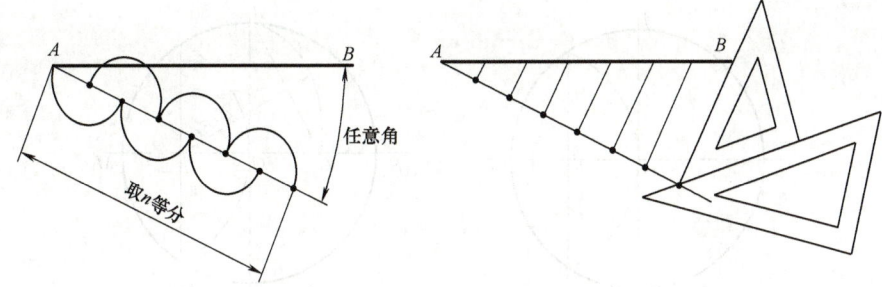

图 1-23 等分直线段

出,然后用丁字尺作出上、下两条水平边,得到圆的内接正六边形。

(2)用圆规直接等分 以圆在水平直径上的两处交点 A、D 为圆心,以半径 R = D/2 作圆弧,分别与圆交于点 B、F、C、E,最后依次连接点 ABCDEF 即可获得圆的内接正六边形。

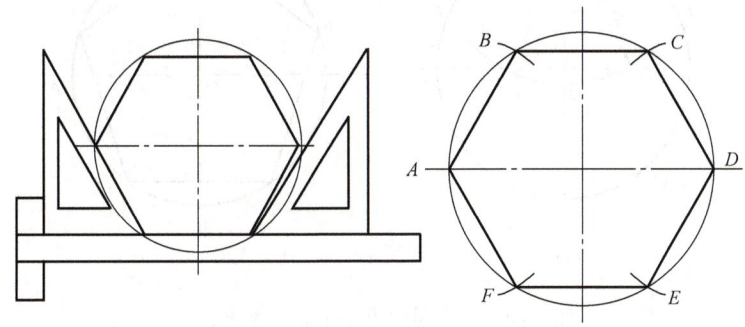

图 1-24 圆的内接正六边形

【例 1-1】 作图 1-25 所示圆的内接正五边形。

作图步骤:

1)在已知圆中取半径 OM 的中点 F,如图 1-26a 所示。

2)以 F 为圆心,FA 为半径画弧,与 ON 交于点 G,AG 即为五边形的边长,如图 1-26b 所示。

3)以 AG 为半径,依次在圆周上截得五等分,得到 A、B、C、D、E 五个点,如图 1-26c 所示。

4)依次连接 A、B、C、D、E 五个点,即为所求正五边形,如图 1-26d 所示。

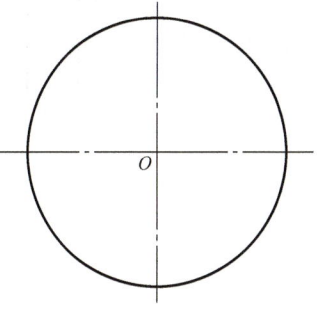

图 1-25 作圆的内接正五边形

1.3.2 斜度和锥度

(1)斜度 斜度是一条直线(或平面)对另一直线(或平面)的倾斜程度,用符号"S"表示。它等于最大棱体高 H 与最小棱体高 h 之差对棱体长度 L 之比。斜度 S 与角度 α 的关系为 $S = \tan\alpha = \dfrac{H-h}{L}$,并将此值化为 1:n 的形式,如图 1-27a 所示。斜度符号如图 1-27b 所示。

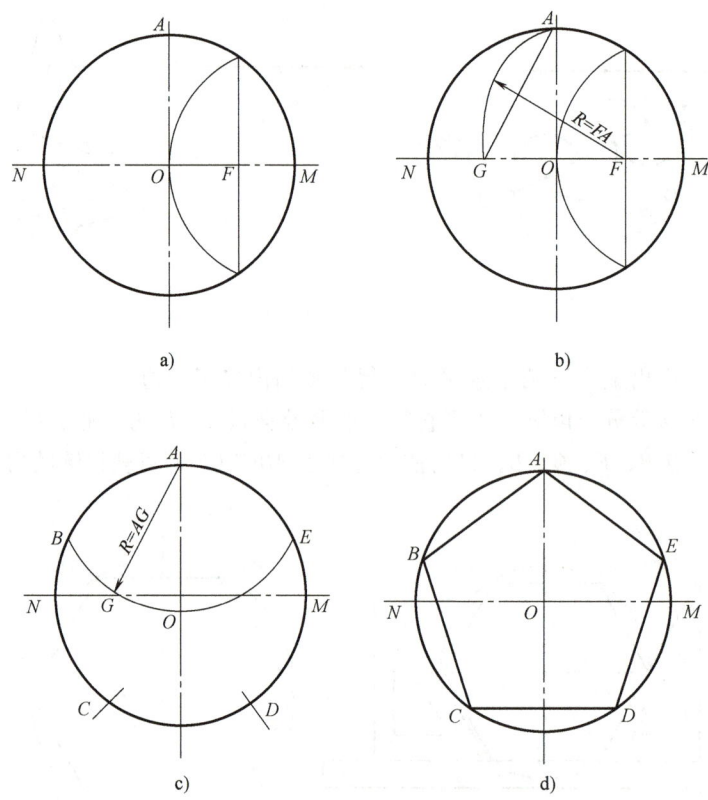

图 1-26 已知圆的内接正五边形作法

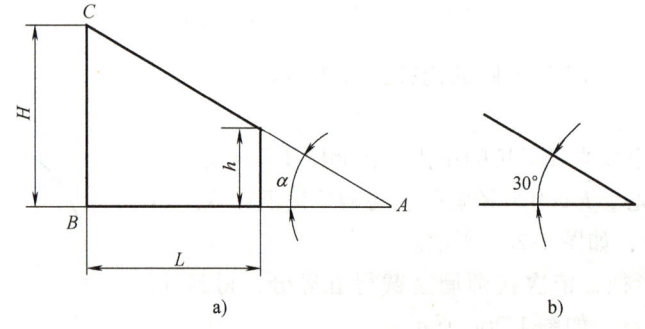

图 1-27 斜度及其符号
a) 斜度 b) 斜度符号

（2）锥度 锥度表示为正圆锥体的底圆直径与高度之比，如果是圆锥台，则锥度表示底圆与顶圆的直径差与高度之比。锥度也可以简化表示为 $1:n$。锥度及其符号如图 1-28 所示。需要注意的是，斜度、锥度符号的线宽均为图样中字体高度的 1/10。

1.3.3 圆弧连接

圆弧连接是用已知半径的圆弧（称为连接圆弧）光滑连接两已知线段，包括直线和圆

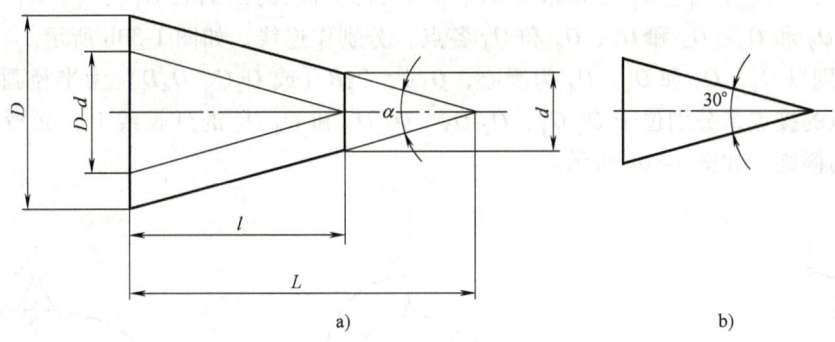

图 1-28 锥度及其符号

a) 锥度 = $2\tan\alpha = D/L = (D-d)/l = 1:n$　b) 锥度符号

弧。在连接过程中，应准确地画出连接圆弧的圆心及连接的切点，以保证圆弧的光滑连接。如图 1-29 所示，圆弧连接的作图步骤如下。

1) 作出连接弧的圆心。

2) 确定切点的位置，即连接弧与已知直线（或已知圆弧）光滑连接时的分界点，作为连接弧的起点和终点。

3) 准确地画出连接圆弧。

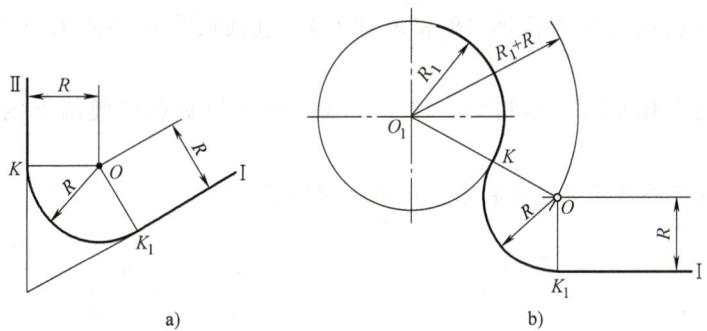

图 1-29 圆弧连接示例

a) 圆弧与两直线连接　b) 圆弧与直线和圆弧连接

1.3.4 椭圆的画法

椭圆的常用画法有四心法和同心圆法。

1. 四心法

四心法就是将椭圆用四段圆弧连接起来的图形近似代替。若已知椭圆的长轴 AB、短轴 CD，具体作图步骤如下。

1) 先画出长轴 AB 与短轴 CD。连接 AC，然后在 AC 上选取线段 CE，使其长度为 AO 与 CO 之差，如图 1-30a 所示。

2) 接着作线段 AE 的垂直平分线，分别交 AO 和 OD（或其延长线）于 O_1 和 O_2 点。以

O 为对称中心，找出 O_1、O_2 的对称点 O_3、O_4，得到所求的四圆心 O_1、O_2、O_3、O_4。通过 O_2 和 O_1、O_2 和 O_3、O_4 和 O_1、O_4 和 O_3 各点，分别作连线，如图 1-30b 所示。

3）分别以 O_1、O_3 和 O_2、O_4 为圆心，O_1A、O_3B（或 O_2C、O_4D）为半径画两个圆弧。使所画四弧的接点，分别位于 O_2O_1、O_2O_3、O_4O_1 和 O_4O_3 的延长线上，光滑连接各点，获得所求的椭圆，如图 1-30c 所示。

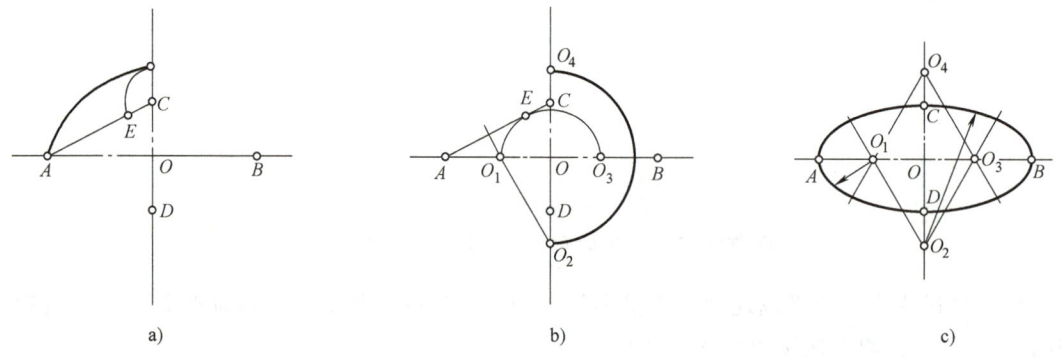

图 1-30 四心法作椭圆

2. 同心圆法

若已知相互垂直且平分的长 AB、短 CD 两轴，采用同心圆法作椭圆的步骤如下。

1）同心圆的直径分别为长轴 AB 和短轴 CD，过圆心作一系列直线与两圆相交，如图 1-31a 所示。

2）从大圆交点作垂线，小圆交点作水平线，得到的交点即椭圆上的点，如图 1-31b 所示。

3）用曲线板将各点光滑连接起来，获得所求椭圆。

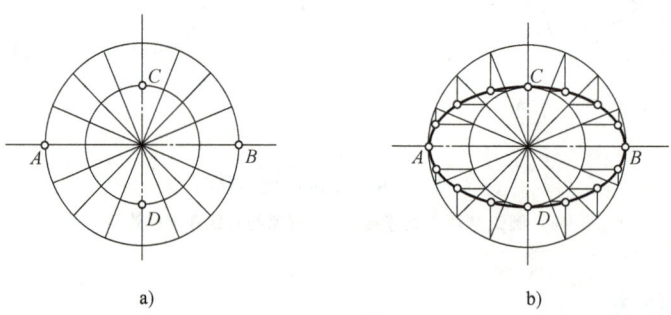

图 1-31 同心圆法作椭圆

1.4 平面图形的画法及标注

在绘制平面图形时，首先要对图形进行尺寸分析和线段分析，然后才能正确地画出平面图形并标注尺寸。

1.4.1 平面图形的尺寸分析

1. 尺寸基准

确定平面图形的尺寸位置的几何元素（点或线）称为基准。分析尺寸时，首先要查找尺寸基准。通常将图形中的对称线、较大圆的中心线和重要的轮廓线等作为基准。一个平面图形具有两个坐标方向的尺寸，每个方向至少要有一个尺寸基准。画图时，要从尺寸基准开始画。

2. 尺寸分类

在常见平面图形中，按作用的不同可将尺寸分成定形尺寸和定位尺寸两种。

（1）定形尺寸　定形尺寸表示确定平面图形上各线段形状大小的尺寸。如直线的长度、圆及圆弧的直径或半径、角度等。如图1-32中的 $\phi11$、$\phi19$、$\phi26$ 等都表示定形尺寸。

（2）定位尺寸　定位尺寸表示确定平面图形上线段或线框之间相对位置的尺寸，如图1-32中的位置尺寸80。

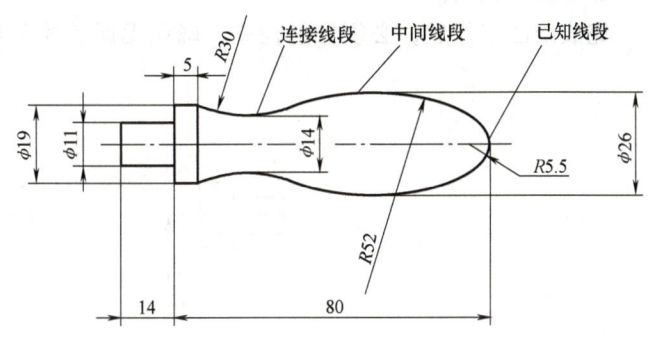

平面图形的画法及标注

图1-32　平面图形尺寸分析

手柄三维动画

1.4.2 平面图形的线段分析

平面图线中的线段，根据其尺寸信息是否完整齐全可以分为已知线段、中间线段和连接线段。

（1）已知线段　已知线段为定位尺寸及定形尺寸全部已知的线段。这一类线段可以直接画出，如图1-32中的 $R5.5$。

（2）中间线段　中间线段为已知定形尺寸，但定位尺寸不齐全的线段。如果想要画出这一类线段，首先要确定其与相邻中间线段的连接关系，如图1-32中的 $R52$。

（3）连接线段　连接线段为已知定形尺寸，但没有定位尺寸的线段。如果想要画出这一类线段，首先要确定其与相邻中间线段或已知线段的两个连接关系，如图1-32中的 $R30$。

1.4.3 平面图形的绘制步骤

1. 绘图前的准备

绘图前需要将工具和仪器准备好，根据不同的线型要求削好铅笔及圆规铅芯，选择合适的绘图比例，确定图幅并固定图纸。

2. 绘制底稿

绘制底稿时首先按照相关国家标准画出图纸边界、图框及标题栏，然后在图纸中确定图样的位置，最后按照基准线、已知线段、中间线段、连接线段的顺序绘制底稿。现以图 1-32 所示的手柄为例，具体的作图步骤如下。

1）绘制图形基准线，作出已知线段 $\phi11\times14$、$\phi14\times5$ 和尺寸 80，如图 1-33a 所示。

2）作出中间线段。大圆弧 $R52$ 为中间圆弧，圆心的位置尺寸中仅已知一个垂直方向，水平方向位置需要由 $R52$ 与 $R5.5$ 内切作出，如图 1-33b 所示。

3）作出连接线段。圆弧 $R30$ 的已知条件只有半径，但它经过中间矩形右端的一个顶点，同时外切于 $R52$ 圆弧，因 $R30$ 为连接线段，需最后作出，如图 1-33c 所示。

4）加深检查。在进行尺寸标注前，认真核对作图过程，擦去多余的作图线，用铅笔对图形进行加深处理，如图 1-33d 所示。

5）标注尺寸。加深图线后，应一次性绘制出尺寸界线、尺寸线和箭头，最后按照国家标准进行标注。

6）填写标题栏及必要文字说明。

7）检查和签字。完成绘图工作后，必须仔细检查，确认无误后才可以将姓名和日期填入标题栏中。

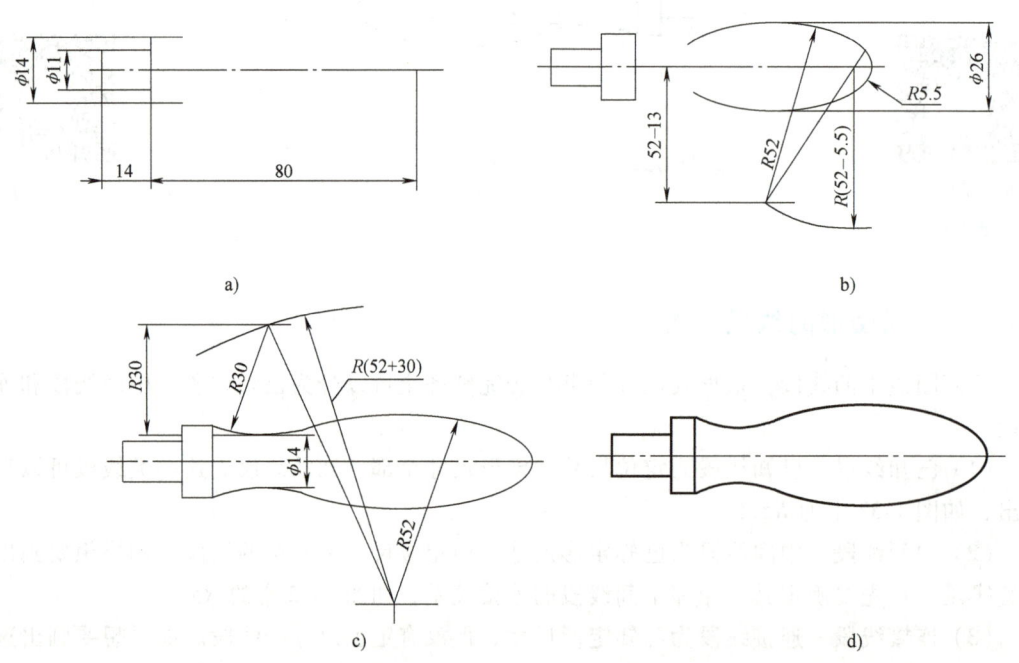

图 1-33　平面图形的画图步骤

【例 1-2】　完成图 1-34 所示的支架轮廓平面图形的绘制。

绘图步骤：

1）画基准线及已知线段 $\phi14$、$\phi24$ 和底板，如图 1-35a 所示。

2）画中间线段 *R*43，如图 1-35b 所示。
3）画连接线段 *R*16，如图 1-35c 所示。
4）画连接线段 *R*22，如图 1-35d 所示。
5）完成全图并标注尺寸，如图 1-35e 所示。

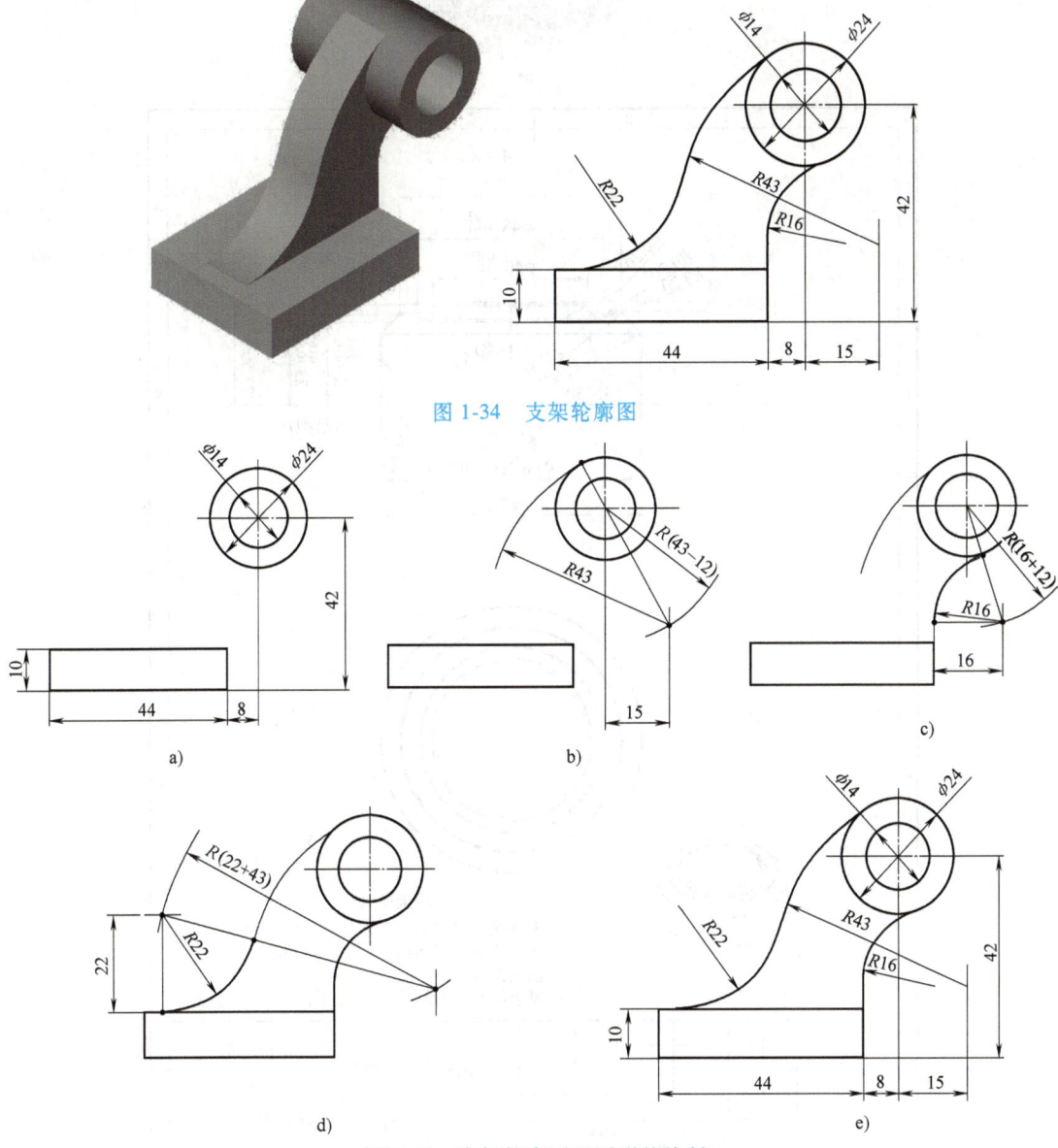

图 1-34　支架轮廓图

图 1-35　支架轮廓平面图形的绘制

【拓展任务】

根据本模块介绍的相应标准规范，完成杯盖不锈钢套（图 1-36）零件尺寸标注工作以及补充完善标题栏所缺的必要内容。

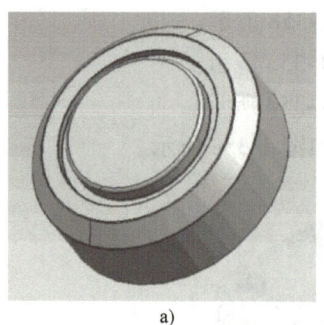

图 1-36 杯盖不锈钢套

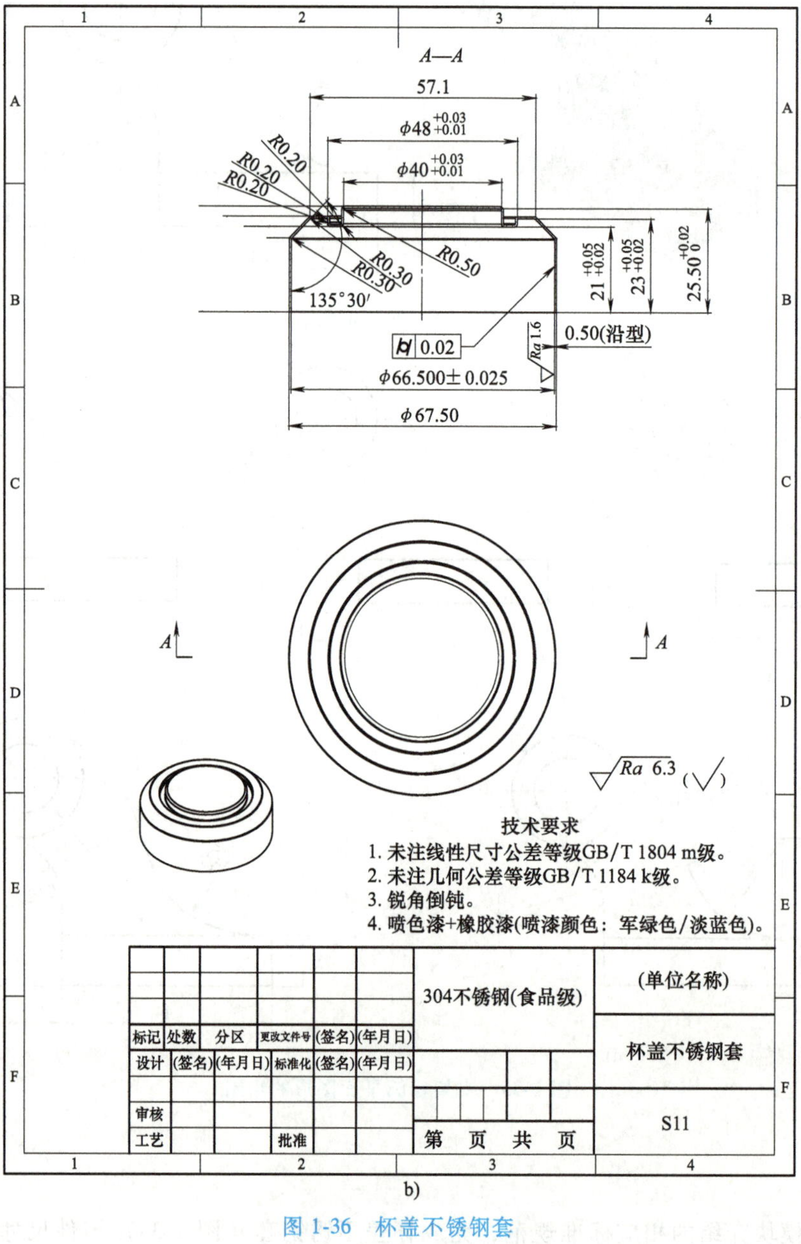

模块 ❷ 识读和绘制三视图

【课前阅读】

应县木塔历经九百多年风霜仍屹立不倒，是凝聚了我国先人智慧的建筑瑰宝。应县木塔中运用的榫卯结构和斗拱结构，不仅是中华民族精巧的建筑工艺，更是截交线与相贯线在我国古建筑中的精妙应用。

榫卯结构作为应县木塔的核心构造技术，通过榫头与卯眼的精确配合，实现了木构件之间的紧密连接。这种无需钉子或胶水的连接方式，不仅展现了古代工匠们的卓越智慧，也确保了木塔结构的稳固与持久。在榫卯结构的制作过程中，榫头与卯眼的接触面形成了复杂的相贯线。这些相贯线不仅美观，更在结构上起到了关键作用，它们像一道道隐形的纽带，将各个构件紧密地连接在一起，确保了木塔的整体稳定性。

同时，截交线也在榫卯结构中发挥了重要作用。在制作榫头和卯眼时，木材的切割和拼接形成了众多的截交线。这些截交线不仅是木材之间连接的界线，更是工匠们精湛技艺的体现。它们使得榫头和卯眼能够精确地匹配在一起，形成了稳定的结构。

应县木塔不仅让我们领略到了古代建筑的魅力，更让我们感受到了中国传统建造技艺中的科学内核。

应县木塔及其榫卯结构

【学习重点】

1) 点、直线和平面的三面投影规律及应用。
2) 三视图的形成及投影规律。
3) 求取立体表面上的截交线和相贯线。

【学习难点】

三视图投影规律的应用。

【思维导图】

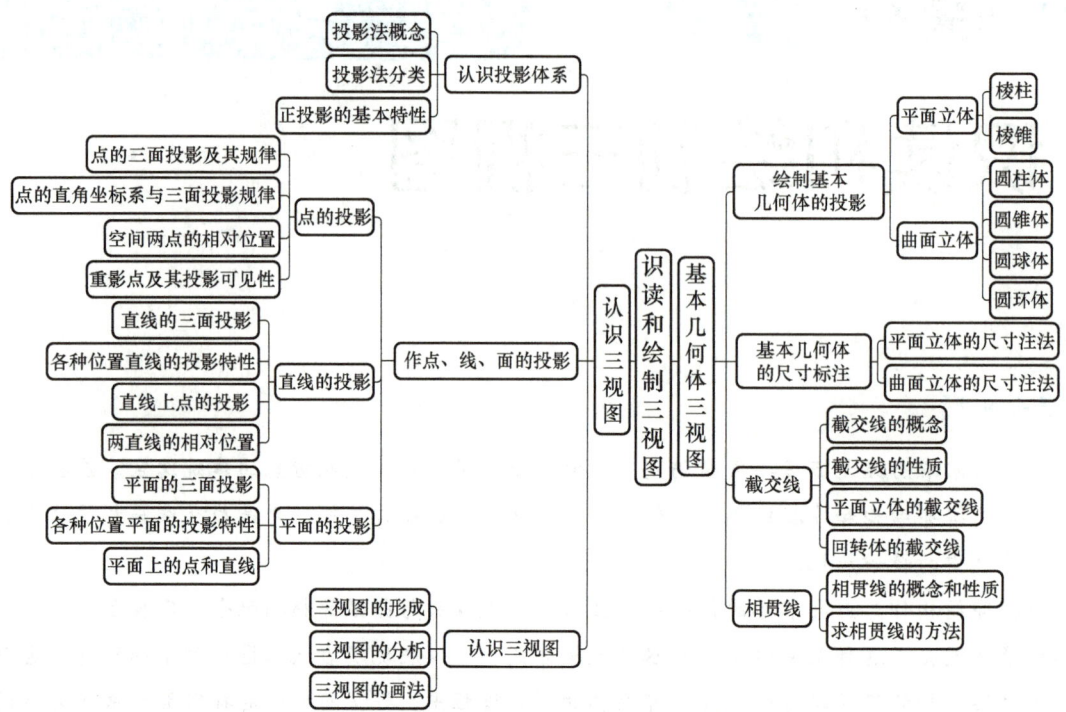

2.1 投影法的基本知识

在实际生产中,设计及制造部门通常使用图形来表达物体,但工程图样则多是通过投影法获得的。在此介绍投影法的概念、分类及基本特性等知识。

2.1.1 投影法的概念

在生活中经常会遇到这样一种现象,物体在阳光或灯光的照射下,会在墙面或地面投下影子,通过影子就能看出物体的外轮廓形状,这就是投影现象。投影法的概念是在投影现象的基础上总结得出的,即投射线通过物体,向选定的面投射,并在该面上得到图形的方法,称为投影法。如图 2-1 所示,图中点 S 称为投射中心,投影面 P 表示得到投影的面。若 A 为 S 点与 P 面之间的一个空间点,则 A 点在 P 面上的投影为 S 点与 A 点连线的延长线与 P 面的交点 a,Sa 称为投射线。

2.1.2 投影法的分类

投影法可以分成中心投影法与平行投影法两种。

1. 中心投影法

投射线从投射中心出发的投影法称为中心投影法。如图 2-2 所示,投射线从投射中心 S 点出发,将空间 $\triangle ABC$ 投射到投影面 P 上,得到的 $\triangle abc$ 就是 $\triangle ABC$ 的投影。这一投影法多应用在绘制产品或建筑物等具有真实感的立体图中,也称为透视图。

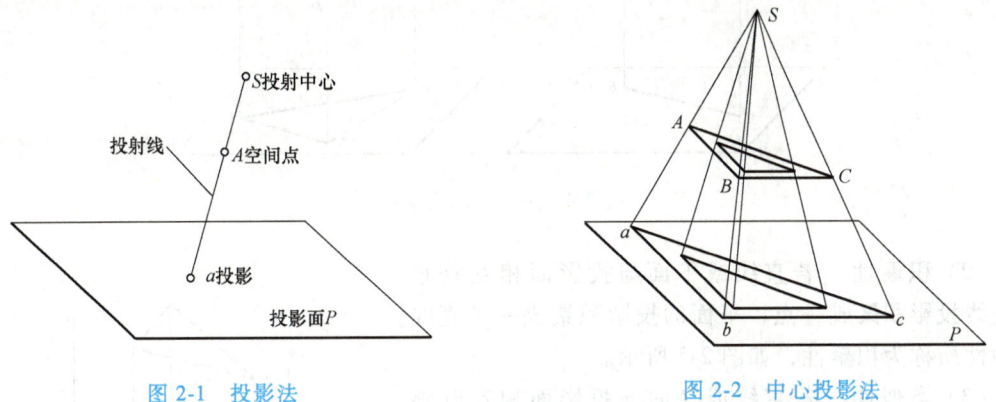

图 2-1 投影法

图 2-2 中心投影法

2. 平行投影法

投射线相互平行时的投影法称为平行投影法,平行投影法可分成正投影法与斜投影法两种。

(1) 正投影法 正投影法即投射线和投影面互相垂直的平行投影法,如图 2-3a 所示。采用正投影法获得的图形为正投影或正投影图,多应用于机械图样的绘制。

(2) 斜投影法 斜投影法即投射线与投影面相倾斜的平行投影法,如图 2-3b 所示。斜投影法多应用于立体感图形绘制,如斜轴测图等。

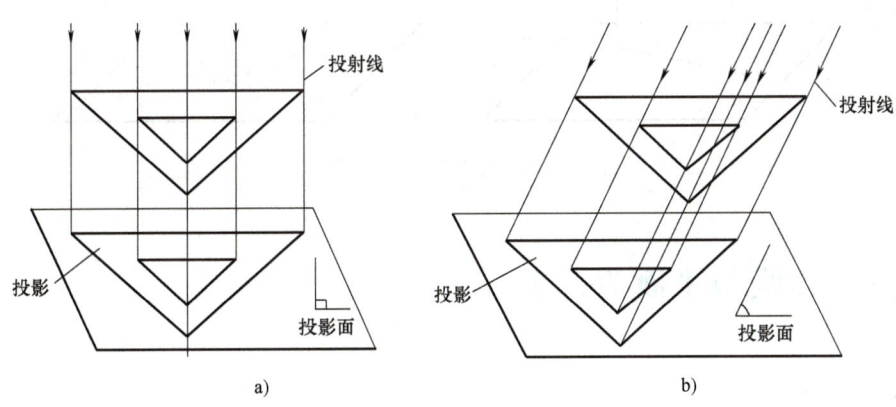

a)   b)

图 2-3 平行投影法
a) 正投影法 b) 斜投影法

2.1.3 正投影的基本特性

(1) 真实性 若直线或平面与投影面相互平行,则直线或平面的投影将反映线段实长与平面的实形,这种性质称为真实性,如图 2-4 所示。

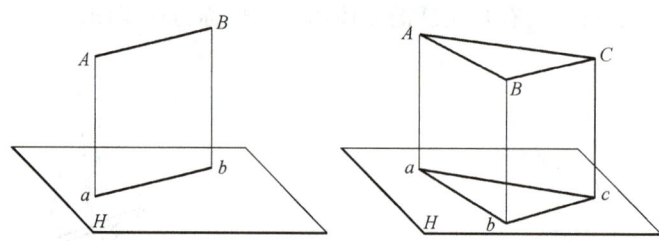

图 2-4 正投影的真实性

（2）积聚性 若直线或平面与投影面相互垂直，则直线投影积聚成一点，平面的投影积聚成一条直线，这种性质称为积聚性，如图 2-5 所示。

（3）类似性 若直线或平面与投影面相互倾斜，则直线正投影缩短，平面图形的正投影小于实形，其形状与原来的形状相似，这种性质称为类似性，如图 2-6 所示。

此外，正投影的特性还有平行性、定比性、从属性等。

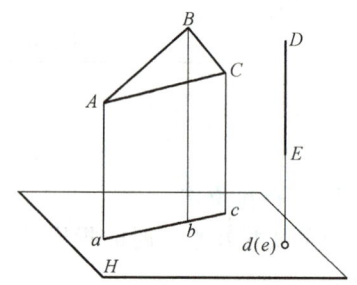

图 2-5 正投影的积聚性

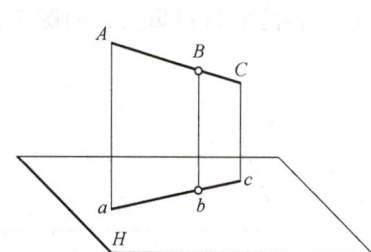 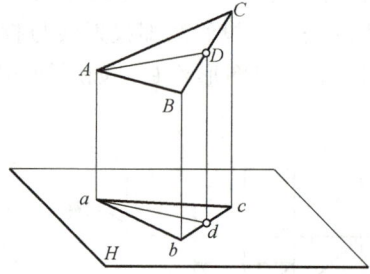

图 2-6 正投影的类似性

2.2 点、直线与平面的投影

2.2.1 点的投影

物体中点是最基本的组成元素，下面从点开始研究物体的投影问题。

1. 点的三面投影及其规律

在工程图中，多用三面投影图反映物体的形状。如图 2-7a 所示，V（正立投影面）、H（水平投影面）、W（侧立投影面）三个互相垂直的投影面构成三投影面体系，各投影面间的相交线为投影轴，在图中表示为互相垂直的三个轴 OX、OY 和 OZ，O 为三个轴的交点，即原点。规定用 A、B、C 等大写字母表示空间点；用 a、b、c 等小写字母表示空间点的水平投影；用 a'、b'、c' 等小写字母加撇表示空间点的正面投影；用 a''、b''、c'' 等小写字母加两撇表示空间点的侧面投影。

将空间点 A 移除，V 面保持不动，将 H 面绕 OX 轴向下旋转 $90°$，W 面绕 OZ 轴向右旋转 $90°$，此时，H、W 面与 V 面在同一平面内，得到了空间点 A 的三面投影图，图 2-7b 所示为三投影面展开后得到的平面内的投影，aa'、$a'a''$ 称为投影连线，分别与 X、Z 轴垂直。将投影面的框线及名称省略后，形成如图 2-7c 所示的点的三面投影图。

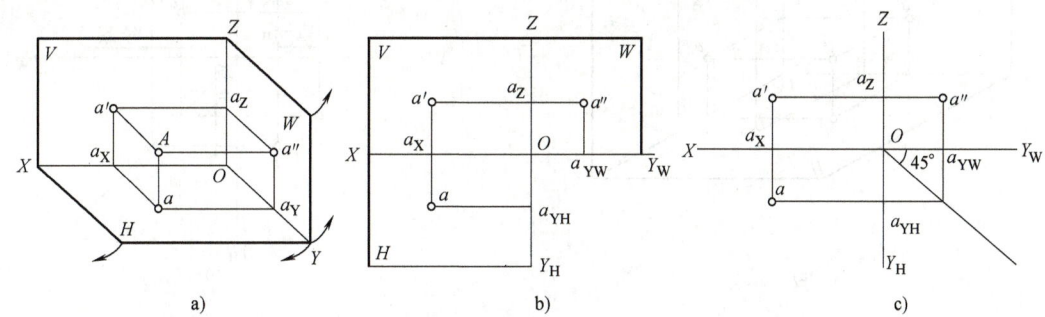

图 2-7 点的三面投影
a）直观图 b）三投影面展开图 c）点的三面投影图

2. 点的直角坐标系和三面投影规律

由图 2-7 可知，可采用空间点 A 的直角坐标（x_A、y_A、z_A）表示点 A 到三个坐标面的距离，点 A 的三面投影与直角坐标系的关系如下。

$$a'a_Z = aa_Y = Aa'' = Oa_X = x_A$$

$$aa_X = a''a_Z = Aa' = Oa_Y = y_A$$

$$a'a_X = a''a_Y = Aa = Oa_Z = z_A$$

此外，还可以得到点在三投影面体系中的规律。

1）点的两面投影的连线，必定垂直于相应的投影轴。即 $a'a \perp OX$ 轴、$a'a'' \perp OZ$ 轴、$aa_{YH} \perp OY_H$ 轴，$a''a_{YW} \perp OY_W$ 轴。

2）点的投影到投影轴的距离，等于空间点到相应投影面的距离。即 $a'a_X = a''a_{YW} = Aa$，$a'a_Z = aa_{YH} = Aa''$，$aa_X = a''a_Z = Aa'$。

3. 空间两点的相对位置

根据两个点在同一投影面上的投影之间的坐标关系，即分析两点之间上下、左右和前后的关系，可以判断出空间两点的相对位置。通过正面投影或侧面投影能够获得空间两点上下的关系（即 Z 坐标差）；通过正面投影或水平投影能够获得空间两点左右的关系（即 X 坐标差）；通过水平投影或侧面投影能够获得空间两点前后的关系（即 Y 坐标差），如图 2-8 所示。

4. 重影点及其投影可见性

若空间两点位于某一投影面上的同一条投射线上，即某两个坐标相同时，这两点在该投影面上的投影重合于一点，此两点就称为对该投影面的重影点。如图 2-9a 所示，A、B 两点位于垂直于 V 面的同一条射线上，投影 a' 和 b' 重合于一点。

为了能够对重影点的可见性进行区分，规定观察方向与投影面的投射方向一致，也就是对于 V 面为由前向后，对于 H 面为由上向下，对于 W 面为由左向右。所以，距观察者近的

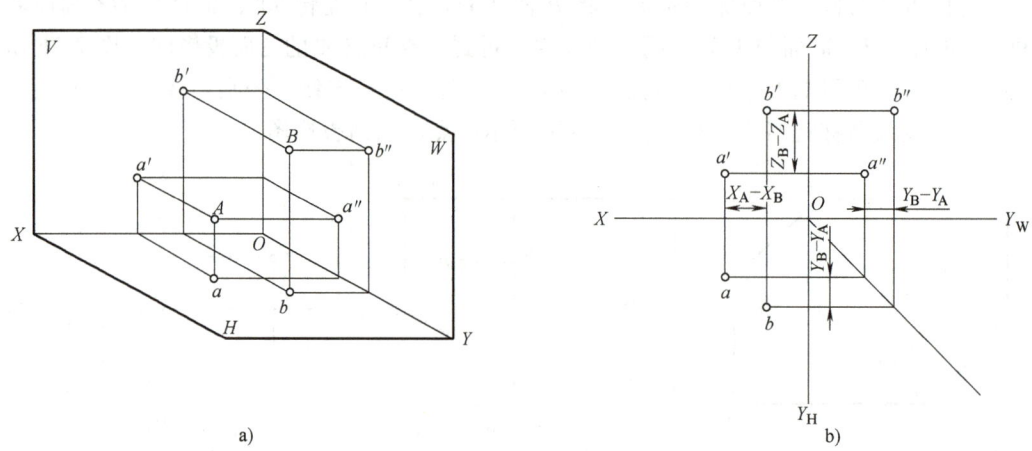

图 2-8 空间两点的相对位置

点投影为可见,反之为不可见。也就是若空间两点有重合投影时,其可见性需要通过一对不等的坐标值来确定,坐标值大的为可见,小的为不可见。如图 2-9b 所示,点 A 和点 B 为对 V 面的重影点,沿着对 V 面投射线的方向观察,点 B 的 Y 坐标大于点 A 的 Y 坐标,则点 B 遮住了点 A,即点 B 投影可见,点 A 投影不可见。

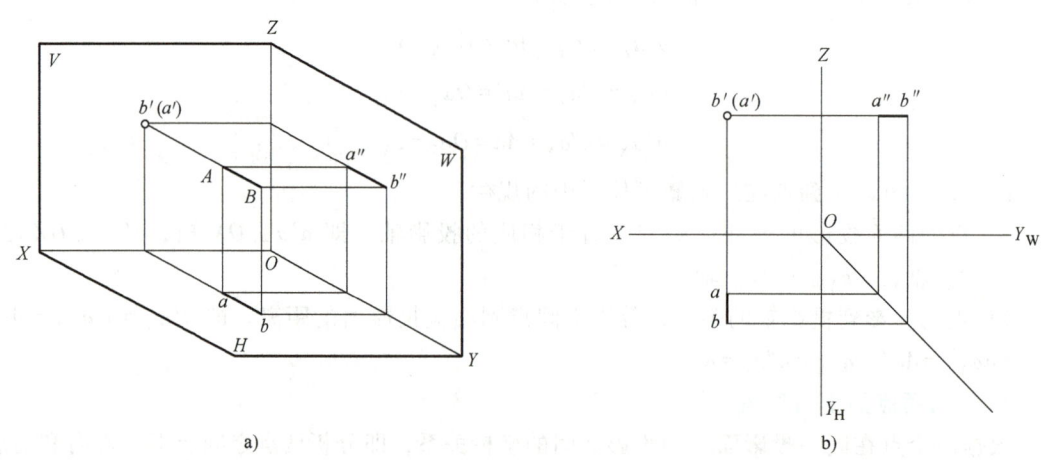

图 2-9 重影点

【例 2-1】 已知 A 点的坐标值 A (15,10,12),求作 A 点的三面投影图。

分析:已知 A (15,10,12),空间点 A 与三个投影面都存在一定距离,可以判断点 A 既不在投影面上也不在投影轴上。

作图步骤:

1)作投影轴,量取 $Oa_X = 15$,如图 2-10a 所示。

2)量取 $Oa_Y = 10$,$Oa_Z = 12$,得 a、a' 点,如图 2-10b 所示。

3)过 a_X、a_Y、a_Z 点分别作所在轴的垂线,交点 a、a'、a'' 即为所求 A 点的三面投影,如图 2-10c 所示。

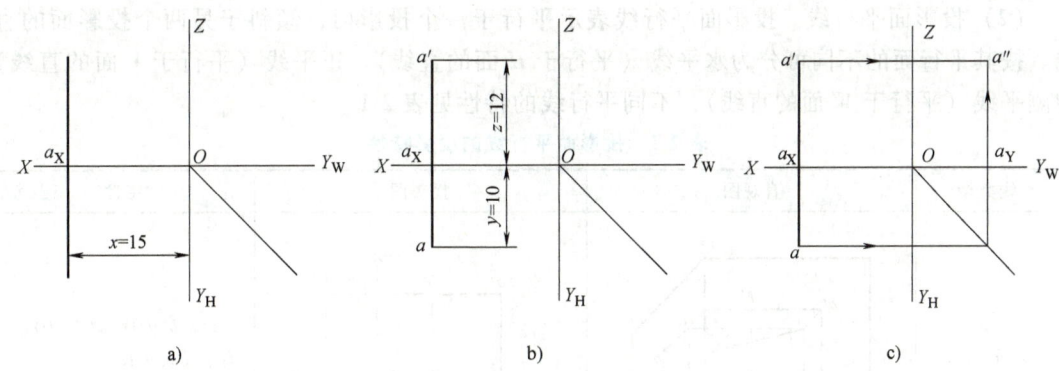

图 2-10 作三面投影图的方法

2.2.2 直线的投影

1. 直线的三面投影

直线的投影通常仍是直线，在一些特殊条件下，直线的投影也可能积聚成一点。如图 2-11 所示，直线 AB 在 H、V、W 三面的投影分别为 ab、a'b'、a″b″，其投影长度与直线 AB 对各投影面的倾角大小有关。作直线投影图时，先将直线上任意两点的投影画出，然后将这两点在同一投影面上的投影相连即可。

2. 各种位置直线的投影特性

按照直线与三投影面的相对位置不同，可以分成一般位置直线、投影面平行线和投影面垂直线。投影面平行线和投影面垂直线又称为特殊位置直线。

（1）一般位置直线　一般位置直线表示与三个投影面都倾斜的直线，如图 2-12 所示。从图中可以看出，一般位置直线的三面投影都倾斜于投影轴，并且投影长度均小于实际长度，同时，无法反映其与投影面倾角的实际大小。

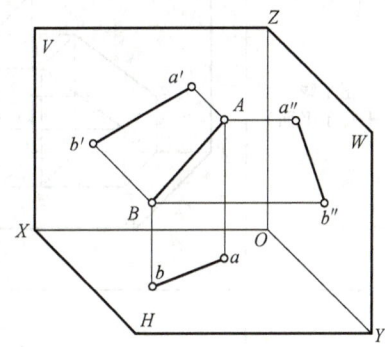

图 2-11 直线的三面投影

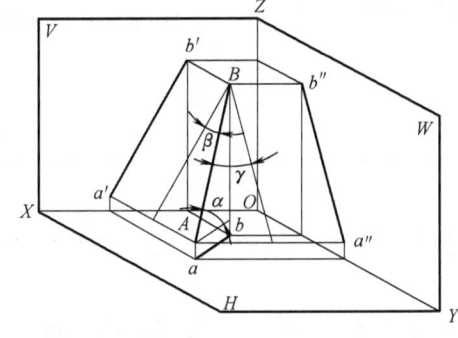

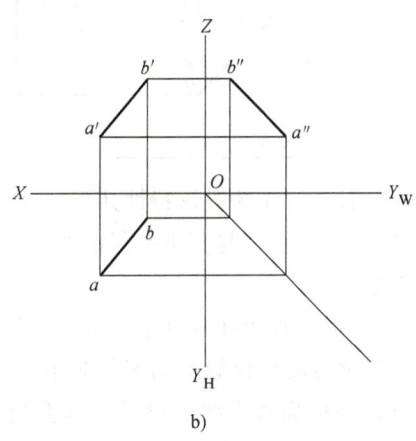

a)　　　　　　　　　　　b)

图 2-12 一般位置直线

a) 直观图　b) 投影图

(2) 投影面平行线　投影面平行线表示平行于一个投影面，倾斜于另两个投影面的直线。按其平行面的不同可分为水平线（平行于 H 面的直线）、正平线（平行于 V 面的直线）和侧平线（平行于 W 面的直线），不同平行线的特性见表 2-1。

表 2-1　投影面平行线的投影特性

直线类型	直观图	投影图	特性
水平线（平行于 H 面）			1) $a'b'//OX$；$a''b''//OY_W$，均不反映实长 2) $ab=AB$ 3) β、γ 反映真实倾角
正平线（平行于 V 面）			1) $cd//OX$；$c''d''//OZ$，均不反映实长 2) $c'd'=CD$ 3) α、γ 反映真实倾角
侧平线（平行于 W 面）			1) $ef//OY_H$；$e'f'//OZ$，均不反映实长 2) $e''f''=EF$ 3) α、β 反映真实倾角

投影面平行线的投影特性如下。

1) 某一直线在与其不平行的两个投影面上的投影平行于相应的投影轴，但不能够反映真实长度。

2) 当某一直线在与其平行的投影面上能够反映出真实长度时，与投影轴的夹角可以分别反映其对另两个投影面的实际倾角。

(3) 投影面垂直线　投影面垂直线表示垂直于一个投影面，平行于另两个投影面的直线。按其垂直面的不同可分为铅垂线（垂直于 H 面的直线）、正垂线（垂直于 V 面的直线）和侧垂线（垂直于 W 面的直线），不同垂直线的特性见表 2-2。

表 2-2 投影面垂直线的投影特性

直线类型	直观图	投影图	特性
铅垂线（垂直于 H 面）			1) $a(b)$ 积聚为一点 2) $a'b' \perp OX$；$a''b'' \perp OY_W$ 3) $a'b' = a''b'' = AB$
正垂线（垂直于 V 面）			1) $c'(d')$ 积聚为一点 2) $cd \perp OX$；$c''d'' \perp OZ$ 3) $cd = c''d'' = CD$
侧垂线（垂直于 W 面）			1) $e''(f'')$ 积聚为一点 2) $e'f' \perp OZ$；$ef \perp OY_H$ 3) $e'f' = ef = EF$

投影面垂直线的投影特性如下。

1) 某一直线在与其垂直的投影面上的投影积聚为一点。

2) 某一直线在另两个投影面上的投影垂直于相应的投影轴，并且可以反映真实长度。

3. 直线上点的投影

直线上点的投影如图 2-13 所示，具有以下两个特性。

（1）从属性　对于在直线上的点，其投影一定也在直线的各相应面的投影上。通过这个特性能够找出直线上的点，也可以判断某直线上是否存在已知点。

（2）定比性　属于某一线段的点将线段分割成的比例与投影比例相等。即 $AC:CB = ac:cb = a'c':c'b'$。通过这个特性能够在不作侧面投影的前提下，找出侧平线上的某点或判断某直线上是否存在已知点。

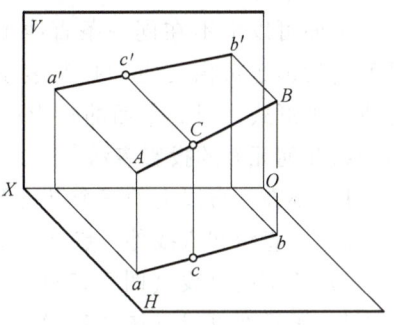

图 2-13　直线上点的投影

4. 两直线的相对位置

两条直线的相对位置可以分成平行、相交、交叉三种情况。

(1) 两直线平行　两直线平行如图 2-14 所示，有以下特性。

1) 如果空间中的两条直线互相平行，那么它们的各个同面投影也一定互相平行。相反，若两条直线的各个同面投影互相平行，则这两条直线在空间也必然互相平行。

2) 互相平行的两条线段长度之比等于其投影长度之比。

(2) 两直线相交　两直线相交如图 2-15 所示，若两条直线相交，则它们于各个投影面

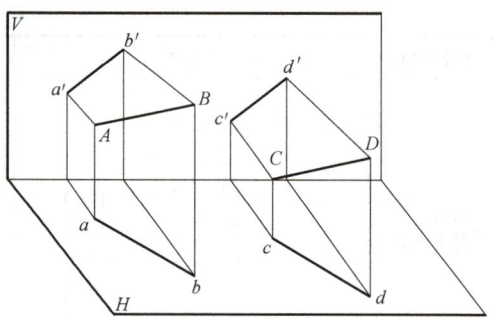

图 2-14　两直线平行

上的同面投影一定相交，同时交点与空间中点的投影规律相符；反之亦然。

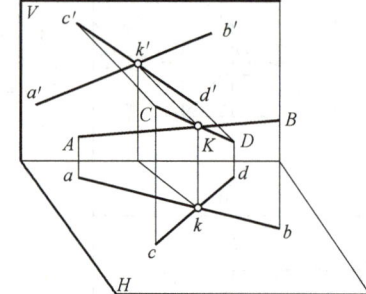
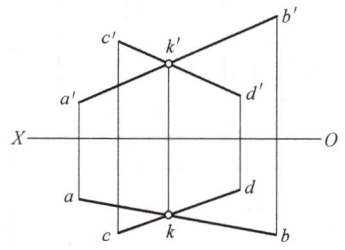

图 2-15　两直线相交

(3) 两直线交叉　若两条直线既不平行也不相交，那么称这两条直线为交叉两直线，也称为异面直线。如图 2-16 所示，若空间两条直线交叉，则它们的同面投影必然不能够同时平行，或者两条直线虽各同面投影相交，但其交点一定与点的投影规律不相符；反之亦然。

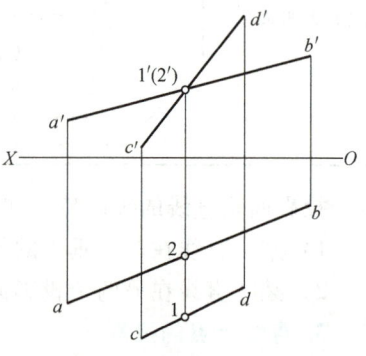

图 2-16　两直线交叉

2.2.3　平面的投影

1. 平面的三面投影

平面可以由不在同一条直线上的三个点确定，所以平面的投影也可由三点的投影表示。由于三个点可以组合成多种形式，因此平面的投影可以用图 2-17 所示的任何一组几何元素的投影表示。

1) 不在一直线上的三个点（图 2-17a）。
2) 一直线和直线外一点（图 2-17b）。
3) 相交两直线（图 2-17c）。
4) 平行两直线（图 2-17d）。
5) 任意平面图形（图 2-17e）。

2. 各种位置平面的投影特性

根据平面对不同的投影面的位置可以将平面分成一般位置平面、投影面垂直面和投影面

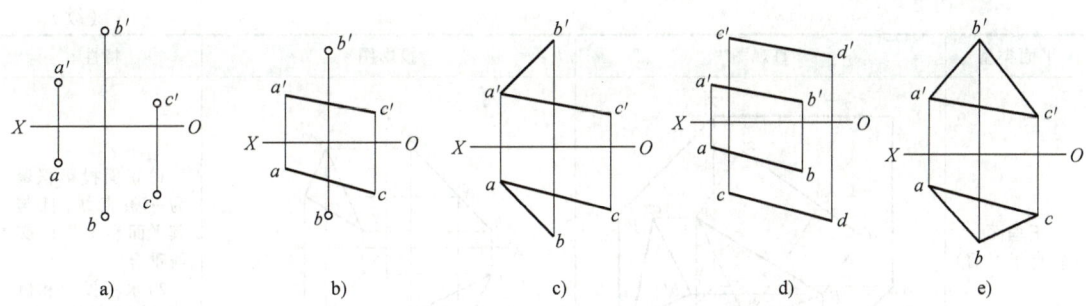

图 2-17 用几何元素表示平面

平行面三种,后两类称为特殊位置平面。

(1) 一般位置平面　一般位置平面是对三个投影面都倾斜的平面。如图 2-18 所示,因为其平面对 H、V、W 三个面均倾斜,所以它在三个面的投影均无法反映实形,也不能够积聚成一条直线,仅仅是比原平面图形尺寸小的类似形。因此,总结一般位置平面的特性为:三个面的投影都只能为原平面的类似形,并且投影面积小于实形。

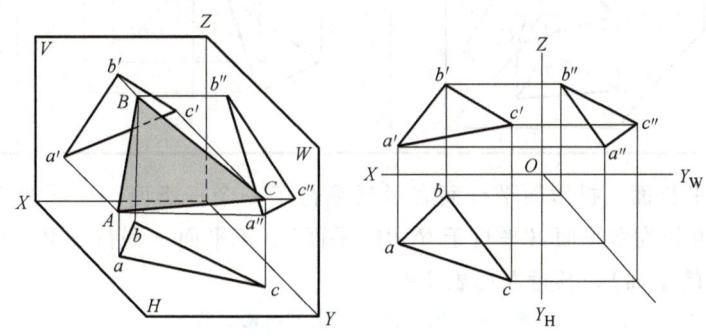

图 2-18　一般位置平面

(2) 投影面垂直面　投影面垂直面是只垂直于一个投影面,而倾斜于另外两个投影面的平面。可分为铅垂面(垂直于 H 面的平面)、正垂面(垂直于 V 面的平面)和侧垂面(垂直于 W 面的平面),其特性见表 2-3。

表 2-3　投影面垂直面的投影特性

平面类型	直观图	投影图	特性
铅垂面 (垂直于 H 面)			1) 水平投影积聚为一条直线,且与其平面和 H 面的交线重合 2) 正面投影和侧面投影都是类似形

平面类型	直观图	投影图	特性
正垂面（垂直于 V 面）			1) 正面投影积聚为一条直线，且与其平面和 V 面的交线重合 2) 水平投影和侧面投影都是类似形
侧垂面（垂直于 W 面）			1) 侧面投影积聚为一条直线，且与其平面和 W 面的交线重合 2) 正面投影和水平投影都是类似形

（3）投影面平行面　投影面平行面表示只平行于一个投影面，而同时垂直于另外两个投影面的平面。可分为水平面（平行于 H 面的平面）、正平面（平行于 V 面的平面）和侧平面（平行于 W 面的平面），其特性见表 2-4。

表 2-4　投影面平行面的投影特性

平面类型	直观图	投影图	特性
水平面（平行于 H 面）			1) 水平投影反映实形 2) 正面投影积聚为一条直线，与其平面和 V 面的交线重合，且平行于 OX 轴 3) 侧面投影积聚为一条直线，与其平面和 W 面的交线重合，且平行于 OY 轴
正平面（平行于 V 面）			1) 正面投影反映实形 2) 水平投影积聚为一条直线，与其平面和 H 面的交线重合，且平行于 OX 轴 3) 侧面投影积聚为一条直线，与其平面和 W 面的交线重合，且平行于 OZ 轴

(续)

平面类型	直观图	投影图	特性
侧平面（平行于 W 面）			1）侧面投影反映实形 2）水平投影积聚为一条直线，与其平面和 H 面的交线重合，且平行于 OY 轴 3）正面投影积聚为一条直线，与其平面和 V 面的交线重合，且平行于 OZ 轴

3. 平面上的点和直线

平面通常用几何元素表示。由几何学可知，不在同一直线上的三点可确定一个平面。从这个公理出发，在投影图上可以用下列任何一组几何元素的投影来表示平面的投影，如图 2-19 所示。

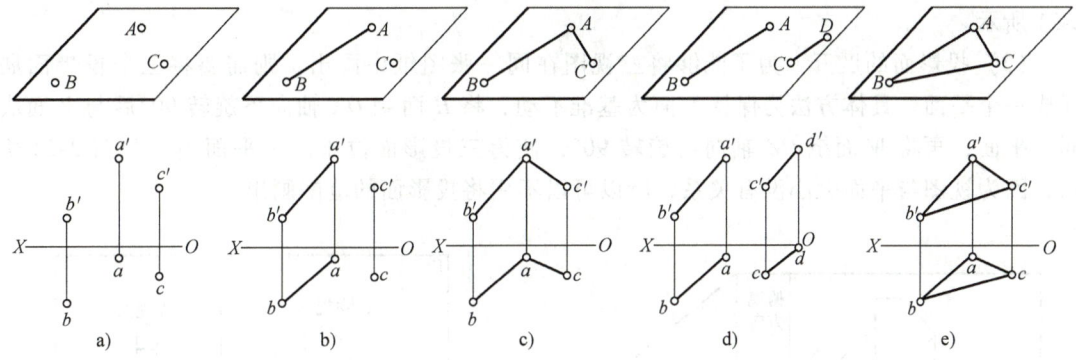

图 2-19　用几何元素表示平面

1）不在同一直线上的三点，如图 2-19a 所示。
2）直线和直线外一点，如图 2-19b 所示。
3）相交两直线，如图 2-19c 所示。
4）平行两直线，如图 2-19d 所示。
5）任意平面图形，如图 2-19e 所示。

以上表示平面的五组几何元素，虽然形式不同，但它们之间可以转换，以不同的形式表示同一个平面。

2.3　基本几何体的投影

基本几何体各表面都是平面图形，各平面图形均由棱线围成，棱线又由其端点确定。因此，平面立体的投影是由围成它的各平面图形的投影表示的，其实质是作各棱线与端点的投影。

2.3.1　物体的三视图

根据有关标准和规定，用正投影法绘制出的物体的图形称为视图。一个物体具有长、宽、高三个方向的尺寸,一个视图仅能够反映出物体两个方向的情况和尺寸。因此,通常情况下,画出一个视图无法确定物体的实际形状与大小。若想准确表示出某个物体的形状和尺寸,则需要将不同投射方向得到的视图绘制出来,增加对物体长、宽、高三个方向的形状和尺寸的说明。工程中多采用三视图。

1. 三视图的形成

(1) 三投影面体系的建立　在空间建立 X、Y、Z 三维直角坐标系,三个投影面分别为正立投影面 V、水平投影面 H、侧立投影面 W。三个投影面两两相互垂直相交,交线 OX、OY、OZ 称为投影轴,三投影轴相交于 O 点,称为原点,如图 2-20 所示。

(2) 物体在三投影面体系中的投影　当物体位于三投影面体系中时,按照正投影法向各投影面投射,由前至后向 V 面投影为主视图,由上至下向 H 面投影为俯视图,由左至右向 W 面投影为左视图,得到三视图,如图 2-21 所示。

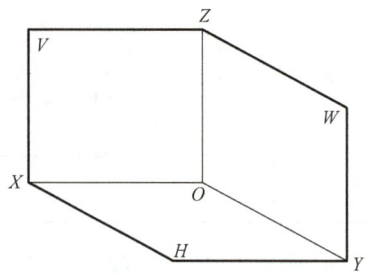

图 2-20　三投影面体系

(3) 投影面的展开　为了能够将三视图在同一张图纸中画出,则需要将三个投影面展开成一个平面。具体方法为保持 V 面为基准不动,将 H 面绕 OX 轴向下旋转 90°后与 V 面成同一平面,再将 W 面绕 OZ 轴向右旋转 90°,使得三投影面位于同一平面内,如图 2-22 所示,因为视图与平面大小没有关系,所以可以不用将投影面的范围画出。

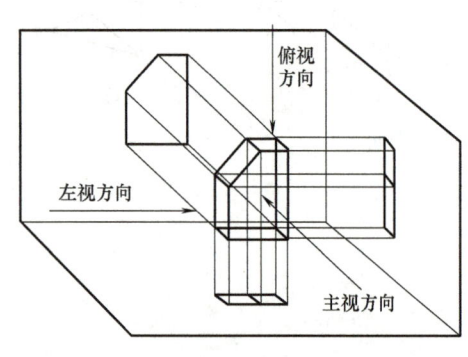

图 2-21　三视图

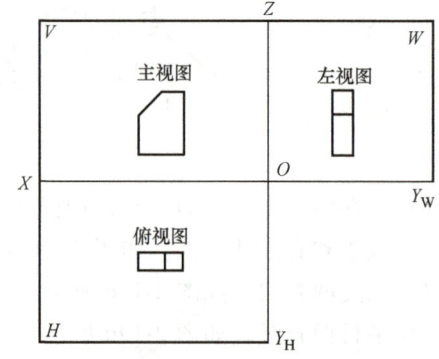

图 2-22　三投影面展开图

2. 三视图的分析

(1) 三视图的位置关系　在三视图中,以主视图为基准在上,俯视图在主视图正下方,左视图在主视图正右方,如图 2-23a 所示。

(2) 三视图尺寸"三等"关系　在三视图中,主、俯视图长度相等——长对正(等长);主、左视图高度相等——高平齐(等高);俯、左视图宽度相等——宽相等(等宽),如图 2-23b 所示。

(3) 三视图物体方位关系　在三视图中,主视图反映物体的上、下和左、右;俯视图反映物体的左、右和前、后;左视图反映物体的上、下和前、后,如图 2-23c 所示。

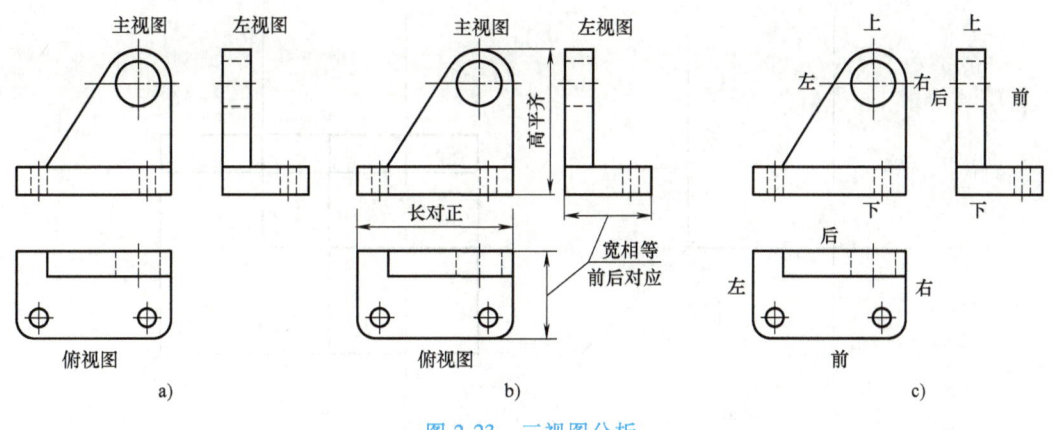

图 2-23 三视图分析

3. 三视图的画法

根据三视图的特点，总结其画法步骤如下。

1）先对物体进行总体分析，确定主视图的方向，使其主要平面与投影面平行。

2）选择合适的绘图比例和图幅大小。

3）确定三视图的位置，并在图中画出定位线及辅助线。

4）先将主视图画出，然后再根据"三等"原则按顺序分别画出俯视图和左视图。

【例 2-2】 画出图 2-24 中物体的三视图。

作图步骤：

1）画出对称中心线和基准线，如图 2-25a 所示。

2）画出底板，如图 2-25b 所示。

3）画出立板，如图 2-25c 所示。

4）画出肋板，如图 2-25d 所示。

5）画出半圆形缺口，完成三视图的绘制，如图 2-25e 所示。

图 2-24 物体图形

几何体三视图画法

2.3.2 棱柱

棱柱由上底面、下底面和侧棱面三部分组成，侧面与侧面的交线为棱线。棱柱可以分为直棱柱和斜棱柱两种。顶面和底面为正多边形的直棱柱，称为正棱柱。

（1）正六棱柱的三视图　正六棱柱的侧面由六个相同的矩形构成，上、下底为相互平行的正六边形。三视图如图 2-26 所示，其顶面、底面均为水平面，它们在 H 面的投影反映实形，V 面及 W 面的投影积聚为一直线。棱柱有六个侧棱面，前后棱面为正平面，它们在 V 面的投影反映实形，在 H 面及 W 面的投影积聚为一条直线，其他四个侧棱面都是铅垂面，在 H 面的投影全部积聚为直线，在 V 面及 W 面的投影都为类似形。

（2）棱柱表面上的点　在棱柱表面取点时，首先应确定点所在的平面，然后分析该平面的投影特性，如果平面平行或者垂直于某一个投影面，则点在该投影面上的投影一定落在投影面的积聚性投影上，然后根据投影关系，找到点在第三个投影面的位置，最后判断点的

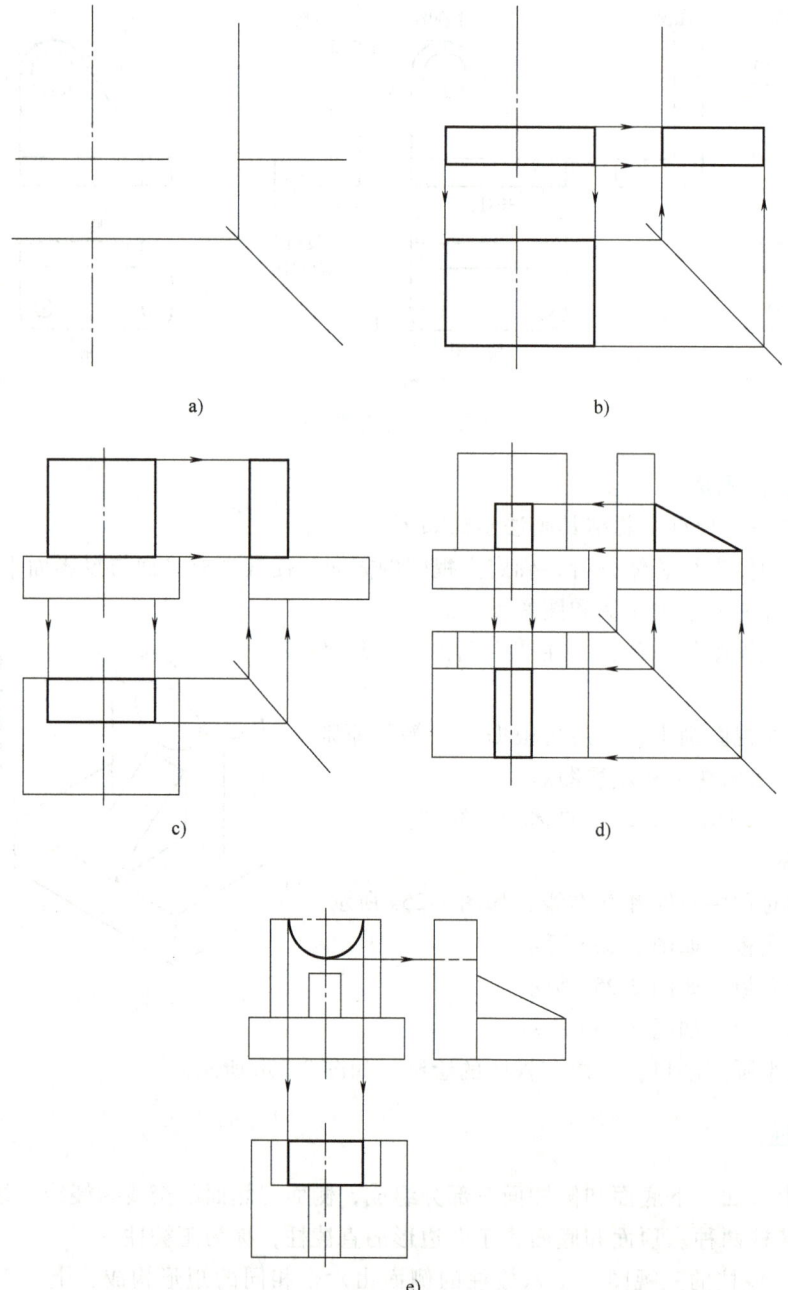

图 2-25 三视图的作图步骤

可见性,若面投影可见,则该点的同面投影也可见,反之亦然。如图 2-27 所示,m 为三棱柱表面上的点。

2.3.3 棱锥

(1) 三棱锥的三视图 棱锥由棱面和底面围成,棱线汇交于一点(锥顶点)。正三棱锥如图 2-28 所示,锥顶为 S,其底面为 $\triangle ABC$,位于水平位置,水平投影 $\triangle abc$ 反映实形。棱

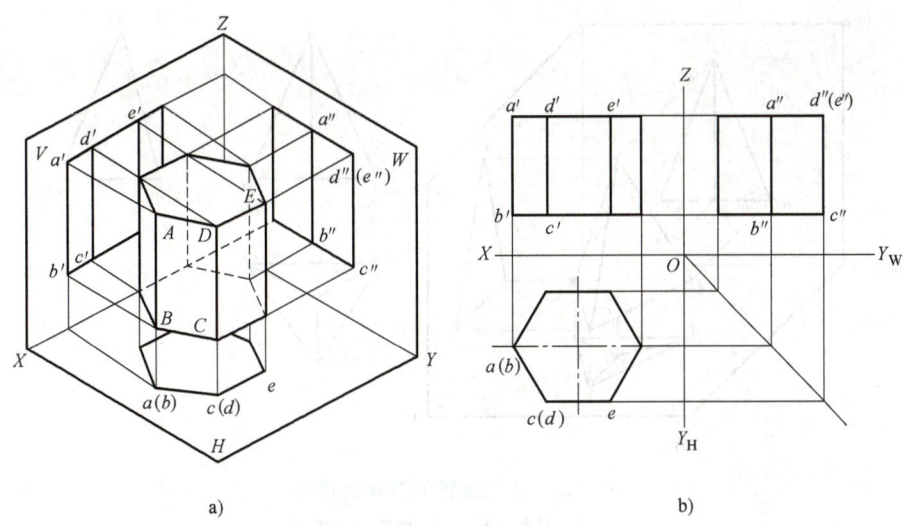

图 2-26 正六棱柱
a) 正六棱柱 b) 正六棱柱的三视图

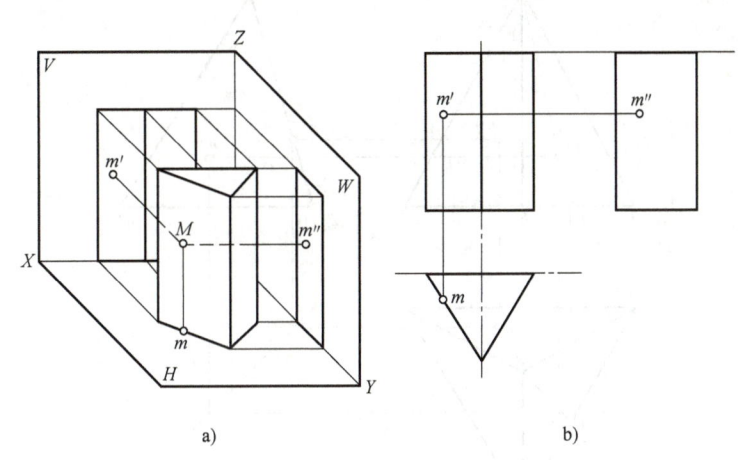

图 2-27 三棱柱表面上的点
a) 三棱柱 b) 三棱柱表面上点的投影

面△SAC、△SBC 是一般位置平面，它们的三面投影均为类似形。棱面△SAB 为侧垂面，其侧面投影 s″a″b″ 积聚为一直线。由此可得棱锥的投影特性为：棱锥处于图 2-28 所示位置时，其底面是水平面，在俯视图上反映实形，另两个投影为一个或多个三角形，其中棱锥底面投影为一条直线。

（2）棱锥表面上的点 在棱锥表面取点时，首先要分析点所在的平面，如图 2-29 所示，如果该点所在的平面在某投影面上有积聚性，那么点的投影必然在积聚的直线上；如果点在一般位置平面上，则可通过作辅助直线的方法获得点的投影。最后，根据点所在的平面在某一投影面上是否可见，判断点在某投影面的可见性。

2.3.4 曲面立体

（1）圆柱体 圆柱体由顶圆、底圆和圆柱面围成。圆柱面是由一条直线绕与它平行的轴

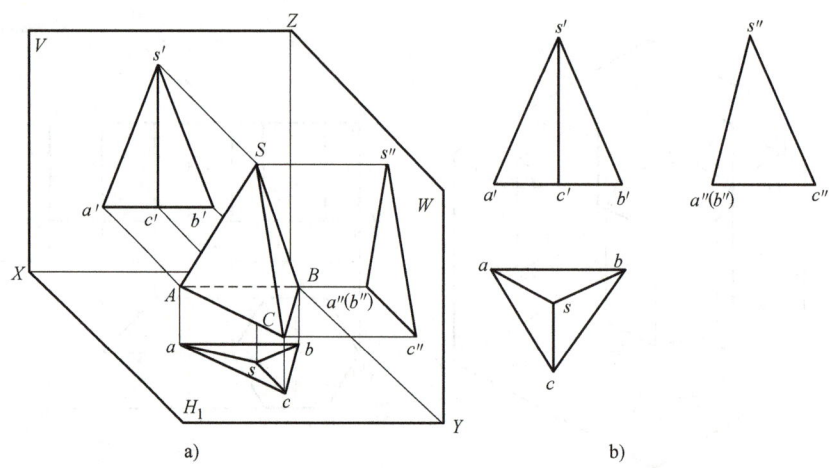

图 2-28 正三棱锥的三视图投影
a) 正三棱锥 b) 正三棱锥的三视图

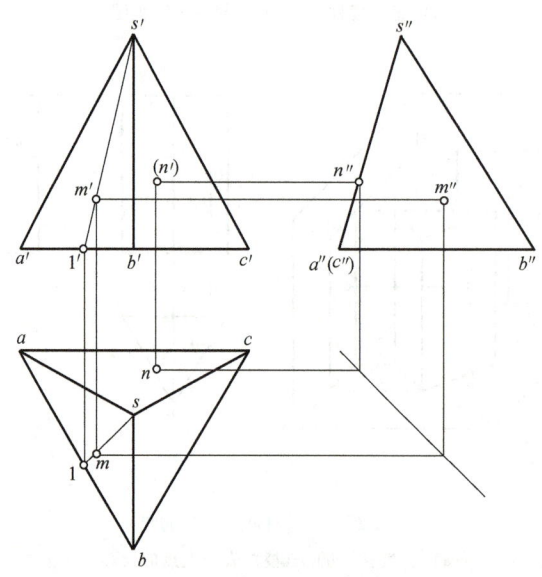

图 2-29 棱锥表面上的点

线旋转而成的。其轴线在铅垂线的位置上，上、下底面在水平面中的投影反映其实形，为整个圆周所包含的区域，正面和侧面投影积聚为一条直线。圆柱面的水平投影积聚为圆，与上、下底面的圆周投影相互重合，圆柱面上的每一条素线的水平投影均积聚为圆周上的一点。

圆柱体的投影特性可概括为：一个投影面反映圆柱上、下底面的圆的实形，另外两个面的投影为矩形，如图 2-30 所示。

（2）圆锥体 圆锥体由圆锥面和底面围成。圆锥是由一直线绕与它相交的轴线旋转一周形成的。圆锥的轴线在铅垂线的位置上，底面在水平面中的投影反映其实形，为整个圆周所包含的区域，正面和侧面投影积聚为一条直线。

圆锥体的投影特性可概括为：一个投影面反映圆锥底面的圆的实形，另外两个面的投影为三角形，如图 2-31 所示。

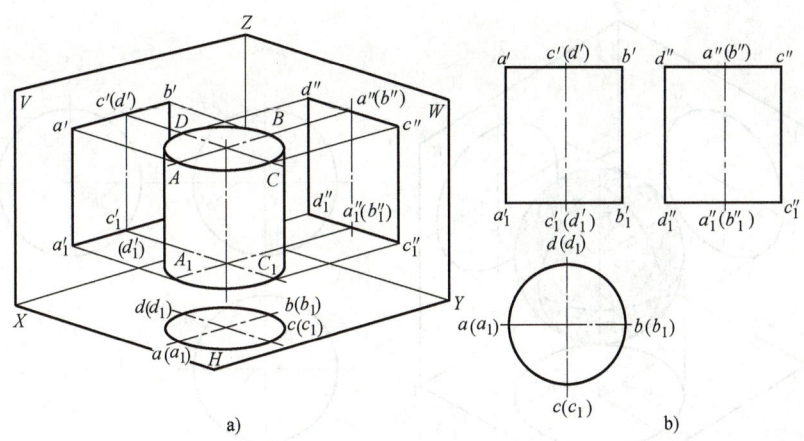

图 2-30 圆柱体的投影
a) 圆柱体　b) 圆柱体的三视图

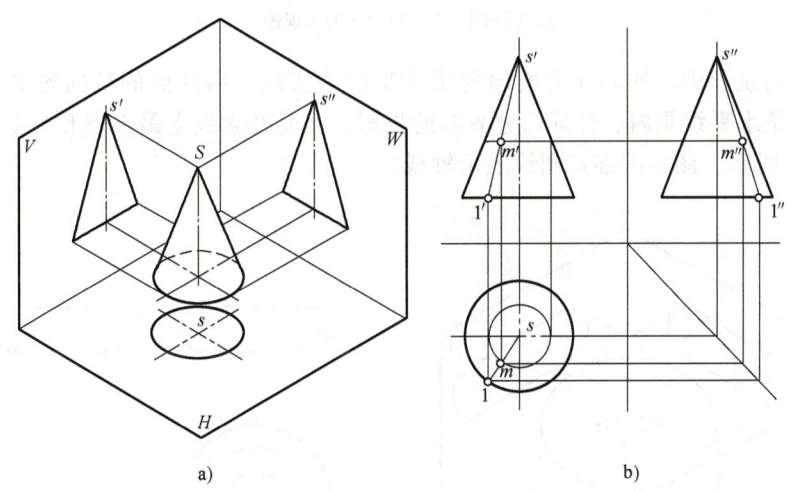

图 2-31 圆锥体的投影
a) 圆锥体　b) 圆锥体的三视图

(3) 圆球体　圆球体是由圆球面围成的立体，也就是由圆的一条素线绕其任意直径为轴线旋转一周后形成的曲面。圆球体在三个面的投影均为大小相同的圆，直径与圆球的直径相等。正面投影、水平投影及侧面投影分别为圆球对正面投影、水平投影及侧面投影转向轮廓线的投影，另外两个投影重合在圆的中心线。

圆球体的投影特性可概括为：三个面的投影都为直径与圆球相等的圆，但三个投影面上的圆分别为不同转向轮廓线的投影，如图 2-32 所示。

(4) 圆环体　圆环体由圆环面围成。圆环面是由圆的一条素线，绕与它共面但不过圆心的轴线旋转而成的。其外面的一半称为外环面，里面的一半称为内环面。

圆环的水平投影为两个同心圆，分别表示上、下面的转向轮廓线，细点画线为素线圆心

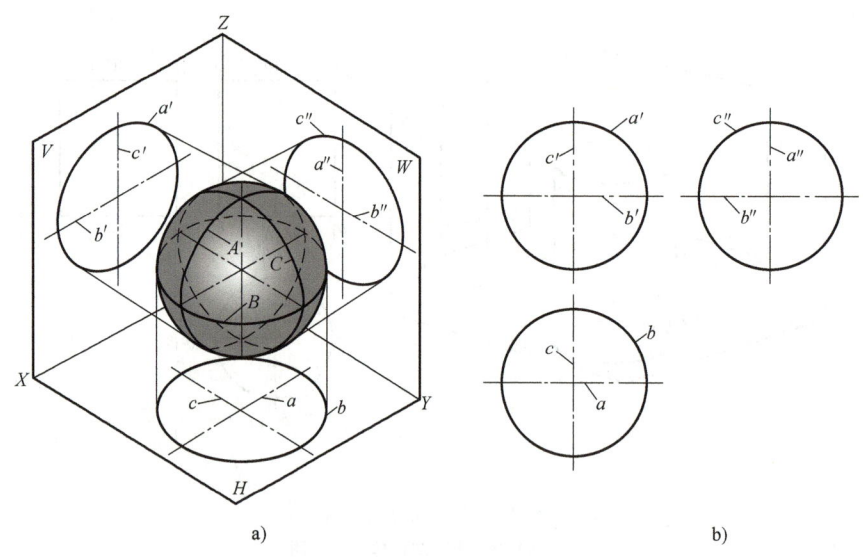

图 2-32 圆球体的投影
a) 圆球体　b) 圆球体的三视图

的轨迹。其正面投影中，外环面的转向轮廓线半圆为实线，内环面的转向轮廓线半圆为虚线，上、下两条水平线是内、外环面分界圆的投影，也是圆素线上最高点和最低点纬线的投影，如图 2-33 所示，图中的细点画线表示轴线。

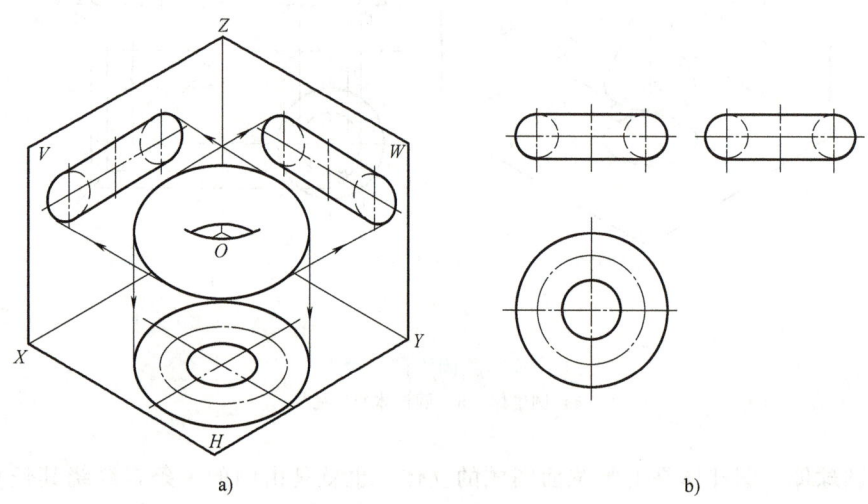

图 2-33 圆环体的投影
a) 圆环体　b) 圆环体的三视图

2.4 基本几何体的尺寸注法

任意立体一般都包含长、宽、高三个方向的尺寸。在图样中标注尺寸时，必须注意将各个方向的尺寸标注齐全，但每一个尺寸在图样中只需标注一次。

（1）平面立体的尺寸标注　平面立体一般需要标注长、宽、高三个方向的尺寸。图 2-34 所示为常见平面立体的尺寸标注方法。

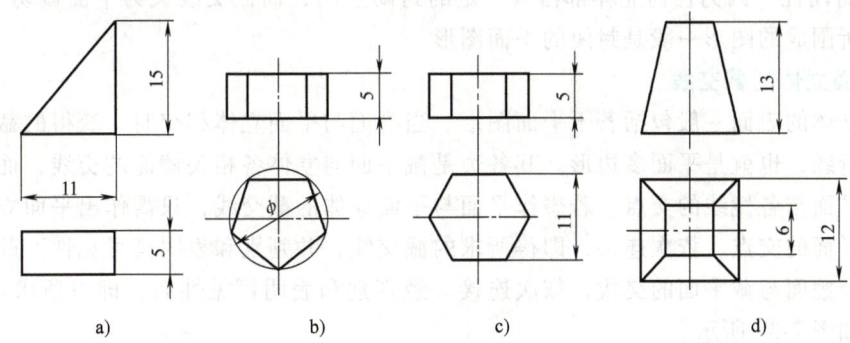

图 2-34　常见平面立体的尺寸标注方法

（2）曲面立体的尺寸标注　曲面立体的直径一般应注在投影为非圆的视图上，并在尺寸数字前加注直径符号"φ"，球直径应加注"Sφ"。图 2-35 所示为常见的曲面立体标注方法。

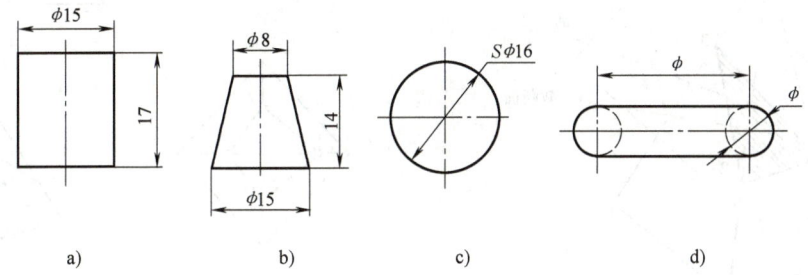

图 2-35　常见的曲面立体标注方法

2.5　截交线与相贯线

在许多包含曲面（圆柱面、圆锥面、球面等）的零件上，常有平面与曲面相交产生的截交线及由两种曲面相交而成的相贯线，这两种交线在视图中都需要画出。

2.5.1　截交线

1. 截交线的概念

当平面与立体相交时，立体被平面截切所得到的表面交线称为截交线，该封闭平面为截平面，截交线围成的平面图形称为截断面，如图 2-36 所示。

2. 截交线的性质

虽然不同立体与平面相交后所获得的截交线不同，但所有的截交线都具有如下基本性质。

（1）共有性　由于截交线既属于截平面，又属于立体表面，所以截交线为截平面与立体表面的共有线，截交线上的每一点都是截平面与立体表面的共有点。

（2）封闭性　因为任何立体都占有一定的封闭空间，而截交线又为平面截切立体所得，故截交线所围成的图形一般是封闭的平面图形。

3. 平面立体的截交线

平面立体的表面一般包括若干平面图形。当平面与平面立体相交时，获得的截交线为封闭的平面折线，也就是平面多边形。其各边是截平面与立体各相关棱面的交线，而多边形的顶点是截平面与各棱线的交点。若想作平面与平面立体的截交线，只需作出平面立体上的各棱线与截平面的交点，依次连接，即得所求的截交线，并判别和表明其可见性。此外，也可以作出各个棱面与截平面的交线，依次连接，经判别和表明可见性后，即得所求的截交线。作图步骤如图 2-37 所示。

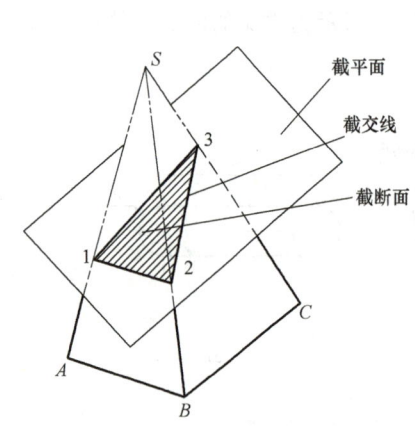

图 2-36　截交线示例

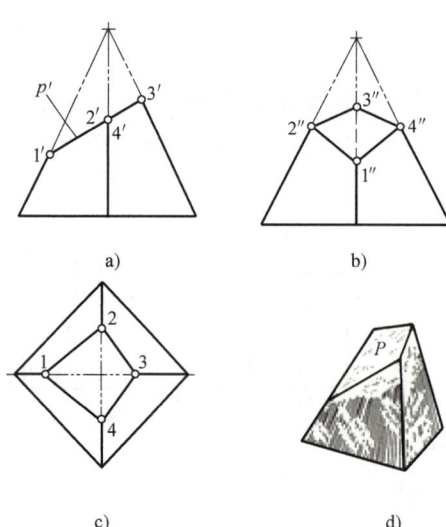

图 2-37　平面立体的截交线

4. 回转体的截交线

平面与回转体表面相交时，截交线的形状由曲面立体的几何性质及其与截平面的相对位置决定。通常情况下，截交线为封闭的平面曲线，也存在特殊情况下，截交线可能由直线和曲线或完全由直线围成。截交线是截平面与曲面立体表面的共有线，截交线上的点也是它们的共有点。所以，回转体的截交线就是求一系列的共有点。

（1）圆柱截交线　圆柱截交线因平面对圆柱轴线的位置不同可分为圆、椭圆和矩形，如图 2-38 所示。

作图时，需要注意轮廓线的投影；如果截交线的投影是直线或者圆，则可以直接作图；若截交线为平面曲线，则需要先

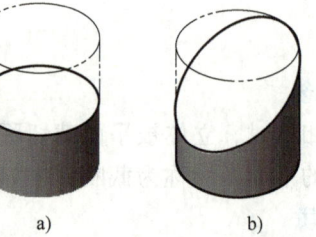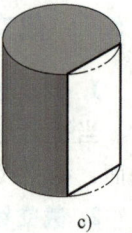

图 2-38　圆柱截交线

作出全部特殊点的投影,然后作出一定数量的点的投影,最后依次光滑连线,同时判断其可见性,对于可见部分的线画成粗实线,不可见的则画成虚线。

作图步骤如图 2-39 所示。

1)作特殊点。选择正面投影图上各转向轮廓线上的 a'、b'、c'、d' 为特殊点,通过 A、B、C、D 四个点的正面投影和水平投影作出它们的侧面投影 a''、b''、c''、d'',其中 A 点为最高点,B 点为最低点。对圆柱截交线椭圆的长、短轴进行分析,得到垂直于正面的椭圆直径 CD 与圆柱直径相等,为短轴,而与它垂直的直径 AB 为椭圆的长轴,长、短轴的侧面投影 $a''b''$、$c''d''$ 仍应互相垂直。

2)作一般点。在主视图中取 f'(e')、h'(g')点,作出其水平投影,f、e、h、g 在圆柱面积聚性的投影上。由此,能得到侧面投影 f''、e''、h''、g''。一般取点的数量可以根据作图的准确程度的要求而定。

3)作截交线。依次光滑连接 a''、e''、d''、g''、b''、h''、c''、f''、a'' 后得到截交线的侧面投影。

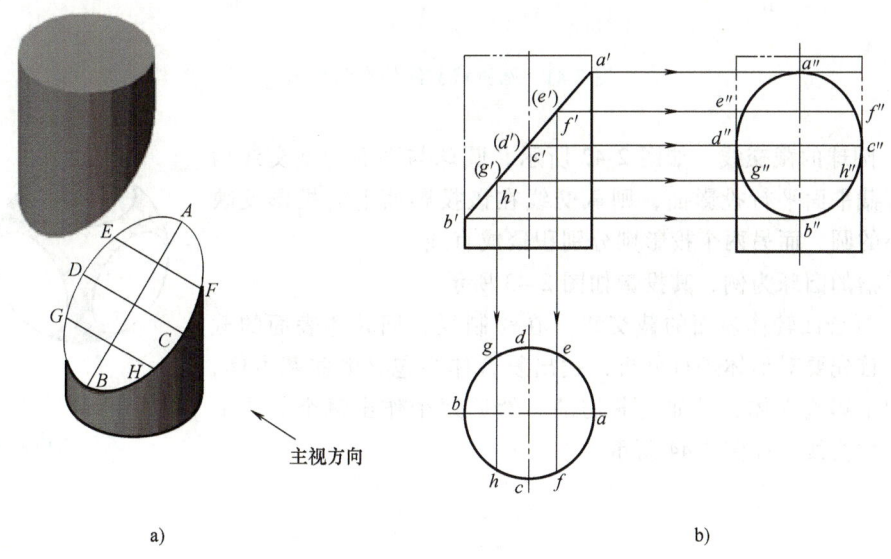

图 2-39 圆柱截切为椭圆

(2)圆锥截交线 圆锥的截交线因截平面对圆锥轴线的位置不同,有圆、椭圆、抛物线(截平面平行任一素线)、双曲线(截平面平行轴线)及两相交直线(截平面过锥顶)五种情况,如图 2-40 所示。

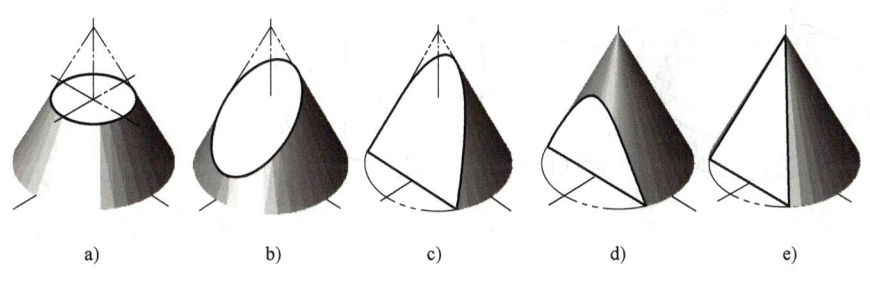

图 2-40 圆锥截交线

作图步骤如图 2-41 所示，可总结为五个步骤：①求特殊点；②求一般点；③判别可见性；④依次连线；⑤整理外形轮廓线。

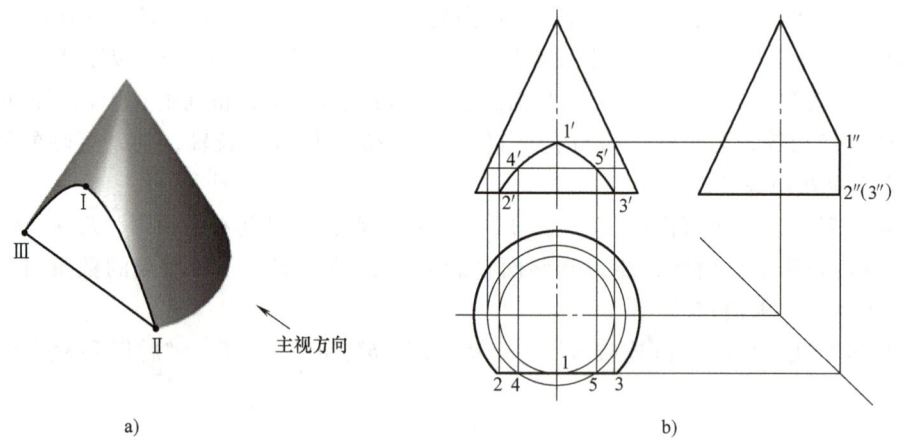

图 2-41 圆锥截交线的作图步骤

（3）圆球的截交线 如图 2-42 所示，圆球与平面的截交线均为圆。若截平面平行投影面，则截交线在该投影面上的投影反映真实大小的圆，而另两个投影则分别积聚成直线。

以带槽的圆球为例，其投影如图 2-43 所示。

（4）复合回转体表面的截交线 在绘制复合回转体表面的截交线时，首先要对形体进行分析，找出复合体中包含哪些基本体，平面截切了哪些立体，是如何截切的。然后逐个作出每个立体上所产生的截交线，如图 2-44 所示。

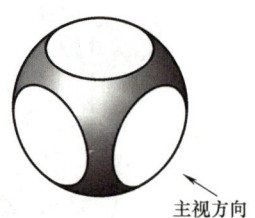

图 2-42 圆球与平面的截交线均为圆

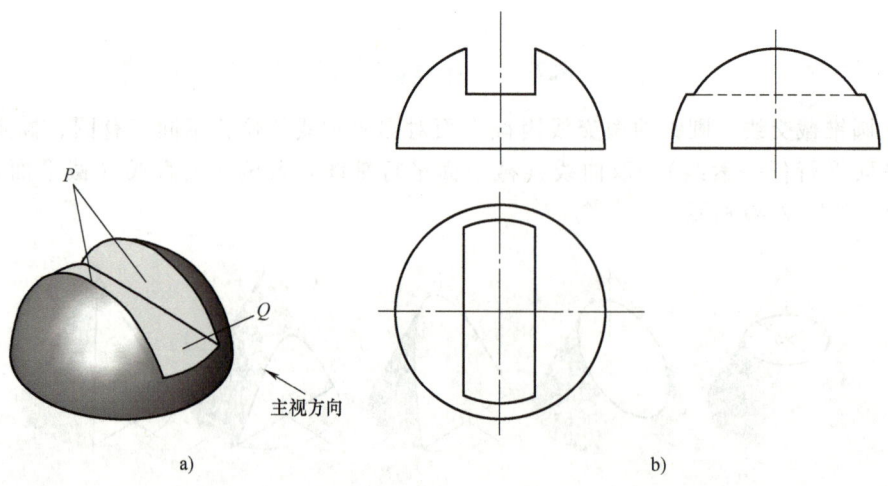

图 2-43 带槽圆球的投影

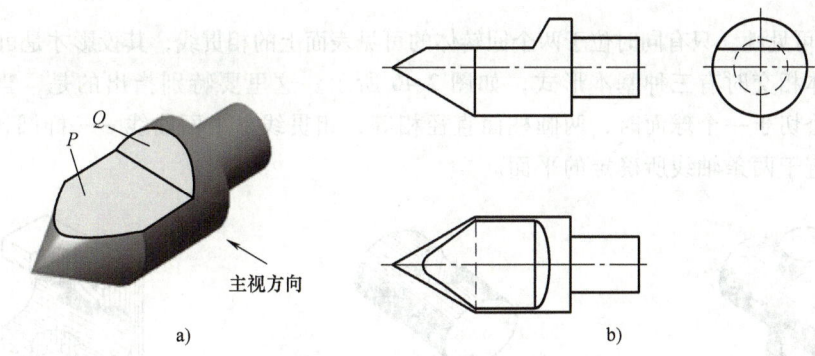

图 2-44 复合回转体表面的截交线

2.5.2 相贯线

1. 相贯线的概念和性质

若两回转体相交，则表面产生的交线称为相贯线，如图 2-45 所示。相贯线的形状由回转体的形状、大小以及轴线的相对位置而定。

虽然不同回转体的相贯线不同，但所有的相贯线都具有如下性质。

1）相贯线是两立体表面的共有线，是两立体表面共有点的集合。

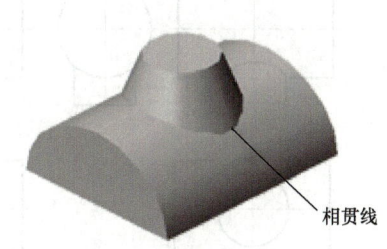

图 2-45 相贯线

2）相贯线是两相交立体表面的分界线。

3）一般情况下相贯线是封闭的空间曲线，特殊情况下相贯线可以是平面曲线或直线段。

2. 求相贯线的方法

由相贯线的性质可以得出，求相贯线就是求两回转体表面的共有点，然后将这些点依次光滑地连接起来。可以采用如下两种方法。

1）用在截交面上取点的方法求相贯线。

2）用辅助平面法求相贯线，即利用三面共点原理求出共有点。

现以截交面上取点的方法为例求相贯线。若两个相交的回转体中，有一个是圆柱体，并且其轴线垂直于某投影面，那么，圆柱面在这个投影面上的投影具有积聚性，所以相贯线在这个投影面上的投影就是已知的。此时，依据相贯线共有线的性质，通过面上取点的方法求相贯线的其余投影的作图步骤如下。

1）分析圆柱面的轴线与投影面的垂直情况，获得圆柱面积聚性投影。

2）作特殊点。一般选择相贯线上处于极端位置的点，如最高点、最低点、最前点、最后点、最左点、最右点，这些点一般是曲面转向轮廓线上的点，将这些特殊点求出后，有助于确定相贯线的范围及变化趋势。

3）作一般点。为能够准确作图，还应在特殊点之间插入若干一般点。

4）依次光滑连接。注意只有在相邻的两条素线上的点才可以相连，连接应光滑，轮廓线应到位。

5）判别可见性。只有同时位于两个回转体的可见表面上的相贯线，其投影才是可见的。

两圆柱体相交时有三种基本形式，如图 2-46 所示。这里要特别指出的是，当轴线相交的两圆柱面公切于一个球面时，两圆柱面直径相等，相贯线是平面曲线——椭圆，且椭圆所在的平面垂直于两条轴线所确定的平面。

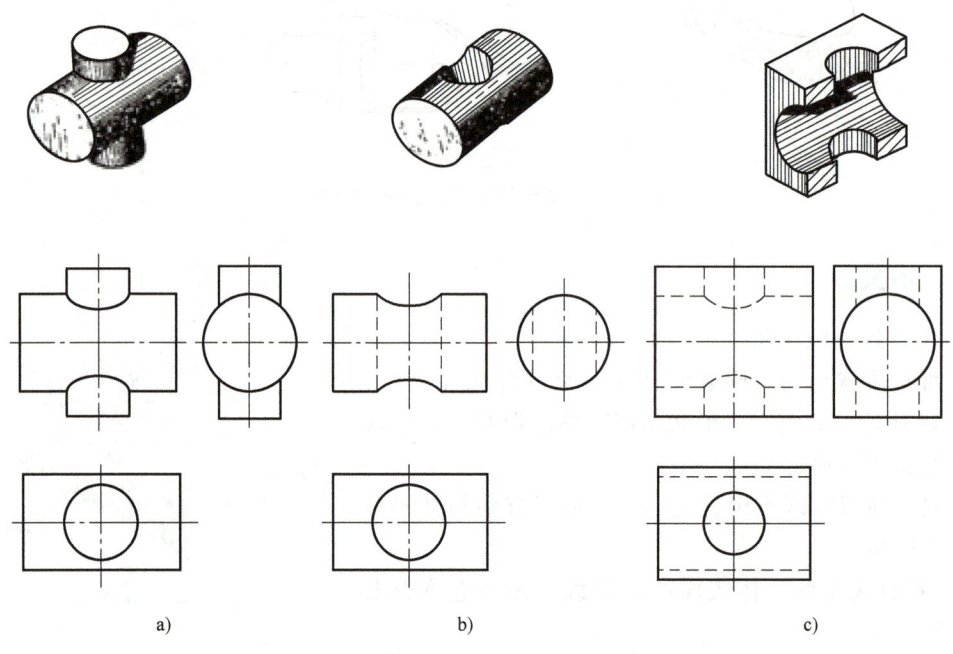

图 2-46　两圆柱体相交的三种基本形式
a）两外表面相交　b）外表面与内表面相交　c）两内表面相交

此外，还有一些特殊情况，例如，当相交回转体具有公共轴线时，相贯线为圆，在与轴线平行的投影面上相贯线的投影为一直线段，在与轴线垂直的投影面上的投影为圆的实形；当圆柱与圆柱相交时，若两圆柱轴线平行，其相贯线为直线，如图 2-47 所示。

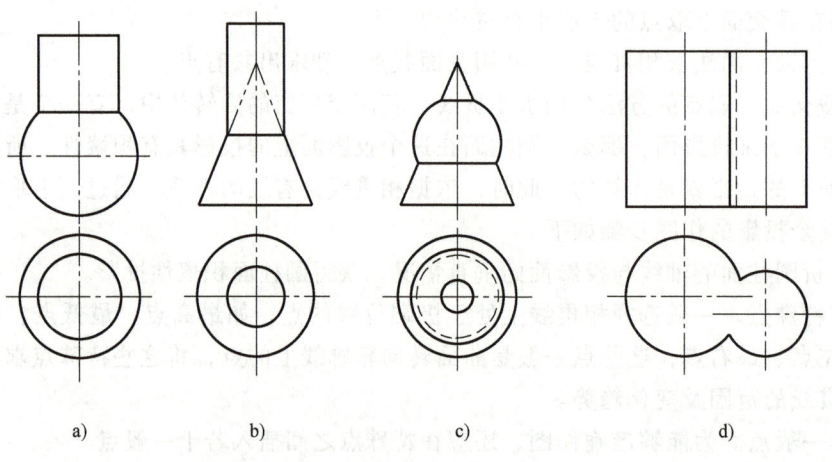

图 2-47　相贯线的特殊情况

【拓展任务】

根据 2-48 所给轴测图，补画第三视图。

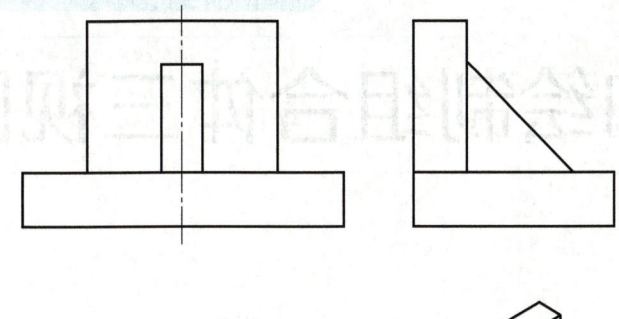

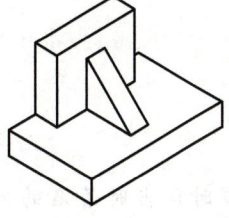

图 2-48　补画第三视图

模块 3

识读和绘制组合体三视图

【课前阅读】

达·芬奇画鸡蛋

达·芬奇14岁时拜当时著名的画家韦罗基奥为师。第一堂课，老师拿出一枚鸡蛋，让达·芬奇照着画。看到老师让自己画鸡蛋，达·芬奇觉得很高兴，因为画鸡蛋太简单了。他拿起画笔就在纸上画，画了一个又一个。第二天上课，老师又拿出鸡蛋让达·芬奇画，一连几天都是如此。达·芬奇有些不高兴了，他想："鸡蛋有什么好画的呢？"渐渐地，他对老师的要求表现得不耐烦了，觉得老师小瞧了自己的能力。于是他问老师："您为什么总是让我画鸡蛋呢？"其实老师早就看穿了达·芬奇的心思，他耐心地说："你可不要小看了这鸡蛋。鸡蛋虽普通，但你能找出两个完全一样的鸡蛋吗？就是同一个鸡蛋，你从不同的角度观察，也能看出不同的形状。而且，光线也是影响事物形状的因素，你在画鸡蛋的过程中注意到这些了吗？只有把简单的鸡蛋画好，才能画其他复杂的物体。"听了老师意味深长的教导，达·芬奇恍然大悟，终于体会到老师的良苦用心。从此以后，达·芬奇吸取教训，用心苦练绘画的基本功。最终成为著名的画家。绘制复杂组合体视图也是同理，需要同学们仔细、认真、有耐心，要多方面、多角度地观察，不能光看事物表面，还要深入剖析其内部，采用具体问题具体分析的思维方式，才可以化繁为简，解决问题。

【学习重点】

1) 识读与绘制组合体的视图，组合体的尺寸标注。
2) 正等测图、斜二测图的绘制。

【学习难点】

1) 根据组合体的两个已知视图补画第三视图。
2) 正等测图、斜二测图的绘制。

模块3 识读和绘制组合体三视图

【思维导图】

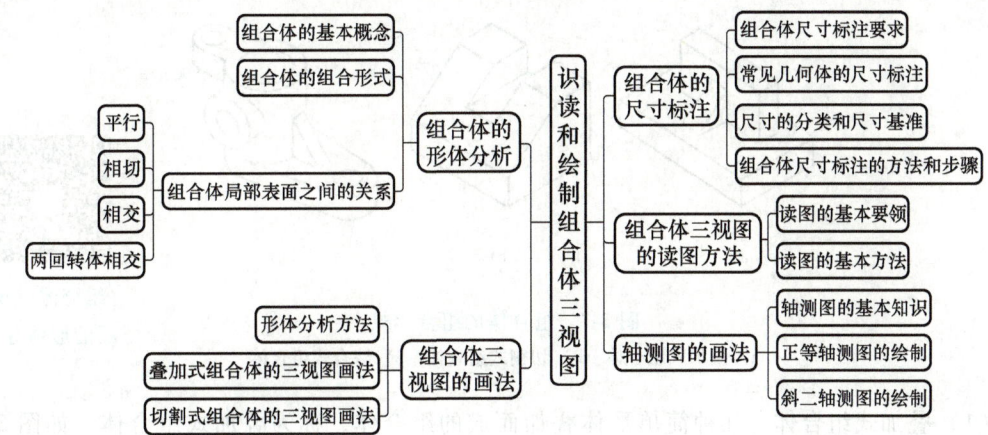

3.1 组合体的形体分析

3.1.1 组合体的基本概念

由两个或两个以上的基本几何体（圆柱、圆锥、圆球、圆环、棱柱、棱锥等）组合而成得到的形体，称为组合体。如图 3-1a 所示，该组合体可以理解为它是由图 3-1b 所示的几个基本几何体组合而成的。从几何学的角度来看，所有的机械零件都可以抽象为组合体。因此，读、画组合体的视图是学习工程（机械）制图的基础。在学习多面正投影基本理论和制图基本知识的基础上，本模块主要介绍组合体视图的分析、形成、读图、画图以及尺寸标注等问题。

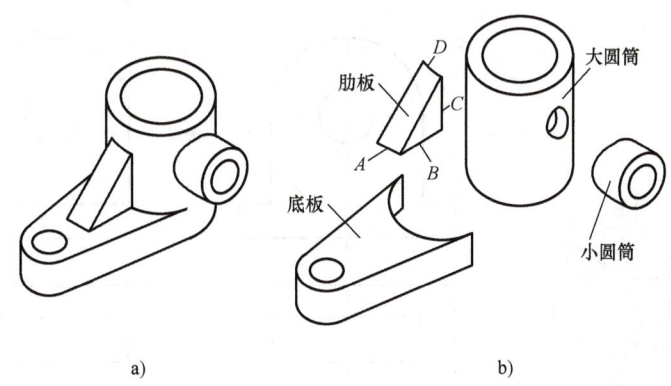

图 3-1 组合体

3.1.2 组合体的组合形式

组合体通常有叠加式、切割式和综合式三类组合形式。其中，叠加式和切割式是组合体的两种基本形式，常见的组合体是综合式组合体，即这两种基本形式的综合，如图 3-2 所示。

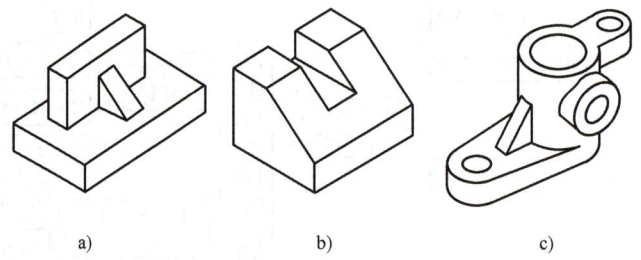

图 3-2 组合体的组合形式

a) 叠加式组合体　b) 切割式组合体　c) 综合式组合体

组合体三视图的形体分析

（1）叠加式组合体　几种简单形体叠加而成的组合体，称为叠加式组合体，如图 3-2a 所示。

（2）切割式组合体　由一个基本体切割而形成的组合体，称为切割式组合体，如图 3-2b 所示。

（3）综合式组合体　既有叠加也有切割的组合体，称为综合式组合体，如图 3-2c 所示。

3.1.3　组合体局部表面之间的关系

在分析组合体的组合形式的时候，还需要了解组合体各表面之间的连接关系。

1. 平行

两个平行平面间有平齐和不平齐两种关系。

（1）两表面不平齐　两个平行表面不平齐（不共面）的连接的地方应该有线，如图 3-3 所示。

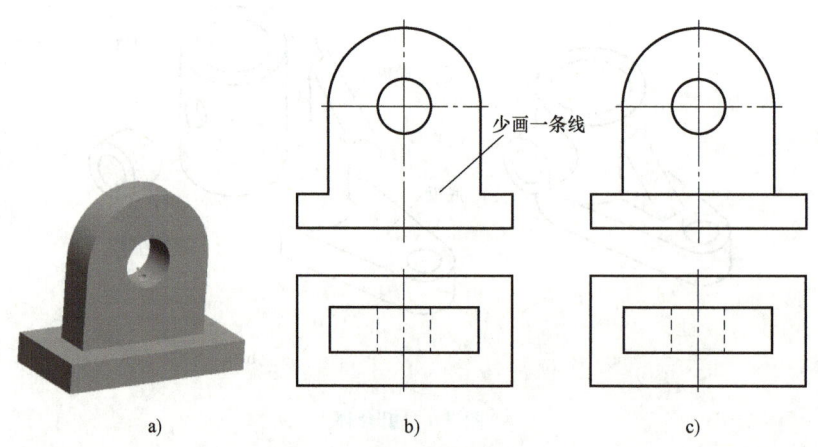

图 3-3　形体间表面不平齐的画法

a) 立体图　b) 错误　c) 正确

（2）两表面平齐 两个平行表面平齐（共面）的连接的地方不应该有线，如图3-4所示。

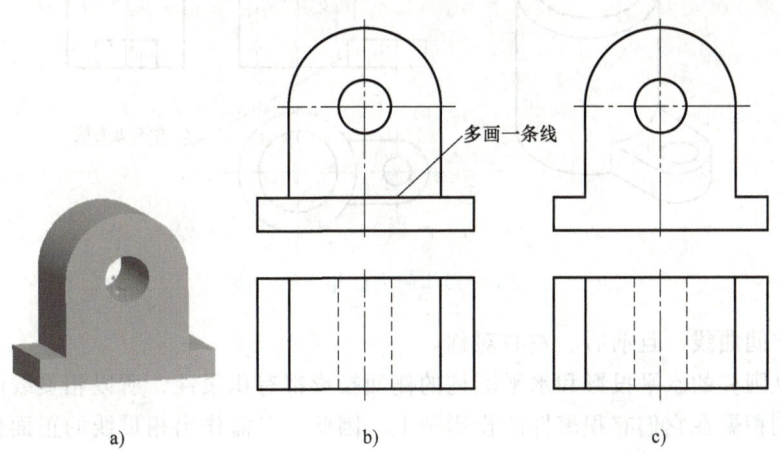

图3-4 形体间表面平齐的画法
a）立体图 b）错误 c）正确

2. 相切

当相邻两基本形体表面相切时，由于在相切处两表面是光滑过渡的，没有明显的分界线，故在相切处规定不画分界线的投影，如图3-5所示。

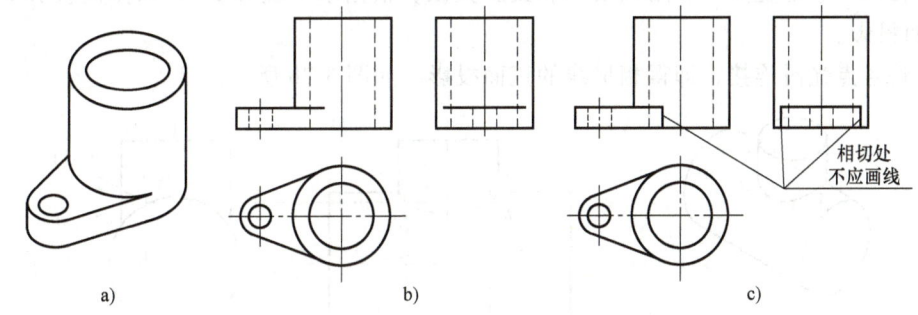

图3-5 形体间表面相切
a）立体图 b）正确 c）错误

3. 相交

当相邻两基本形体表面相交时，在相交处会产生各种形状的交线，应在视图相应位置处画出交线的投影。相交有截交和相贯之分，并且应该在相交的地方画出交线，如图3-6所示。

4. 两回转体相交

两回转体相交，表面产生的交线称为相贯线。相贯线有如下性质。
1）相贯线是相贯的两立体表面的共有线，相贯线上的点是两立体表面的共有点。
2）相贯线一般是封闭的空间曲线，特殊情况下可能是平面曲线或直线。
如图3-7a所示，两圆柱轴线垂直相交，直立圆柱的直径小于水平圆柱的直径，其相贯

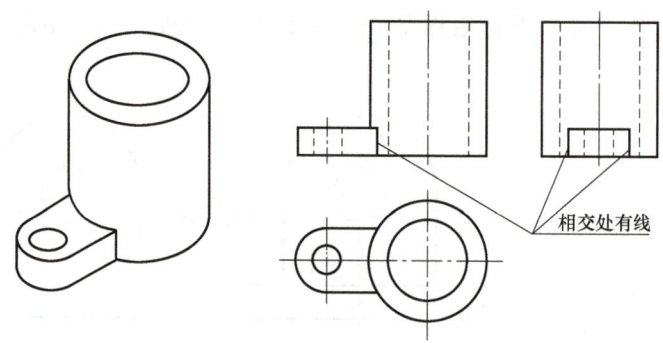

图 3-6 形体间表面相交的画法

线为封闭的空间曲线,且前后、左右对称。

由于直立圆柱的水平投影和水平圆柱的侧面投影都有积聚性,所以相贯线的水平投影和侧面投影分别积聚在它们有积聚性的投影圆上,因此,只需作出相贯线的正面投影。由于相贯线前后、左右对称,因此,在其正面投影中,可见的前半部和不可见的后半部重合,左、右部分则对称。

作图步骤:

1) 先求特殊位置点。最高点 A、E(也是最左、最右点,又是大圆柱与小圆柱轮廓线上的点)的正面投影 a'、e' 可直接定出。最低点 C(也是最前点,又是侧面投影中小圆柱轮廓线上的点)的正面投影 c' 可根据侧面投影 c'' 求出。

2) 再求一般位置点。利用积聚性和投影关系,根据水平投影 b、d 和侧面投影 b''(d'')求出正面投影。

3) 将各点光滑连接,即得相贯线的正面投影,如图 3-7b 所示。

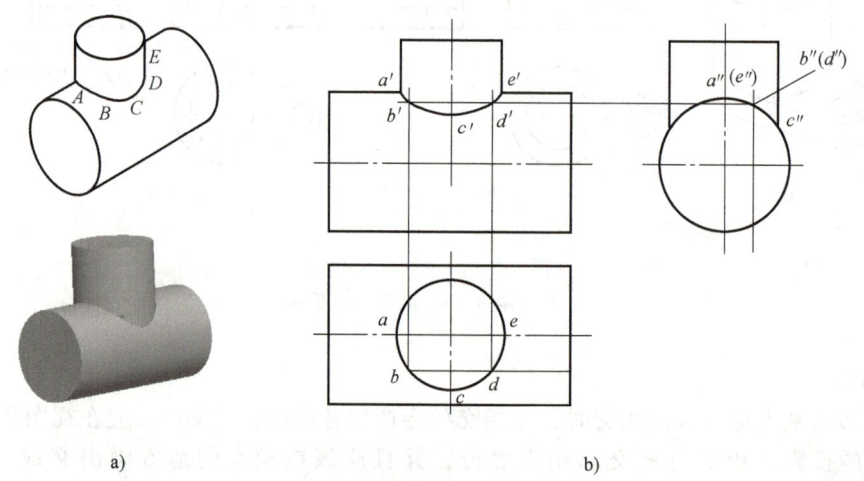

a)　　　　　　　　　　　　　b)

图 3-7 两圆柱正交的画法

3.1.4 形体分析方法

1. 形体分析法

假想把组合体分解为多个基本形体,分析各个基本形体的形状,同时确定各个组成部分之间的组合方式及其相对位置关系，由此产生对整个形体的形状的整体概念，这种分析方法称为形体分析法。

如图3-8a所示的轴承座，可以看成是由3-8b所示的底板、肋板、套筒和支承板四个部分组合形成的。因此，在画组合体视图的时候，都可以采用这种"先分后合""化整为零""化繁为简"的分析方法，即形体分析法。

形体分析法有以下三步具体的分析步骤：

1）将组合体分解为几个基本的几何体。

2）确定各个基本体的形状和相对位置。

3）分析各个基本体表面之间的连接关系。

2. 线面分析法

线面分析法是在形体分析法的基础之上，研究与运用组合体中的线、面的空间投影特性来帮助分析各个部分的相对位置和形状，最终想象出组合体的空间形体的一种方法。

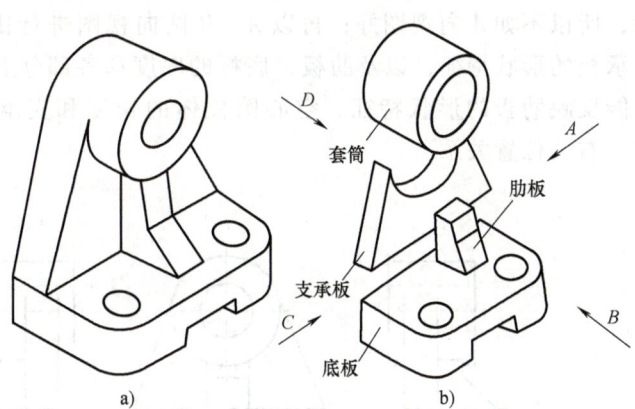

图3-8 轴承座的形体分析

在看图与画图时，主要采用形体分析法，以线面分析法作为辅助方法。线面分析法仅在形体的两个邻接表面处于平齐、相切或相交的特殊位置时，或者形体表面有投影面平行面或投影面垂直面时才适合使用。

3.2 组合体三视图的画法

画组合体的视图的时候，首先要运用形体分析法把组合体分解为多个基本形体，分析它们的组合形式及其相对位置，判断形体间的相邻表面是否处于相切、共面或相交的关系，然后逐个将各个基本形体的三视图画出。必要时，还要对组合体的垂直面、投影面、一般位置平面及其相邻表面进行线面分析。

3.2.1 叠加式组合体的三视图画法

下面以图3-8所示的轴承座为例，说明叠加式组合体三视图的画法。

1. 组合体的形体分析

在画图之前，首先应对组合体进行形体分析。了解此组合体是由哪些形体所构成的。分析各个组成部分的结构特点，它们之间的组合形式和相对位置，以及各个形体间的表面连接关系，从而对此组合体的形体特点有一个总的概念。

2. 选择主视图

首先确定主视图。一般应选能较明显反映出组合体形状的主要特征，即把能较多反映组合体形状和位置特征的某一面作为主视图的投影方向，并尽可能将组合体的主要表面或主要轴线放置在与投影面平行或垂直的位置，同时考虑组合体的自然安放位置，还要兼顾其他两个视图表达的清晰性。

当轴承座按图 3-8 所示自然位置放置后，对图 3-9 所示的 A、B、C、D 四个方向投射所得的视图进行比较，选出最能反映轴承座各部分形状特征和相对位置的方向作为主视图的投射方向。投射方向 B 向与 D 向比较，D 向视图的虚线多，不如 B 向视图清晰；A 向视图与 C 向视图同等清晰，但如以 C 向视图作为主视图，则在左视图上会出现较多的虚线，所以不如 A 向视图好；再以 A、B 两向视图进行比较，B 向视图能反映空心圆柱体、支承板的形状特征，以及肋板、底板的厚度和各部分上、下、左、右的位置关系，A 向视图能反映肋板的形状特征、空心圆柱体的长度和支承板的厚度，以及各部分的上、下、左、右的位置关系。

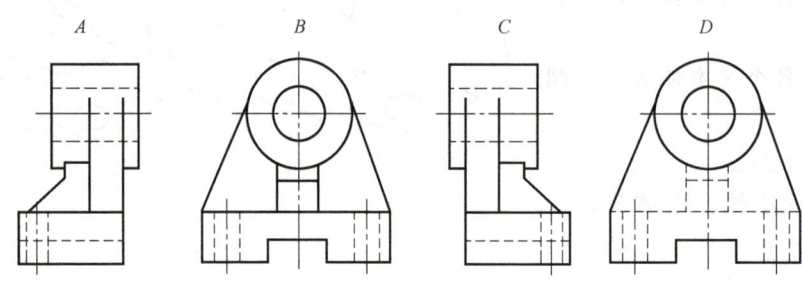

图 3-9　轴承座主视图的选择

由 A 向与 B 向视图的比较不难看出，两者对反映各部分的形状特征和相对位置来说各有特点，差别不大，均符合选为主视图的条件。在此前提下，要尽量使画出的三视图长大于宽，因此选用 B 向视图作为主视图。主视图一经确定，其他视图也随之确定。

3. 选比例、定图幅

视图确定后，便要根据实物的大小和其形体的复杂程度，按制图标准规定选择适当的作图比例和图幅。

4. 布置视图，画出作图基准线

布图时，根据各视图每个方向的最大尺寸和视图间有足够的地方注全所需尺寸，以确定每个视图的位置，将各视图均匀地布置在图框内。

根据各视图的位置，画出基准线。一般用底面、对称中心面、较大的端面或过重要轴线的平面等作为作图基准，如图 3-10a 所示。

5. 绘制底稿

为了迅速而正确地画出组合体的三视图，画底稿时应注意：

1) 画图顺序按照形体分析法，先画主要部分，后画次要部分；先画可见的部分，后画不可见部分。如先画底板和空心圆柱体，后画支承板、肋板，如 3-10b、c 所示。

2) 每个形体应先画反映形状特征的视图，再按投影关系画其他视图（如图中底板先画俯视图，空心圆柱体先画主视图等）；画图时，每个形体的三个视图最好配合起来画。画完一个形体的视图，再画另一个形体的视图，以便利用投影的对应关系，使作图既快速又正确。

3) 形体之间的相对位置要正确。

模块3 识读和绘制组合体三视图

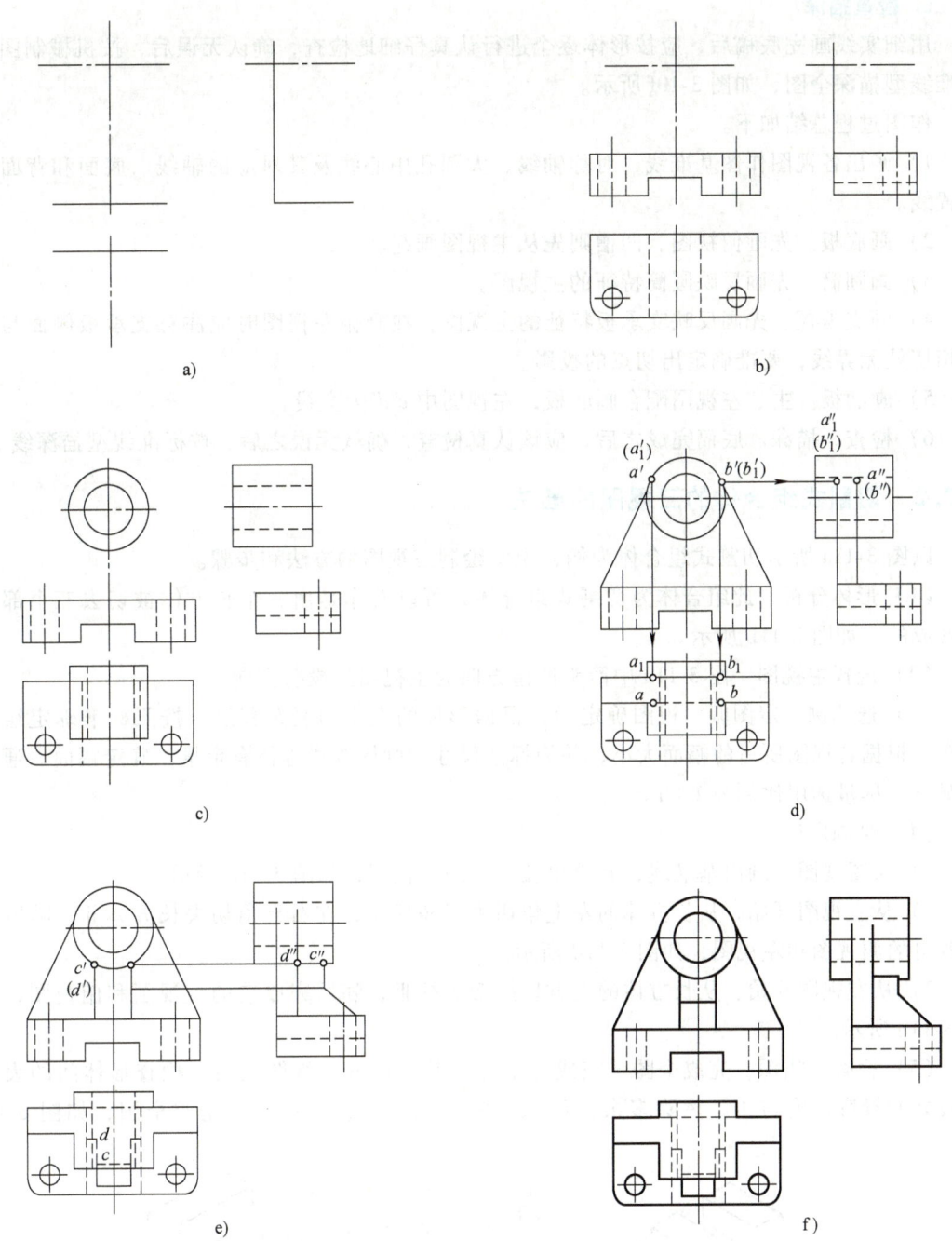

图 3-10 画轴承座三视图的步骤

4) 形体间的表面过渡关系要正确。

5) 要注意各形体间内部融为整体。由于套筒、支承板、肋板融合成整体，原来的轮廓线也发生变化，如图 3-10d 中左视图和俯视图上套筒的轮廓线，图 3-10e 中俯视图上支承板和肋板的分界线的变化。

6. 检查描深

用细实线画完底稿后，应按形体逐个进行认真仔细地检查，确认无误后，按机械制图的标准线型描深全图，如图 3-10f 所示。

作图过程总结如下：

1) 画出各视图作图基准线、对称轴线、大圆孔中心线及其对应的轴线、底面和背面的位置线。

2) 画底板。先画俯视图，凹槽则先从主视图画起。

3) 画圆筒。先画反映圆筒特征的主视图。

4) 画支承板。先画反映支承板特征的主视图，在画俯左视图时应注意支承板侧面与圆筒相切处无界线，要准确定出切点的投影。

5) 画肋板。主、左视图配合画肋板，左视图中 $c''d''$ 为交线。

6) 检查、描深。底稿完成之后，应该认真检查，确认无误之后，按标准线型描深线。

3.2.2 切割式组合体的三视图的画法

以图 3-11a 所示切割式组合体为例，说明绘制三视图的方法和步骤。

(1) 形体分析　此组合体为切割式组合体，可以看作是由一个长方体被切去三个部分后形成的，如图 3-11b 所示。

(2) 选择主视图　图 3-11a 中箭头所指方向为主视图的投射方向。

(3) 选比例、定图幅　视图确定后，根据形体的大小与复杂程度，按照标准确定绘图比例。根据各视图所占的幅面大小，并为标注尺寸和画标题栏等留有余量，确定幅面。通常情况下，尽量选用比例为 1：1。

(4) 绘制底稿

1) 布置视图，画出基准线，并绘出长方体的三视图，如图 3-11c 所示。

2) 从主视图开始，从长方体的左上角切去三棱柱 Ⅰ，在右上角切去长方体 Ⅱ，随后完成各自的俯视图和左视图，如图 3-11d 所示。

3) 从左视图开始，从长方体的上方切掉四棱柱 Ⅲ，随后完成它的主视图和俯视图，如图 3-11e 所示。

(5) 检查、描深，完成全图　完成各个基本几何体的三视图之后，检查形体间的表面连接处的投影正确与否，擦除多余的线条，完善细节，最后描深，完成全图，如图 3-11f 所示。

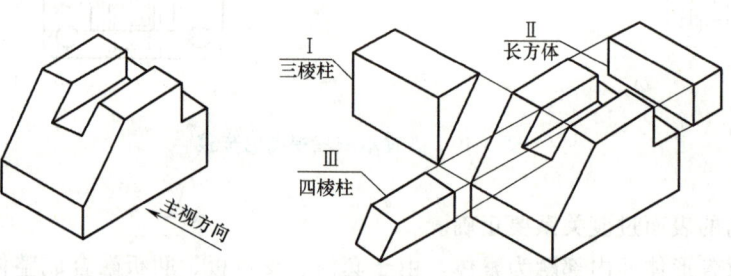

a) b)

图 3-11　切割式组合体的画图步骤

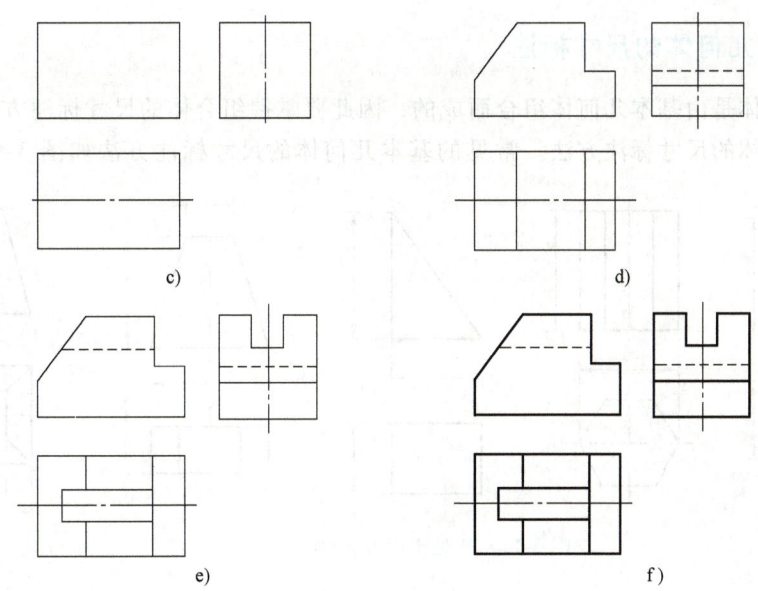

图 3-11 切割式组合体的画图步骤（续）

3.3 组合体的尺寸标注

视图仅能表达物体的形状，物体的大小和各个部分之间的相对位置必须要由标注的尺寸来确定。

3.3.1 组合体尺寸标注的要求

组合体尺寸标注的基本要求如下。

1）正确。所标注的尺寸数值必须准确无误，标注方法要符合国家标准中有关尺寸标注的基本规定。

2）完整。所标注的尺寸必须能够完全确定组合体的大小、形状以及其各个形体间相对位置，不重复、不多注、不遗漏。

3）清晰。所标注的尺寸布局要做到整齐、合理、清晰，以便于读图和查找，如图 3-12 所示。

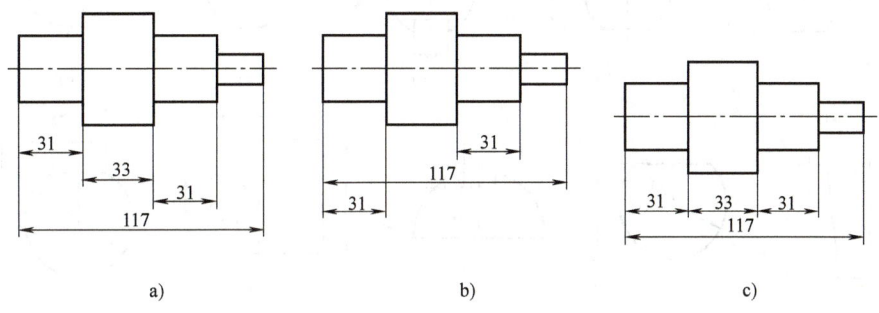

图 3-12 尺寸标注布局要整齐、清晰、合理
a)、b) 不合理　c) 合理

3.3.2 常见几何体的尺寸标注

由于组合体是由基本几何体组合而成的，因此要掌握组合体的尺寸标注方法，首先需要了解基本几何体的尺寸标注方法。常见的基本几何体的尺寸标注方法如图 3-13 ~ 图 3-15 所

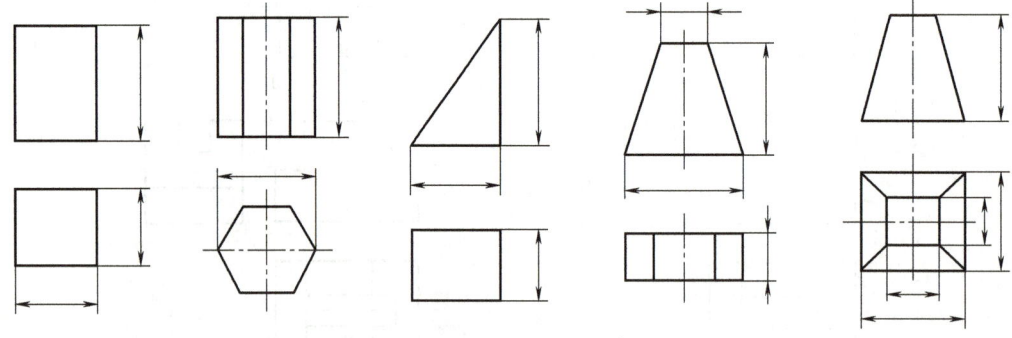

图 3-13 常见平面几何体的尺寸标注

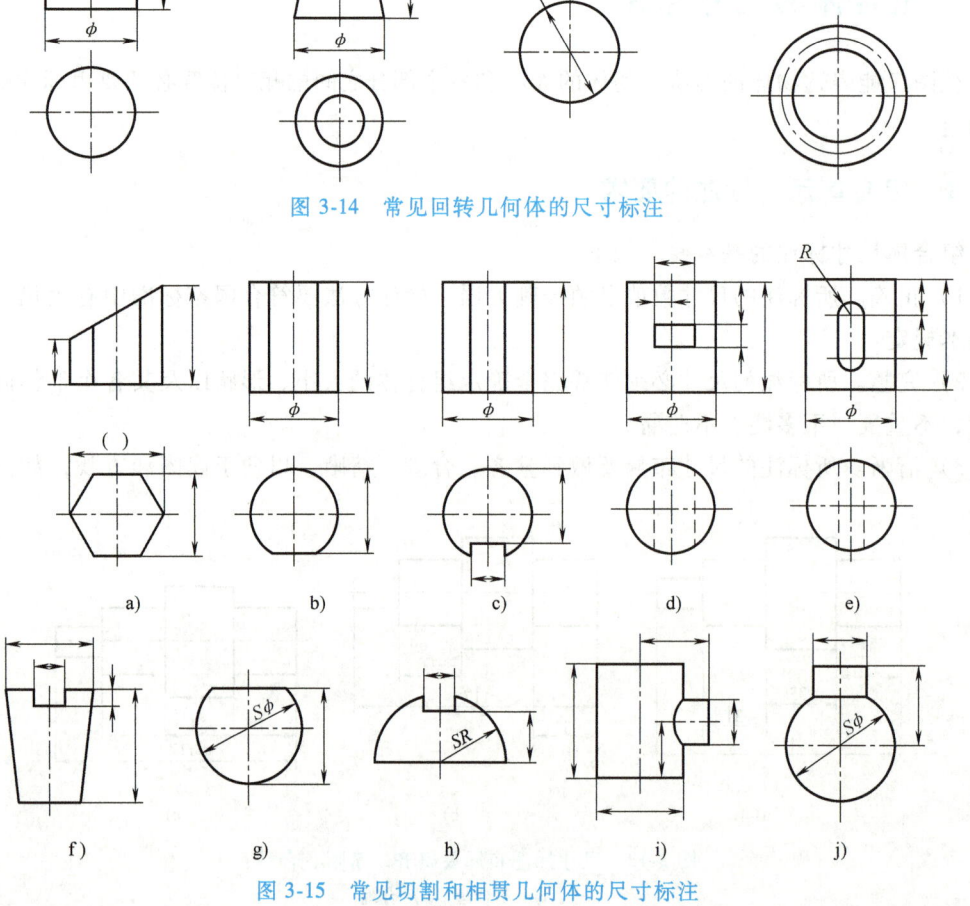

图 3-14 常见回转几何体的尺寸标注

图 3-15 常见切割和相贯几何体的尺寸标注

示。在标注时应该注意标出长、宽、高三个方向的尺寸。

3.3.3 尺寸的分类和尺寸基准

1. 尺寸种类

在组合体的视图上,为了将尺寸标注得完整,通常需要标注下列几类尺寸。

(1) 定形尺寸 确定组合体中各个基本体的形状与大小的尺寸。

(2) 定位尺寸 确定组合体中各个基本体之间的相互位置尺寸。

(3) 总体尺寸 确定组合体的总长、总宽、总高尺寸。

2. 尺寸基准

(1) 标注尺寸的基准 尺寸基准是指标注尺寸的起点。组合体中的各个基本形体在长、宽、高三个方向上都需要用定位尺寸来确定它们的位置,并且令所注尺寸与基准有所联系,这就需要组合体在长、宽、高三个方向上都要有尺寸基准。

尺寸基准一般选择为组合体的主要基本形体的对称平面、回转体的轴线、底面、端面等。

(2) 选择尺寸基准时应该注意的问题

1) 长、宽、高三个方向上,通常最少应该有一个尺寸基准。

2) 一般将尺寸基准设置在形体比较重要的端面、底面或对称面等,回转形体的尺寸基准应该放置在轴线上。

3) 回转结构(如孔、轴等)的定位,一般应该指明其轴线的位置。

4) 将对称面作为基准标注尺寸时,一般应该直接标注对称面两侧相同结构的相对距离,而不可以从对称面开始标注尺寸。如图3-16所示,因为形体左右对称,所以选择把中心对称面作为长度方向的尺寸基准。选择把底面作为高度方向的尺寸基准。选择把底板的背面作为宽度方向的尺寸基准。

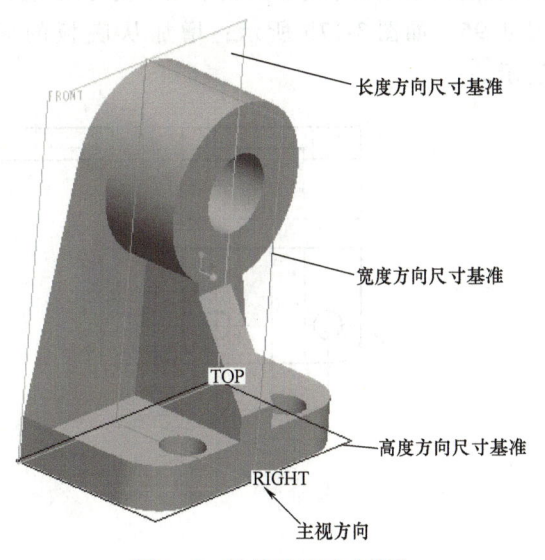

图 3-16 轴承座的尺寸基准

3.3.4 组合体尺寸标注的方法和步骤

现在以图3-16所示的轴承座为例,说明组合体尺寸标注的方法和步骤。

1) 进行形体分析,选择尺寸基准。在明确视图中应该标注哪些尺寸的同时,还需要考虑到尺寸基准的问题。尺寸基准,就是标注尺寸时选择的起点,也就是确定尺寸位置的几何元素(点、线、面)。

基准一般可以选择组合体的对称平面、底面、重要端面以及回转体的轴线等。图3-16所示轴承座的尺寸基准是:宽度方向的基准选择为左右对称面;长度方向的基准选择为底板和支承板的后表面;高度方向的基准选择为底板的底面。

2) 标注确定各个部分的定形尺寸、定位尺寸,如图3-17a~d所示。

3）标注确定各个部分之间的相对位置定位尺寸。为确定各个部分之间的空间相对位置，通常应该标注出上下、左右、前后三个方向的定位尺寸，表面重合、平齐或对称时可以省略某个方向的定位尺寸。如图3-17e所示，支承板与底板相叠加时，支承板的下表面与底板的上表面重合，那么上下方向则不需要标注定位尺寸；两者之间后表面平齐，那么前后则不需要标注定位尺寸；肋板所在的位置左右对称，那么左右也不需要标注定位尺寸。

4）标注总体尺寸。为了表示组合体的总体长、宽、高，通常应该标注出相应的总体尺寸，如图3-17e所示的尺寸70和115为总体尺寸。

5）检查、修改、调整尺寸。按照上述步骤进行后，虽然尺寸已经标注完整，但是考虑总体尺寸后，为避免重复，还应该做出适当的调整。如肋板在长度方向的一面与支承板重合，而另一面的边线与底板重合，因此图3-17c中的长度尺寸50应省略，否则尺寸会发生重复；圆筒外圆与支承板的半圆孔在组合体中完全重合，即两者的直径相等，因此在组合体中两个直径必须去掉一个，仅保留其中的一个，如图3-17c所示；另外，考虑到高度方向基准为底板的底平面，为了使基准保持一致，在组合体中需去除肋板的高度尺寸95，如图3-17b所示；增加从底板的底平面至圆筒中心的尺寸114，如图3-17e所示。

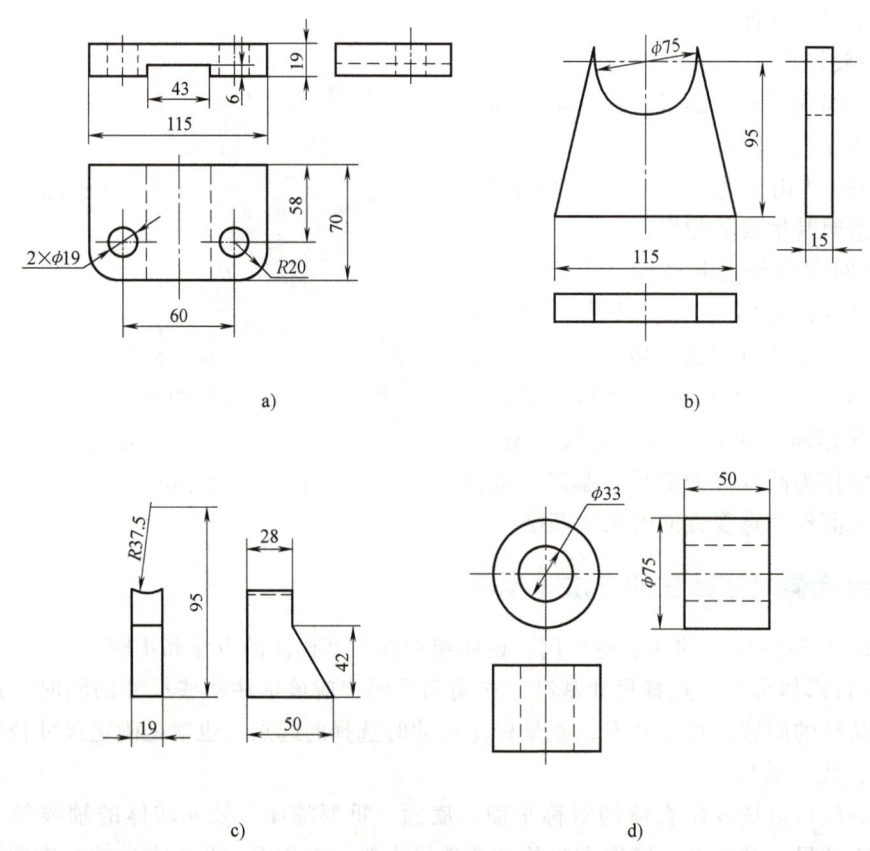

图 3-17 轴承座的尺寸标注步骤

a）底板的尺寸标注　b）支承板的尺寸标注　c）肋板的尺寸标注　d）圆筒的尺寸标注

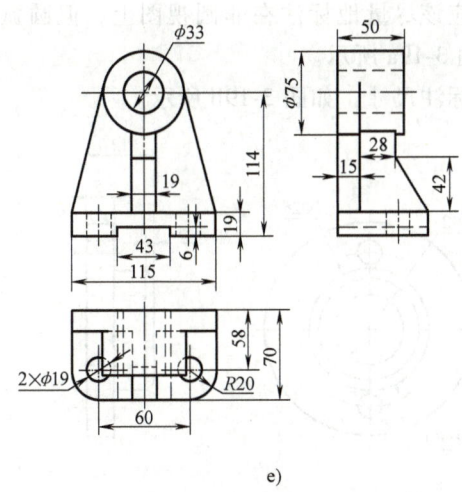

图 3-17 轴承座的尺寸标注步骤（续）

e）组合体的尺寸标注

6）尺寸标注要清晰。在标注尺寸时，除了要求标注正确、完整以外，为了方便读图，还要求标注清晰。为了保证尺寸的清晰性，应该注意以下几点。

① 各个基本形体的定形尺寸及其相关联的定位尺寸应该尽量的进行集中标注，并且应该标注在反映形体特征与能够明显反映相对位置关系的视图中。如图 3-18 所示，垂直板的尺寸 17、27、10、φ14、28 应集中标注在左视图中；三角形肋板的尺寸 12、7 应集中标注在主视图中；底板的尺寸 43、35、34、18、R8、2×φ8 应集中标注在俯视图中。底板与三角形肋板的定位尺寸 5 则应标注在反映位置关系明显的主视图中。

② 为保持图形的清晰，应该尽量将尺寸标注在视图的外侧。同一方向上的几个连续尺寸应该尽量放在同一条线上，平行尺寸则应遵循"小尺寸在内，大尺寸在外"的原则，如图 3-18 所示。

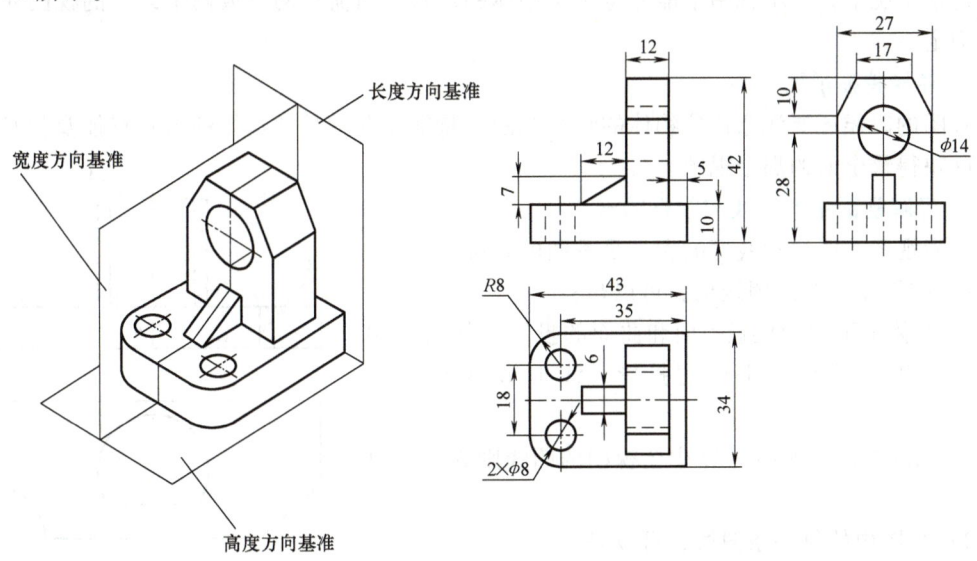

图 3-18 尺寸应集中标注

③ 回转体的直径尺寸应该尽量地标注在非圆视图上，但圆弧的半径尺寸则必须标注在投影为圆弧的视图上，如图 3-19a 所示。

④ 尽量避免在虚线上标注尺寸，如图 3-19b 所示。

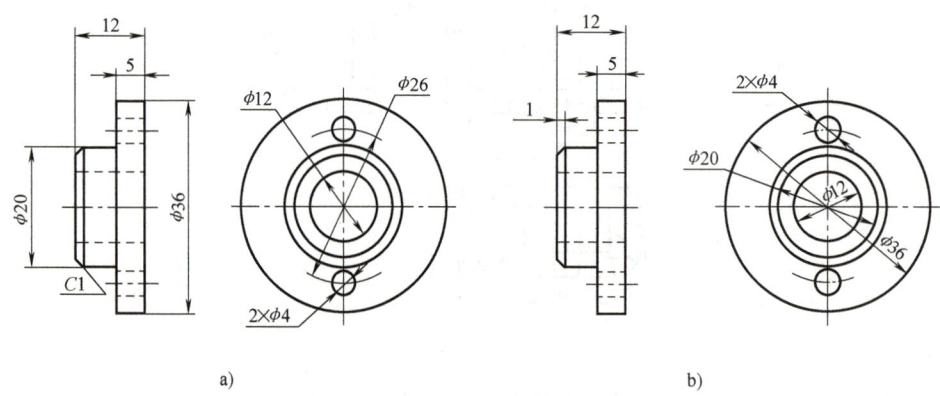

a)　　　　　　　　　　　　b)

图 3-19 回转体的直径标注
a）合理　b）不合理

⑤ 内形尺寸与外形尺寸最好分别标注在视图的两侧。

标注尺寸时，有时会出现不能兼顾以上各点的情况，这时必须在保证尺寸标注正确、完整的前提下，灵活掌握，力求清晰。

3.4 组合体三视图的读图方法

3.4.1 读图的基本要领

1. 几个视图联系起来看

通常情况下，一个视图不能完全确定物体的形状。而需要两个或两个以上的视图才能够完全确定。

2. 寻找特征视图

看图的时候还要注意抓住物体的特征视图。特征视图就是把物体的形状特征及相对位置特征反映得最全面的那个视图。

3. 了解视图中的图线和线框的含义

弄懂视图中图线和线框的含义是看图的基础。

1）视图中每个封闭线框，可以是：

① 形体上不同的位置平面和曲面的投影，如图 3-20 所示，B 和 D 线框为平面的投影，线框 C 为曲面的投影。

② 孔的投影，如图 3-20 中俯视图的圆线则为通孔的投影。

2）视图中的每一条图线，可以是：

① 曲面的转向轮廓线的投影，如图 3-20 中直线 1 是

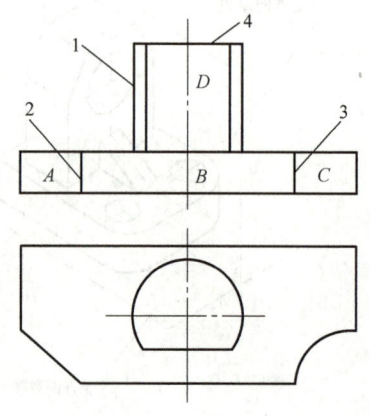

图 3-20 线框和图线的含义

圆柱的转向轮廓线。

② 两表面的交线的投影，如图 3-20 中直线 2 是平面与平面的交线、直线 3 是平面与曲面的交线。

③ 面的积聚性投影，如图 3-20 中的直线 4。

3) 相邻的两个封闭线框，可以是：

① 物体上相交的两个面的投影，如图 3-20 中，线框 A 和 B、B 和 C 都是相交两个表面的投影。

② 同向错位的两个面的投影，如图 3-20 中，线框 B 和 D 则是前后平行两表面的投影。

3.4.2 读图的基本方法

1. 形体分析法

形体分析法是读图的基本方法。一般是从反映物体形状特征的主视图入手，对照其他视图，初步分析该物体是由哪些基本体以及通过什么样的连接关系形成的。然后按照投影特性依次找出各个基本体在其他视图中的投影，用以确定各个基本体的形状与它们之间的相对位置，最后综合想象出物体的整体形状。下面通过图 3-21 来说明看图的具体方法与步骤：

1) 看视图，分线框。首先从主视图入手，把整个视图分成几个独立的封闭线框，这些封闭线框将会代表几个基本形体。如图 3-21a 中的 Ⅰ、Ⅱ、Ⅲ、Ⅳ 四个线框。

2) 对投影，定形体。从主视图出发，分别把每个线框的其他投影找出来，把有投影关系的线框联系起来，就可以确定各线框所表示的简单的形体形状。图 3-21b、c、d 所示分别为 Ⅰ、Ⅱ、Ⅲ、Ⅳ 所表示的形体视图以及物体形状。

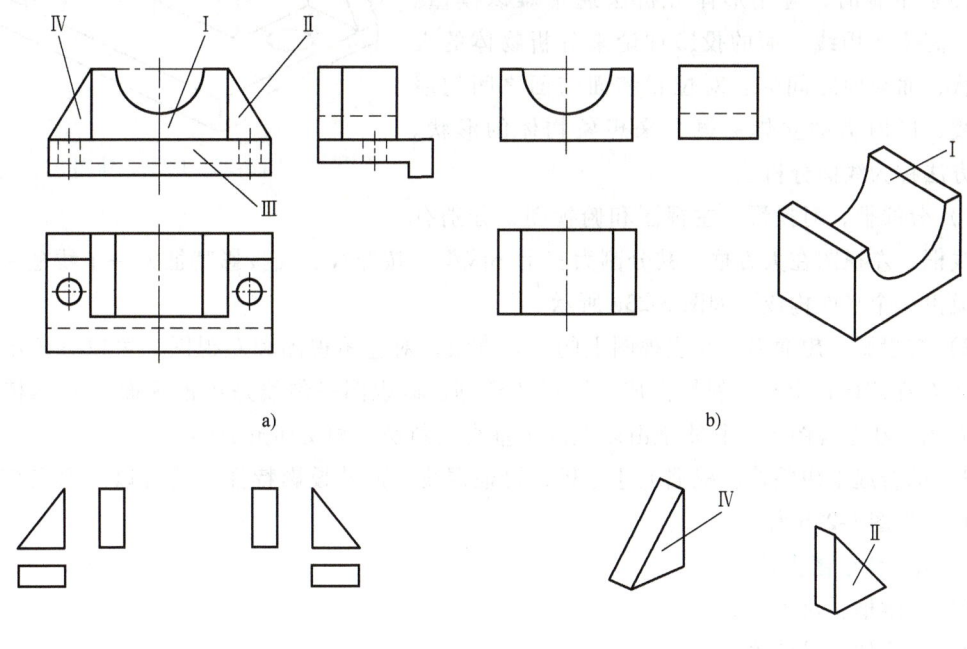

图 3-21　组合体形体分析法读图

a) 底座三视图　b) 形体 Ⅰ 三视图及立体图　c) 形体 Ⅱ、Ⅳ 三视图及立体图

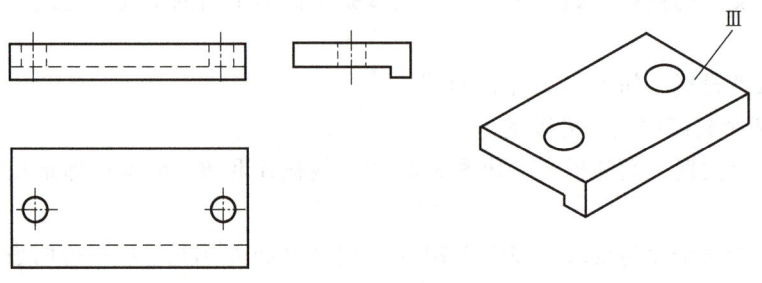

d)

图 3-21 组合体形体分析法读图（续）

d) 形体Ⅲ三视图及立体图

3）综合起来想整体。分别想象出各个部分的形体之后，再去分析它们之间的相对位置与连接关系，就能想象出该物体的整体形状，如图 3-22 所示。

2. 线面分析法

对于形体比较清晰的物体，只用形体分析法就能完全看懂视图。但是，当一个形体被多个平面切割，且形体形状不规则或在某视图中形体结构间的投影关系重叠时，应用形体分析法通常难以读懂。此时，需要运用线、面的投影理论来分析物体的表面形状、面与面之间的相对位置和面与面之间的表面交线，同时借助立体的概念来想象物体的形状。这种方法称为线面分析法。

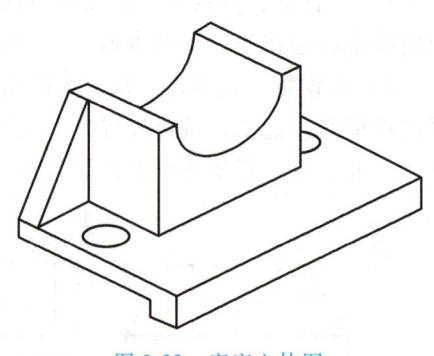

图 3-22 底座立体图

1）分线框，对投影。主视图和俯视图，分别有两个线框，左视图在大方框上被分割为三个小线框，按照线、面投影特征，一个线框一般可以看成由一个平面构成，如图 3-23a 所示。

2）按投影，想面形。在主视图上的一条直线，对应俯视图和左视图，可以分析出是一正垂面 P 在四棱柱上经过斜切而成。同样的道理，俯视图一斜线是用铅垂面 Q 在四棱柱上斜切而成，在左视图上一斜线是由以上两个垂直面斜切后相交而形成的。

3）综合起来想整体。根据上述分析，再根据线、面的投影特征，就可以想象出该物体的形状，如图 3-23b 所示。

3. 组合体读图方法小结

1）分线框，对投影。

2）想形体，辨位置。

3）线面分析攻难点。

4）综合起来想整体。

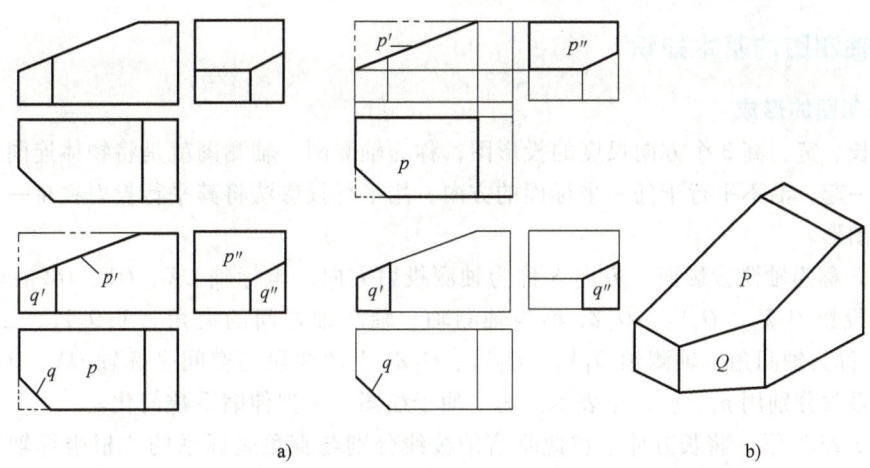

a)　　　　　　　　　　　　　b)

图 3-23　线面分析法读图

3.5　轴测图的画法

用平行投影法将物体连同确定该物体的直角坐标系一起沿不平行于任一坐标平面的方向投射到一个投影面上，所得到的图形，称为轴测图。在设计中，常用轴测图帮助构思、想象物体的形状，在工程领域应用广泛。

轴测图是一种单面投影图，在一个投影面上能同时反映出物体三个坐标面的形状，它接近于人们的视觉习惯，形象、逼真，富有立体感。工程上一般采用正投影法绘制物体的投影图，即多面正投影图。它能完整、准确地反映物体的形状和大小，且质量好，作图简单，但立体感不强，有时工程上还需采用一种立体感较强的图来表达物体，即轴测图，正投影图与轴测图的比较如图 3-24 所示。轴测图是用轴测投影的方法画出来的富有立体感的图形，能正确地反映物体真实的形状和大小，比较接近人们的视觉习惯，并且作图较正投影复杂，在生产中它作为辅助图样，用来帮助人们读懂正投影视图。

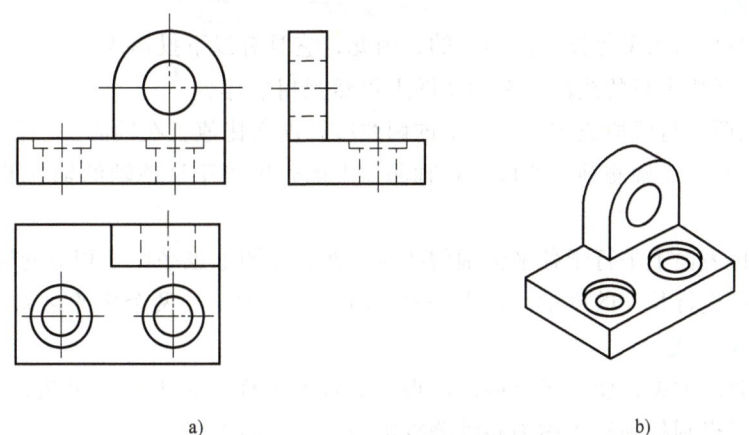

a)　　　　　　　　　　　　　b)

图 3-24　正投影图与轴测图的比较

a）正投影图　b）轴测图

3.5.1 轴测图的基本知识

1. 轴测图的形成

具有长、宽、高 3 个方向尺度的投影图，称为轴测图。轴测图就是将物体连同其参考直角坐标系一起，沿不平行于任一坐标面的方向，用平行投影法将其平行投射在单一投影面上所得到的图形。

平面 P 称为轴测投影面，方向 S 称为轴测投射方向，坐标轴 OX、OY、OZ 在轴测投影面 P 上的投影 O_1X_1、O_1Y_1、O_1Z_1 称为轴测轴，轴测轴之间的夹角 $\angle X_1O_1Y_1$、$\angle Y_1O_1Z_1$、$\angle X_1O_1Z_1$ 称为轴间角。轴测轴 O_1X_1、O_1Y_1、O_1Z_1 上的线段与空间坐标轴 OX、OY、OZ 轴上的伸缩系数分别用 p_1、q_1、r_1 表示。为了便于绘图，常把伸缩系数简化。

如图 3-25 所示，将长方体上彼此垂直的棱线分别与直角坐标系的 3 根坐标轴重合，该直角坐标系称为长方体的参考坐标系。在适当位置设置一个投影面 P，并选取不平行于任一坐标面的投射方向，在 P 面上作出长方体以及参考坐标系的平行投影，就得到一个能反映长方体形状和大小的投影。图 3-26 所示为轴间角及轴向伸缩系数。

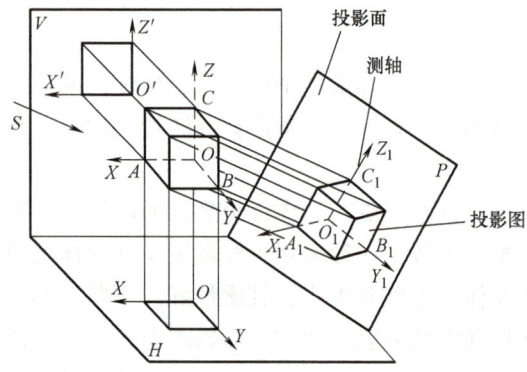

图 3-25 轴测图的形成

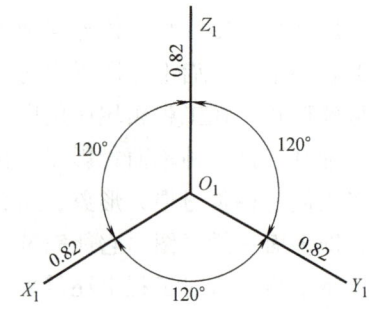

图 3-26 轴间角及轴向伸缩系数

2. 轴测投影的特性

由于轴测图是采用平行投影法形成的，因此，它具有以下投影规律：

1）物体上互相平行的线段，在轴测图上仍然互相平行。

2）物体上两平行线段或同一直线上的两线段长度之比值，在轴测图上保持不变。

3）物体上平行于轴测轴的线段，在轴测图上的长度等于沿该轴的轴向伸缩系数与该线段长度的乘积。

可见，物体表面上平行于各坐标轴的线段，在轴测图上也平行于相应的轴测轴，必须沿着轴测轴的方向进行长度的度量，这也是轴测图中"轴测"两个字的含义。

3. 轴测图的分类

轴测图分为两大类，使用正投影法所得到的轴测图称为正轴测投影图，简称正轴测图；使用斜投影法所得到的轴测图称为斜轴测投影图，简称斜轴测图。

（1）正轴测图 轴测投射方向垂直于轴测投影面（图 3-27a、b，投射方向 S 垂直于平面 P），正轴测图又分别有下列 3 种不同的形式。

1）正等轴测图（$p_1=q_1=r_1$）。
2）正二轴测图（$p_1=r_1\neq q_1$，$p_1=q_1\neq r_1$，$p_1\neq q_1=r_1$）。
3）正三轴测图（$p_1\neq q_1\neq r_1$）。

（2）斜轴测图　轴测投射方向倾斜于轴测投影面（图 3-27c，投射方向 S 倾斜于平面 P），斜轴测图又分别有下列 3 种不同的形式。

1）斜等轴测图（$p_1=q_1=r_1$）。
2）斜二轴测图（$p_1=r_1\neq q_1$，$p_1=q_1\neq r_1$，$p_1\neq q_1=r_1$）。
3）斜三轴测图（$p_1\neq q_1\neq r_1$）。

工程上使用较多的是正等轴测图和斜二轴测图，如图 3-27 所示。

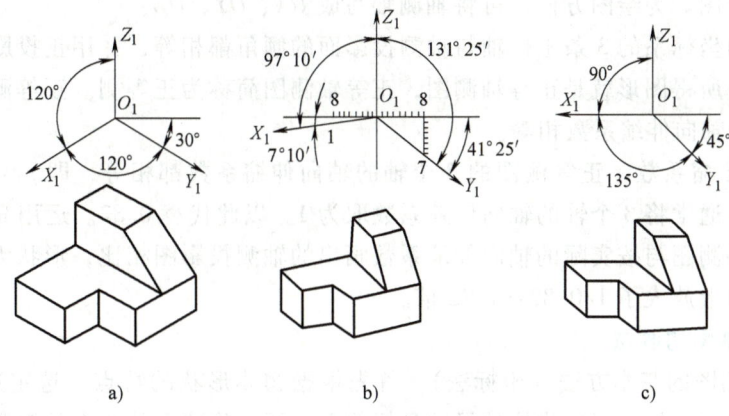

图 3-27　工程上常见的几种轴测图
a）正等轴测图　b）正二轴测图　c）斜二轴测图

正等轴测图和斜二轴测图的轴向位置和轴向伸缩系数见表 3-1。

表 3-1　工程上常用轴测图的轴向位置和轴向伸缩系数

轴测图	轴测轴位置	立方体	伸缩系数
正等测	Z_1 轴竖直，X_1、Y_1 轴与水平线各成 120°	立方体，棱长 L	轴向伸缩系数 $p_1=q_1=r_1\approx 0.82$，为作图方便，常采用简化的轴向伸缩系数 $p_1=q_1=r_1=1$
斜二测	Z_1 轴竖直，X_1 轴水平，Y_1 轴与水平线成 45°（90°、135°）	立方体，X_1、Z_1 方向为 L，Y_1 方向为 $L/2$	轴向伸缩系数 $p_1=r_1=1$，$q_1=0.5$

3.5.2 正等轴测图的绘制

1. 正等轴测投影的形成

将物体放置成使它的三个坐标轴与轴测投影面具有相同的夹角，然后用正投影法向轴测投影面投射，这样所得到的物体的投影，就是正等轴测图。

2. 正等轴测图的参数

（1）轴间角　因为物体放置的位置使得它的三个坐标轴与轴测投影面具有相同的夹角，所以，正等轴测图的三个轴间角相等，即 $\angle X_1O_1Z_1 = \angle X_1O_1Y_1 = \angle Y_1O_1Z_1 = 120°$。在画图时，要将 O_1Z_1 轴画成竖直位置，轴和 O_1Y_1 轴与水平线的夹角都是 30°，因此可直接用金属直尺和三角板作图。为绘图方便，可将轴测轴写成 OX、OY、OZ。

使物体直角坐标系的 3 条坐标轴与轴测投影面的倾角都相等，并用正投影法将物体向轴测投影面投影，所得图形就是正等轴测图，正等轴测图简称为正等测。正等测的轴间角均为 120°，并且 3 个轴向伸缩系数相等。

（2）轴向伸缩系数　正等测图的 3 个轴的轴向伸缩系数都相等，即 $p_1 = q_1 = r_1 \approx 0.82$。为了简化作图，通常将 3 个轴的轴向伸缩系数取为 1，以此代替 0.82。运用简化后的轴向伸缩系数画出的轴测图与按实际的轴向伸缩系数画出的轴测投影图相比，形状无异，只是图形在各个轴向方向上放大了 $1/0.82 \approx 1.22$ 倍。

3. 正等轴测图的画法

（1）画轴测图的基本方法（坐标法）　首先根据物体形状的特点，选定适当的坐标轴，画出对应的轴测轴；然后根据物体的尺寸坐标关系，画出物体上某些点的轴测投影；再由作出的点画出物体上的某些线和面，最后逐步完成物体的全图。如图 3-28 所示，以长方体为例绘制其正等测，根据长方体的特点，选择其中一个角顶点作为空间直角坐标系原点，并以过该角顶点的 3 条棱线为坐标轴。先画出轴测轴，再用各顶点的坐标分别定出长方体 8 个顶点的轴测投影，依次连接各顶点即可。

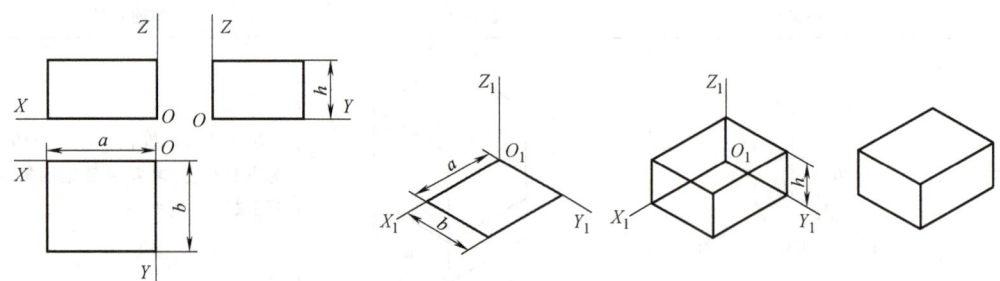

图 3-28　绘制长方体的正等测图

（2）画轴测图切割体　画轴测图切割体，以坐标法为基础，然后按形体分析的方法逐块切去多余的部分。如图 3-29 所示垫块，首先画出完整的长方体，再用切割法分别切去右侧斜角、前面的台阶，然后擦去作图线，描深可见部分即可得垫块的正等轴测图。

（3）画正六棱柱　画正六棱柱，先根据物体形状特点建立适当的坐标系；根据物体的尺寸坐标关系，画出物体上某些点的轴测投影；顺次连接各点的轴测投影，画出物体上某些线和面，逐步完成物体的全图。

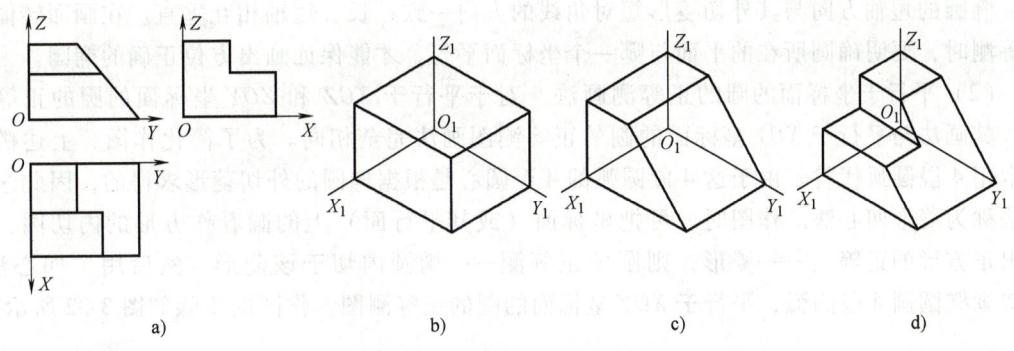

图 3-29 垫块的正等测画法

为作图简便，坐标系的原点一般建立在物体表面的对称中心或顶点处。根据正六棱柱的主、俯视图，画出其正等测图。作图步骤如图 3-30 所示。

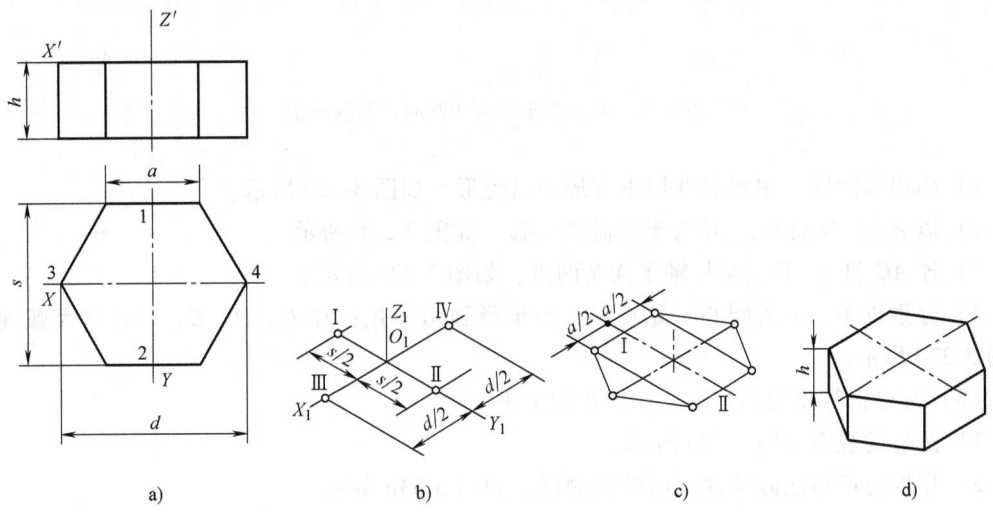

图 3-30 用坐标法画正六棱柱的正等测图

1) 在视图上定坐标轴。
2) 画轴测轴，根据尺寸 s、d 定出 Ⅰ、Ⅱ、Ⅲ、Ⅳ 点。
3) 分别过 Ⅰ、Ⅱ 两点作平行于 O_1X_1 的直线，并在所作两直线上各取 $a/2$ 连接各顶点。
4) 过各顶点向下取尺寸 h，画底面各边，描深，即完成全图。

4. 回转体的正等轴测图的基本画法

（1）平行于坐标面的圆的正等轴测图　在平行投影中，对于曲面立体的正等轴测图的画法，首先要理解平行于坐标面的圆的正等轴测投影是椭圆，当圆所在的平面平行于投影面时，它的投影反映实形，依然是圆。而如图 3-31 所示的各圆，虽然它们都平行于坐标面，但 3 个坐标面或其平行面都不平行于相应的轴测投影面，因此，该图的正等轴测投影就变成了椭圆。椭圆的长轴方向与其外切菱形长对角线的方向一

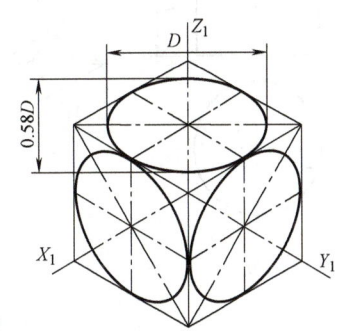

图 3-31 平行于坐标面的圆的正等测图

致；椭圆的短轴方向与其外切菱形短对角线的方向一致；长、短轴相互垂直。在画回转体的正等测时，要明确圆所在的平面与哪一个坐标面平行，才能保证画出方位正确的椭圆。

（2）平行于坐标面的圆的正等测画法　对于平行于 XOZ 和 ZOY 坐标面的圆的正等测圆，其画法与平行于 XOY 坐标面的圆的正等测图画法完全相同。为了简化作图，上述椭圆通常用 4 段圆弧代替。由于这 4 段圆弧的 4 个圆心是根据椭圆的外切菱形求得的，因此这个方法称为菱形四心法。作图时，可把坐标面（或其平行面）上的圆看作方形的内切圆，先画出正方形的正等测——菱形，则圆的正等测——椭圆内切于该菱形。然后用"四心法"近似画椭圆画 4 段圆弧，平行于 XOY 坐标面的圆的正等测图。作图的步骤如图 3-32 所示。

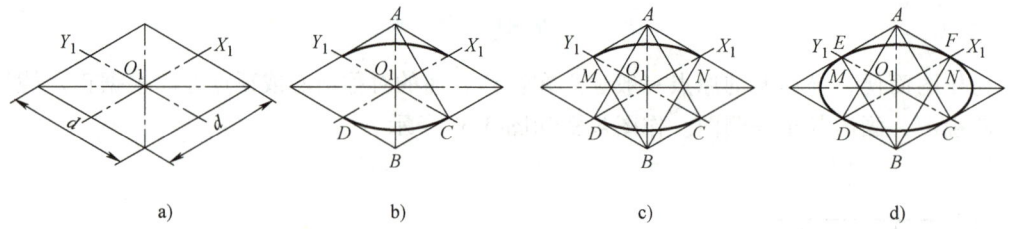

图 3-32　平行于坐标面的圆的正等测画法

1）画出轴测轴，按圆的外切正方形画出菱形，如图 3-32a 所示。

2）以 A、B 为圆心，AC 为半径画两大弧，如图 3-32b 所示。

3）连 AC 和 AD 分别交长轴于 MN 两点，如图 3-32c 所示。

4）分别以 M、N 为圆心，MD、NC 为半径画两小弧；在 C、D、E、F 处与大弧连接，如图 3-32d 所示。

（3）圆柱正等测图的画法　作图步骤如下。

1）圆柱的视图如图 3-33a 所示。

2）用四心近似法画圆柱顶面的轴测图，如图 3-33b 所示。

3）从 O_2、O_3、O_4 向下作垂线，高为 h，得 O_6、O_7、O_8，分别以 O_6、O_7、O_8 为圆心画圆柱底面椭圆，如图 3-33c 所示（这种方法称为"移心法"）。

4）作两椭圆的公切线（上下小半径圆弧的公切线），擦去多余的作图线，加深图线，完成全图，如图 3-33d 所示。

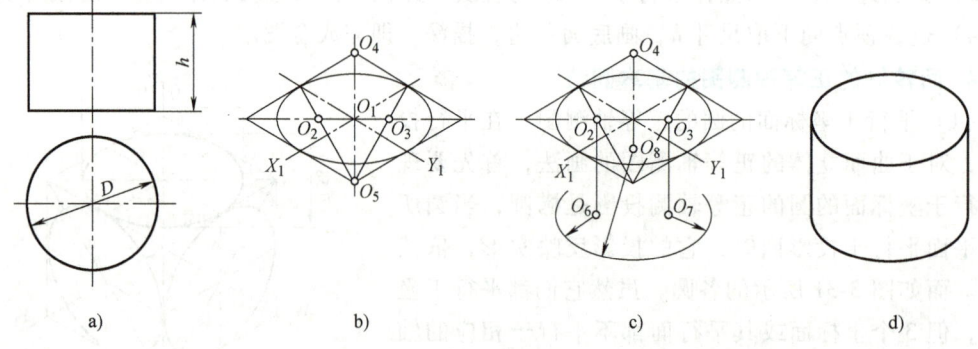

图 3-33　圆柱正等测图的画法
a）视图　b）画出顶面椭圆　c）用移心法平移圆心、切点，画底面椭圆　d）描深

(4) 圆角的正等测图的画法　圆角画法，对 1/4 的圆柱面，称为圆柱角（圆角）。圆角是零件上出现概率最多的工艺结构之一。圆角轮廓的正等测图是 1/4 椭圆弧。实际画圆角的正等测图时，没有必要画出整个椭圆，而是采用简化画法。以带有圆角的平板为例，如图 3-34 所示，其正等测图的作图步骤如下。

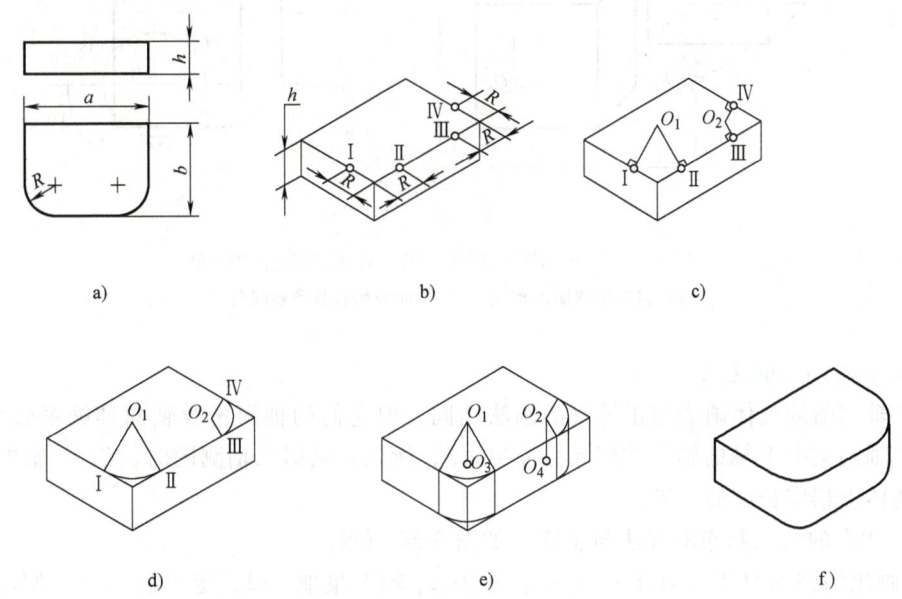

图 3-34　圆角正等测图的画法

1) 平板的视图，如图 3-34a 所示。
2) 画平板的正等测图，根据圆角的半径 R 定出切点 Ⅰ、Ⅱ、Ⅲ、Ⅳ，如图 3-34b 所示。
3) 过切点作相应棱线的垂线、得交点 O_1、O_2，如图 3-34c 所示。
4) 分别以 O_1、O_2 为圆心，O_1Ⅰ、O_2Ⅲ 为半径画弧，如图 3-34d 所示。
5) 用移心法画底面圆角，并作右端上、下圆弧的公切线，如图 3-34e 所示。
6) 擦去作图线，描深即完成全图，如图 3-34f 所示。

3.5.3　斜二轴测图的绘制

1. 斜二轴测图的形成及投影特点

在斜二测中，轴测轴 X 和 Z 仍为水平方向和铅垂方向，即轴间角 $\angle X_1O_1Z_1 = 90°$，所以物体上平行于坐标 XOZ 的平面图形都能反映真实形状和大小，X、Z 轴的轴向伸缩系数相等，轴向伸缩系数 $p_1 = r_1 = 1$。为了作图简便，并使斜二测的立体感强，通常取轴间角 $\angle X_1O_1Y_1 = \angle Y_1O_1Z_1 = 135°$，选取 $q_1 = 0.5$，图 3-35 所示为轴间角的画法和各轴向伸缩系数。按照这些规定绘制出来的斜轴测图，称为斜二轴测图。

斜二轴测图的特点是：物体上凡平行于 XOZ 坐标面的表面，其轴测投影反映实形。利用这一特点，在绘制沿单方向形状较复杂的物体（主要是有较多的圆）的斜二轴测图时，比较简便易画。

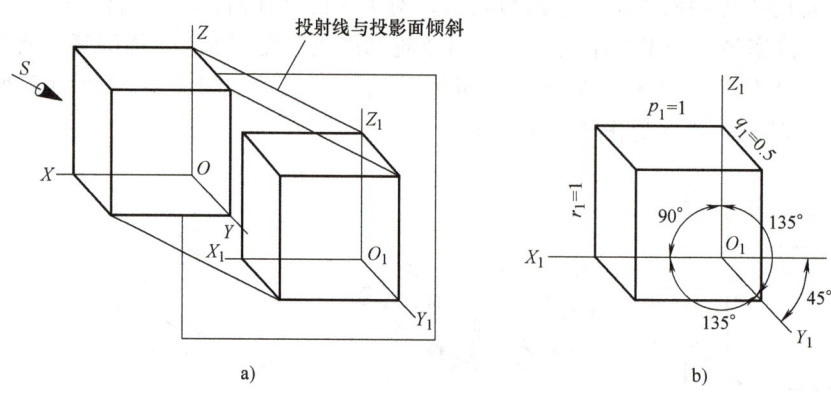

图 3-35 斜二轴测图的形成、轴向伸缩系数和轴间角
a）斜二轴测图的形成 b）轴向伸缩系数和轴间角

2. 斜二轴测图的画法

斜二轴测图的具体画法与正等测的画法相同，但它们的轴间角及轴向伸缩系数均不同。由于斜二轴测图中 Y 轴的轴向伸缩系数 $q_1 = 0.5$，所以在画斜二轴测图时，沿 Y_1 轴方向的长度应取物体上相应长度的一半。

（1）圆台的斜二测作图方法与步骤 如图 3-36 所示。

1）画出轴测轴 O_1X_1、O_1Y_1、O_1Z_1，在 O_1Y_1 轴上量取 $h/2$，定出前端面的圆心 A，如图 3-36b 所示。

2）作出前、后端面的轴测投影，如图 3-36c 所示。

3）作出两端面圆的公切线及前孔口和后孔口的可见部分。

4）擦去多余的图线并描深，即得到圆台的斜二测，如图 3-36d 所示。

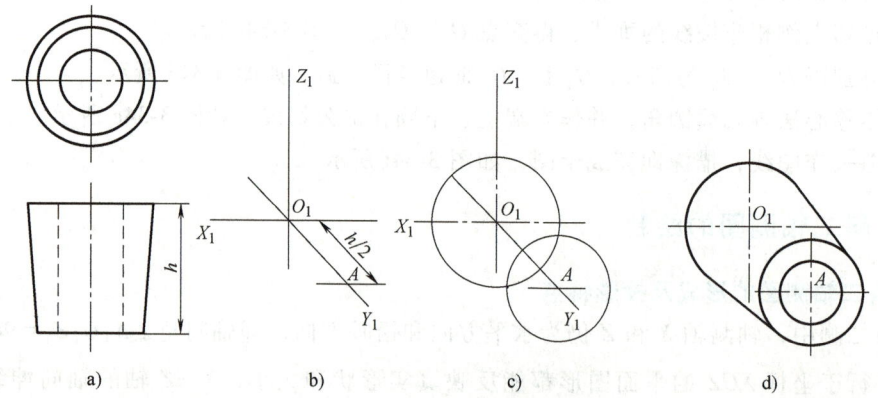

图 3-36 圆台斜二测画法

（2）作支架的斜二测图 如图 3-37a 所示的支架，其表面上的圆均平行于正面。确定直角坐标系时，使坐标轴 Y 与圆孔轴线重合，坐标原点与前表面圆的中心重合，使坐标面 XOZ 与正面平行，选正面作轴测投影面。这样，物体上的圆和半圆，其轴测图均反映实形，因此作图较为简便。具体作图步骤如图 3-37b~e 所示。

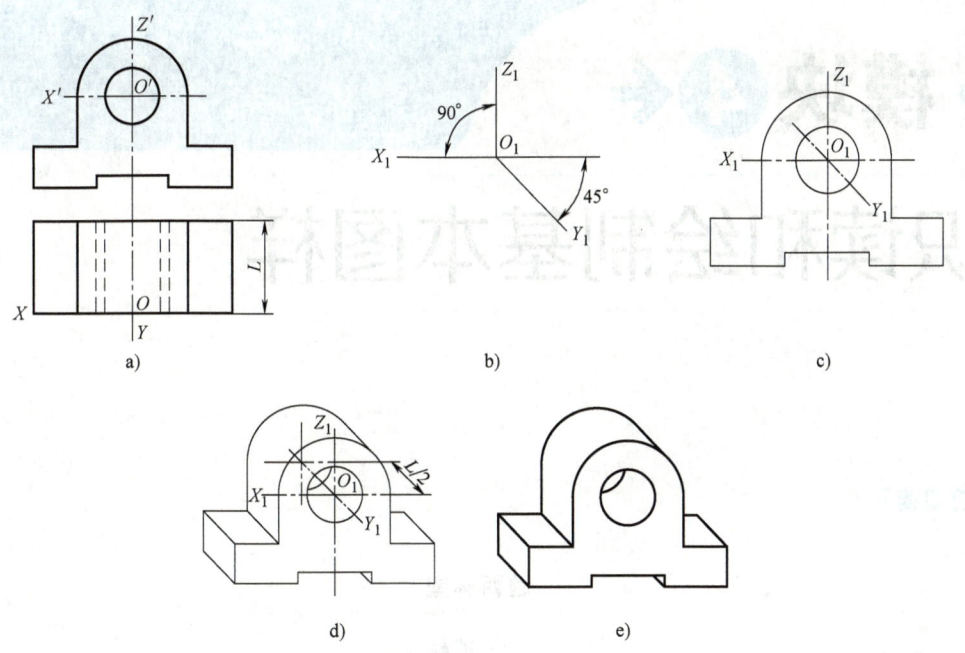

图 3-37　支架的斜二测图画法

a）正投影　b）画轴测轴　c）画支架的前表面　d）沿 O_1Y_1 轴量取 1/2　e）擦去作图线，描深

【拓展任务】

如图 3-38 所示，请尝试画出正二十面体的三视图。

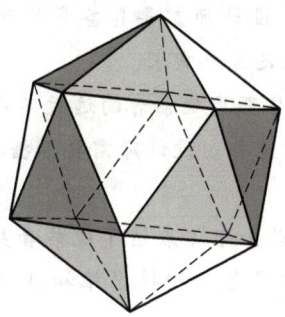

图 3-38　正二十面体

模块 4

识读和绘制基本图样

【课前阅读】

题西林壁

宋·苏轼

横看成岭侧成峰，
远近高低各不同。
不识庐山真面目，
只缘身在此山中。

诗中的"横看成岭侧成峰"描述了从不同角度观看庐山所得的不同视觉效果，体现了基本视图的原理。在工程设计中，设计师需要具备多角度、全方位地观察和分析问题的能力，才能准确地表达设计意图和满足客户需求。

"远近高低各不同"说明了物体距离观察者的远近不同，所呈现的形状和大小也会有所不同。在工程制图中，这一点尤其重要。设计师需要根据物体的大小和形状来绘制图形，同时要考虑观察者的视角和距离。

"不识庐山真面目，只缘身在此山中"表达了观察者身处其中，难以全面地了解事物的真相。在工程设计中，设计师需要具备批判性思维和独立思考的能力，不被表面现象所迷惑，深入分析问题本质。

【学习重点】

1）斜视图的概念，斜剖视图的画法与标注。
2）阶梯剖视图、旋转剖视图、复合剖视图的画法和标注。
3）移出断面和重合断面图的画法和标注。

【学习难点】

1）视图选择恰当，表达完整合理。
2）简化画法和规定画法。

模块4 识读和绘制基本图样

【思维导图】

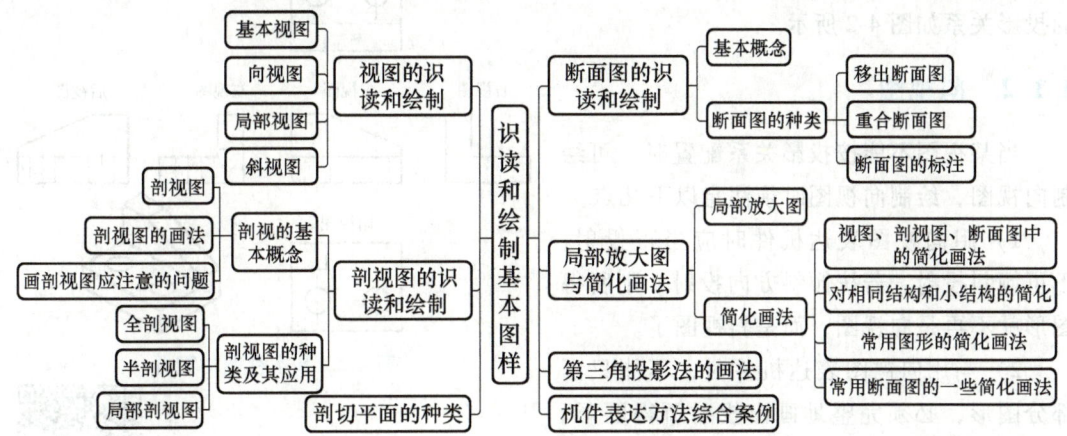

4.1 视图

根据国家标准的相关规定，用正投影法所绘制出物体的图形，称为视图。视图主要应用于表达零件的可见部分，必要时需画出不可见部分，视图通常有基本视图、向视图、局部视图和斜视图。

4.1.1 基本视图

零件向基本投影面投射得到的视图，称为基本视图。

机件由前向后、由上向下、由左向右投影所得的有主视图、俯视图和左视图，还有由右向左、由下向上、由后向前投影所得的右视图、仰视图和后视图。各基本投影面的展开方式如图 4-1 所示。

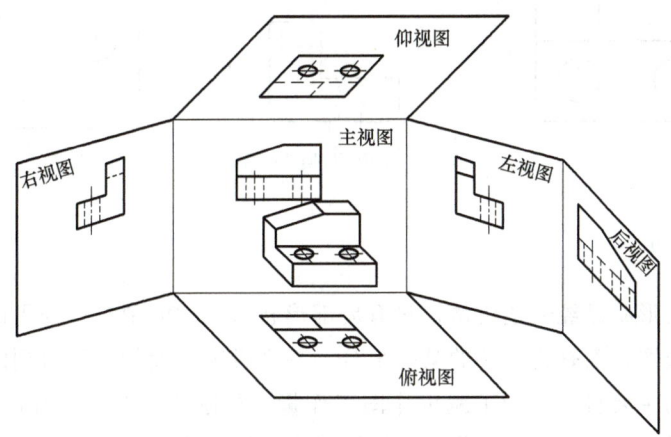

图 4-1 基本视图的形成和展开

基本视图的形成和展开

基本视图具有"长对正、高平齐、宽相等"的投影规律，即主视图、俯视图和仰视图长对正（后视图同样反映零件的长度尺寸，但不与上述三视图对正），主视图、左视图、右

77

视图和后视图高平齐，左、右视图与俯、仰视图宽相等。展开后机件向六个基本投影面的投影关系如图 4-2 所示。

4.1.2 向视图

当某视图不能按投影关系配置时，可绘制向视图，绘制向视图时须注意以下几点。

1) 用向视图表达机件时应当正投射，不可倾斜投射。若按倾斜方向投射，则所得图形就不再是向视图，而是斜视图了。

2) 当用向视图表达机件时，不能只画部分图形，必须完整地画出投射所得图形。否则正射所得的局部图形就是局部视图，而不是向视图了。

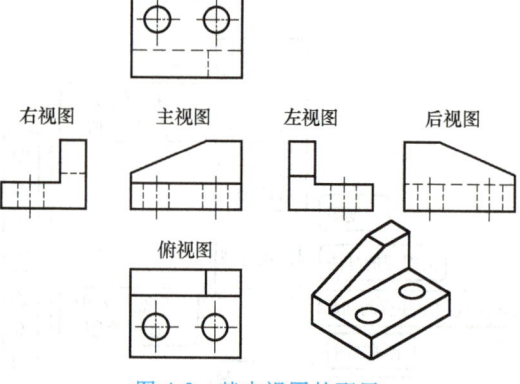

图 4-2 基本视图的配置

基本视图的配置

3) 用向视图表达机件时不能旋转配置，凡正投射后画出的完整图形应与相应的基本视图一一对应，不能是相应的基本视图旋转后的图形。否则，该图形便不再是向视图，而是由换面法生成的辅助视图了。

4) 视图名称必须在图形上方中间位置处注出"×"（"×"为大写斜体拉丁字母），并在相应的视图附近用箭头指明投射方向，注上相应字母，如图 4-3 所示。

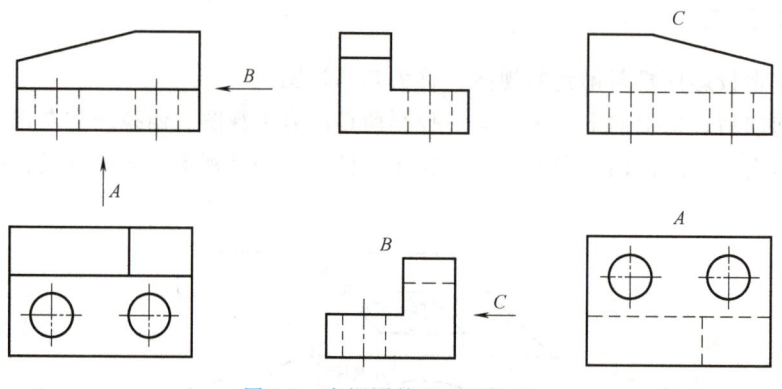

图 4-3 向视图的配置和标注

4.1.3 局部视图

当机件的主要形状已经表达清楚，只有局部形状未表达清楚时，为了简便，不必再增加一个完整的基本视图，而是将机件的某一部分向基本投影面投射，所得到的视图称为局部视图。画局部视图的主要目的是为了减少作图工作量。如图 4-4 所示，当画出其主俯视图后，还有两侧的结构没有表达清楚，如果用左视图或右视图来表达，则主体结构会重复绘制，为简化图形并能清楚地表达两侧结构，需要画出表达该部分的局部左视图和局部右视图。

画图时，通常应在局部视图上方标上视图的名称"×"（"×"为大写斜体拉丁字母），在相应的视图附近用箭头指明投射方向，并注上同样的字母。当局部视图按投影关系配置，中间又无其他图形隔开时，可省略标注。

局部视图可按基本视图的配置形式配置，也可按向视图的配置形式配置，并标注，如图 4-4 的 A 向局部视图。局部视图的断裂边界用波浪线画出，当所表达的局部结构是完整的，且外轮廓又成封闭时，波浪线可以省略。如图 4-4 中的 B 向局部视图，还可按第三角画法配置（见 4.5 节）。

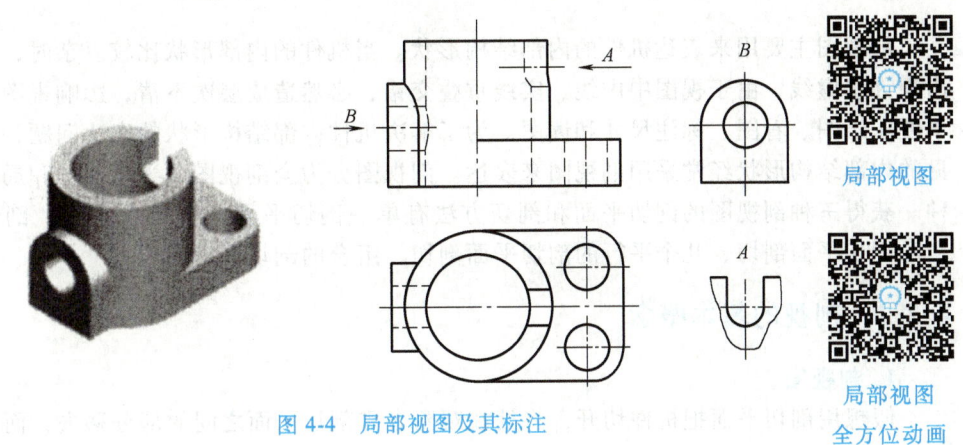

图 4-4 局部视图及其标注

4.1.4 斜视图

零件向不平行于任何基本投影面的平面投射，所得的视图称为斜视图。斜视图主要用于表达零件上倾斜部分的实形。其倾斜部分在基本视图上不能反映实形，为此选用一个平行于此倾斜部分的平面作为辅助投影面，将其向该辅助投影面投影，便可得到真实反映倾斜结构的图形。

斜视图通常按向视图的形式配置并标注，必要时也可配置在其他适当位置，如图 4-5 所示。在不致引起误解时，允许将视图旋转配置，表示该视图名称的大写斜体拉丁字母应靠近旋转符号的箭头端，也允许将旋转角度标注在字母之后。斜视图的断裂边界可以用波浪线绘制，也可以用双折线绘制。图旋转配置，表示该视图名称的大写拉丁字母应靠近旋转符号的箭头端，如图 4-5c 所示；也允许将旋转角度标注在字母之后，如图 4-5d 所示。

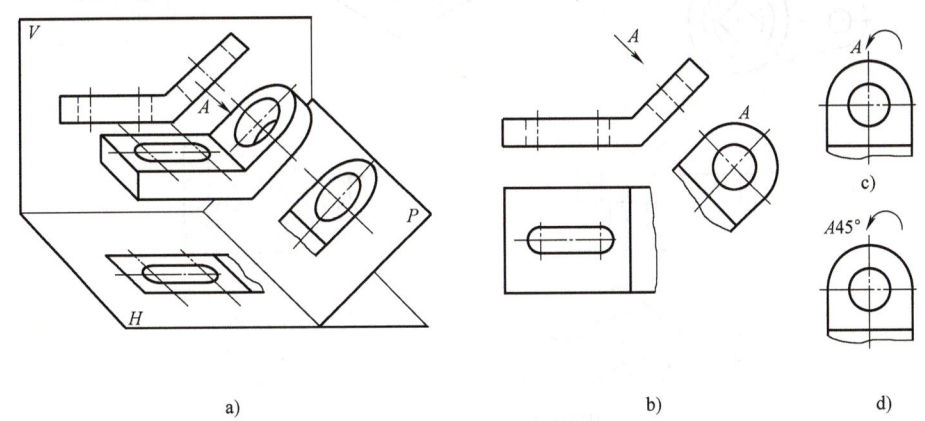

图 4-5 斜视图及其标注
a) 倾斜结构图   b) 向视图   c)、d) 斜视图

需要注意的是，在旧国家标准中，视图分为基本视图、旋转视图、局部视图和斜视图。而在现行国家标准中，视图分为基本视图、向视图、局部视图和斜视图。增加了向视图，取消了旋转视图，原来可用旋转视图表达的倾斜结构现在改为用斜视图表达。

4.2 剖视图

剖视图主要用来表达机件的内部结构形状。当机件的内部形状比较复杂时，在视图中会出现许多虚线，由于视图中虚线、实线重叠交错，必然造成层次不清，影响视图的清晰，且不便于绘图、看图、标注尺寸和读图。为了解决机件内部结构形状的表达问题，对机件不可见的内部结构形状经常采用剖视图来表达。剖视图分为全剖视图、半剖视图和局部剖视图三种。获得三种剖视图的剖切平面和剖切方法有单一剖切平面（平面或柱面）剖切、几个相交的剖切平面剖切、几个平行的剖切平面剖切、组合的剖切平面剖切。

4.2.1 剖视的基本概念

1. 剖视图

假想用剖切平面把机件切开，将处在观察者和剖切平面之间的部分移去，而将其余的部分向投影面投射所得的图形，称为剖视图，简称剖视。

如图4-6a所示，视图中均用虚线表达机件内部的孔。为了更明显地表达这些结构，用一个剖切平面将机件切开并移去剖切部分，如图4-6b所示。然后剩余部分向正立投影面投射，所得的图形就是剖视图，如图4-6c所示。图4-6d所示为不加任何标注的表达方法。

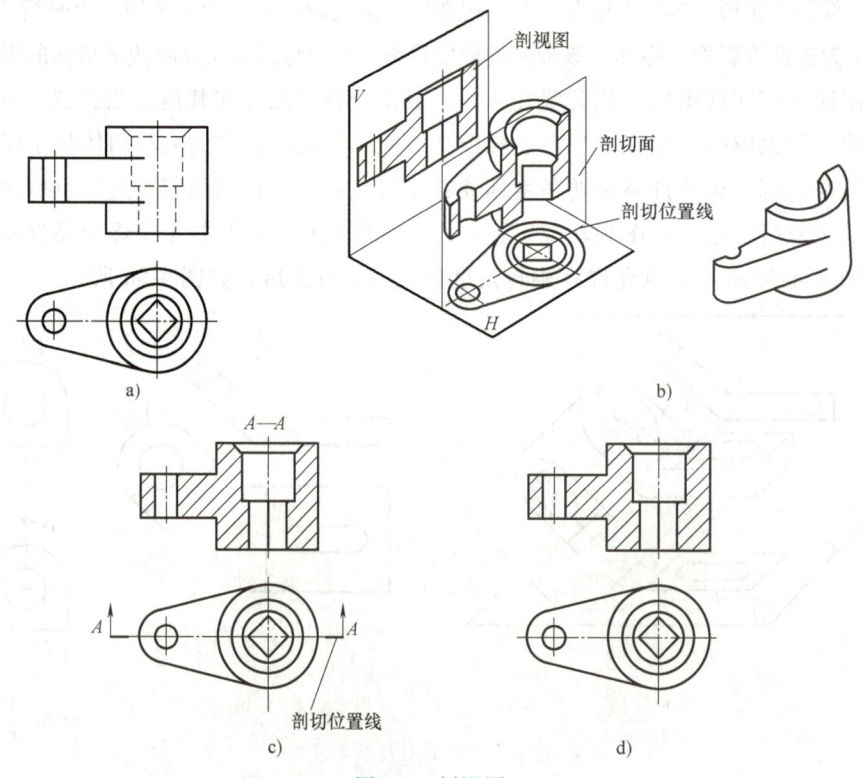

图4-6 剖视图

2. 剖视图的画法

（1）确定剖切的位置　画剖视图时，应首先选择最合适的剖切位置，以便充分地表达机件的内部结构形状，剖切平面一般应通过机件上孔的轴线、槽的对称面等结构。

（2）剖面符号　在剖视图中，剖切平面与机件的接触部分称为剖面区域，在剖面区域中要画出剖面符号。不同的材料的剖面符号也不同，常用材料的剖面符号见表4-1。金属材料的剖面符号又称为剖面线，通常画成与水平线成45°角的等距细实线，剖面线向左或向右倾斜均可，但同一个机件在各个剖视图中的剖面线间距应相等、倾斜方向应相同。

表4-1　常用材料的剖面符号（摘自 GB/T 4457.5—2013）

材料	剖面符号	材料	剖面符号
金属材料(已有规定剖面符号者除外)	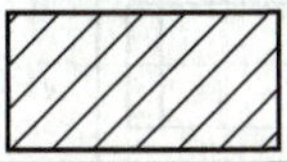	转子、电枢、变压器和电抗器等的叠钢片	
线圈、绕组元件	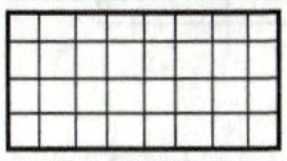	非金属材料(已有规定剖面符号者除外)	
型砂、填砂、粉末冶金、砂轮、陶瓷刀片、硬质合金刀片等	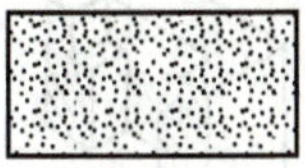	混凝土	
玻璃及供观察用的其他透明材料	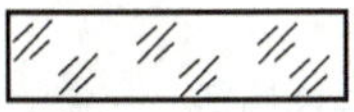	钢筋混凝土	
木材　纵断面	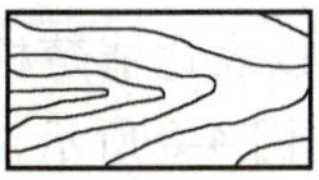	砖	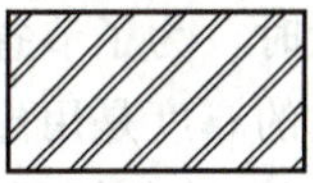
木材　横断面		格网(筛网、过滤网等)	
木质胶合板(不分层数)		液体	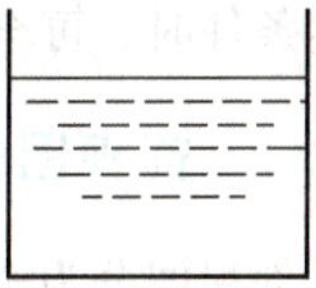
基础周围的泥土	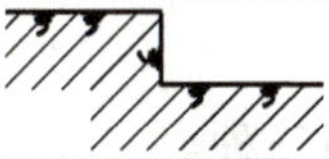		

注：1. 剖面符号仅表示材料的类别，材料的名称和代号必须另行说明。
　　2. 叠钢片的剖面线方向应与束装中叠钢片剖面线的方向一致。
　　3. 液面用细实线绘制。

当图形中的主要轮廓线与水平线成45°或接近45°时，该图形上的剖面线要画成与水平线成30°或60°的平行线，倾斜方向和间距仍应与其他剖视图上的剖面线一致。

（3）画剖视图的方法　如图4-6所示，先对机件进行剖切，剖切平面与机件接触的部分称为剖面。剖面是剖切平面和物体相交所得的交线围成的图形。应把剖面及剖切平面后方的可见轮廓线用粗实线画出。

3. 画剖视图应注意的问题

通常应在剖视图的上方标出剖视图的名称"×—×"。在剖切平面积聚为直线的视图上标注相同字母，用剖切符号表示剖切位置。剖切符号是线宽为（1~1.5）d、长为 5~10mm 的粗实线。剖切符号尽量不与图形的轮廓线相交或重合，在剖切符号外侧画出与剖切符号相垂直的细实线和箭头表示投射方向。

1）剖切平面是假设的，当机件的某一个视图画成剖视图之后，其他视图仍应完整地画出。
2）剖切平面后方的可见轮廓线应全部画出，不得遗漏。图 4-7 所示为几种孔的剖视图画法。

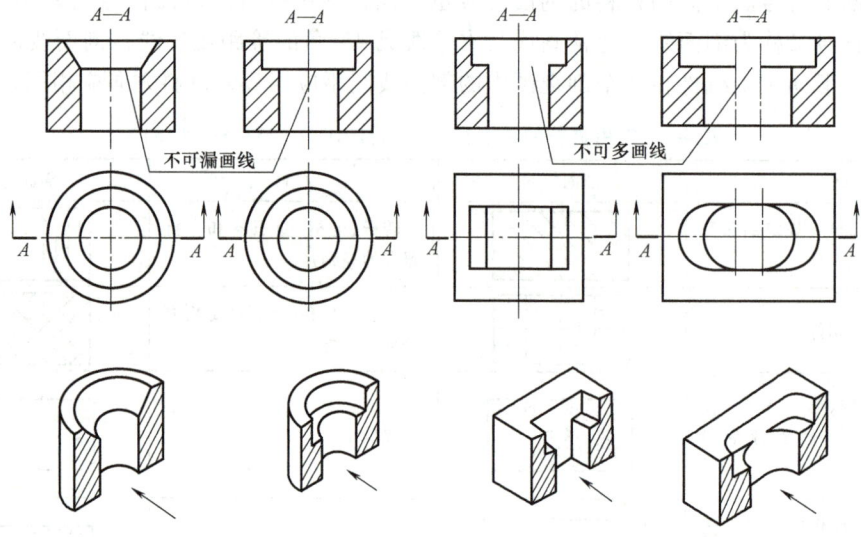

图 4-7　孔的剖视图画法

3）在剖视图中，通常省略虚线，只有当不足以表达清楚机件的形状时，为了节省视图才在剖视图上画出虚线。如图 4-8 所示，机件底板的厚度是用虚线表示的。

4）当剖视图按投影关系配置，中间又没有其他图形隔开时，可省略箭头。

5）当单一剖切平面通过机件的对称平面或基本对称平面且符合上述条件时，可全部省略。

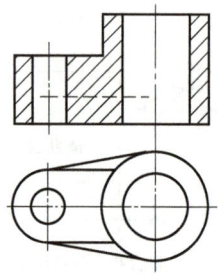

图 4-8　应画虚线的剖视图

4.2.2　剖视图的种类及其应用

剖视图分为全剖视图、半剖视图和局部剖视图三种。

1. 全剖视图

用剖切平面完全地剖开机件所得的剖视图，称为全剖视图。全剖视图可以用一个剖切平面剖开机件得到，也可以用多个剖切平面剖开机件得到。图 4-7 所示为用单一剖切平面剖开机件的方法所得的"A—A"全剖视图。当机件的内部结构较复杂、外形较为简单时，常采用全剖视图表达机件内部结构形状。如图 4-9a 中的主视图可以画成图 4-9b 所示的全剖视图。

2. 半剖视图

当机件具有对称平面时，向垂直于对称平面的投影面上投射所得的图形，可以以对称中心线（细点画线）为界，一半画成剖视图表达内形，另一半画成视图表达外形，从而达到在一个图形上同时表达内外结构的目的。这样画出的图形称为半剖视图。如图 4-10 所示的主视图和俯视图。

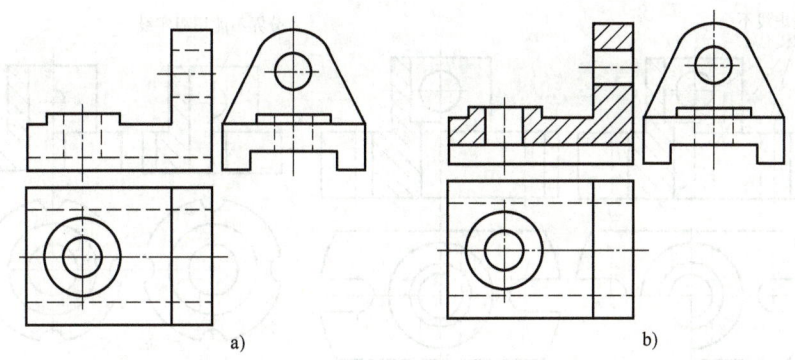

图 4-9 全剖视图画法

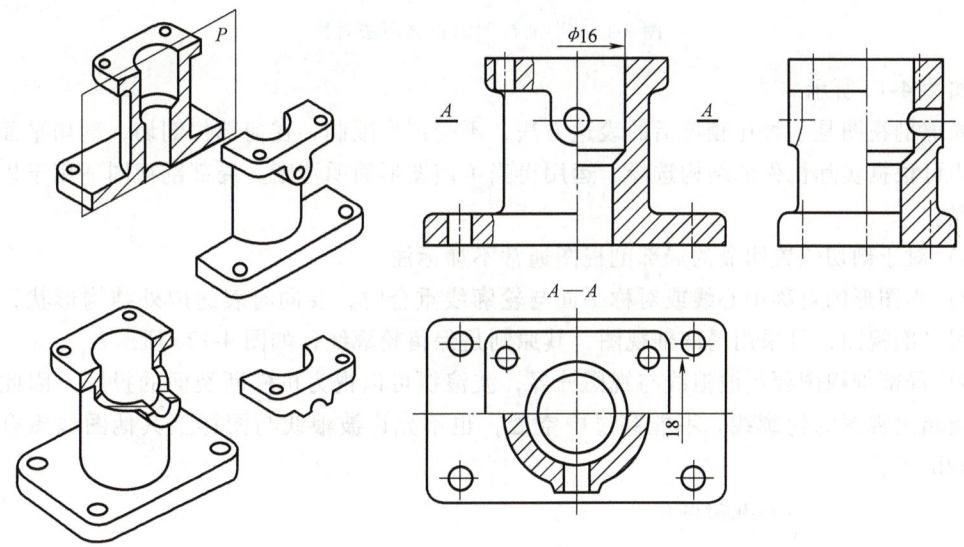

图 4-10 半剖视图

半剖视图的应用可参考下面几种情况。

1）在与机件对称平面相垂直的投影面上，如果机件的内外形状都需要表达，可以以图形的对称中心线为界线画成半剖视图。

2）当机件的结构接近于对称，而且不对称的部分另有图形表达清楚时，也可画成半剖视图。

3）如图 4-10 所示，当机件内外结构形状比较复杂时，若主视图采用全剖视图，则机件上方的凸台被剖去，不能表达它的形状。但这个机件左、右对称，所以在垂直于对称平面的投影面上的主视图应以对称中心线为界，画成半剖视图。由于该图形是取视图和剖视图各一半合并起来的，这样就在同一个图形上清楚地表达了机件的内外结构形状。

4）因为图形对称，内腔的结构形状已在半个剖视图中表达清楚，故在半个视图中省略虚线，如图 4-11a 所示。

5）半个视图和半个剖视图的分界线是细点画线，不是粗实线，如图 4-11b 所示。

3. 局部剖视图

当机件只需局部内形表达时，用剖切平面局部地剖开机件所得的剖视图称为局部剖视

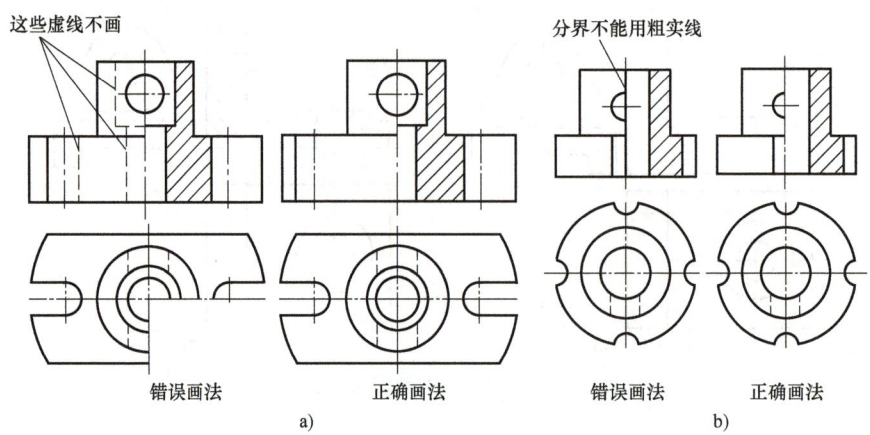

图 4-11 半剖视图的正误画法对比

图,如图 4-12 所示。

局部剖视图是一种比较灵活的表达方法,不受图形限制,在何部位剖切,剖切平面有多大,均可根据实际机件的结构选择,运用得当可使图形简明清晰。局部剖视图适用于以下三种情况。

1)对于剖切位置明显的局部剖视图通常不加标注。

2)当图形的对称中心线或对称平面与轮廓线重合时,要同时表达内外结构形状,又不宜采用半剖视图,可采用局部剖视图,其原则是保留轮廓线,如图 4-12a 所示。

3)局部剖视图要用波浪线与视图分界,波浪线可以视为机件断裂面的投影,因此波浪线不能超出视图的轮廓线,不能穿过中空处,也不允许波浪线与图样上其他图线重合,如图 4-12b 所示。

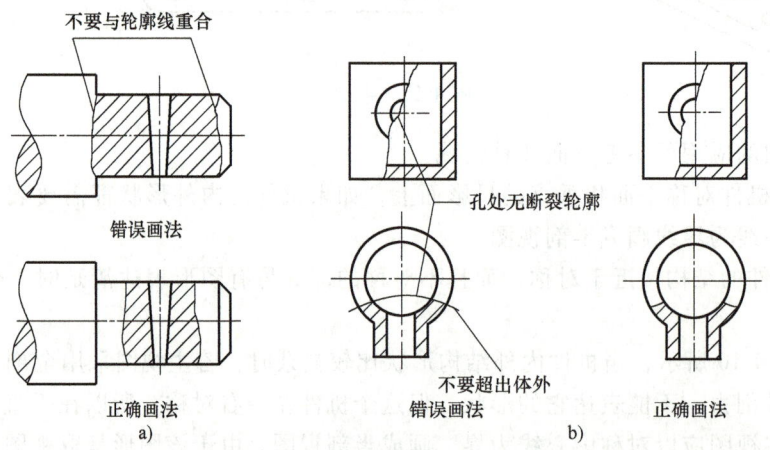

图 4-12 局部剖视图正误画法对比图

4.2.3 剖切平面的种类

由于机件内部结构形状多样,仅用一个与基本投影面平行的平面剖切是不够的,为此国家标准规定了多种剖切方法。

(1)单一剖切平面 假设用一个剖切平面(通常用平面,也可用柱面)剖开机件的方法称为单一剖切。采用柱面剖切机件时，剖视图应按展开绘制。通常用平行于基本投影面的单一剖切平面剖切（平面剖）。前面讲述的全剖视图、半剖视图和局部剖视图多是用单一剖切平面剖切得到的剖视图。前面所介绍的全剖视图（图 4-9）、半剖视图（图 4-10）、局部剖视图的例子均为单一剖切。

（2）几个相交的剖切平面　用相交的剖切平面（且交线垂直于某一投影面）剖开机件的方法，采用这种方法画剖视图时，先假想按剖切位置剖开机件，然后将被剖切平面剖开的结构及其有关部分旋转到与选定的投影面平行，再进行投射。如图 4-13 中细双点画线所表示出的部分，但在实际绘图时不画出来。为了能表达连杆倾斜部分的内孔及肋板，仅用一个剖切平面不能都剖到，但是由于该机件具有回转轴线，可以采用两个相交的剖切平面，并让其交线（正垂线）与回转轴重合，使两个剖切平面通过所要表达的孔剖开机件，然后将与投影面倾斜的部分绕回转轴旋转到与水平面投影面平行，再进行投射，处在剖切平面后的其他结构仍按原位置投影，这样在剖视图上就把所要表达的孔内部情况表达清楚了。

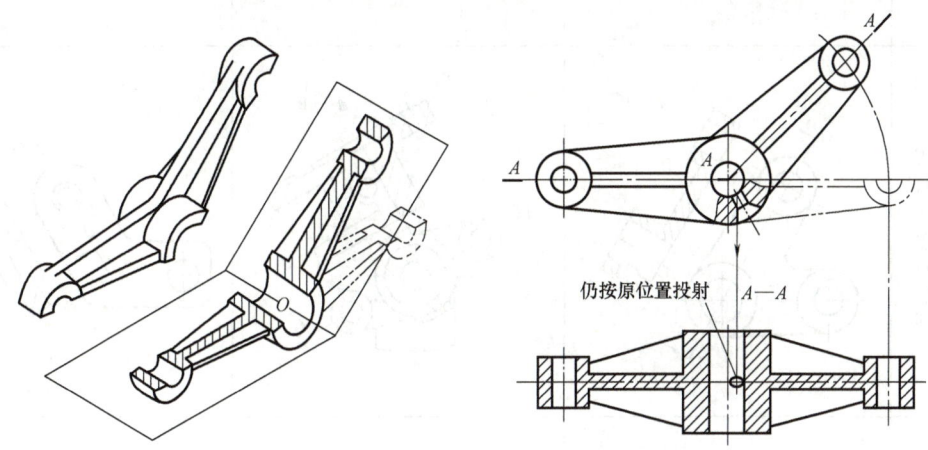

图 4-13　两个相交的剖切平面剖得的全剖视图

用几个相交的剖切平面剖切得到的剖视图要进行标注，在剖切平面的起、迄和转折处要画出剖切符号，注上同样的字母，如果转折处地方太小，在不致引起误解的情况下可以省略字母。在起、迄处画出箭头表示投射方向，在剖视图上方注出名称。

这种方法主要用于表达孔、槽等内部结构不在同一剖切平面内，但又具有公共回转轴线的机件，如盘盖类零件及摇杆、拨叉等需表达内部结构的零件，如图 4-14 所示。

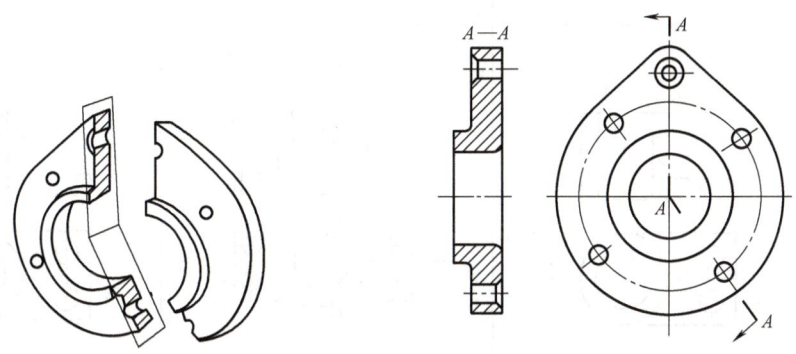

图 4-14　几个相交的剖切平面

（3）几个平行的剖切平面　用几个平行于某一基本投影面的剖切平面剖开机件获得的剖视图，这里不再详细介绍。剖视图的种类和剖切方法见表 4-2。

表 4-2　剖视图的种类和剖切方法

种类		全剖视图	半剖视图	局部剖视图
单一剖切平面	平行于基本投影面			
	不平行于基本投影面			
两个相交的剖切平面				
几个平行的剖切平面				

4.3 断面图

4.3.1 基本概念

假想用剖切平面将机件的某处切断，仅画出该剖切平面与机件断面的图形，这个图形称为断面图，简称断面。

如图 4-15 所示，假想用一个剖切平面垂直于轴线方向将键槽处切断，然后画出断面的实形，就能清楚地表达出断面的形状和键槽的深度。

要注意断面图与剖视图的区别，断面图和剖视图之间很容易被混淆。断面图通常用来表达零件某个部分的断面形状，如键槽、肋板、轮辐等结构的断面，断面图只是画出剖切处的断面形状。而剖视图并不仅仅是断面形状，还要画出剖切平面后面部分的轮廓投影图。剖切平面通常应垂直于零件的主要轴线或该处的轮廓线。

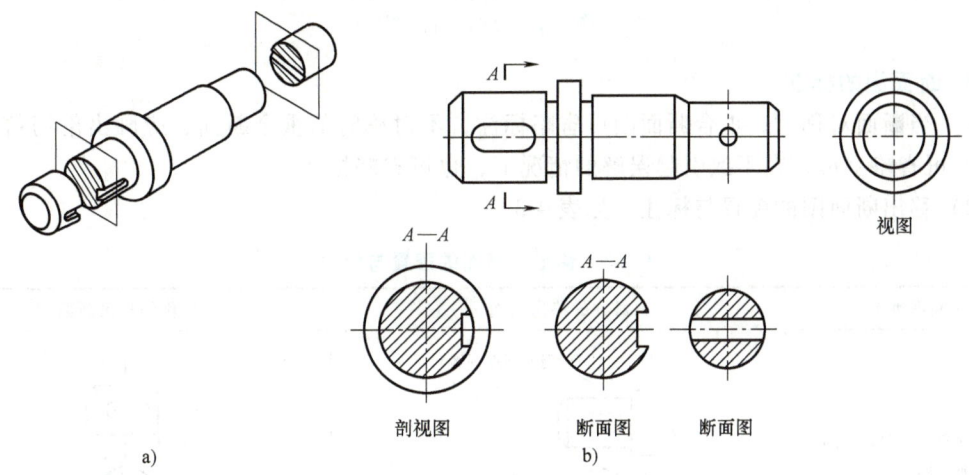

图 4-15 断面图与视图、剖视图的区别

4.3.2 断面图的种类

根据断面图配置的位置，断面图分为移出断面图和重合断面图两种。

1. 移出断面图

画在视图轮廓线外面的断面图形，称为移出断面图。图 4-16 所示的四个断面均为移出断面。

移出断面的轮廓线用粗实线画出，并尽量画在剖切符号或剖切平面迹线（即剖切平面与投影面的交线，用细点画线表示）的延长线上。必要时也可将移出断面配置在其他适当位置。

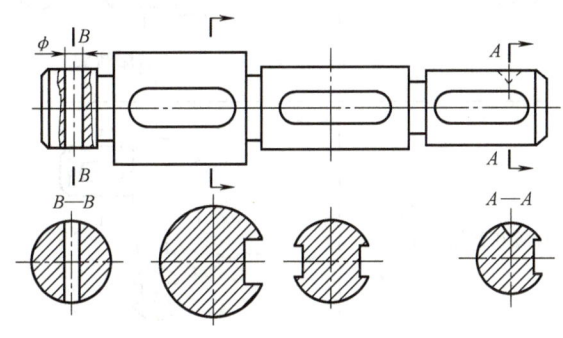

图 4-16 移出断面图

2. 重合断面图

断面图内的断面与视图重合的，称为重合断面图。画重合断面时，轮廓线是细实线，当视图的轮廓线与重合断面的图形重叠时，视图中的轮廓线仍需完整、连续地画出，不可间断。画在视图内的断面图称为重合断面图，如图 4-17 所示。

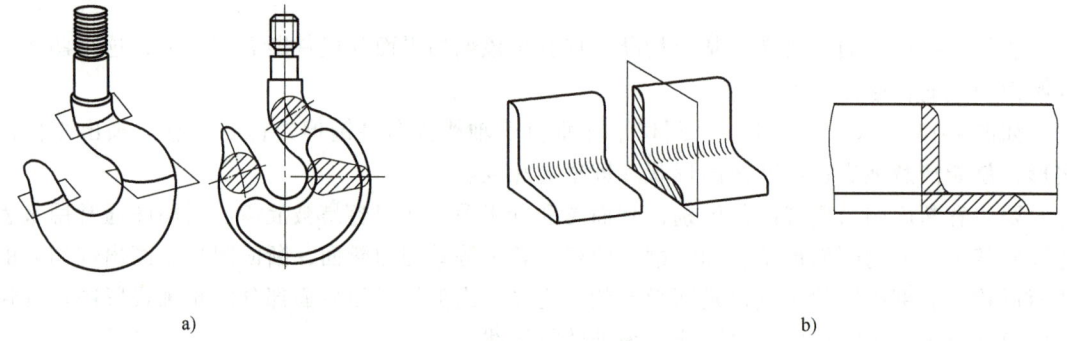

a)　　　　　　　　　　　　　　　　　　b)

图 4-17　重合断面图

3. 断面图的标注

1）当断面对称时，重合断面图可省略标注；不对称时的重合断面，应画出剖切符号和箭头，可省略字母，在不致引起误解的情况下，也可省略标注。

2）移出断面图的配置与标注，见表 4-3。

表 4-3　移出断面图的配置与标注

断面类型	对称的移出断面	不对称的移出断面
配置在剖切线或剖切符号延长线上	剖切线(细点画线) 不必标注,但需画剖切线	省略字母
按投影关系配置	A—A 省略箭头	A—A 省略箭头
配置在其他位置	A—A 省略箭头	A—A 应标注剖切符号(含箭头)和字母

（续）

断面类型	对称的移出断面	不对称的移出断面
配置在视图中断处	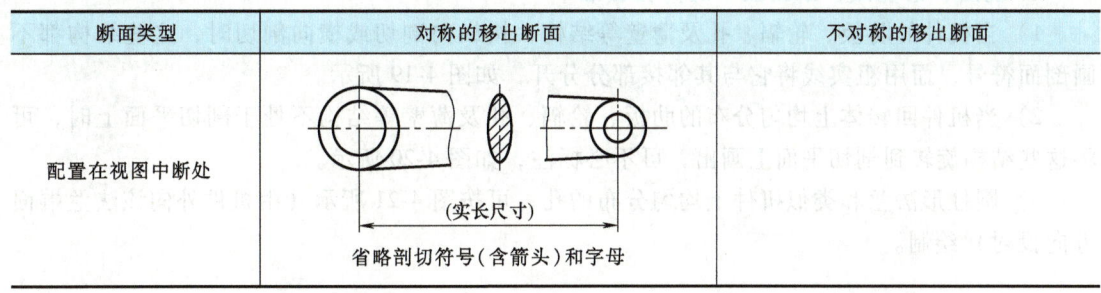 (实长尺寸) 省略剖切符号（含箭头）和字母	

4.4 局部放大图与简化画法

机件除了用视图、剖视图和断面图表达外，对零件上某些特殊结构，为了使得图形清晰和作图方便，国家标准还规定了局部放大图、简化画法和规定画法等表达方法。

4.4.1 局部放大图

画局部放大图时，应用细实线圈出被放大部位，当同一机件上有几个被放大部分时，必须用罗马数字依次标出被放大的部位，并在局部放大图的上方标注相应的罗马数字和所采用的比例，用细横线上下分开标出，将局部结构用较大比例单独画出，这种图形称为局部放大图，此时原视图中该部分结构可简化表示，如图4-18所示。

1) 局部放大图可画成剖视图、断面图或视图。它与被放大部分的表示方法无关，局部放大图应尽量配置在被放大部位的附近。

2) 画局部放大图时，除螺纹牙型、齿轮和链轮的齿型外，应用细实线圈出被放大的部位，如图4-18所示。

3) 当机件上只有一处放大时，局部放大图只需注明作图比例。同一机件上不同部位局部放大图相同或对称时，只需画出一个。

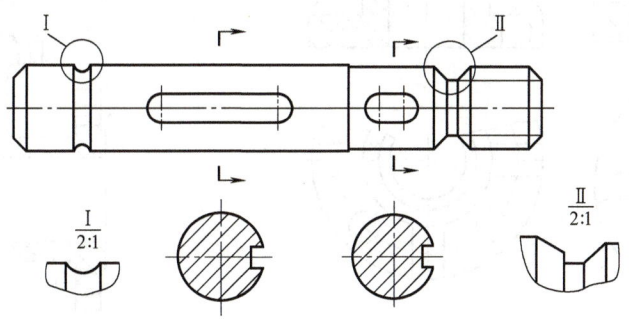

图4-18 局部放大图

4.4.2 简化画法

为了使制图简便，国家标准《技术制图 简化表示法 第1部分：图样画法》（GB/T 16675.1—2012）规定了一部分简化画法。

1. 视图、剖视图、断面图中的简化画法

1）当机件的肋板、轮辐、孔及薄壁等结构，按纵向剖切或横向剖切时，这些结构都不画剖面符号，而用粗实线将它与其邻接部分分开，如图 4-19 所示。

2）当机件回转体上均匀分布的肋板、轮辐、孔及薄壁等结构不处于剖切平面上时，可将这些结构旋转到剖切平面上画出，可不必标注，如图 4-20 所示。

3）圆柱形法兰和类似机件上均匀分布的孔，可按图 4-21 所示（由机件外向该法兰端面方向投射）绘制。

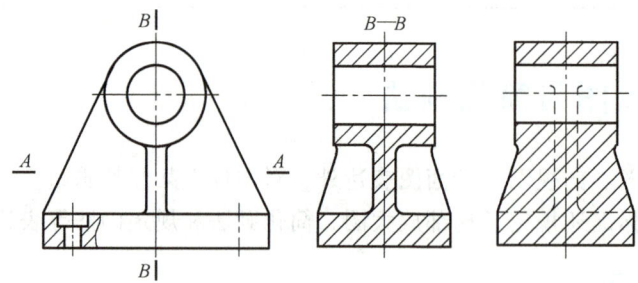

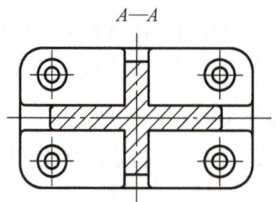

图 4-19 剖视图中肋板的画法

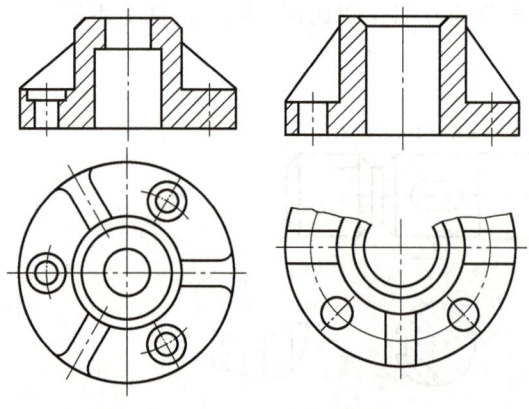

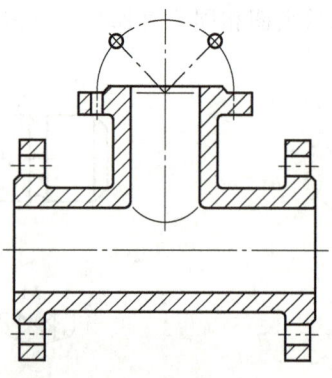

图 4-20 剖视图中轮辐的画法　　　　图 4-21 均布孔的画法

4）基本对称机件的画法。基本对称的机件仍可按对称机件的方式绘制时，要对其中不对称的部分加以说明，如图 4-22 所示。

5）当图形不能充分表达平面时，常用两条相交的细实线所画的平面符号表示，如图 4-23 所示。

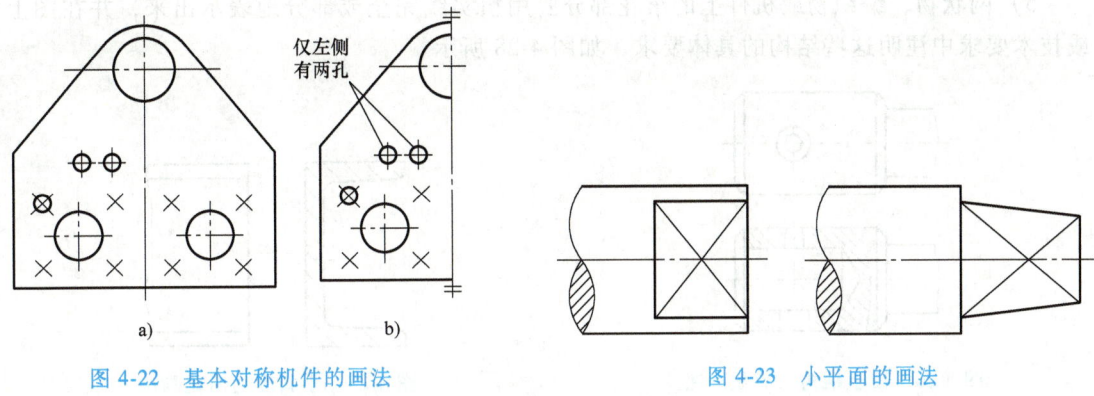

图 4-22 基本对称机件的画法　　　　　图 4-23 小平面的画法
a) 简化前　b) 简化后

6) 机件上对称结构的局部视图，如键槽、方孔等，可按图 4-24 的方法表示。

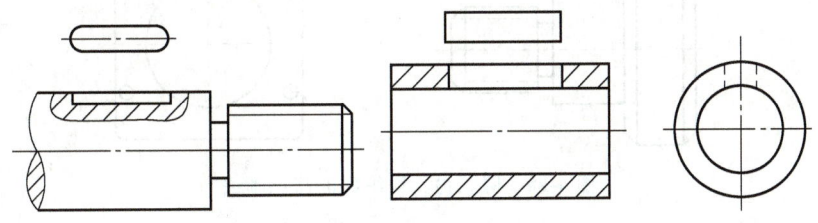

图 4-24 对称结构局部视图的简化画法

2. 对相同结构和小结构的简化

1) 当机件具有若干相同结构（如齿槽）并按一定规律分布时，只需画出几个完整的结构，其余用细实线连接，但必须在图中注出该结构的总数，如图 4-25a 所示。

2) 若干直径相同且成规律分布的孔（圆孔、螺孔、沉孔等），可以仅画出一个或几个。其余只需用细点画线表示其中心位置，在机件图中应注明孔的总数，如图 4-25b 所示。

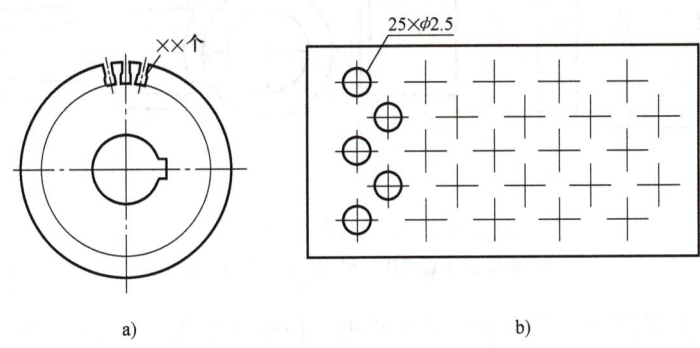

图 4-25 相同结构的简化画法

3) 机件上的一些较小结构，如在一个图形中已表达清楚时，其他图形可省略或简化。如图 4-26 中的小圆锥孔，它在主视图上的投影只画了两个圆，而在俯视图上小圆锥孔与内外圆柱面的相贯线允许简化，用直线代替非圆曲线。

4) 机件上斜度不大的结构，如在一个图形中已表达清楚时，其他图形可按小端画出，如图 4-27 所示。

5）网状物、编织物或机件上的滚花部分要用粗实线完全或部分地表示出来，并在图上或技术要求中注明这些结构的具体要求，如图4-28所示。

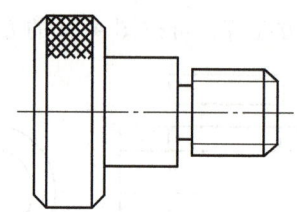

图4-26　较小结构的简化画法

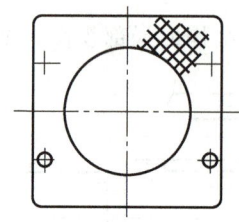

图4-27　小斜度的简化画法

图4-28　网状物、编织物的简化画法

3. 常用图形的简化画法

1）当较长的机件（轴、杆、型材、连杆等）沿长度方向的形状一致或按一定规律变化时，可以采用断裂画法，即把机件的一处或多处用波浪线、细双点画线或双折线断开，缩短图形的长度，采用断裂画法绘图时应注意，断开后的结构仍然按照机件的实际尺寸标注，且断开处在形状和结构上按照一定规律变化，但要标注实际的长度尺寸，如图4-29所示。

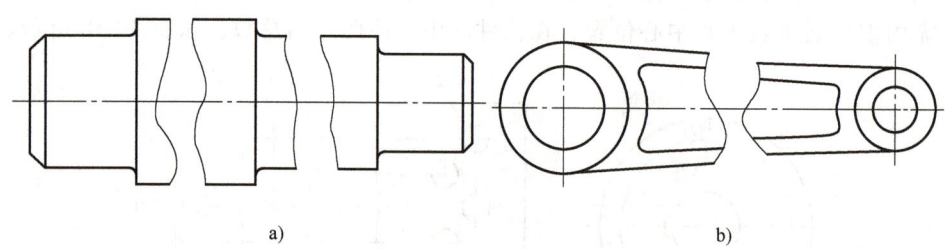

a)　　　　　　　　　　　　　　b)

图4-29　长机件的断裂画法

a）阶梯轴断裂画法　b）拉杆轴套断裂画法

2）在不致引起误解时，机件图中的小圆角、锐边的小倒圆或45°小倒角，允许省略不画，但必须注明尺寸或在技术要求中加以说明，如图4-30所示。

3）两个相同视图的表示。一个零件上有两个或两个以上的相同视图，可只画一个视图，并用箭头、字母和数字表示，如图4-31和图4-32所示。

4）用直线或圆弧代替非圆曲线。在不致引起误解时，图形中的相贯线、过渡线可以简化，如用圆弧或直线代替相贯线，如图4-33所示。与投影面倾斜角度小于等于30°的圆或圆弧，其投影可用圆或圆弧代替，如图4-34所示。

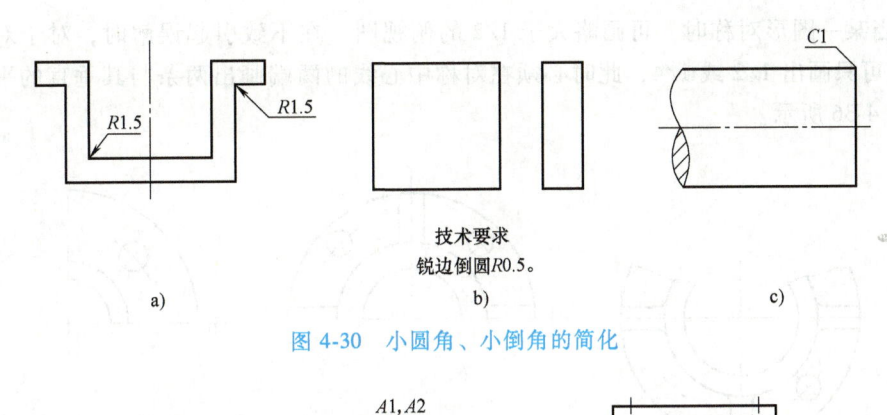

图 4-30　小圆角、小倒角的简化

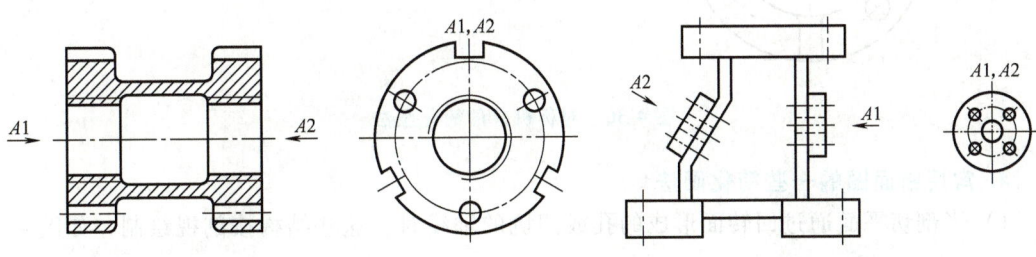

图 4-31　两个投射方向有相同的视图　　　图 4-32　局部视图和斜视图相同

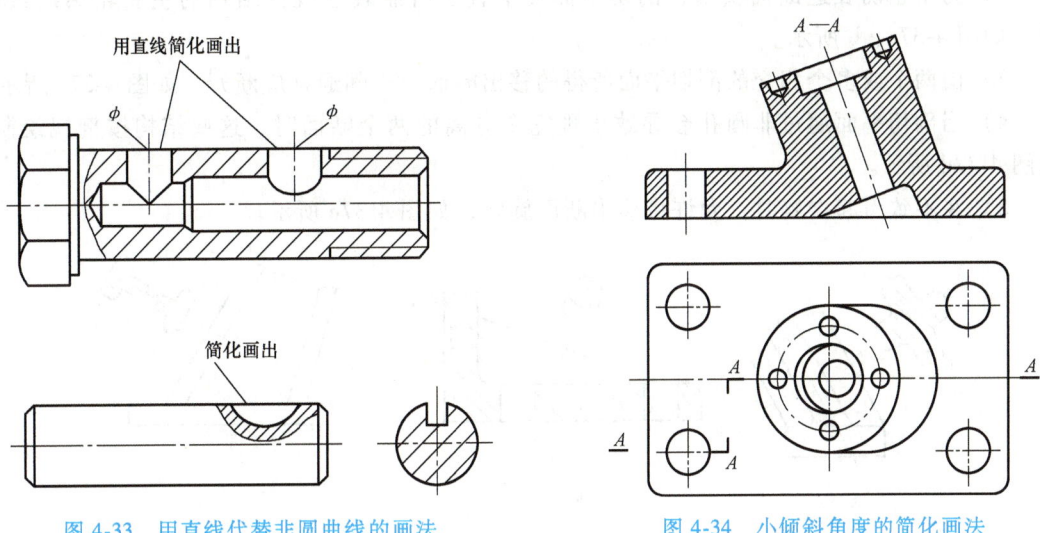

图 4-33　用直线代替非圆曲线的画法　　　图 4-34　小倾斜角度的简化画法

5）当机件具有若干相同结构（齿、槽等），并按一定规律分布时，只需要画出几个完整的结构，其余用细实线连接，在零件图中则必须注明该结构的总数，如图 4-35 所示。

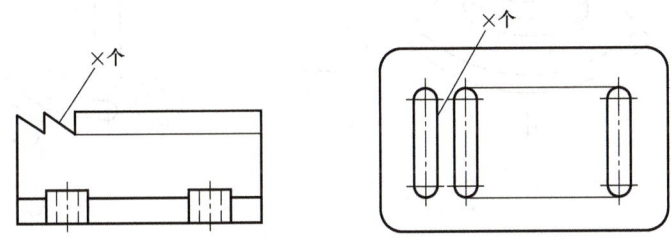

图 4-35　成规律分布的若干相同结构的简化画法

6）当某一图形对称时，可画略大于 1/2 的俯视图，在不致引起误解时，对于对称机件的视图也可只画出 1/2 或 1/4，此时必须在对称中心线的两端画出两条与其垂直的平行细实线，如图 4-36 所示。

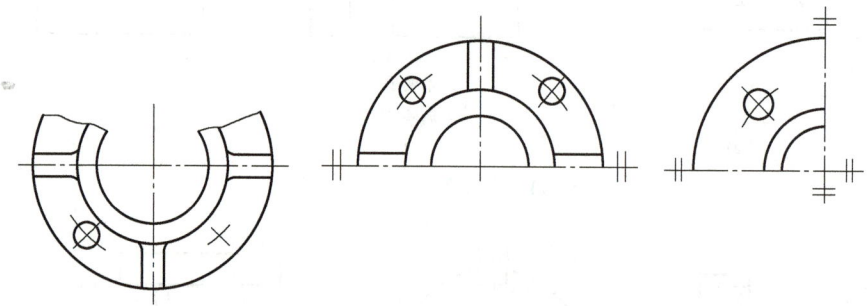

图 4-36　对称机件的简化画法

4. 常用断面图的一些简化画法

1）当剖切平面通过回转面形成的孔或凹坑的轴线时，这些结构按剖视绘制，如图 4-34 所示。

2）为了正确表达断面实形，剖切平面要垂直于所需表达机件结构的主要轮廓线或轴线，如图 4-37a、b 所示。

3）由两个或多个相交的剖切平面所得的移出断面，中间通常应断开，如图 4-37c 所示。

4）当剖切平面通过非圆孔会导致出现完全分离的两个断面时，这些结构按剖视绘制，如图 4-37d 所示。

5）在不致引起误解时，允许将移出断面旋转，如图 4-37e 所示。

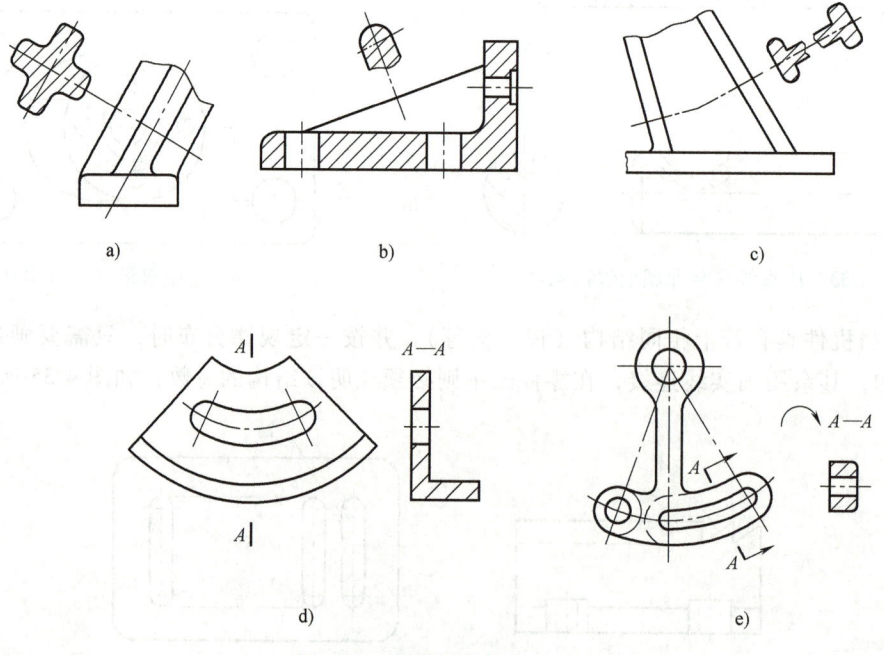

图 4-37　断面图的简化画法

4.5 第三角投影法

国家标准《技术制图 投影法》（GB/T 14692—2008）规定优先采用第一角投影法，而美国、日本等国家技术图样仍采用第三角投影法。在 ISO 国际标准中，表达机件结构的第一角和第三角投影法同样等效。为了适应国际技术交流的需要，在此对第三角投影法进行简单介绍。

由三个互相垂直的平面将空间分为八个分角，分别称为第Ⅰ角、第Ⅱ角、第Ⅲ角、…、第Ⅷ角，如图 4-38 所示。

将机件放置于第Ⅲ角内，将投影面置于观察者与机件之间进行投影，假想投影面是透明的，这样得到的视图，称为第三角投影法。

如图 4-39 所示，机件放置于第Ⅲ角内，在 V 面上形成自前向后的投影，为主视图；在 W 面上形成自右向左的投影，为右视图；在 H 面上形成自上向下的投影，为俯视图。

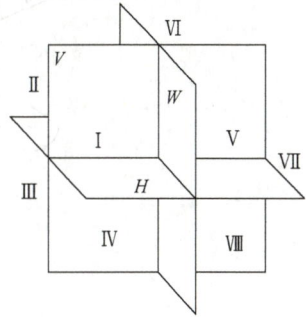

图 4-38 空间分为八个分角

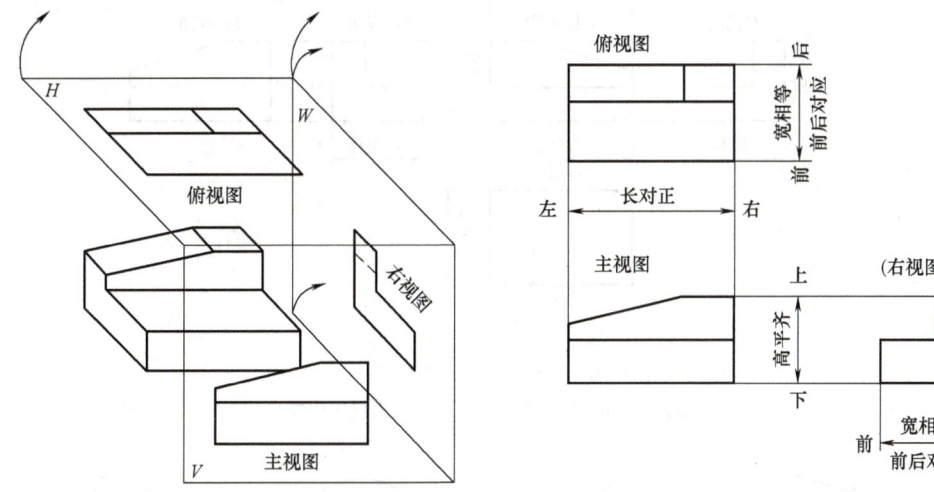

图 4-39 第三角投影法三视图的形成

各投影面展开方法如图 4-40a 所示，视图配置关系：俯视图在主视图上方，仰视图在主视图下方，右视图在主视图右面，左视图在主视图左面，后视图在视图的右面。相应视图间仍应保持"长对正、高平齐、宽相等"的对应关系，如图 4-40b 所示。

为了区别第三角投影法和第一角投影法，国家标准规定，采用第一角投影法时，可画出图 4-41a 所示的第一角投影法识别符号，但一般情况下可省略；采用第三角投影法绘制技术图样时，必须在图样中标题栏上方或左方画出第三角投影法的识别符号，如图 4-41b 所示。

需要注意的是，不管采用第一角投影法还是第三角投影法，投影面体系中各投影面的展开都是以主视图为中心向外打开，后视图向右打开。关于视图配置，第一角和第三角投影法中主视图和后视图位置相同。

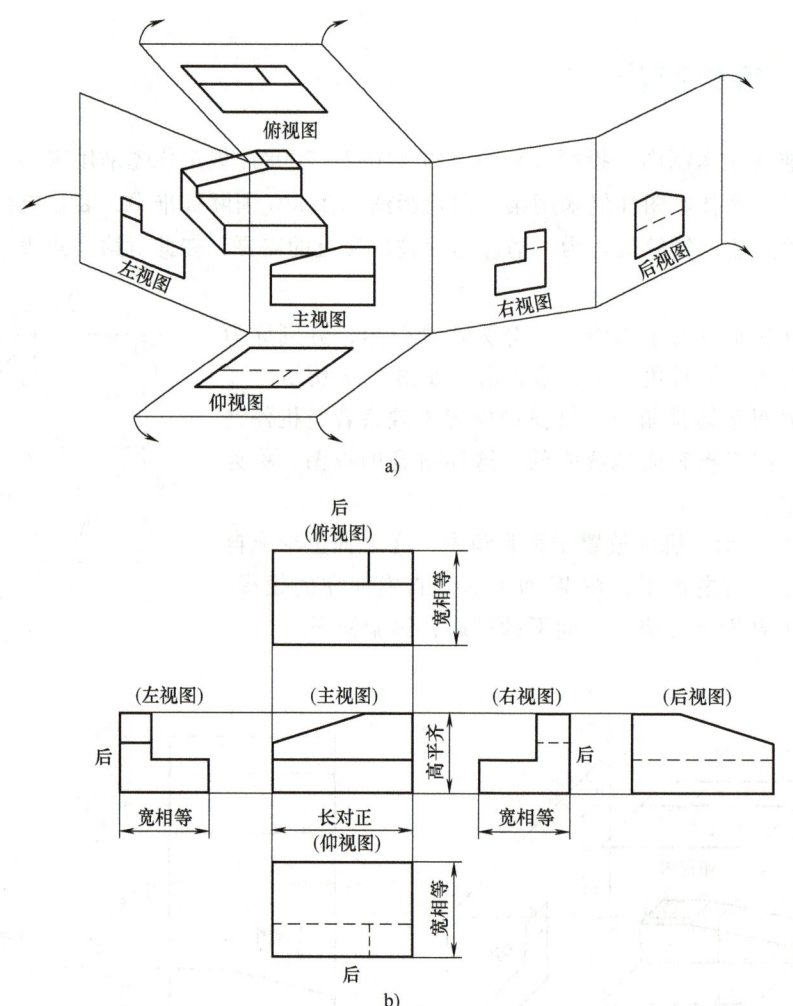

图 4-40 投影展开和视图配置

a) 展开图 b) 第三角投影法基本视图投影配置

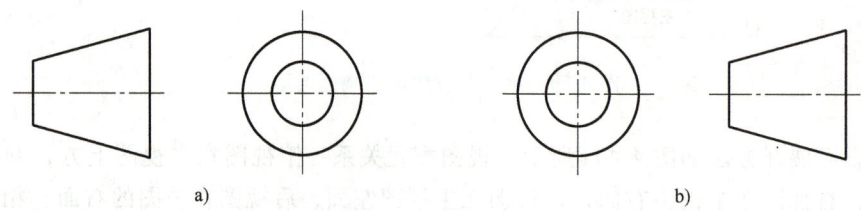

图 4-41 第一角投影法和第三角投影法识别符号

a) 第一角投影法 b) 第三角投影法

4.6 机件表达方法综合案例

很多机件的表达方法不是唯一的,视图、剖视图、断面图应在实践中灵活运用,同一机件往往可以采用多种不同的方案。但有一点是统一的,那就是用最少的视图完整、清晰、准确地表达机件的内、外部形状、结构和尺寸。每一个视图有一个表达重点，各视图之间互相补充，各结构的表达避免重复，使绘图者和读图者都能感到清晰和方便。

【例】 图 4-42 所示为阀体的实体模型，试选择合理的表达方案。

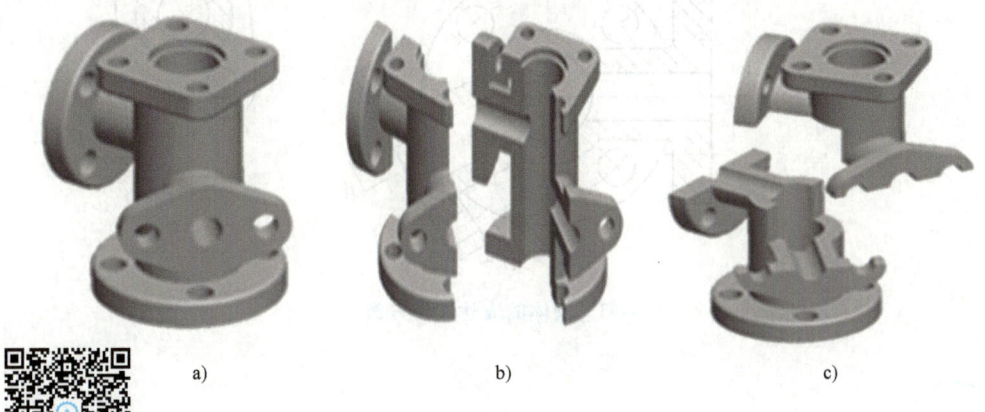

图 4-42 阀体的实体模型

a）完整阀体 b）主视图剖切位置 c）俯视图剖切位置

阀体的实体模型动画

首先对机件进行分析，从阀体的轴测图可以看出，它由上底板（方形）、下底板（圆形）、垂直和水平两两相交空心圆柱体和两个圆形和椭圆形连接板等几何体组成。在选择机件的表达方案时要考虑如何才能把这些主要基本体的内、外部形状和结构完整、准确地表达出来并方便标注。采用图 4-42b 作为主视图的剖切位置，用两个相交的剖切平面来表达主视图中阀体和垂直、水平两两相交空心圆柱体的主要形状。再用两个平行的剖切平面作为俯视图的剖切位置，下底板的形状和结构也表达清楚了，如图 4-42c 所示。

为了进一步把主视图和俯视图中尚未表达清楚的部分显示出来，再采用向视图 E、斜剖视图 $D—D$ 等分别把上底板打孔的情况、椭圆连接板的形状和结构分别表达清楚，如图 4-43 所示。当然，视图的选择随着机件形状结构的不同而不同，这需要绘图者不断积累经验，逐步提高绘图和设计的水平。

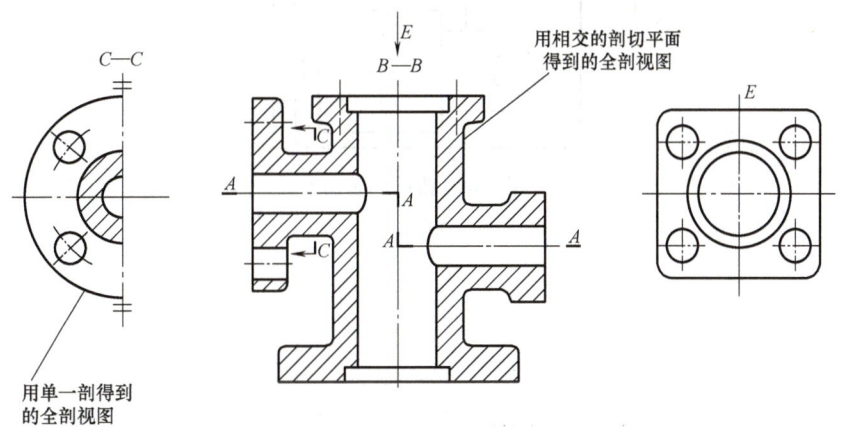

图 4-43 阀体的表达案例

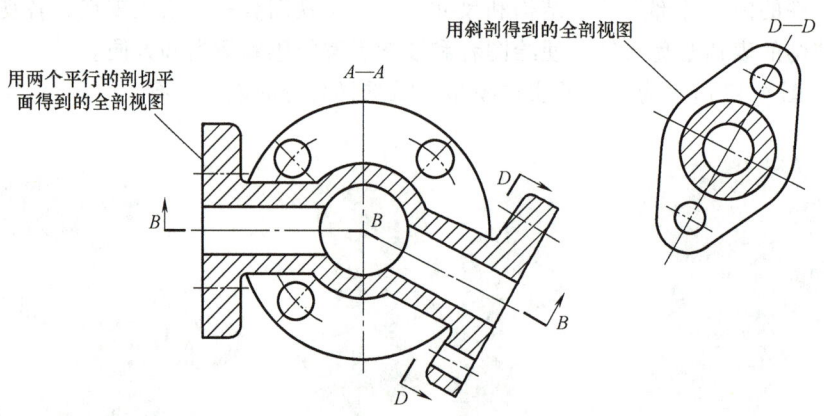

图 4-43　阀体的表达案例（续）

【拓展任务】

如图 4-44 所示，将物体的主视图改画成剖视图。

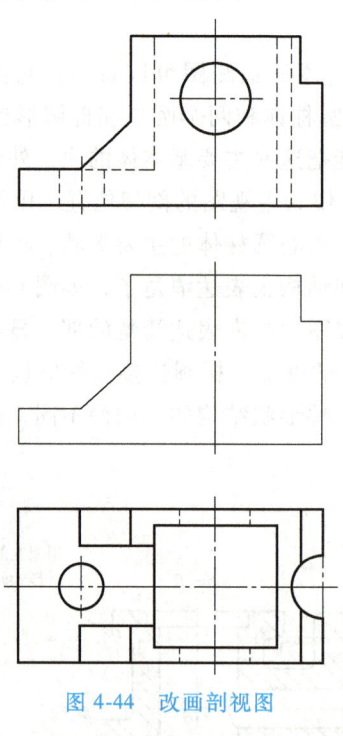

图 4-44　改画剖视图

模块 5

识读和绘制标准件及常用件

【课前阅读】

好螺栓，中国造

螺栓在汽车产品中承担着重要的作用。虽然螺栓看上去微不足道，但它却是"工业之米"，是各类工业产品的基础，是连接汽车各个模块单元的桥梁，有着举足轻重的作用。2020年6月4日，在中汽研盐城试验基地，吉利汽车测试人员进行了一项挑战，从一辆经过50000km各种极限测试、暴力试驾的吉利豪越上，拆出一颗连接车身与前副车架的螺栓，并置入起重机。起重机成功用这颗164g的螺栓将10t重物吊起到2m的高度，并停留5min。经过现场检测，这颗抗拉强度达到1200MPa的螺栓没有变形，没有断裂，甚至连螺纹都完好如初。

小螺栓蕴含大匠心，提升中国制造的国际形象，在于不断加大技术创新，也在于每一个细节的把控，小小的螺栓虽是汽车制造中最基本的一个点，却是产品品质的缩影。

【学习重点】

1) 螺纹及内外螺纹旋合的规定画法。
2) 常用螺纹紧固件的规定画法。
3) 圆柱齿轮啮合的规定画法。
4) 查阅标准件和常用件的相关数据。

【学习难点】

螺纹连接和滚动轴承的规定画法。

【思维导图】

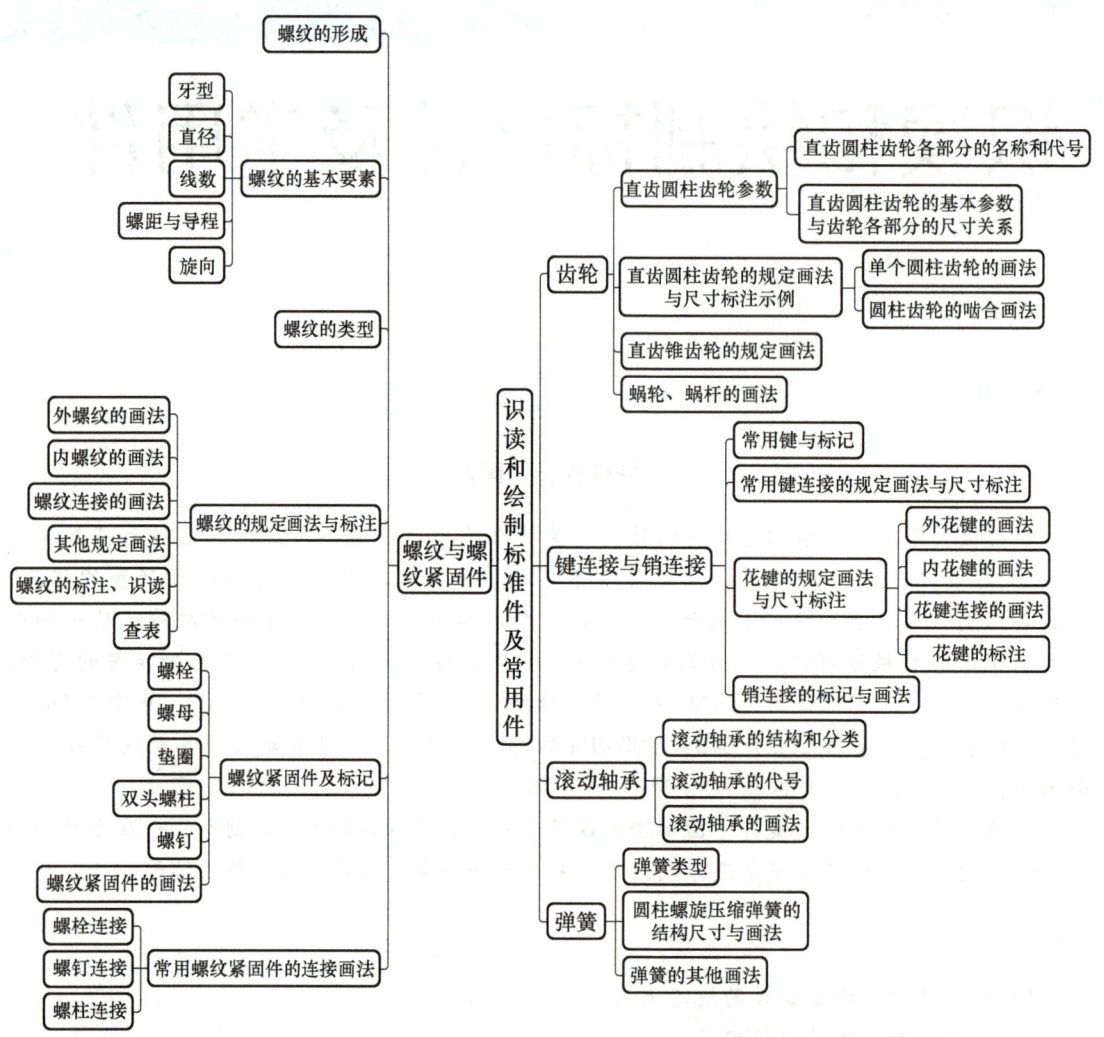

在各种机器或部件中，经常使用螺钉、螺母、垫圈、键、销和滚动轴承等零件，这些零件在结构、尺寸、标记、画法等方面都遵守统一的规定，称为标准件。此外，机器中广泛使用的齿轮、弹簧等零件，这类零件仅对部分结构和尺寸进行了标准化和系列化，称为常用件。标准化使零件可进行专业化大批量生产，获得质优价廉的产品，同时在对机器进行设计、装配和维修时，可方便地按规格选用和更换。

5.1 螺纹与螺纹紧固件

本节主要介绍螺纹的形成、基本要素、类型、规定画法与标注，螺纹紧固件及标记，常用螺纹紧固件的连接画法。

5.1.1 螺纹的形成

螺纹是根据螺旋线形成的原理加工而成的,当固定在车床卡盘上的工件做等速旋转时,刀具沿工件轴向做等速直线移动,其合成运动使切入工件的刀尖在工件表面加工产生螺纹,不同的刀尖形状,加工出的螺纹形状也不同。在外表面上加工形成的螺纹称为外螺纹,在内表面加工形成的螺纹称为内螺纹,如图 5-1 所示。箱体或底座等零件上的内螺纹孔,通常先用钻头钻孔,再用丝锥攻出螺纹,如图 5-2 所示。如果加工的是不通螺纹孔,钻孔时钻头顶部会形成一个锥坑,其锥角应按 120°画出。

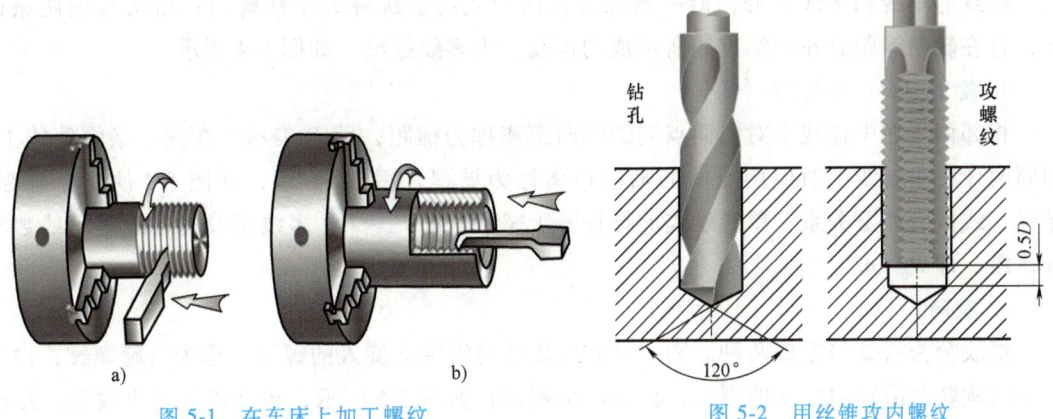

图 5-1 在车床上加工螺纹
a) 在车床上加工外螺纹 b) 在车床上加工内螺纹

图 5-2 用丝锥攻内螺纹

5.1.2 螺纹的基本要素

1. 牙型

通过螺纹轴线的剖面得到的轮廓形状称为牙型。图 5-3 所示为三角形牙型的内、外螺纹。常见的螺纹牙型还有梯形、矩形、锯齿形等。

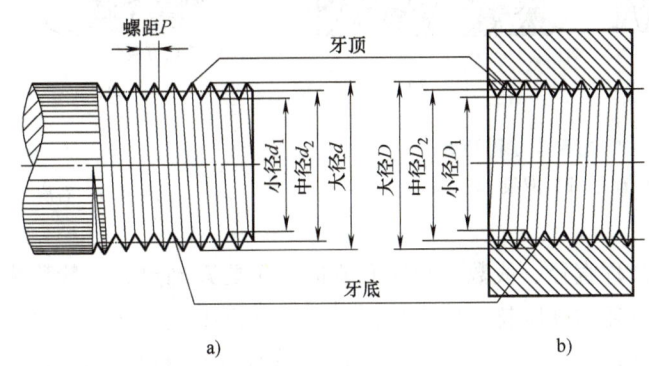

图 5-3 内、外螺纹各部分的名称和代号
a) 外螺纹 b) 内螺纹

2. 直径

螺纹直径有大径、中径和小径之分,外螺纹的直径用小写字母表示,内螺纹的直径用大

写字母表示，如图 5-3 所示。螺纹的公称直径一般为大径。

1）大径是螺纹的最大直径，即与外螺纹牙顶或内螺纹牙底相重合的假想圆柱面的直径，外螺纹用 d 表示，内螺纹用 D 表示。

2）小径是螺纹的最小直径，即与外螺纹牙底或内螺纹牙顶相重合的假想圆柱面的直径，外螺纹用 d_1 表示，内螺纹用 D_1 表示。

3）中径在大径和小径中间，通过牙型上凸起和沟槽宽度相等处的一个假想圆柱面或圆锥面的直径，外螺纹用 d_2 表示，内螺纹用 D_2 表示。

3. 线数（n）

螺纹有单线和多线之分，沿一条螺旋线所形成的螺纹称为单线螺纹；沿两条或两条以上，且在轴向等距分布的螺旋线所形成的螺纹称为多线螺纹，如图 5-4 所示。

4. 螺距（P）与导程（P_h）

相邻两牙在中径线上对应两点间的轴向距离称为螺距，用 P 表示。在同一条螺纹线上，相邻两牙在中径线上对应两点间的轴向距离称为导程，用 P_h 表示，如图 5-4 所示；螺距、导程、线数有如下关系：单线螺纹的导程等于螺距，即 $P_h = P$；多线螺纹的导程等于线数乘以螺距，即 $P_h = nP$。

5. 旋向

螺纹分为右旋与左旋两种。顺时针方向旋转时沿轴向旋入的螺纹，称为右旋螺纹；逆时针方向旋转时沿轴向旋入的螺纹，称为左旋螺纹；如图 5-5 所示，将外螺纹竖直放置，螺纹的可见部分右高左低为右旋螺纹，左高右低为左旋螺纹。工程上右旋螺纹应用较多。右旋螺纹可不标注旋向，左旋螺纹需要标注 LH。

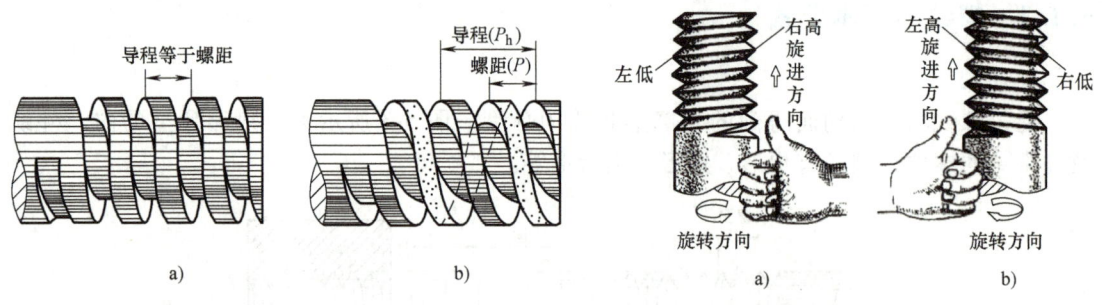

图 5-4　螺纹的线数、导程和螺距
a）单线　b）双线

图 5-5　螺纹的旋向
a）右旋　b）左旋

螺纹由牙型、公称直径、线数、螺距和旋向五个要素确定，一般称为螺纹五要素。五要素中的牙型、公称直径和螺距符合国家标准的称为标准螺纹；牙型不符合国家标准的称为非标准螺纹（如矩形螺纹）。只有上述五个要素都相同的内外螺纹才能相互旋合。

5.1.3　螺纹的类型

根据不同的分类方法，螺纹又可以分为圆柱螺纹和圆锥螺纹；连接螺纹和传动螺纹；密封螺纹和非密封螺纹等。表 5-1 列出了常用标准螺纹的牙型、特征代号等。

模块5 识读和绘制标准件及常用件

表 5-1 常用标准螺纹的牙型、特征代号及标注示例

螺纹牙型		特征代号	牙型略图	标注示例	说　明
连接螺纹	粗牙普通螺纹	M		M16—6g 公称直径16mm，右旋。中径公差带和顶径公差带均为6g。中等旋合长度	粗牙普通螺纹，一般用于紧固连接
	细牙普通螺纹			M16×1—6H 公称直径16mm，螺距1mm，右旋。中径公差带和顶径公差带均为6H。中等旋合长度	细牙普通螺纹，多用于薄壁或紧密连接的零件
管螺纹	55°非密封管螺纹	G		G1　G1A G—螺纹特征代号；1—尺寸代号；A—外螺纹公差带代号	55°非密封管螺纹，螺纹本身不具有密封性，适用于管接头、阀门、旋塞等
	55°密封管螺纹	圆锥内螺纹 Rc		Rc1½　R₂1½ R₁—与圆柱内螺纹配合的圆锥外螺纹；R₂—与圆锥内螺纹配合的圆锥外螺纹 1½—尺寸代号	55°密封管螺纹，适用于管子、管接头、阀门、旋塞等
		圆柱内螺纹 Rp			
		圆锥外螺纹 R₁、R₂			
传动螺纹	梯形螺纹	Tr		Tr36×12P6—7H 公称直径36mm，双线螺纹，导程12mm，螺距6mm，右旋。中径公差带为7H。中等旋合长度	梯形螺纹，用于传递动力和运动，如机床丝杠等

(续)

螺纹牙型		特征代号	牙型略图	标注示例	说 明
传动螺纹	锯齿形螺纹	B			锯齿形螺纹,用于传递单向压力,如千斤顶螺杆

牙型略图：内螺纹 3°, P, d, d_2, d_1, 30°, 外螺纹

标注示例：B70×10LH-7e 公称直径70mm,单线螺纹,螺距10mm,左旋。中径公差带为7e。中等旋合长度

5.1.4 螺纹的规定画法与标注

如果按照螺纹牙型的实际投影形状作图会很繁琐，为了简化作图，国家标准《机械制图螺纹及螺纹紧固件表示法》（GB/T 4459.1—1995）对内、外螺纹及其连接的表示方法做了详细的规定。

1. 外螺纹的画法

1）如图 5-6a 所示，螺纹牙顶圆（即大径 d）的投影用粗实线表示，牙底圆（即小径 d_1）的投影用细实线表示（按 $0.85d$ 绘制），在螺杆的倒角或倒圆部分也应画出。

2）在垂直于螺纹轴线的投影面的视图中，表示牙底圆的细实线只画约 3/4 圈。此时，螺杆倒角的投影不应画出。

3）有效螺纹的终止界线（简称螺纹终止线）在不剖的外形图中用粗实线表示，如图 5-6a 所示。在剖视图中，螺纹终止线按图 5-6b 所示的画法绘制，即终止线只画螺纹高度的一小段，剖面线必须画到表示牙顶圆投影的粗实线。

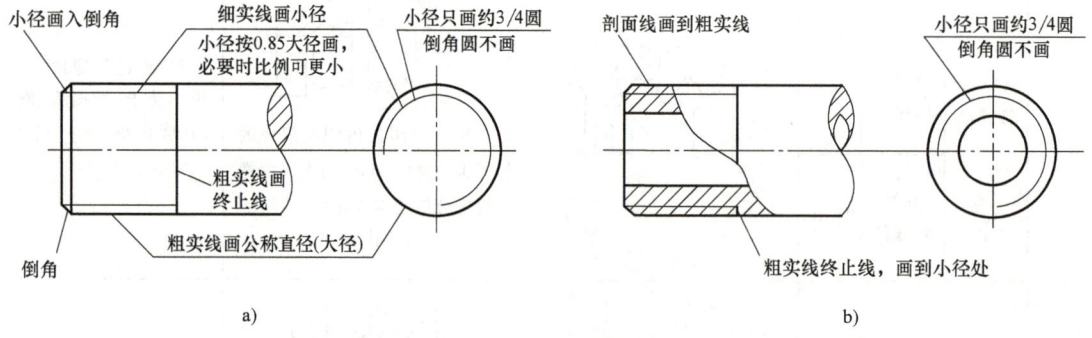

图 5-6 外螺纹的画法
a) 视图画法 b) 剖视图画法

2. 内螺纹的画法

1）如图 5-7a 所示，在剖视图中，内螺纹牙顶圆（即小径 D_1）的投影用粗实线表示，牙底圆（即大径 D）用细实线表示，螺纹终止线用粗实线表示，剖面线应画到表示牙顶的粗实线为止。

2）在垂直于螺纹轴线的投影面的视图上，表示牙底圆的细实线只画约 3/4 圈，表示倒角的投影不画。

3）绘制不通孔的螺纹时，一般应将钻孔深度与螺纹孔深度分别画出，如图 5-7a 主视图所示。

4）不可见螺纹的所有图线均用虚线画出，如图 5-7b 所示。

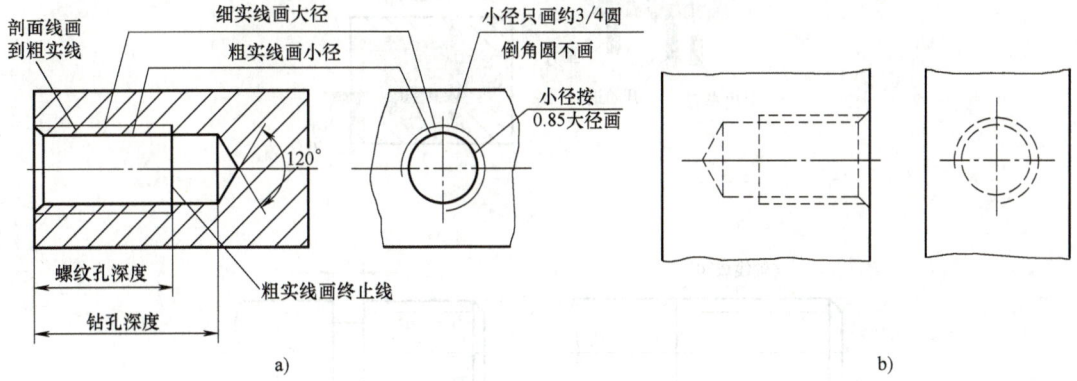

图 5-7　内螺纹的画法

a）剖视图画法　b）不可见螺纹画法

3. 螺纹连接的画法

内、外螺纹连接通常用剖视图表示。在剖视图中，内、外螺纹的旋合部分按外螺纹的画法表示，其余部分仍按各自的画法表示，如图 5-8 所示。需要注意的是，表示内、外螺纹大径的细实线和粗实线，必须分别与表示内、外螺纹小径的粗实线和细实线对齐，这表明内外螺纹具有相同的大径和相同的小径。在剖视图中，剖面线应画到粗实线，当实心螺杆通过轴线剖切时按不剖处理，如图 5-8a 所示；空心螺杆按剖切处理，内、外螺纹剖面线方向相反，如图 5-8b 所示。

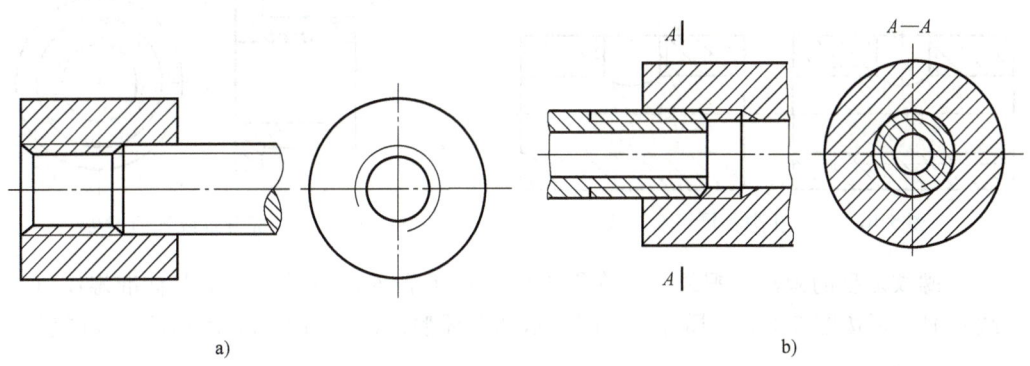

图 5-8　螺纹连接的画法

a）主视图中实心螺杆按不剖处理　b）主视图中空心螺杆按剖切处理

4. 其他规定画法

（1）螺尾和退刀槽的画法　加工部分长度的内、外螺纹时，因为刀具要逐渐离开工件，所以末尾附近出现吃刀深度逐渐变浅的部分，称为螺尾。螺纹收尾部分一般不必画出，当需要表示螺尾时，可用螺纹尾部的牙底与轴线成 30°的细实线画出，如图 5-9b 所示。有时为了避免产生螺尾，常在收尾处预先加工一个退刀槽，如图 5-9a、c 所示。

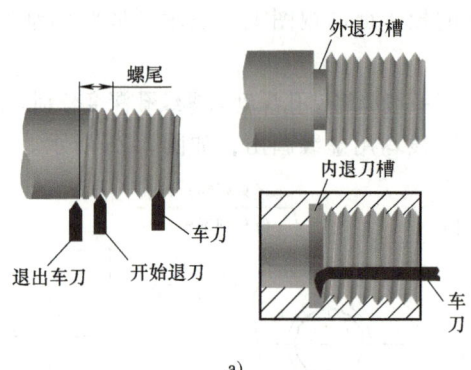

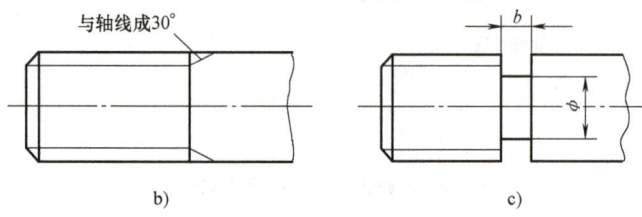

图 5-9 螺尾和退刀槽

a) 退刀槽　b) 螺尾　c) 退刀槽画法

（2）螺纹孔中相贯线的画法　两个螺纹孔相交或螺纹孔与光孔相交时，只在牙顶处画一条相贯线，如图 5-10 所示。

（3）部分螺纹孔的画法　零件上有时会遇到部分螺纹孔，如图 5-11 所示，在垂直于螺纹轴线的视图中，表示螺纹大径圆的细实线应适当空出一段。

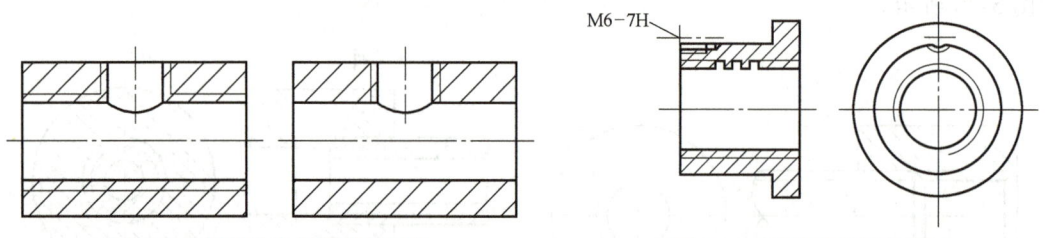

图 5-10　螺纹孔中相贯线的画法　　　图 5-11　部分螺纹孔的画法

（4）螺纹牙型的画法　螺纹牙型在图形中一般不表示，当需要表示非标准螺纹（如矩形螺纹）时，可按图 5-12a 用局部剖视图表示几个牙型，或按图 5-12b 用局部放大图表示。

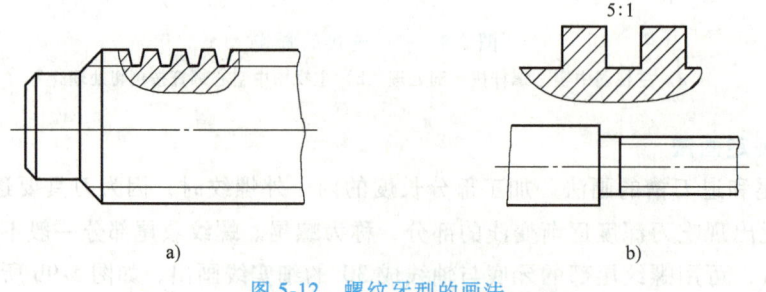

图 5-12　螺纹牙型的画法

a) 用局部剖视图表示　b) 用局部放大图表示

(5) 锥螺纹的画法 圆锥外螺纹和圆锥内螺纹的画法分别如图 5-13、图 5-14 所示，在垂直于轴线的视图中，左视图按螺纹的大端绘制，右视图按螺纹的小端绘制。

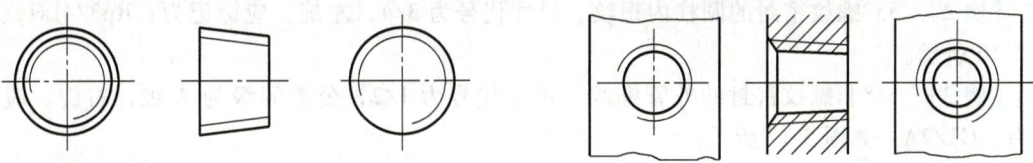

图 5-13 圆锥外螺纹的画法　　　　　图 5-14 圆锥内螺纹的画法

5. 螺纹的标注、识读

螺纹按国标规定画法绘制后，图上表示不出牙型、公称直径、螺距、线数、旋向等要素，所以需要用标记的形式说明。国家标准规定，标准螺纹用规定的标记标注，且标注在螺纹公称直径的尺寸线或其引出线上。各种螺纹的标注方法和示例如下：

(1) 普通螺纹的标注

$\underbrace{\boxed{特征代号}\ \boxed{公称直径}\times\boxed{螺距}\ \boxed{旋向}}_{\text{螺纹代号}}-\underbrace{\boxed{中径公差带代号}\ \boxed{顶径公差带代号}}_{\text{螺纹公差代号}}-\boxed{旋合长度代号}$

普通螺纹的牙型角为 60°，分为粗牙和细牙，即大径相同时有几种不同规格的螺距，螺距最大的为粗牙普通螺纹，其余为细牙普通螺纹。普通螺纹的特征代号用"M"表示，公称直径为螺纹大径。粗牙普通螺纹不标注螺距，细牙普通螺纹应标注螺距。右旋螺纹不标注旋向，左旋螺纹用"LH"表示。螺纹公差代号由表示其大小的公差等级数字和表示其位置的基本偏差的字母（内螺纹为大写，外螺纹为小写）组成，如 6H、6g。如两组公差带相同，则只标注一个代号；如两组公差带不相同，则分别标注出代号。旋合长度分为短、中、长三种，分别用 S、N、L 表示，相应的长度可根据螺纹公称直径和螺距从标准中查出，一般采用中等旋合长度，其代号 N 可省略。

【例1】 细牙普通螺纹，公称直径为 12mm，螺距为 1.5mm，左旋，中径公差带为 5g，顶径公差带为 6g，短旋合长度。应标记为：M12×1.5LH-5g6g-S，如图 5-15 所示。

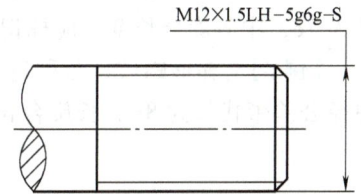

图 5-15 细牙普通螺纹的标注

(2) 管螺纹的标注 管螺纹分为用螺纹密封的管螺纹和非螺纹密封的内、外管螺纹。标记形式如下：

1) 55°密封管螺纹：$\boxed{螺纹特征代号}\ \boxed{尺寸代号}\ \boxed{旋向代号}$（也适用于非螺纹密封的内管螺纹）。

2) 55°非密封外管螺纹：$\boxed{螺纹特征代号}\ \boxed{尺寸代号}\ \boxed{公差等级代号}-\boxed{旋向代号}$。

管螺纹标注中的尺寸代号是管螺纹所在管子孔径的近似值（单位为 in，1in = 25.4mm）。需要注意的是，管螺纹的尺寸应该用指引线从大径圆柱（或圆锥）素线上引出标注，而不能像一般线性尺寸那样标注在大径尺寸线上。

以上螺纹标记中的螺纹特征代号分成两类：

1) 55°密封管螺纹：Rp 表示圆柱内螺纹，R_1 表示与圆柱内螺纹相配合的圆锥外螺纹，Rc 表示圆锥内螺纹，R_2 表示与圆锥内螺纹相配合的圆锥外螺纹。

2) 55°非密封管螺纹：G。

公差等级代号分为 A、B 两级，只对 55°非密封的外管螺纹标记，对内螺纹不标记。右旋螺纹不标注旋向代号；左旋螺纹标注 "LH"。

【例 2】 55°螺纹密封的圆柱内螺纹，尺寸代号为 3/4，左旋。应标记为：Rp3/4LH，如图 5-16 所示。

【例 3】 55°非螺纹密封的外管螺纹，尺寸代号为 1/2，公差等级为 A 级，右旋。应标记为：G1/2A，如图 5-17 所示。

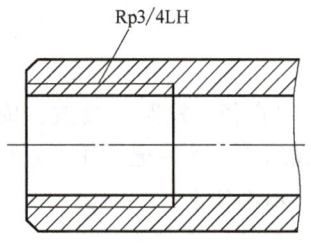

图 5-16 圆柱内螺纹的标注

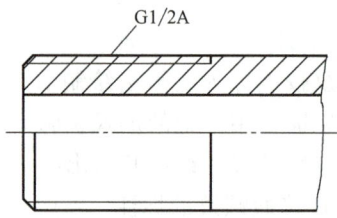

图 5-17 非螺纹密封的外管螺纹的标注

（3）梯形螺纹的标注格式　梯形螺纹的标记形式如下：

1）单线梯形螺纹：

| 特征代号 | 公称直径 |×| 螺距 |-| 中径公差带代号 |-| 旋合长度代号 |-| 旋向代号 |

2）多线梯形螺纹：

| 特征代号 | 公称直径 |×| 导程 P 螺距 |-| 中径公差带代号 |-| 旋合长度代号 |-| 旋向代号 |

梯形螺纹用来传递双向动力，其牙型角为 30°，不分粗牙和细牙，只标注中径公差带代号，梯形螺纹的特征代号为 "Tr"。左旋螺纹的旋向代号为 "LH"，右旋不标注。梯形螺纹的旋合长度只分中（N）和长（L）两组，采用中等旋合长度时，不标注代号 "N"。

【例 4】 梯形螺纹，公称直径为 32mm，螺距为 6mm，右旋单线外螺纹，中径公差带代号为 7e，中等旋合长度。应标记为：Tr32×6-7e，如图 5-18 所示。

【例 5】 梯形螺纹，公称直径为 40mm，导程为 12mm，螺距为 6mm 的左旋双线内螺纹，中径公差带代号为 8E，长旋合长度。应标记为：Tr40×12P6-8E-L-LH，如图 5-19 所示。

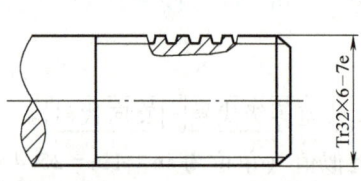

图 5-18 梯形螺纹的标注（一）

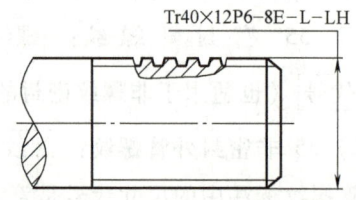

图 5-19 梯形螺纹的标注（二）

（4）螺纹副的标记　螺纹副标记的标注方法与螺纹标记的标注方法相同。普通螺纹和传动螺纹的标记直接标注在大径的尺寸线上或其引出线上，公差带代号用斜线隔开，斜线前后分别是内、外螺纹的公差带代号，如图 5-20 所示。管螺纹的标记应采用引出线，由配合部分的大径处引出标注，内、外螺纹的标记用斜线隔开，斜线前是内螺纹的标记，斜线后是外螺纹的标记，如图 5-21 所示。

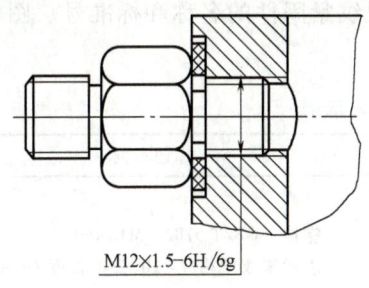

图 5-20 普通螺纹紧固件

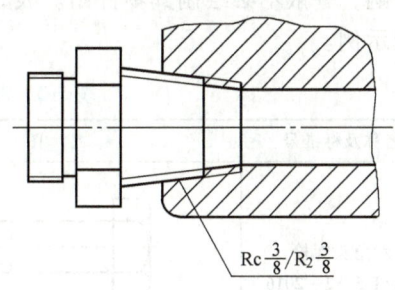

图 5-21 管螺纹紧固件

（5）特殊螺纹的标注　标注特殊螺纹时，应在特征代号前加上"特"字，如特 M30×0.75-7H。非标准螺纹应画出螺纹的牙型，标注所需尺寸，如图 5-22 所示。

6. 查表

螺纹加工制造时，可根据其牙型、公称直径和螺距，查对相应的螺纹标准，获取所需尺寸。

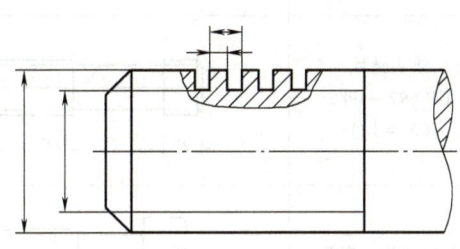

图 5-22 非标准螺纹的标注

5.1.5 螺纹紧固件及标记

螺纹紧固件也称为螺纹连接件，种类有很多，常见的有螺栓、双头螺柱、螺母、螺钉、垫圈等，如图 5-23 所示，在机器中起连接和紧固作用。这类零件的结构和尺寸已标准化，

图 5-23 常见的螺纹紧固件

由标准件厂家大量生产。在工程设计使用时，可根据需要从相应的标准中查出所需尺寸，直接外购，一般不必绘制其零件图。表 5-2 列出了常用的螺纹紧固件的名称和标准号、图例及标记示例。

表 5-2 常用的螺纹紧固件及标记示例

名称及标准号	图 例	标记示例
六角头螺栓 GB/T 5782—2016		螺栓　GB/T 5782　M10×50 表示螺纹规格 $d=10$、公称长度 $l=50$、性能等级为 8.8 级、表面氧化、杆身半螺纹、A 级的六角头螺栓
双头螺柱 GB 897—1988 （$b_m=1d$）		螺柱　GB 897　M10×50 表示两端均为粗牙普通螺纹，螺纹规格 $d=10$，公称长度 $l=50$、性能等级为 4.8 级、不经表面处理、B 型、$b_m=1d$ 的双头螺柱
开槽圆柱头螺钉 GB/T 65—2016		螺钉　GB/T 65　M10×50 表示螺纹规格 $d=10$，公称长度 $l=50$、性能等级为 4.8 级、不经表面处理的 A 级开槽圆柱头螺钉
开槽盘头螺钉 GB/T 67—2016		螺钉　GB/T 67　M10×50 表示螺纹规格 $d=10$，公称长度 $l=50$、性能等级为 4.8 级、不经表面处理的 A 级开槽盘头螺钉
内六角圆柱头螺钉 GB/T 70.1—2008		螺钉　GB/T 70.1　M10×40 表示螺纹规格 $d=10$，公称长度 $l=40$、性能等级为 8.8 级、表面氧化的 A 级内六角圆柱头螺钉
开槽沉头螺钉 GB/T 68—2016		螺钉　GB/T 68　M10×50 表示螺纹规格 $d=10$，公称长度 $l=50$、性能等级为 4.8 级、不经表面处理的开槽沉头螺钉
十字槽沉头螺钉 GB/T 819.1—2016		螺钉　GB/T 819.1　M10×50 表示螺纹规格 $d=10$，公称长度 $l=50$、性能等级为 4.8 级、不经表面处理的 H 型十字槽沉头螺钉

模块5 识读和绘制标准件及常用件

（续）

名称及标准号	图例	标记示例
开槽锥端紧定螺钉 GB/T 71—2018	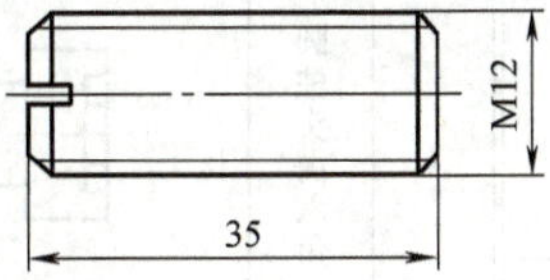 (M12, 35)	螺钉 GB/T 71 M12×35 表示螺纹规格 $d=12$、公称长度 $l=35$、性能等级为 14H 级、表面氧化的开槽锥端紧定螺钉
开槽长圆柱端紧定螺钉 GB/T 75—2018	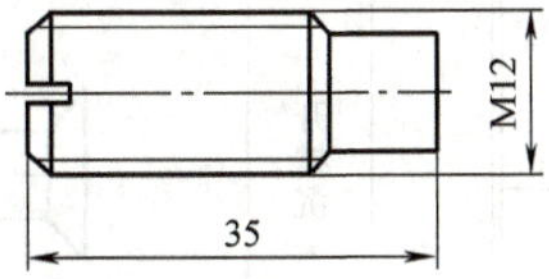 (M12, 35)	螺钉 GB/T 75 M12×35 表示螺纹规格 $d=12$、公称长度 $l=35$、性能等级为 14H 级、表面氧化的开槽长圆柱端紧定螺钉
1型六角螺母 GB/T 6170—2015	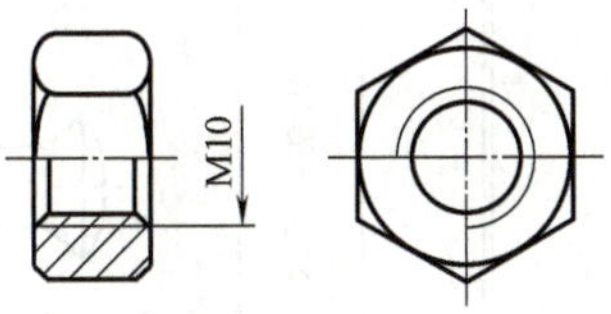 (M10)	螺母 GB/T 6170 M10 表示螺纹规格 $D=10$、性能等级为 8 级、不经表面处理、A 级的 1 型六角螺母
1型六角开槽螺母 GB 6178—1986	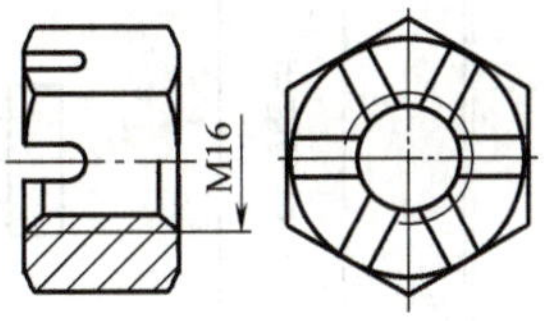 (M16)	螺母 GB 6178 M16 表示螺纹规格 $D=16$、性能等级为 8 级、表面氧化、A 级 1 型的六角开槽螺母
平垫圈 GB/T 97.1—2002	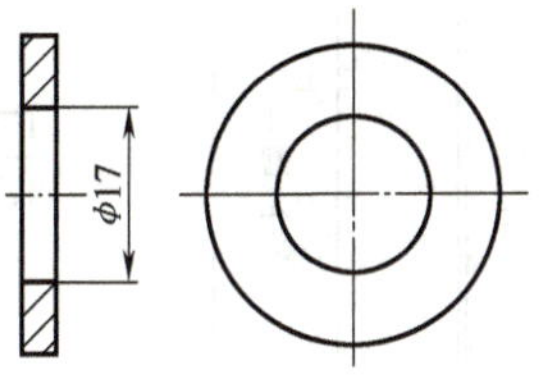 ($\phi17$)	垫圈 GB/T 97.1 17 表示标准系列、公称规格 17mm、由钢制造的硬度等级为 200HV 级、不经表面处理、产品等级为 A 级的平垫圈
标准型弹簧垫圈 GB/T 93—1987	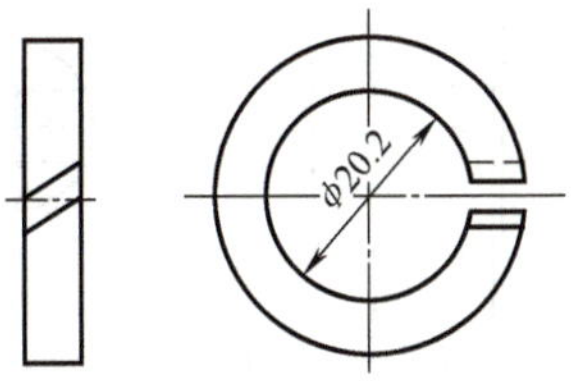 ($\phi20.2$)	垫圈 GB/T 93 20 表示规格 20mm、材料为 65Mn、表面氧化处理的标准型弹簧垫圈

注：平垫圈和弹簧垫圈的规格尺寸是指与之相配用的螺纹直径，并非垫圈的内径或外径。

紧固件有规定的完整标记，由于在零件连接中广泛应用，在装配图中绘制的机会很多，通常采用简化画法，常用的螺纹紧固件简化画法见表 5-3，只注出名称、标准号和规格尺寸。

表 5-3　常用螺纹紧固件的简化画法

名称	形式	简化画法	名称	形式	简化画法
螺栓	六角头		螺钉	圆柱头内六角	
	方头			开槽沉头	
螺母	六角			开槽半沉头	
	六角开槽			开槽圆柱头	
螺钉	十字槽沉头			开槽无头	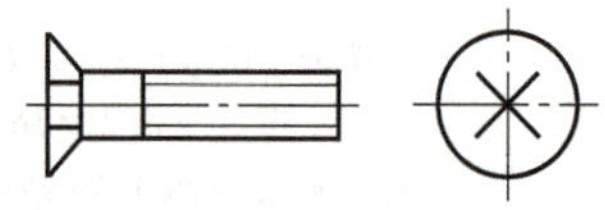
	十字槽半沉头			十字槽圆头 （木螺钉）	
	十字槽盘头				
	开槽盘头				

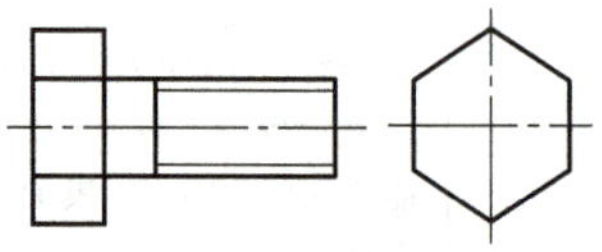

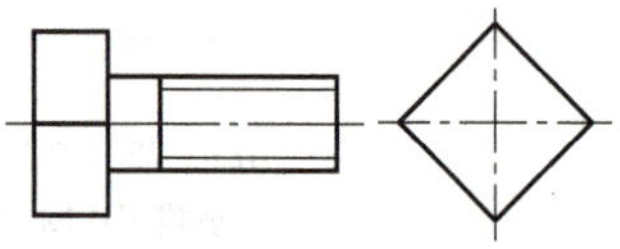

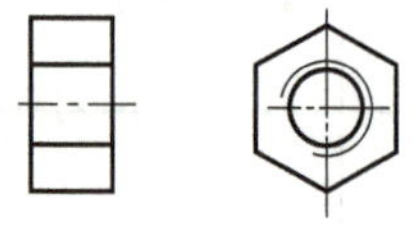

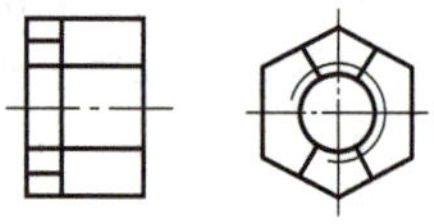

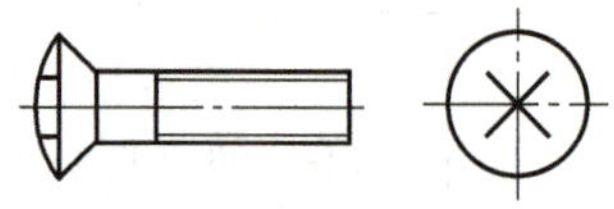

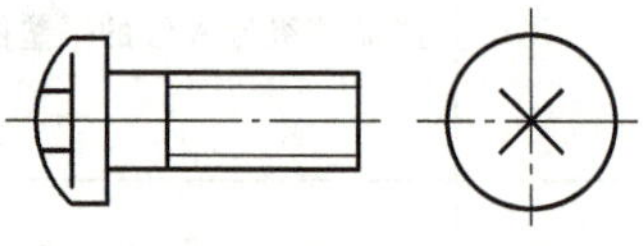

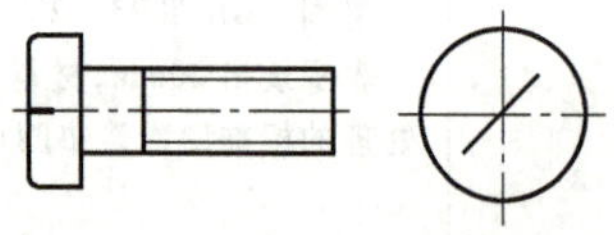

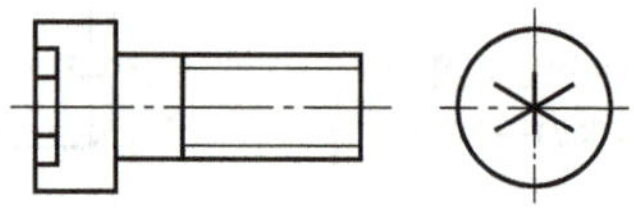

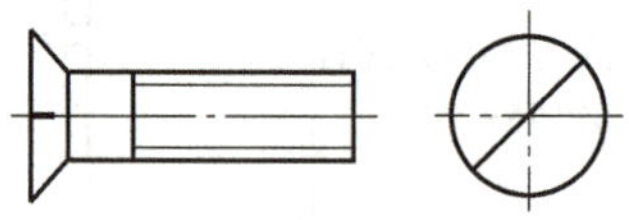

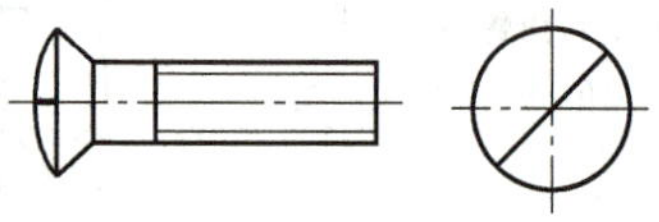

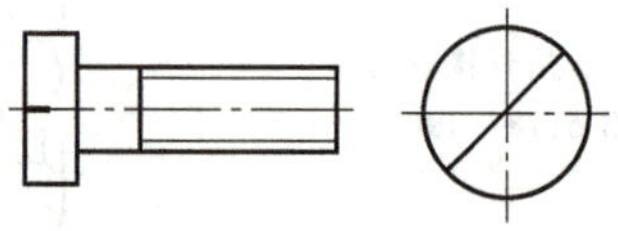

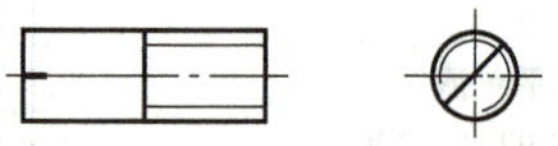

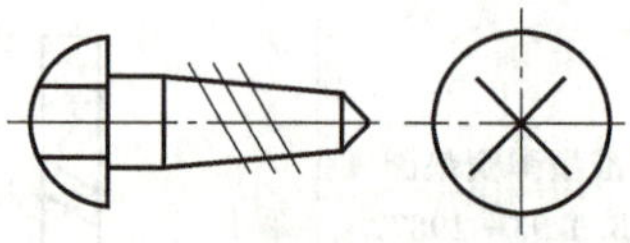

1. 螺栓

螺栓由头部和杆部组成。常用头部形状为六棱柱的六角头螺栓，如图 5-24 所示。根据螺纹的作用和用途，六角头螺栓有粗牙、细牙、全螺纹、部分螺纹等多种规格。螺栓的规格尺寸指螺纹的大径 d 和公称长度 l。

模块5 识读和绘制标准件及常用件

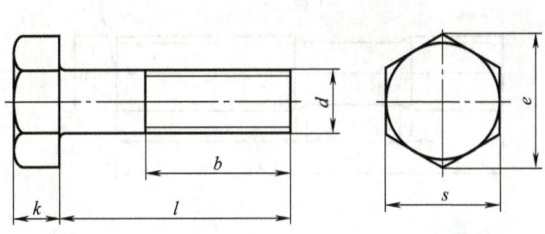
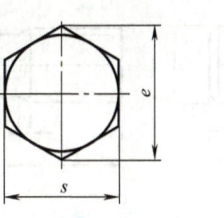
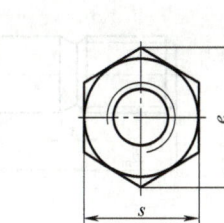

图 5-24　螺栓　　　　　　　　　　　　　　图 5-25　螺母

螺栓规定的标记形式为：名称　标准编号　螺纹代号×公称长度

例如：螺栓　GB/T 5782—2016　M12×80

根据标记可知：螺栓为粗牙普通螺纹，螺纹规格 $d=12$ mm，公称长度 $l=80$ mm。

2. 螺母

螺母与螺栓等外螺纹零件配合使用，起连接作用，其中六角螺母应用最广泛，如图 5-25 所示。六角螺母根据高度 m 不同，可分为薄型、1 型、2 型。根据螺距不同，可分为粗牙和细牙。根据产品等级，可分为 A、B、C 级。螺母的规格尺寸为螺纹大径 D。

螺母规定的标记形式为：名称　标准编号　螺纹代号

例如：螺母　GB/T 6170—2015　M12

根据标记可知：螺母为粗牙普通螺纹，螺纹规格 $D=12$ mm。

3. 垫圈

垫圈有平垫圈和弹簧垫圈之分。平垫圈一般放在螺母与被连接零件之间，用于保护被连接零件的表面，以免拧紧螺母时刮伤零件表面，同时可增加螺母与被连接零件之间的接触面积。弹簧垫圈可以防止因振动而引起的螺纹松动。

平垫圈有 A 级和 C 级两个标准系列，A 级标准系列平垫圈又分为带倒角和不带倒角两种类型，如图 5-26 所示。垫圈的公称尺寸是用与其配合使用的螺纹紧固件的螺纹规格 d 来表示的。

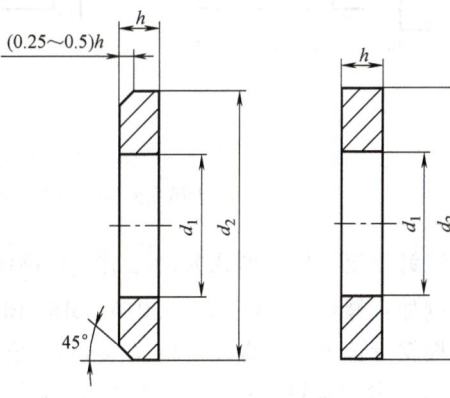

图 5-26　平垫圈

垫圈规定的标记形式为：名称　标准编号　公称尺寸

例如：垫圈　GB/T 97.1—2002　12

根据标记可知：平垫圈为标准系列，公称尺寸（螺纹规格）$d=12$ mm，其他尺寸可从相应的标准中查得。

4. 双头螺柱

图 5-27 所示为双头螺柱，它的两端都有螺纹，旋入被连接零件的一端称为旋入端，旋紧螺母的一端称为紧固端。根据双头螺柱的结构可分为 A 型和 B 型两种，如图 5-27 所示。

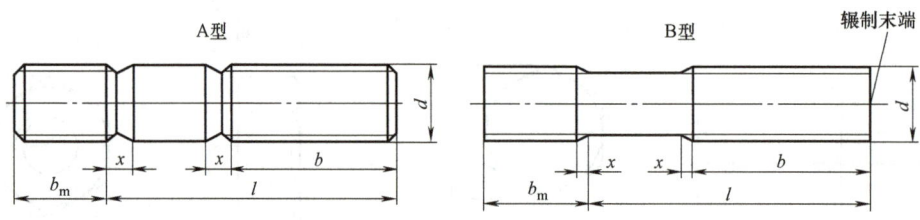

图 5-27 双头螺柱

双头螺柱的规格尺寸为螺纹大径 d 和公称长度 l。

双头螺柱规定的标记形式为：名称 标准编号 螺纹代号×公称长度

例如：螺柱　GB 899—1988　M10×40

根据标记可知：双头螺柱的两端均为粗牙普通螺纹，$d=10$mm，$l=40$mm。

5. 螺钉

按照用途螺钉可分为连接螺钉和紧定螺钉两种。

（1）连接螺钉　用来连接两个零件，一端为螺纹，用来旋入被连接零件的螺纹孔中；另一端为头部，用来压紧被连接零件。螺钉按其头部形状可分为开槽圆柱头螺钉、十字槽圆柱头螺钉、开槽盘头螺钉、开槽沉头螺钉、内六角圆柱头螺钉等，如图 5-28 所示。连接螺钉的规格尺寸为螺钉的直径 d 和螺钉的长度 l。

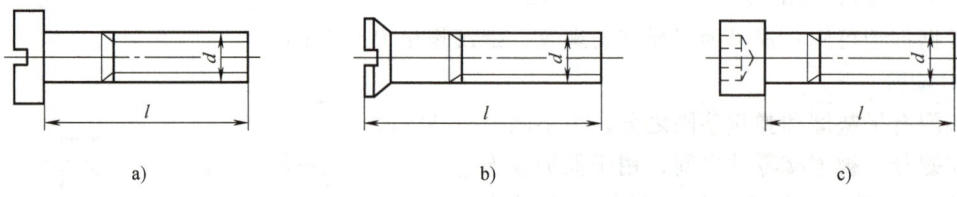

图 5-28 不同头部形状的连接螺钉

a) 开槽盘头螺钉　b) 开槽沉头螺钉　c) 内六角圆柱头螺钉

螺钉规定的标记形式为：名称 标准编号 螺纹代号×公称长度

例如：螺钉　GB/T 65—2016　M8×40

根据标记可知：螺纹规格 $d=8$mm，公称长度 $l=40$mm。

（2）紧定螺钉　用来防止或限制两个相配合零件间的相对转动。头部有开槽和内六角两种形式，端部有平端、锥端、圆柱端、凹端等，如图 5-29 所示。平端紧定螺钉靠其端平面与零件的摩擦力起定位作用；锥端紧定螺钉靠端部锥面顶入零件上的小锥坑起定位、固定作用；圆柱端紧定螺钉利用端部小圆柱插入零件上的小孔或环槽起定位、固定作用。紧定螺钉的规格尺寸为螺钉的直径 d 和螺钉长度 l。

螺钉规定的标记形式为：名称 标准编号 螺纹代号×公称长度

例如：螺钉　GB/T 73—2017　M6×10

根据标记可知：螺纹规格 $d=6$mm，公称长度 $l=10$mm。

6. 螺纹紧固件的画法

为了提高效率，工程上常采用比例画法绘制螺纹连接图，即根据螺纹公称直径（d 或

D），按近似的比例关系计算出各部分尺寸后作图。常用的螺纹紧固件比例画法如图 5-30 所示。

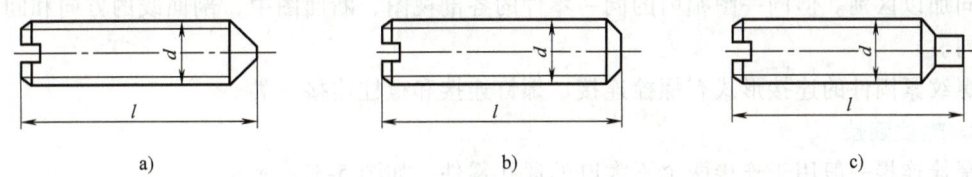

图 5-29 不同端部的紧定螺钉

a）锥端紧定螺钉　b）平端紧定螺钉　c）圆柱端紧定螺钉

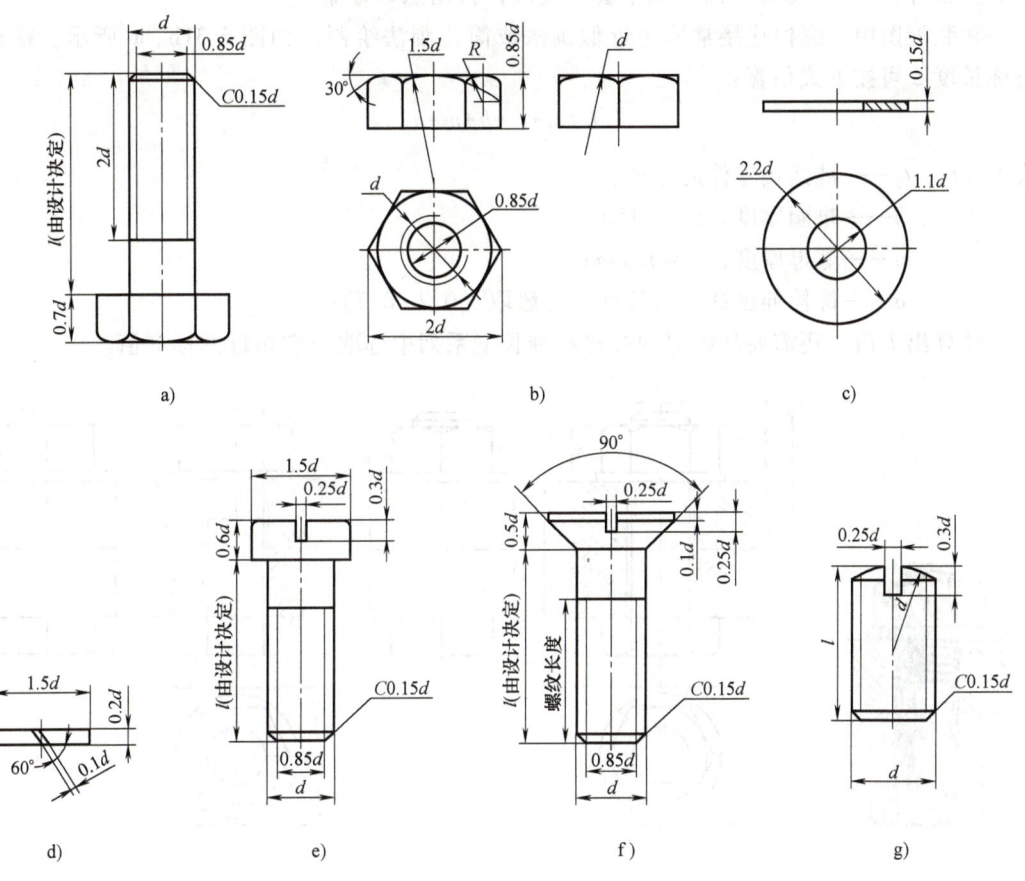

图 5-30　螺栓、螺母、垫圈、螺钉的比例画法

a）螺栓　b）螺母　c）平垫圈　d）弹簧垫圈　e）开槽圆柱头螺钉　f）开槽沉头螺钉　g）开槽紧定螺钉

5.1.6　常用螺纹紧固件的连接画法

螺纹紧固件的连接画法需遵守以下基本规定。

1）两零件的接触表面只画一条轮廓线。凡不接触的相邻表面，不论其间隙大小（如螺杆与通孔之间），必须画两条轮廓线，如间隙过小时可夸大画出。

2）在剖视图中，当剖切平面通过螺纹紧固件的轴线时，应按未剖切处理，即只画出它们的外形,不画剖面线。

3) 在剖视图、断面图中,相邻两被连接零件的剖面线,应画成方向相反或同方向而间隔不同加以区别。但同一图幅内的同一零件的各剖视图、断面图中,剖面线的方向和间隔必须相同。

螺纹紧固件的连接形式有螺栓连接、螺钉连接和螺柱连接三类。

1. 螺栓连接

螺栓连接一般用于连接两个不太厚的通孔零件,如图 5-31a 所示。

螺栓连接用的紧固件有螺栓、螺母和垫圈。

连接前,先在两个被连接的零件上钻出通孔,通孔略大于螺栓直径,一般取 $1.1d$(d 为螺栓公称直径),将螺栓插入孔中套上垫圈,再用螺母拧紧。

在装配图中,螺栓连接常采用近似画法或简化画法绘制,如图 5-31b、c 所示。螺栓的公称长度 L 可按下式估算:

$$L = t_1 + t_2 + h + m + a。$$

式中　t_1、t_2——被连接零件的厚度;

　　　h——垫圈厚度,$h = 0.15d$;

　　　m——螺母厚度,$m = 0.85d$;

　　　a——螺栓伸出螺母的长度,一般取 $(0.2 \sim 0.3)d$。

计算出 L 后,还需要从相应的螺栓标准长度系列中选取与它相近的标准值。

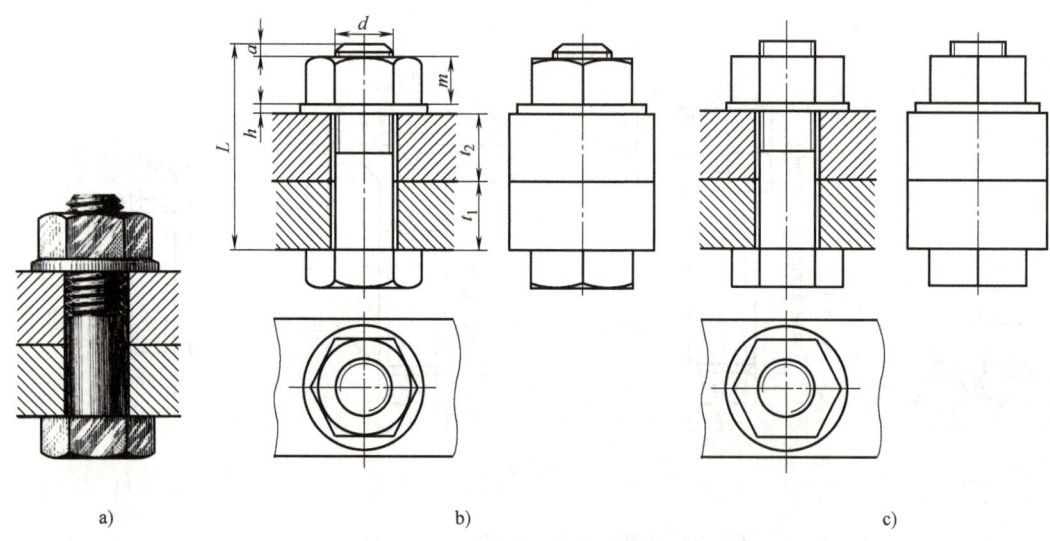

图 5-31　螺栓连接的画法
a) 螺栓连接示意图　b) 近似画法　c) 简化画法

2. 螺钉连接

螺钉按用途可分为连接螺钉和紧定螺钉。

(1) 连接螺钉　连接螺钉常用于连接不经常拆卸,且受力不大的零件。它有两个被连接件,较薄的零件上加工出通孔,较厚的零件上加工出螺纹孔,连接时直接将螺钉穿过通孔旋入螺纹孔,螺钉头部压紧被连接件,如图 5-32 所示。

模块5 识读和绘制标准件及常用件

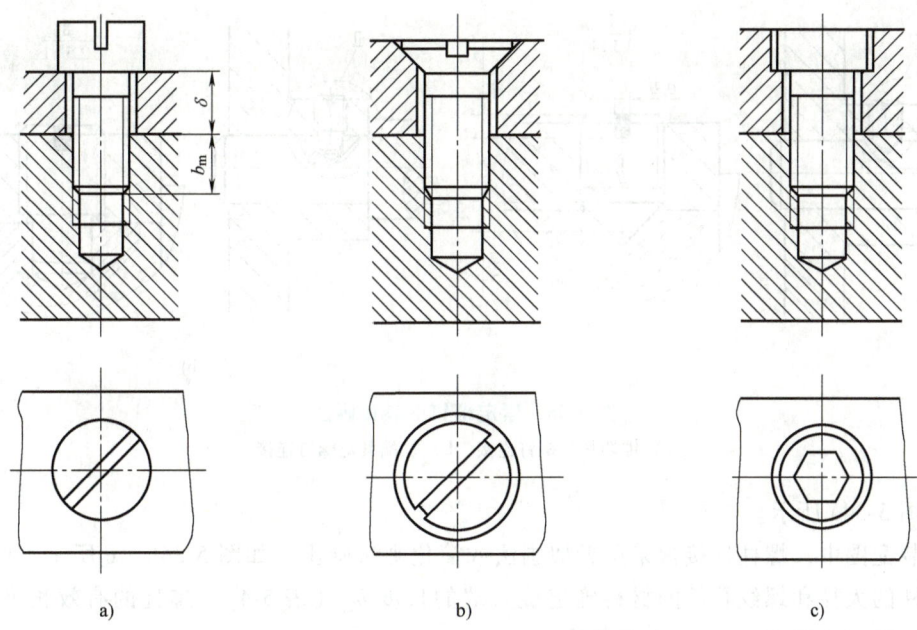

图 5-32 连接螺钉的画法
a) 开槽盘头螺钉连接　b) 开槽沉头螺钉连接　c) 内六角圆柱头螺钉连接

连接螺钉有效长度 L 可按下式计算：$L = \delta + b_m$，δ 为通孔零件的厚度，螺钉的旋入深度 b_m 由带螺纹孔的被连接零件的材料确定，见表 5-4，螺钉各部分比例尺寸参看图 5-32。计算出 L 后，还需要从相应的螺钉标准长度系列中选取与它相近的标准值。

根据螺纹孔零件的材料不同，其旋入端的长度有四种规格。

表 5-4 旋入深度

螺孔的材料	旋入端的长度	标准编号
钢或青铜	$b_m = d$	GB/T 897—1988
铸铁	$b_m = 1.25d$	GB/T 898—1988
铸铁或铝合金	$b_m = 1.5d$	GB/T 899—1988
铝合金	$b_m = 2d$	GB/T 900—1988

（2）紧定螺钉　紧定螺钉用于固定两零件的相对位置，使其不产生相对运动，如图 5-33a、b 所示，分别用锥端紧定螺钉和柱端紧定螺钉把轮子固定在轴上，首先在轮子适当部位加工出螺纹孔，接着将轮子装配在轴上，以螺纹孔导向，在轴上钻出锥坑，最后拧入紧定螺钉，即可限定轮、轴的相对位置，使其不产生轴向相对移动和径向相对转动。

3. 螺柱连接

螺柱连接用的紧固件有双头螺柱、螺母和垫圈。

当被连接的零件有一个较厚，且受力较大或不能钻成通孔，或因拆装频繁，不宜采用螺钉连接时，可采用螺柱连接。一般将较薄的零件加工成通孔（孔径≈1.1d），较厚的零件加工成不通螺纹孔，装配时，先将螺柱螺纹较短的一端（旋入端）旋入较厚零件的螺纹孔，然后将通孔零件穿过螺柱另一端（紧固端），套上垫圈，再拧紧螺母，将两个零件连接起

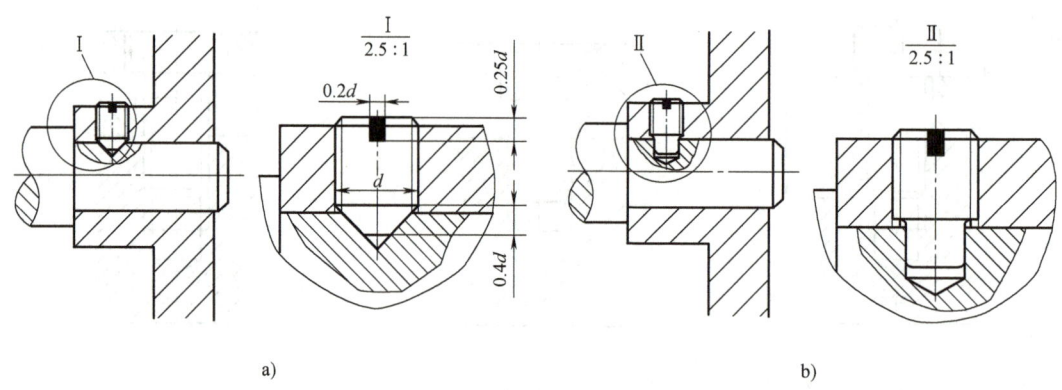

图 5-33 紧定螺钉的连接画法
a) 锥端紧定螺钉连接　b) 柱端紧定螺钉连接

来，如图 5-34a 所示。

在装配图中，螺柱连接常采用近似画法或简化画法画出，如图 5-34b、c 所示。画图时，应按螺柱的大径和螺纹孔件的材料确定旋入端的长度 b_m（表 5-4）。螺柱的有效长度 L（不包括旋入端的长度 H_1）可按下式计算

$$L = t + s + m + a$$

式中　t——通孔零件的厚度；

s——垫圈厚度，$s = 0.15d$（采用弹簧垫圈时，$s = 0.2d$）；

m——螺母高度，$m = 0.85d$；

a——螺柱末端伸出螺母的长度，$a \approx (0.2 \sim 0.3)d$。

计算出 L 后，还需要从相应的螺柱标准长度系列中选取与它相近的标准值。较厚零件上不通螺纹孔深度应大于旋入端螺纹长度 b_m，一般取螺纹孔深度为 $b_m + 0.5d$，钻孔深度为 $b_m + d$。

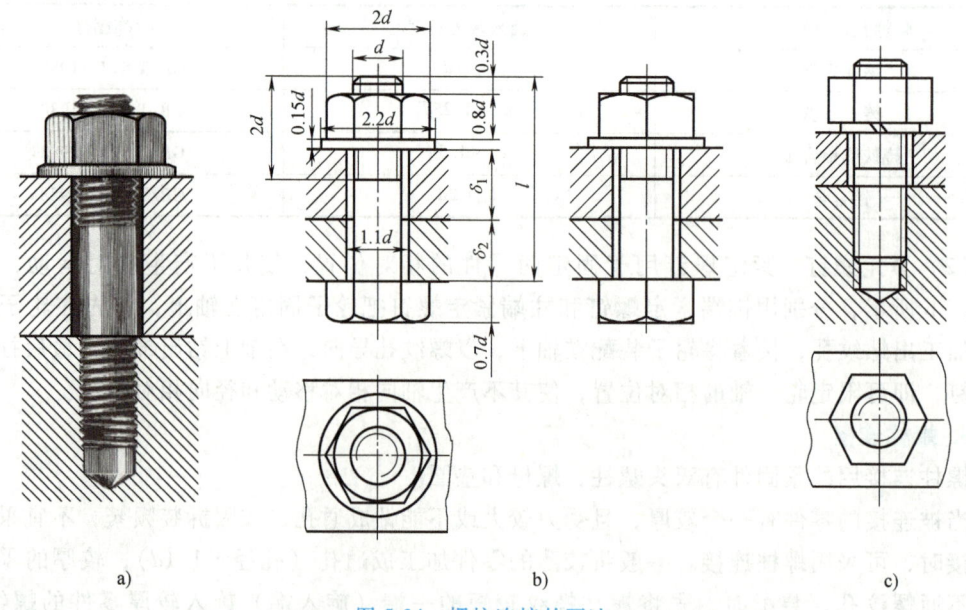

图 5-34 螺柱连接的画法
a) 螺柱连接示意图　b) 近似画法　c) 简化画法

在连接图中,螺柱旋入端的螺纹终止线应与两零件的结合面平齐,表示旋入端已全部拧入。

5.2 齿轮

机器中齿轮常用于传递动力和运动,也可用来改变运动方向和速度。齿轮种类很多,常见的齿轮按照两啮合齿轮轴线在空间的相对位置不同,分为下列三种形式。

1)圆柱齿轮用于两平行轴之间的传动,如图 5-35a 所示。
2)锥齿轮用于垂直相交两轴之间的传动,如图 5-35b 所示。
3)蜗轮与蜗杆用于垂直交叉两轴之间的传动,如图 5-35c 所示。

齿轮分标准齿轮和非标准齿轮,轮齿符合标准规定的齿轮,称为标准齿轮。齿轮是常用件,其参数中的模数和压力角已实行标准化。本节主要介绍标准直齿圆柱齿轮的有关知识和规定画法。

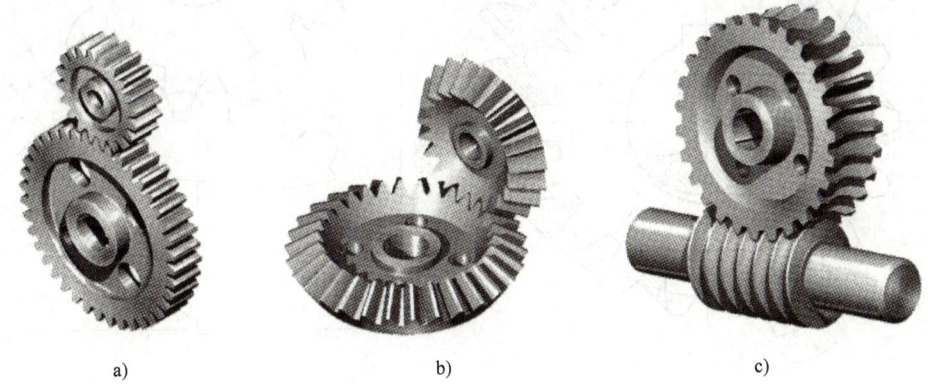

图 5-35 常见齿轮的传动形式
a)圆柱齿轮 b)锥齿轮 c)蜗轮和蜗杆

5.2.1 直齿圆柱齿轮参数

1. 直齿圆柱齿轮各部分的名称和代号

直齿圆柱齿轮各部分的名称和代号,如图 5-36 所示。

1)齿数。齿轮的齿数,用 z 表示。
2)齿顶圆。通过轮齿顶部的圆,直径用 d_a 表示。
3)齿根圆。通过轮齿齿槽底部的圆,直径用 d_f 表示。
4)分度圆。齿轮加工时用以均匀分度轮齿的圆,直径用 d 表示。在一对标准齿轮相互啮合时,两齿轮的分度圆应相切。
5)齿距。在分度圆上,相邻两齿同侧齿廓间的弧长,用 p 表示。
6)齿厚。分度圆上一个轮齿的弧长,用 s 表示。
7)槽宽。分度圆上一个齿槽的弧长,用 e 表示。在标准齿轮中,齿厚与槽宽各为齿距的一半,即 $s=e=p/2$,$p=s+e$。
8)齿顶高。分度圆与齿顶圆之间的径向距离,用 h_a 表示。
9)齿根高。分度圆与齿根圆之间的径向距离,用 h_f 表示。

10) 齿高。齿顶圆与齿根圆之间的径向距离，用 h 表示。$h = h_a + h_f$。

11) 齿宽。沿齿轮轴线方向测量的轮齿宽度，用 b 表示。

12) 压力角。轮齿在分度圆的啮合点上 C 处的受力方向与该点瞬时运动方向线之间的夹角，用 α 表示。标准齿轮 $\alpha = 20°$。

13) 中心距。两啮合齿轮回转中心之间的距离，用 a 表示。

14) 传动比。主动齿轮转速 n_1（r/min）与从动齿轮转速 n_2 之比，用 i 表示。

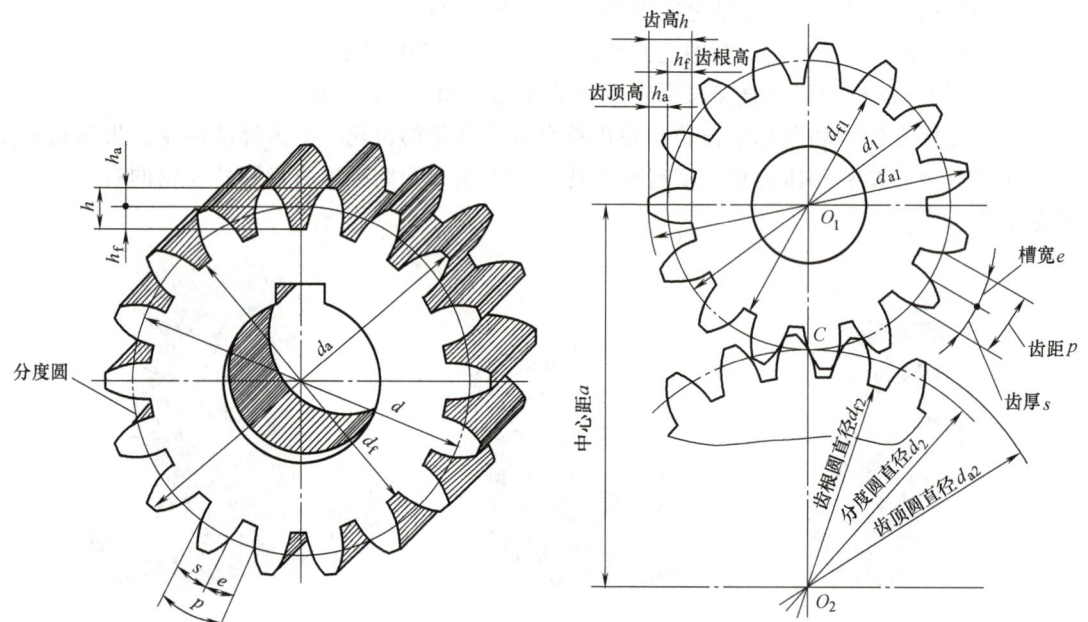

图 5-36　直齿圆柱齿轮各部分的名称和代号

2. 直齿圆柱齿轮的基本参数与齿轮各部分的尺寸关系

（1）模数　模数是设计和制造齿轮的重要参数，用 m 表示。当齿轮的齿数为 z 时，齿数、齿距和分度圆直径间的关系：$\pi d = zp$，则 $d = pz/\pi$，令 $m = p/\pi$，则 $d = mz$，m 称为齿轮的模数。因为一对啮合齿轮的齿距 p 必须相等，所以它们的模数也必须相等。模数越大，轮齿越大，齿轮的承载能力也越大。能配对啮合的两个齿轮，模数必须相等。加工齿轮需要选用与齿轮模数相同的刀具。为了便于设计和加工，国标对模数做了统一的规定，见表 5-5。

表 5-5　标准模数（摘自 GB/T 1357—2008）　　　　　　（单位：mm）

第一系列	0.1	0.12	0.15	0.2	0.25	0.3	0.4	0.5	0.6	0.8	1
	1.25	1.5	2	2.5	3	4	5	6	8	10	12
	16	20	25	32	40	50	—	—	—	—	—
第二系列	0.35	0.7	0.9	1.75	2.25	2.75	(3.25)	3.5	(3.75)	4.5	5.5
	(6.5)	7	9	(11)	14	18	22	28	(30)	36	45

注：在选用模数时，优先选用第一系列，其次选用第二系列，括号内的模数尽量不用。

（2）齿轮各部分的尺寸关系　当齿轮的模数 m 确定后，按照与 m 的比例关系，可计算出齿轮其他部分的基本尺寸，见表 5-6。

表 5-6 标准直齿圆柱齿轮各部分尺寸关系 （单位：mm）

名称及代号	计算公式	名称及代号	计算公式
模数 m	$m = p\pi = d/z$	齿根圆直径 d_f	$d_f = d - 2h_f = m(z-2.5)$
齿顶高 h_a	$h_a = m$	压力角 α	$\alpha = 20°$
齿根高 h_f	$h_f = 1.25m$	齿距 p	$p = \pi m$
全齿高 h	$h = h_a + h_f = 2.25m$	齿厚 s	$s = p/2 = \pi m/2$
分度圆直径 d	$d = mz$	槽宽 e	$e = p/2 = \pi m/2$
齿顶圆直径 d_a	$d_a = d + 2h_a = m(z+2)$	中心距 a	$a = (d_1 + d_2)/2 = m(z_1 + z_2)/2$
传动比 i	$i = n_1/n_2 = z_1/z_2$	—	—

5.2.2 直齿圆柱齿轮的规定画法与尺寸标注示例

1. 单个圆柱齿轮的画法

如图 5-37a 所示，齿顶圆和齿顶线用粗实线画出，齿根圆和齿根线用细实线画出或省略不画，分度圆和分度线用细点画线绘制，分度线应超出轮齿两端面 2~3mm。在剖视图中剖切平面通过齿轮轴线时，轮齿规定按不剖处理，齿根线用粗实线绘制，如图 5-37b 所示。当需要表示轮齿为斜齿时（或人字齿）时，可用三条与齿线方向一致的细实线表示，如图 5-37c 所示。

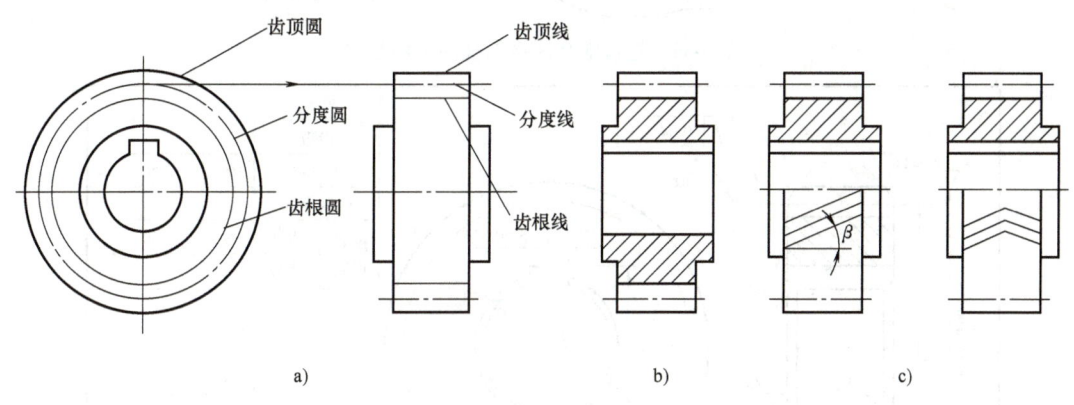

图 5-37 单个圆柱齿轮的画法
a）齿轮外形 b）剖视图 c）斜齿轮表示法

2. 圆柱齿轮的啮合画法

如图 5-38a 所示，在表示齿轮端面的视图中，齿根圆可省略不画，啮合区的齿顶圆均用粗实线绘制或省略不画，但相切的分度圆必须用细点画线画出，如图 5-38b 所示。若不采用剖视，则啮合区内的齿顶线不画，此时分度线用粗实线绘制，如图 5-38c 所示。

在剖视图中，啮合区的投影如图 5-39 所示，一个齿轮的齿顶线与另一个齿轮的齿根线之间有 0.25mm 的间隙，被遮挡的齿顶线用虚线画出，也可省略不画。

图 5-40 所示为直齿圆柱齿轮的零件图。

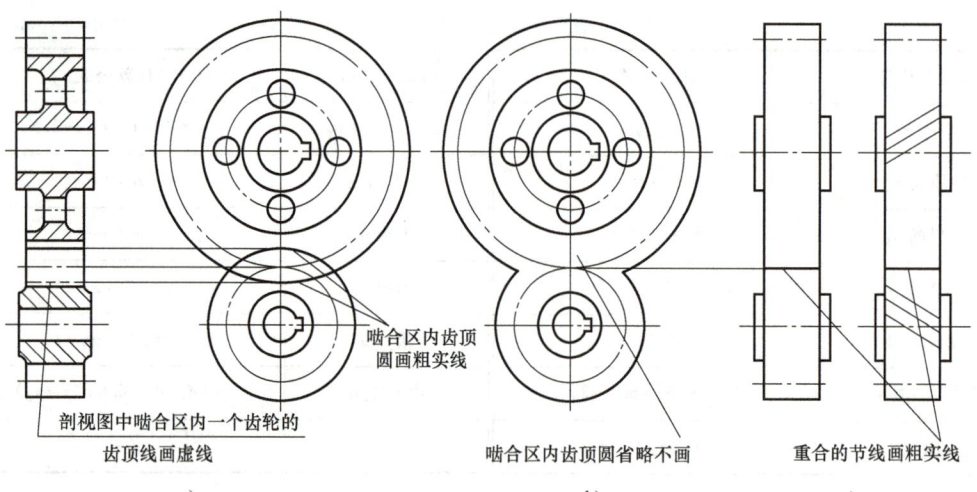

图 5-38 圆柱齿轮的啮合画法
a）规定画法 b）省略画法 c）外形视图（直齿、斜齿）

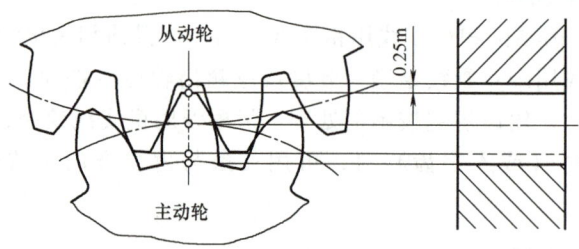

图 5-39 轮齿啮合区在剖视图上的画法

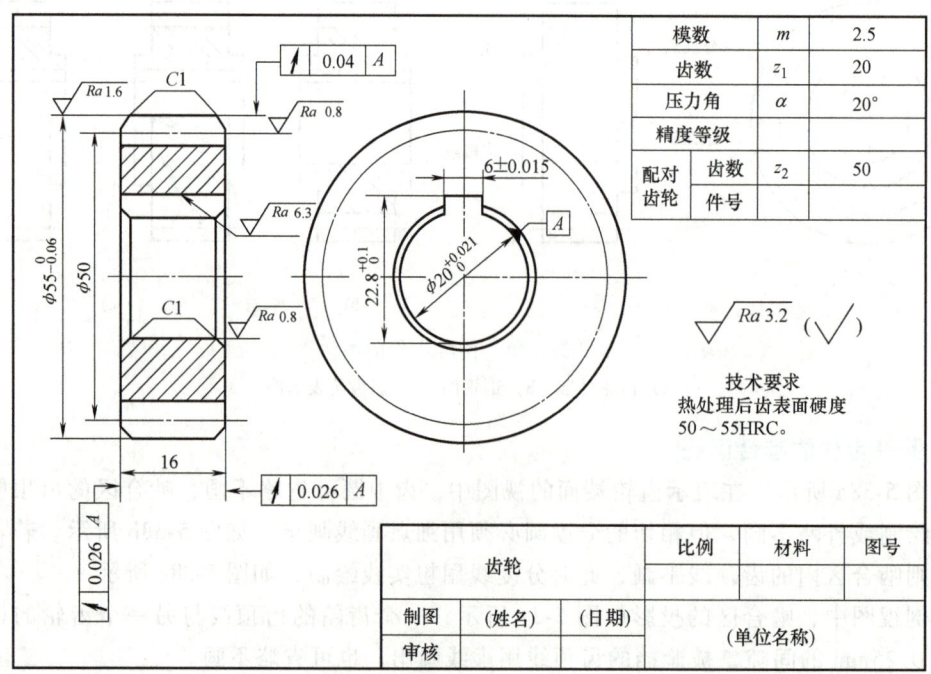

图 5-40 直齿圆柱齿轮的零件图

5.2.3 直齿锥齿轮的规定画法

锥齿轮通常用于垂直相交的两轴之间的传动，锥齿轮的轮齿是在圆锥面上加工的，所以一端大、一端小。为了计算和制造方便，规定根据大端模数 m 来计算其他各基本尺寸。直齿锥齿轮各部分名称和代号如图 5-41 所示。

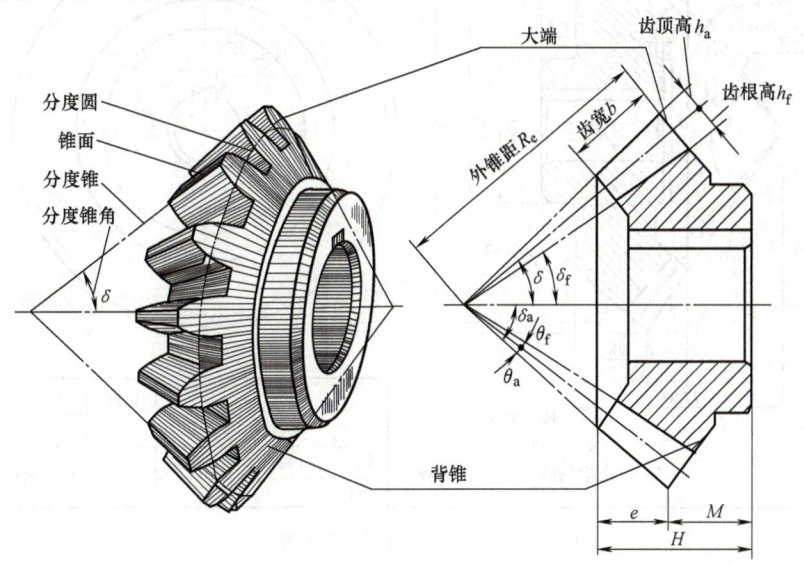

图 5-41　直齿锥齿轮各部分名称和代号

锥齿轮的规定画法与圆柱齿轮基本相同，单个锥齿轮的画法如图 5-42 所示。主视图常取剖视，轮齿按不剖处理，齿顶线和齿根线用粗实线绘制，分度线用细点画线绘制。端视图中，大端分度圆用细点画线绘制，大小两端齿顶圆用粗实线绘制，大小端齿根圆及小端分度圆不必画出。

图 5-43 所示为锥齿轮的零件图。

锥齿轮的啮合画法如图 5-44 所示，主视图画成剖视图，由于两齿轮的节圆锥面相切，所以节线重合，用细点画线表示。在啮合区内，将主动齿轮的齿顶线画成粗实线，从动齿轮的齿顶线画成虚线或省略不画，左视图画成外形视图。

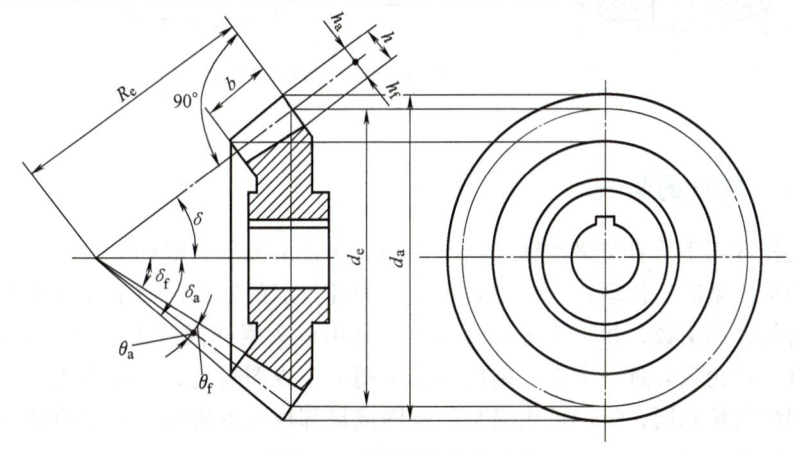

图 5-42　单个锥齿轮画法

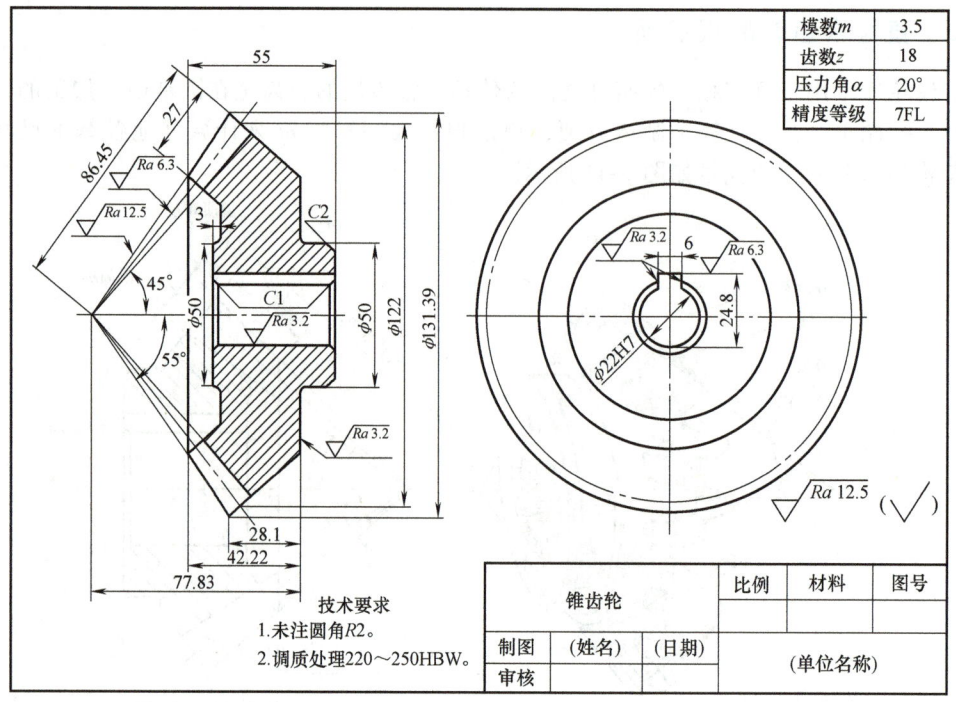

图 5-43 锥齿轮零件图

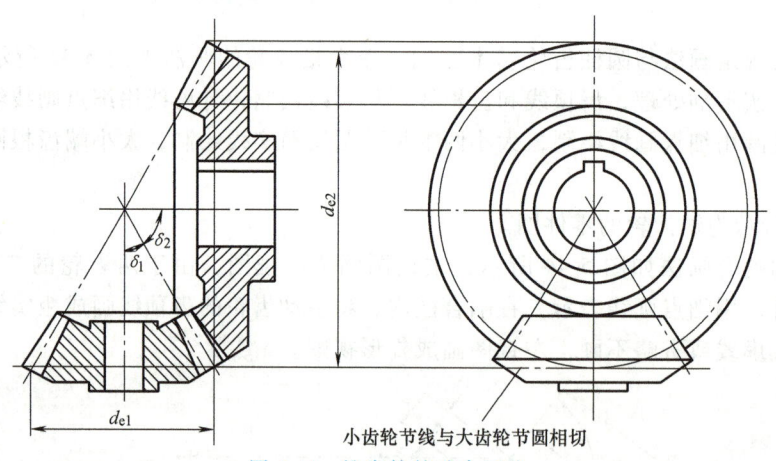

图 5-44 锥齿轮的啮合画法

5.2.4 蜗轮、蜗杆的画法

蜗轮、蜗杆常用于垂直交错两轴之间的传动。通常情况下，蜗杆是主动件，蜗轮是从动件。蜗杆传动结构紧凑、传动比大，但效率低。蜗杆齿廓的轴线剖面呈等腰梯形，和梯形螺纹相似，其齿数也称头数，相当于螺纹的线数，常用单头蜗杆或双头蜗杆。如蜗杆为单头，则蜗杆转一圈，蜗轮只转过一个齿。蜗杆一般选用一个视图表达，其齿顶线、齿根线和分度线的画法与圆柱齿轮相同，齿形可用局部剖视图或局部放大图表示，蜗轮的画法与圆柱齿轮类似。蜗轮、蜗杆各部分的名称和画法分别如图 5-45 和图 5-46 所示。

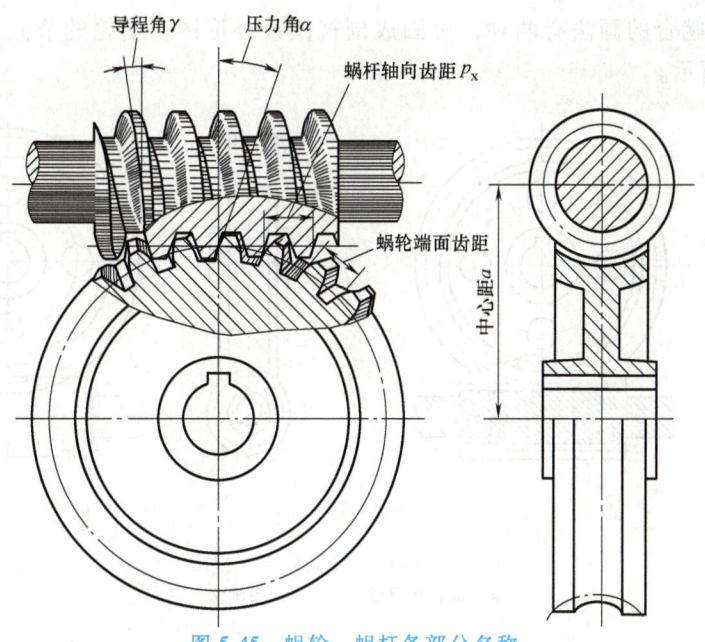

图 5-45 蜗轮、蜗杆各部分名称

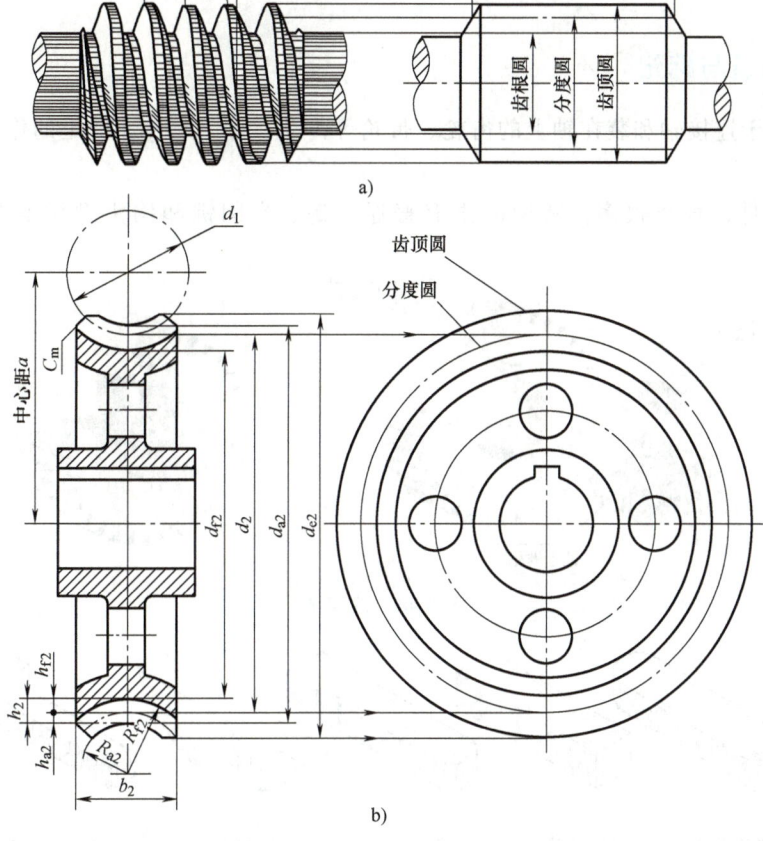

图 5-46 单个蜗杆与蜗轮的规定画法
a) 蜗杆 b) 蜗轮

蜗轮、蜗杆啮合的画法有两种，可画成剖视图或外形图，蜗轮的节圆与蜗杆的节线相切，如图 5-47 所示。

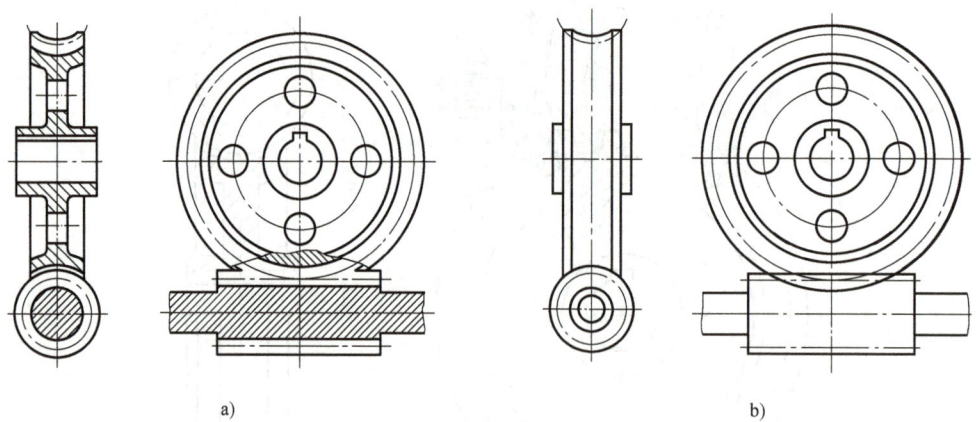

图 5-47 蜗轮、蜗杆啮合的画法
a）剖视图画法 b）外形图画法

5.3 键连接与销连接

5.3.1 常用键与标记

键通常用于连接轴和装在轴上的齿轮、带轮等传动零件，起传递转矩的作用，如图 5-48 所示。

键是标准件，种类很多，常用的键有普通平键、半圆键和钩头型楔键等，如图 5-49 所示。

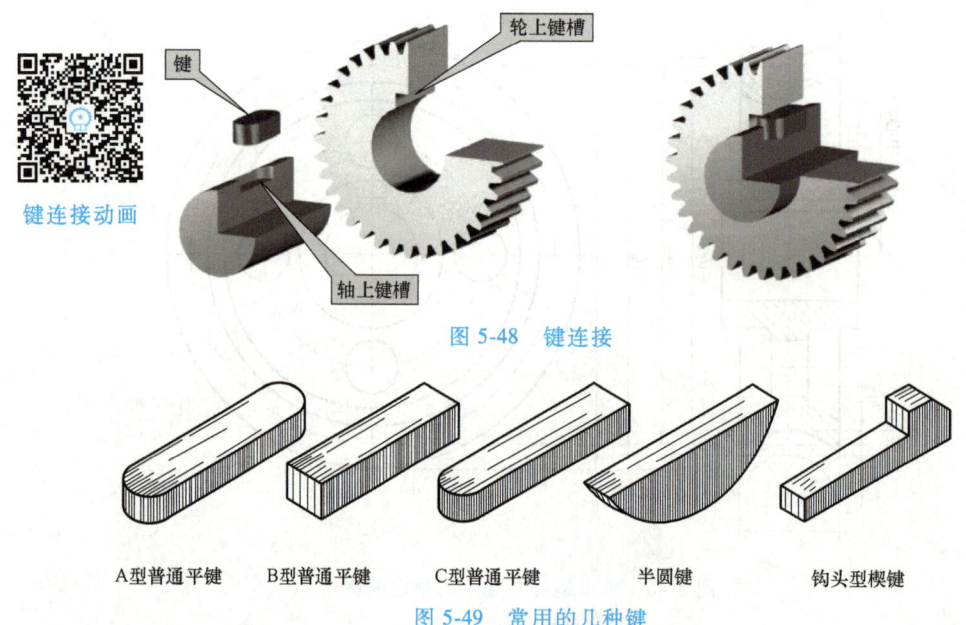

图 5-48 键连接

图 5-49 常用的几种键

模块5　识读和绘制标准件及常用件

键是标准件，在设计机器和零部件时，不用画其零件图，只需标出规定标记。在使用时要根据传动情况确定键的形式，查国家标准选取，常用键的图例和标记见表5-7。

表 5-7　常用键的图例和标记

名称	标准号图例	图例	标记示例
普通平键	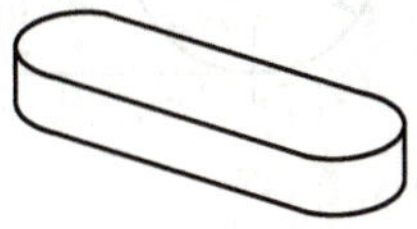 GB/T 1096—2003	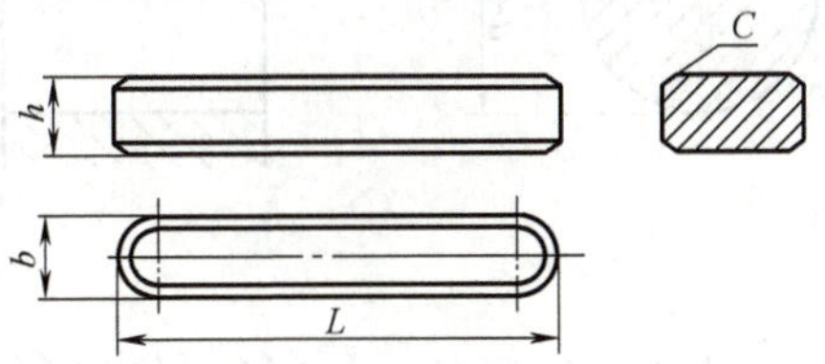	$b=18$mm，$h=10$mm，$L=100$方头、普通平键（B型） GB/T 1096 键 B18×10×100 （A型圆头普通平键可不标出A）
半圆键	 GB/T 1099.1—2003	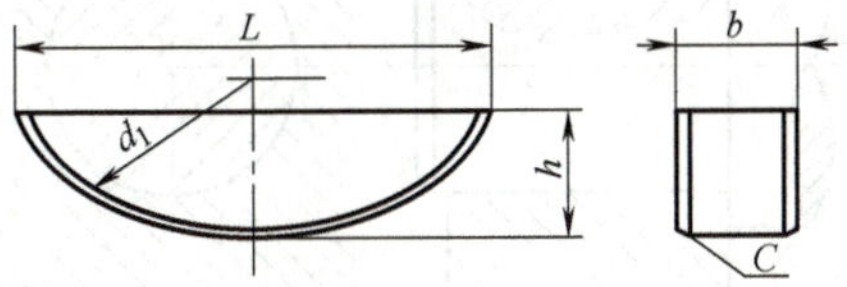	$b=6$mm，$h=10$mm，$d_1=25$mm，$L=24.5$mm 半圆键 GB/T 1099.1 键 6×10×25
钩头型楔键	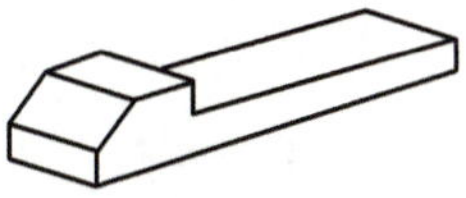 GB/T 1565—2003	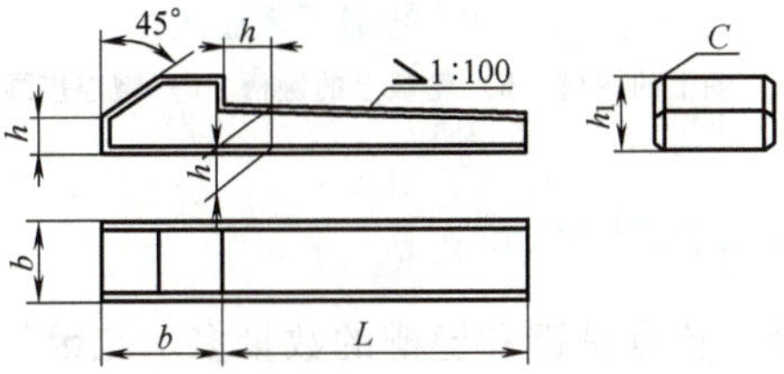	$b=16$mm，$h=10$mm，$L=100$mm 钩头型楔键 GB/T 1565 键 16×100

5.3.2　常用键连接的规定画法与尺寸标注（GB/T 1096—2003）

普通平键的公称尺寸为 $b\times h$（键宽×键高），可根据轴的直径在相应的标准中查得。

普通平键的规定标记为 $b\times h\times L$（键宽×键高×键长）。例如，$b=18$mm，$h=10$mm，$L=100$mm 的圆头普通平键（A型），应标记为 GB/T 1096 键 18×10×100。

图 5-50a、b 所示分别为轴和轮毂上键槽的表示法和尺寸注法（未注尺寸数字）。

图 5-50c 所示为普通平键连接的装配图画法。

如图 5-50c 所示，键的两个侧面是工作面，上、下两面是非工作面。连接时键的两侧面与键槽两侧面接触，接触面的投影处只画一条轮廓线；键的上面与键槽的顶面之间有间隙，应画两条轮廓线，在反映键长度方向的剖视图中，轴采用局部剖视，键按不剖处理，当剖切平面垂直于键的基本对称面时，应画出键的剖面符号。在键连接图中，键的倒角或圆角通常省略不画。

半圆键的连接与普通平键类似。半圆键具有自动调位的优点，常用于轻载和锥形轴的连接。

钩头型楔键的上底面有 1∶100 的斜度，连接时沿轴向将键打入槽内，所以其上、下两面是工作面，两侧面是非工作面。画图时，上、下两面与键槽接触，两侧面有间隙。

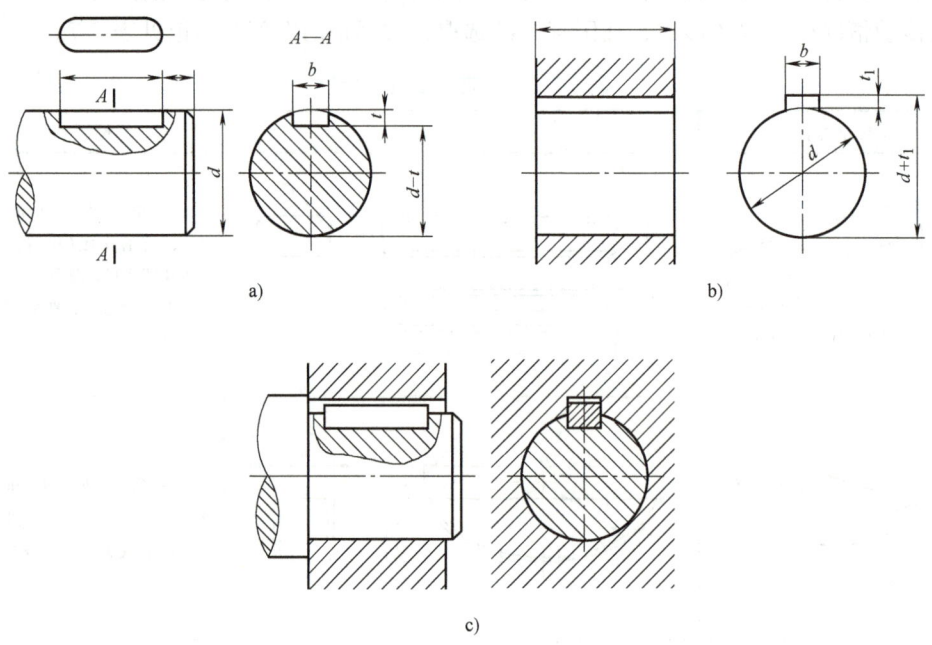

图 5-50 普通平键连接

a）轴上的键槽 b）轮毂上的键槽 c）键连接画法

5.3.3 花键的规定画法与尺寸标注

花键又称为多槽键连接，特点是键和键槽的数量多。花键是在轴上或孔内直接加工出沿圆周均匀分布的键和键槽，前者称为外花键，后者称为内花键，主要用于载荷较大和定心精度要求较高的连接，如图 5-51 所示。花键的齿型有矩形和渐开线形等，常用的是矩形花键，其结构和尺寸已标准化，下面介绍矩形外花键和孔的画法及尺寸标注。

1. 外花键的画法

如图 5-52 所示，在平行于花键轴线的投影面的视图中，大径用粗实线绘制，小径用细实线绘制，并画入轴端倒角；并在断面图中画出一部分或全部齿型，绘制部分齿形要注明齿数；

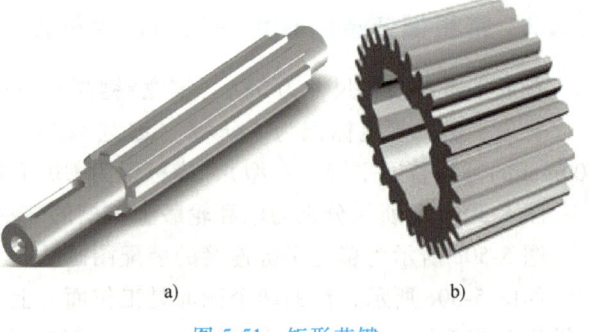

图 5-51 矩形花键

a）外花键 b）内花键

工作长度 L 的终止端和尾部长度的末端均用细实线绘制，并与轴线垂直，尾部则画成斜线，斜线一般与轴线成 30°，必要时，可按实际情况画出。花键代号应写在大径上。

2. 内花键的画法

在平行于花键轴线的投影面的剖视图中，内花键的大径及小径均用粗实线绘制，并在局部视图中画出一部分或全部齿形，如图 5-53 所示。

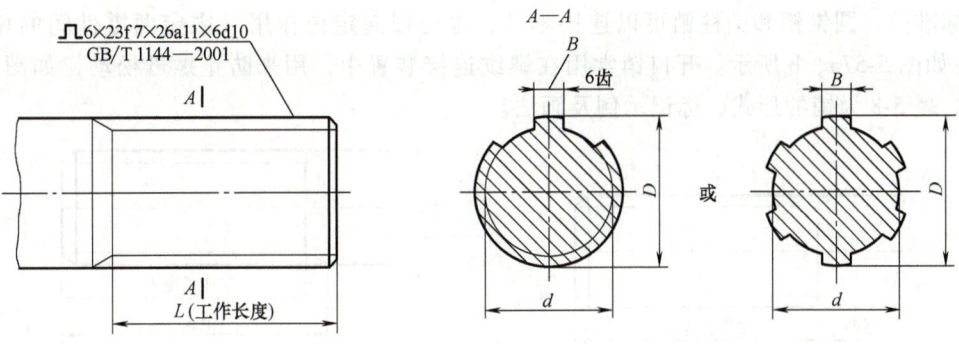

图 5-52　外花键的画法

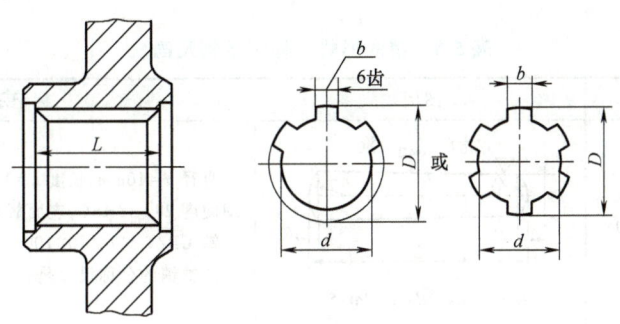

图 5-53　内花键的画法

3. 花键连接的画法

在装配图中，用剖视图表示花键连接时，其连接部分按外花键绘制，如图 5-54 所示。

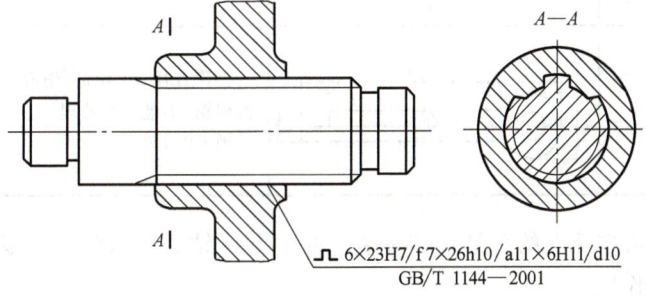

图 5-54　花键连接的画法

4. 花键的标注

大径 D、小径 d 及键宽 b 采用一般尺寸标注时，其标注方法如图 5-52、图 5-53 所示。花键的标记应写在指引线的基准线上，如图 5-52、图 5-54 所示。花键长度应采用下列三种形式之一标注：

1) 标注工作长度 L（图 5-52、图 5-53）。
2) 标注工作长度 L 及尾部长度（图 5-55）。
3) 标注工作长度 L 及全长（图 5-56）。

5.3.4　销连接的标记与画法

销通常用于零件之间的连接、定位和防松，常见的有圆锥销、圆柱销和开口销等，它们都是标准件。圆锥销和圆柱销可以连接零件，也可以起定位作用（限定两零件间的相对位置），如图5-57a、b所示。开口销常用在螺纹连接装置中，用来防止螺母松动，如图5-57c所示。表5-8为销的形式、标记示例及画法。

图5-55　标注工作长度及尾部长度

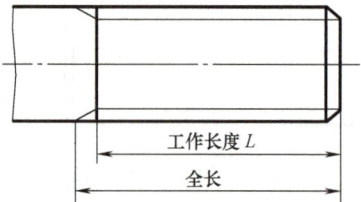

图5-56　标注工作长度及全长

表5-8　销的形式、标记示例及画法

名称	标准号	图例	标记示例
圆锥销	GB/T 117—2000	$R_1 \approx d$　$R_2 \approx d+(L-2a)/50$	直径$d=10$mm，长度$L=100$mm，材料为35钢，热处理硬度28～38HRC，表面氧化处理的圆锥销 销 GB/T 117 A10×100 圆锥销的公称尺寸是指小端直径
圆柱销	GB/T 119.1—2000		直径$d=10$mm，公差为m6，长度$L=80$mm，材料为钢，不经表面处理 销 GB/T 119.1 10m6×80
开口销	GB/T 91—2000		公称直径$d=4$mm（销孔直径），$L=20$mm，材料为低碳钢，不经表面处理 销 GB/T 91 4×20

在销连接中，两零件上的孔是在零件装配时一起配钻的。因此，在零件图上标注销孔尺寸时，应注明"配作"。

绘图时，销的有关尺寸可从标准中查找并选用。在剖视图中，当剖切平面通过销的轴线时，销按不剖处理。如图5-57所示，当剖切平面垂直于销的轴线时，销的剖面应画剖面线。

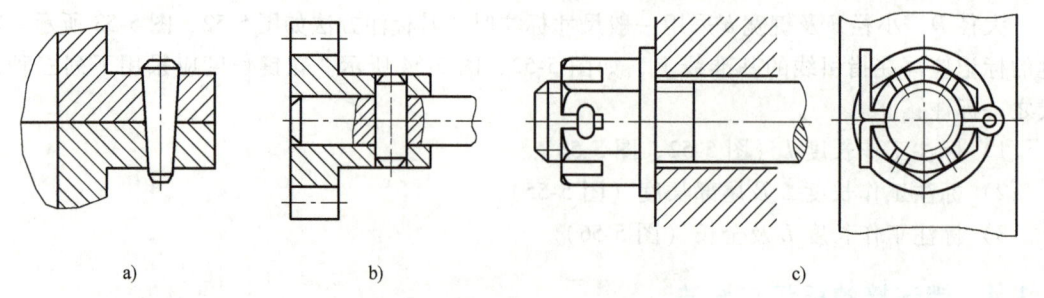

图5-57　销连接的画法
a）圆锥销连接的画法　b）圆柱销连接的画法　c）开口销连接的画法

5.4 滚动轴承

滚动轴承是用来支承旋转轴的组件,由于它具有摩擦阻力小、效率高、结构紧凑等优点,在机器中被广泛使用。滚动轴承的结构形式、尺寸均已标准化,由专门的厂家生产,使用时可根据设计要求进行选择。本节主要介绍滚动轴承的结构、分类、代号和画法。

5.4.1 滚动轴承的结构和分类

滚动轴承一般由内圈、外圈、滚动体和保持架组成,如图5-58所示。内圈的孔与轴配合,随着轴一起转动;外圈装在机座孔内,一般不动;滚动体有多种类型,如滚珠、滚柱、滚锥、滚针等,排列在外圈与内圈之间的滚道中;保持架用来保持滚动体在圆周上均匀分布。

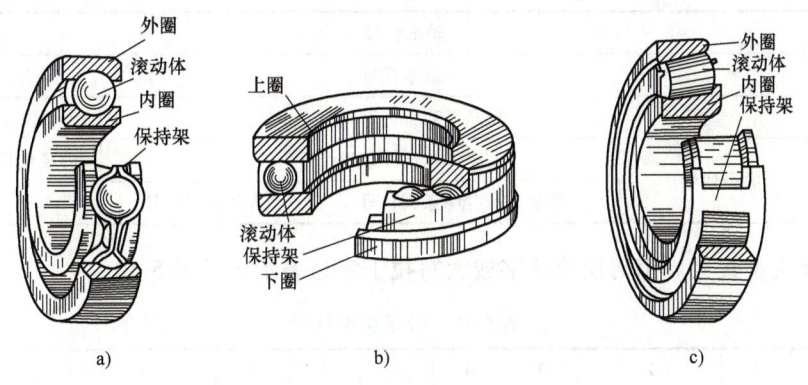

图 5-58 常用滚动轴承的结构
a) 深沟球轴承 b) 推力球轴承 c) 圆锥滚子轴承

滚动轴承的种类很多,按其所能承受的载荷方向或公称接触角的不同,可分为:
1) 向心轴承。主要用于承受径向载荷,其公称接触角为 $0°\leqslant \alpha \leqslant 45°$。
2) 推力轴承。主要用于承受轴向载荷,其公称接触角为 $45°< \alpha \leqslant 90°$。

滚动轴承按滚动体的种类分为:
1) 球轴承。滚动体为球的轴承。
2) 滚子轴承。滚动体为滚子的轴承。

滚子轴承按滚子种类的不同又分为:
1) 圆柱滚子轴承。滚动体是圆柱滚子的轴承。
2) 滚针轴承。滚动体是滚针的轴承。
3) 圆锥滚子轴承。滚动体是圆锥滚子的轴承。
4) 调心滚子轴承。滚动体是球面滚子的轴承。
5) 长弧面滚子轴承。滚动体是长弧面滚子的轴承。

滚动轴承按其是否能够调心,分为:
1) 调心轴承。滚道是球面形的,能适应两滚道轴线间较大角偏差及角运动的轴承。
2) 非调心轴承。能阻抗滚道间轴心线角偏移的轴承。

滚动轴承按滚动体的列数分为：

1）单列轴承。具有一列滚动体的轴承。

2）双列轴承。具有两列滚动体的轴承。

3）多列轴承。具有多于两列的滚动体并承受同一方向载荷的轴承，如三列轴承，四列轴承。

滚动轴承按外形尺寸是否符合标准尺寸系列，分为：

1）标准轴承。外形尺寸符合标准尺寸系列规定的轴承。

2）非标准轴承。外形尺寸中任一尺寸不符合标准尺寸系列规定的轴承。

5.4.2 滚动轴承的代号（GB/T 272—2017）

轴承代号由基本代号、前置代号和后置代号构成，见表5-9。

表5-9 轴承代号的构成

轴承代号					
前置代号	基本代号				后置代号
	轴承系列			内径代号	
	类型代号	尺寸系列代号			
		宽度（或高度）系列代号	直径系列代号		

1）轴承类型代号。用阿拉伯数字或大写拉丁字母表示，见表5-10。

表5-10 轴承类型代号

代号	0	1	2	3	4	5	6	7	8	N	U	QJ	C
轴承类型	双列角接触球轴承	调心球轴承	调心滚子轴承	圆锥滚子轴承	双列深沟球轴承	推力球轴承	深沟球轴承	角接触球轴承	推力圆柱滚子轴承	圆柱滚子轴承	外球面球轴承	四点接触球轴承	长弧面滚子轴承

注：在代号后或前加字母或数字表示该类轴承中的不同结构。

2）尺寸系列代号。用数字表示，由轴承的宽（高）度系列代号和直径系列代号组合而成，一般用两位数字表示（有时省略其中一位）。它的主要作用是区别内径（d）相同而宽度和外径不同的轴承，具体代号需查阅国家标准《滚动轴承 代号方法》（GB/T 272—2017）。

3）内径代号。表示轴承的公称内径，用数字表示，见表5-11。

表5-11 内径代号

轴承公称内径/mm	内径代号	示例
0.6~10（非整数）	用公称内径毫米数直接表示，在其与尺寸系列代号之间用"/"分开	深沟球轴承 617/0.6 $d=0.6$mm 深沟球轴承 618/2.5 $d=2.5$mm

（续）

轴承公称内径/mm		内径代号	示例
1~9（整数）		用公称内径毫米数直接表示，对深沟及角接触球轴承直径系列7、8、9，内径与尺寸系列代号之间用"/"分开	深沟球轴承 625 $d=5$mm 深沟球轴承 618/5 $d=5$mm 角接触球轴承 707 $d=7$mm 角接触球轴承 719/7 $d=7$mm
10~17	10	00	深沟球轴承 6200 $d=10$mm
	12	01	调心球轴承 1201 $d=12$mm
	15	02	圆柱滚子轴承 NU 202 $d=15$mm
	17	03	推力球轴承 51103 $d=17$mm
20~480（22,28,32除外）		公称内径除以5的商数，商数为个位数，需在商数左边加"0"，如08	调心滚子轴承 22308 $d=40$mm 圆柱滚子轴承 NU 1096 $d=480$mm
≥500以及22,28,32		用公称内径毫米数直接表示，但在与尺寸系列之间用"/"分开	调心滚子轴承 230/500 $d=500$mm 深沟球轴承 62/22 $d=22$mm

轴承基本代号举例：

【例1】 6203 6为轴承类型代号，表示深沟球轴承；2为尺寸系列代号（02），其中宽度系列代号0省略，直径系列代号为2；03为内径代号，$d=17$mm。

【例2】 N 2210 N为轴承类型代号，表示圆柱滚子轴承；22为尺寸系列代号，其中宽度系列代号为2，直径系列代号为2；10为内径代号，$d=50$mm。

【例3】 23224 2为轴承类型代号，表示调心滚子轴承；32为尺寸系列代号，其中宽度系列代号为3，直径系列代号为2；24为内径代号，$d=120$mm。

【例4】 707 7为轴承类型代号，表示角接触球轴承；0为尺寸系列10代号；7为内径代号，$d=7$mm。

5.4.3 滚动轴承的画法（GB/T 4459.7—2017）

当需要表示滚动轴承时，可按不同场合分别采用通用画法、特征画法和规定画法。

采用通用画法或特征画法绘制滚动轴承时，在同一图样中，一般只采用其中一种画法。

（1）通用画法 在剖视图中，当不需要确切地表示滚动轴承的外形轮廓、载荷特性和结构特征时，可用矩形线框和位于线框中央的正立十字形符号表示，十字符号不应与矩形线框接触。通用画法一般应绘制在轴的两侧。如需确切地表示滚动轴承的外形，则应画出其剖面轮廓，并在轮廓中央画出正立的十字形符号，十字符号不应与剖面轮廓线接触。

（2）特征画法 在剖视图中，如需较形象地表示滚动轴承的结构特征时，可在矩形线框内画出其结构要素符号，特征画法应绘制在轴的两侧。

（3）规定画法 必要时，在滚动轴承的产品图样、产品样本、产品标准、用户手册和使用说明书中可采用规定画法，绘制滚动轴承。在装配图中，滚动轴承的保持架及倒角等可省略不画。规定画法一般绘制在轴的一侧，另一侧按通用画法绘制。

在装配图中，滚动轴承的轮廓按外径 D、内径 d、宽度 B 等实际尺寸绘制，其余部分用简化画法或用示意画法绘制。通用画法和特征画法都属于简化画法，在同一图样中，一般只采用其中的一种画法。常用滚动轴承的画法见表 5-12。

表 5-12 常用滚动轴承的画法

名称、标准号和代号	主要尺寸数据	规定画法	特征画法	装配示意图
深沟球轴承	D d B	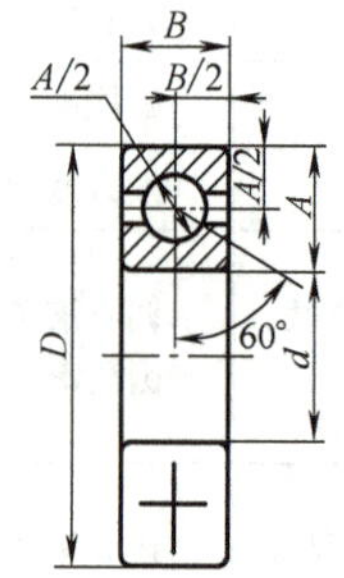	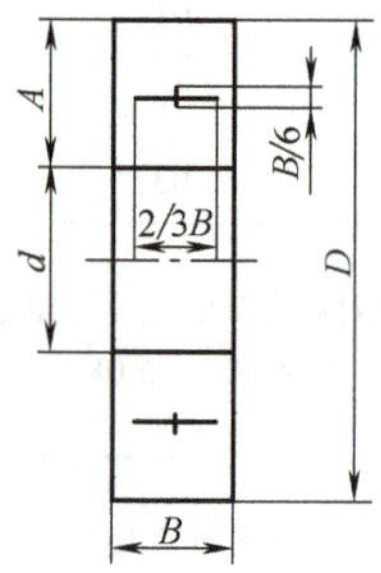	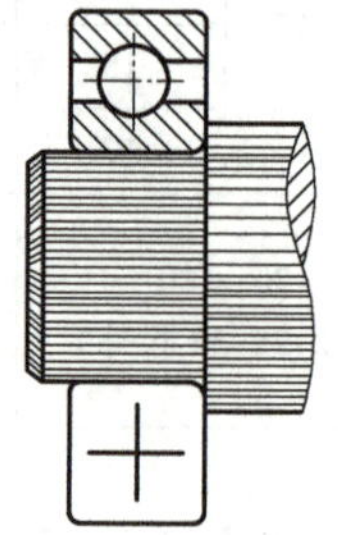
圆锥滚子轴承	D d B T C	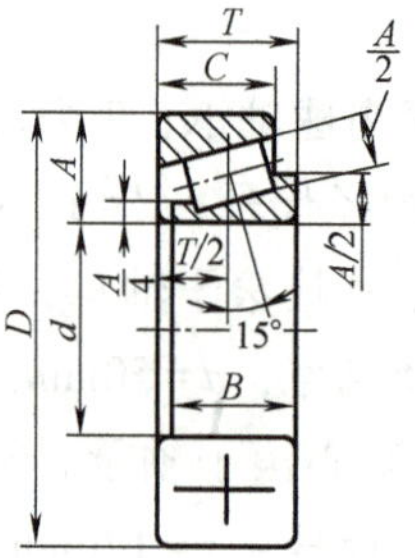	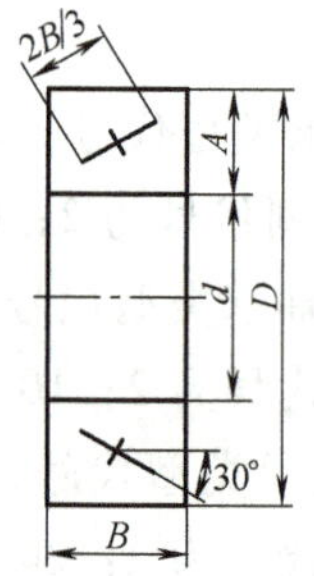	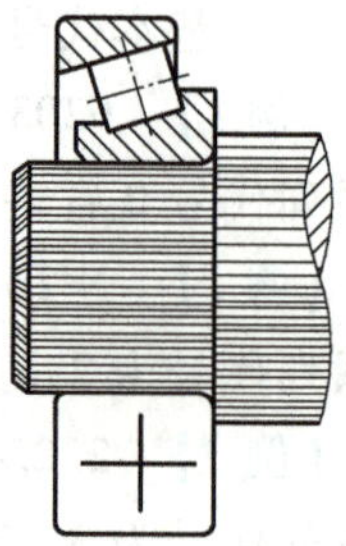
推力球轴承	D d T	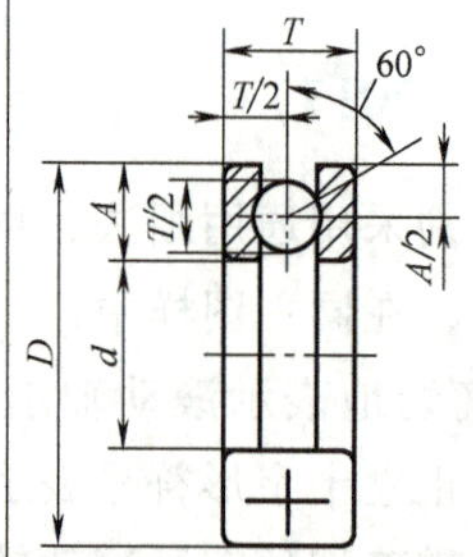	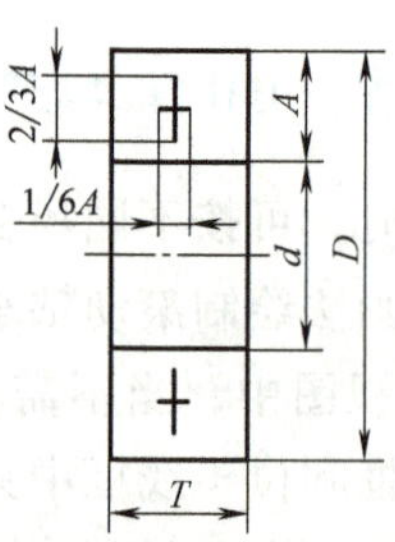	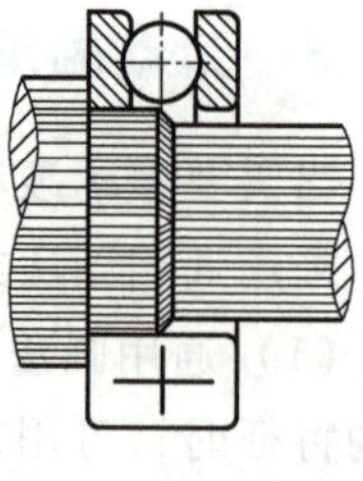

5.5 弹簧

弹簧是在工程中广泛地用来减振、夹紧、储存能量和测力的零件，特点是在去掉外力后能立即恢复原状。其中圆柱螺旋弹簧较为常见，圆柱螺旋弹簧根据用途不同可分为压缩弹簧、拉伸弹簧、扭力弹簧，本节主要介绍圆柱螺旋压缩弹簧的尺寸关系及其画法。

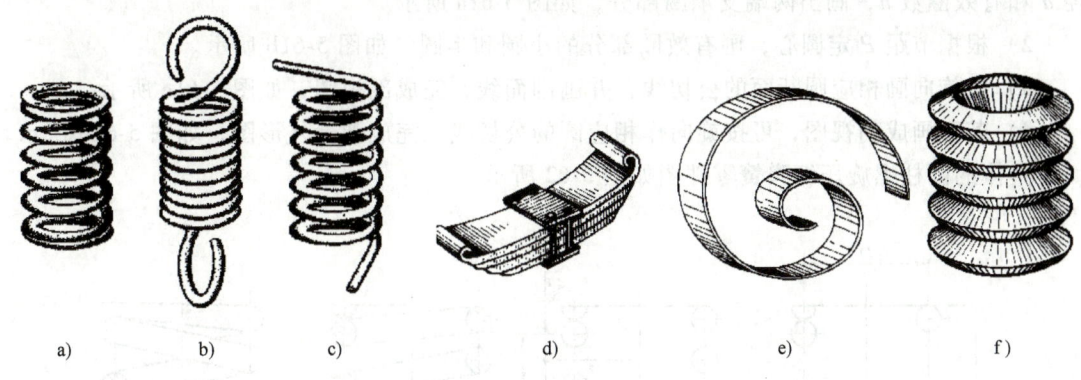

图 5-59　常见弹簧

a）压缩弹簧　b）拉力弹簧　c）扭力弹簧　d）板弹簧　e）涡卷弹簧　f）碟形弹簧

5.5.1　弹簧类型

弹簧的种类很多，常见的有螺旋弹簧、板弹簧、涡卷弹簧和碟形弹簧等，如图 5-59 所示。按所受载荷不同，这些弹簧又分为拉伸弹簧、压缩弹簧和扭转弹簧。

5.5.2　圆柱螺旋压缩弹簧的结构尺寸与画法

如图 5-60 所示，制造弹簧用的金属丝直径用 d 表示；弹簧的外径、内径和中径分别用 D_2、D_1 和 D 表示；节距用 p 表示；高度用 H_0 表示。

弹簧按真实投影作图比较复杂，为了简化制图，国家标准《机械制图　弹簧表示法》（GB/T 4459.4—2003）对弹簧的画法做了以下规定。

1）在平行于螺旋弹簧轴线的投影面的视图中，其各圈的轮廓应画成直线。

2）螺旋弹簧均可画成右旋，对必须保证的旋向要求应在"技术要求"中注明。

3）有效圈数在四圈以上的螺旋弹簧中间部分可以省略。圆柱螺旋弹簧中间部分省略后，允许适当缩短图形的长度。

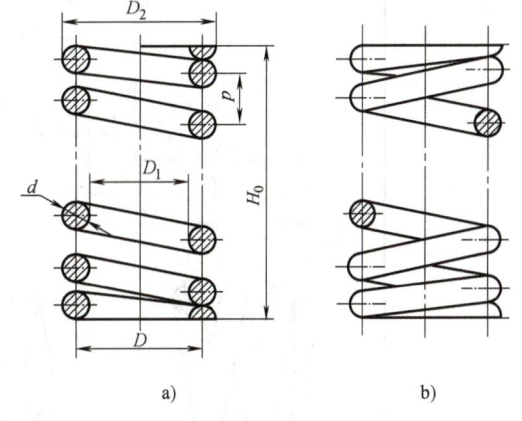

图 5-60　圆柱螺旋压缩弹簧的尺寸

a）剖视图　b）视图

4）螺旋压缩弹簧，如要求两端并紧且磨平时，不论支承圈的圈数多少和末端贴紧情况如何，均按表 5-13 所列形式绘制，必要时也可按支承圈的实际结构绘制。

5）弹簧的参数应直接标注在图形上，当直接标注有困难时可在"技术要求"中说明。

圆柱螺旋压缩弹簧的作图步骤如图 5-61 所示。

1)按自由高度 H_0 定长度,作矩形,根据弹簧中径 D 作出簧丝中心线,并根据材料直径 d 和有效圈数 n,画出两端支承圈部分,如图 5-61a 所示。

2)根据节距 P 定圆心,画有效圈部分的小圆和半圆,如图 5-61b 所示。

3)按旋向画相应圆断面的公切线,并画剖面线,完成剖视图,如图 5-61c 所示。

4)若不画成剖视图,可按旋向作相应圆的公切线,完成弹簧外形图,如图 5-61d 所示。具体的圆柱螺旋压缩弹簧零件图如图 5-62 所示。

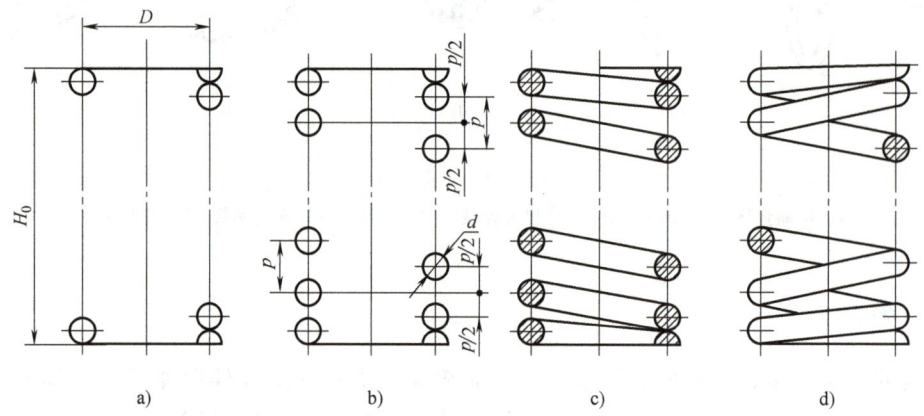

图 5-61 圆柱螺旋压缩弹簧的作图步骤

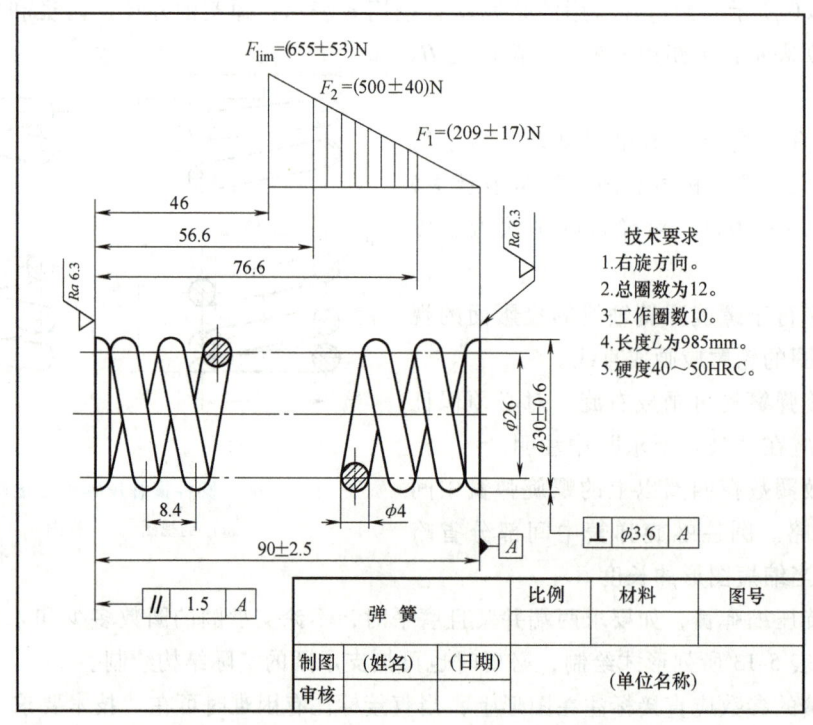

图 5-62 圆柱螺旋压缩弹簧零件图

表 5-13 圆柱螺旋压缩弹簧的画法

名称	视图	剖视图	示意图
圆柱螺旋压缩弹簧（圆形截面）			
圆柱螺旋压缩弹簧（矩形截面）			

5.5.3 弹簧的其他画法

弹簧在装配图中的画法，如图 5-63 所示。

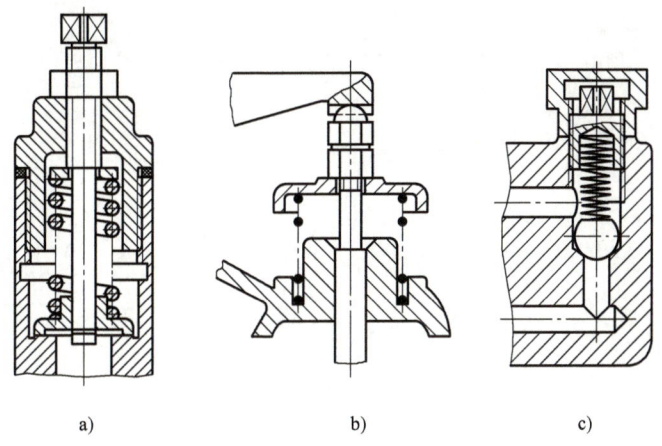

图 5-63 圆柱螺旋压缩弹簧在装配图中的画法
a) 被弹簧遮挡处的画法 b) 簧丝断面涂黑法 c) 簧丝示意画法

1) 在装配图中，弹簧被看成实心物体，被弹簧挡住的结构一般不画出，可见部分应从弹簧的外轮廓线或从弹簧钢丝剖面的中心线画起，画到弹簧的外径或中径，如图 5-63a 所示。

2) 当弹簧的直径或厚度在图形上等于或小于 2mm 时，端面可以涂黑表示，且各圆轮廓线不画，如图 5-63b 所示。也可采用示意图画出，如图 5-63c 所示。

【拓展任务】

如图 5-64 所示，减速器的基本构造主要由传动零件（齿轮或蜗杆）、轴、轴承、箱体及其附件所组成。请查阅减速器的机械结构及技术参数，使用绘图仪器，根据技术说明绘制减速器的三视图。

图 5-64　减速器

模块 6

零件图识读和绘制能力训练

【课前阅读】

2022 年 6 月的一天，方文墨所在的班组接到了一项紧急任务：公司某型军品项目科研团队在进行科研攻关时，一件关键工件发生了变形，需要及时校正，否则将影响项目整体装配进度，导致重大责任事故。攻关组多方求助，但未能得到理想的结果。因此，中国航空工业集团首席技能专家——方文墨，被委以重任。

接过工件后，方文墨默默无语，双手将工件在各个角度之间来回转动。时间一分一秒地流逝，整个班组的成员都屏息凝神。经过深思熟虑，方文墨小心翼翼地用锤子敲击工件，然后将其放在锉刀下反复磨砺。最终，在没有裂纹、没有破损的情况下，方文墨成功地校正了这个问题工件，确保了该型军品科研项目如期完成。

"一丝一道中，方得技工始终；一锤一锉中，铸就大国梦想。"方文墨用自己的双手打磨出航空零件的精度，更用一名航空蓝领青年的志向与毅力，打磨着自己的人生精度。

方文墨在工作中始终坚守着精益求精的原则。他潜心钻研技能，不断总结经验，以提高自己的工作效率和产品质量。他创造出的"文墨精度"成为了当时我国国产航空器零部件加工的极限精度，这也是他对自己工作的高要求和对产品质量极致追求的体现。无论多么复杂的机械产品，都源自于一张张精心设计和绘制的机械图样，都离不开基本机械结构件。一个优秀的工程师要拥有精益求精的工匠精神和严谨务实的工作态度。学好零件图绘制对于任何机械产品的设计、生产制造都具有非常重要的意义。图样是传递设计思想的信息载体，是生产过程中加工和检验的依据。零件图的识读和绘制对零件的加工至关重要，是一个制造业企业的核心内容，甚至涉及日后产品的发展及研发方向。图样是工程界进行交流的技术语言，掌握零件图的识读和绘制是工程界从业人员的一项必要技能。

【学习重点】

阅读与绘制零件图。

【学习难点】

正确、完整、合理地绘制出常用零件的零件图。

【思维导图】

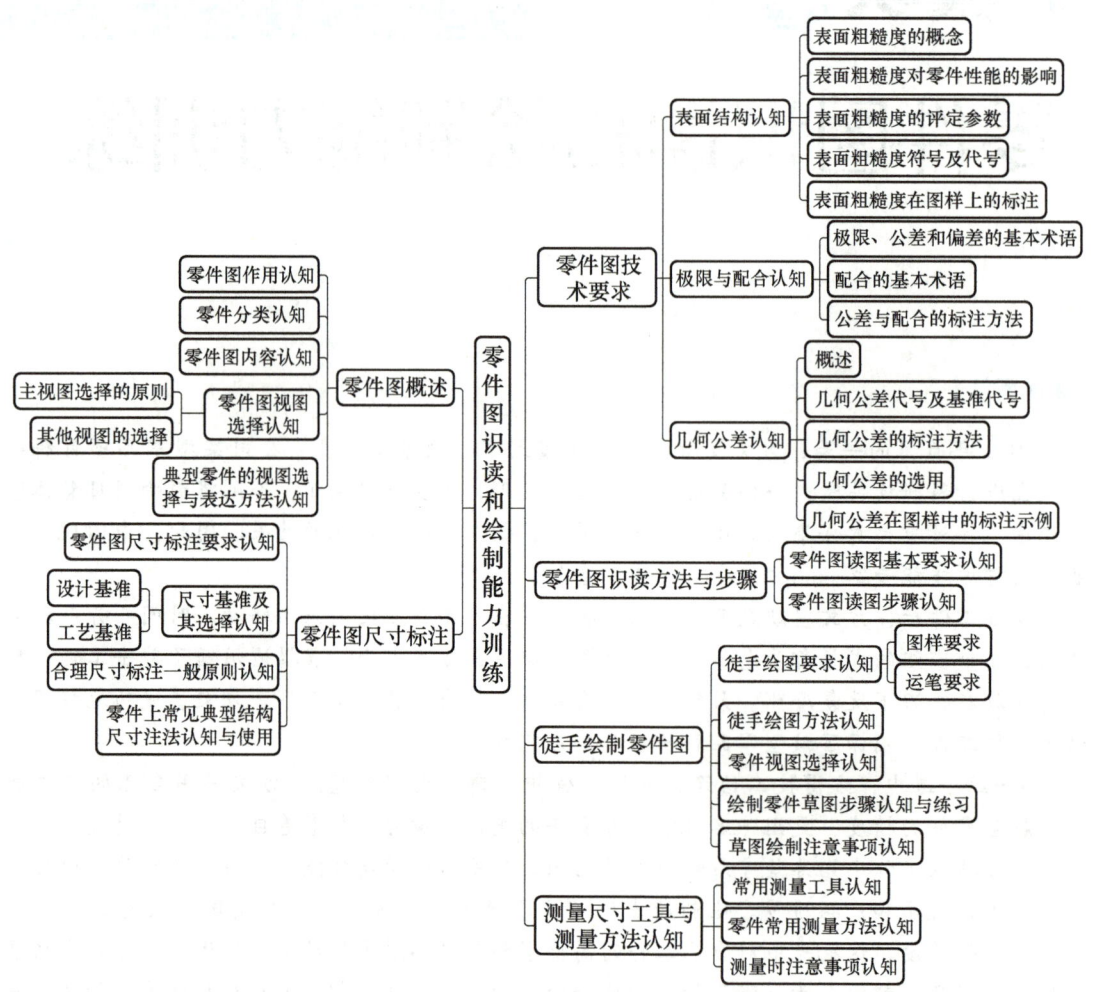

6.1 零件图概述

零件是组成机械、机器或部件的不可拆分的基本单位。用来表达单个零件的结构形状、大小尺寸和技术要求时所用的图样，称为零件工作图（简称零件图）。机械图样包括零件图与装配图。本章主要介绍零件图的内容、绘制和识读。

6.1.1 零件图的作用

机器或部件是由多个零件组装而成的，只有生产出的零件全部合格，才能够装配出性能条件符合设计要求的机器设备或部件。零件图是指导制造以及检验零件的重要技术文件。零件图能反映出设计者的意图，表达零件的结构、表面的质量要求以及制造工艺的合理性要求等，是制造和检验零件的依据，也是技术交流的重要资料。

6.1.2 零件的分类

零件的种类很多，机构的形状也是千变万化的。根据不同零件的结构与用途，可以把它们划分为标准件、常用件和专用件。

（1）标准件　在各种机器中，要用到很多相同的零件，如螺纹紧固件（螺钉、螺母、螺栓、垫圈等）、滚动轴承以及连接件（键、销）等，这些零件的结构和尺寸都已经被标准化，它们是由专业化的标准件工厂进行大批量加工生产的，这类零件称为标准件。

（2）常用件　部分零件，如弹簧、齿轮等，它们的部分结构、参数已经被标准化，可以通过标准刀具、量具以及专用机床来实行专业批量生产制造，这类零件称为常用件。

（3）专用件　机器中大部分零件的形状、尺寸和结构是根据它们在机器中的作用确定的，其形状、大小、技术要求难以用统一的标准来规范，这类零件称为专用件。专用件的零件图都需要画出来供制造使用。本模块介绍的零件主要是专用件。

6.1.3 零件图的内容

齿轮轴零件图如图 6-1 所示，一张完整的零件图应该包括以下四方面内容。

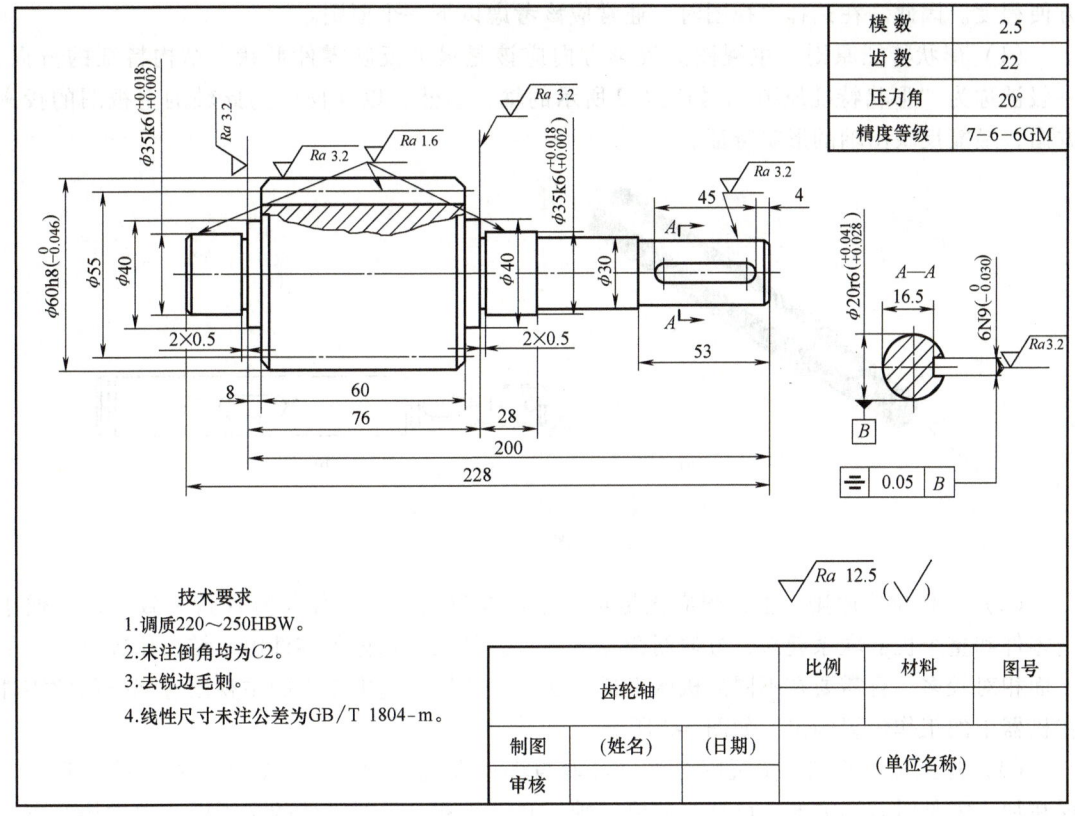

图 6-1　齿轮轴零件图

（1）一组图形　综合运用机件的各种表达方法（如视图、断面图、剖视图、简化画法、局部放大、规定画法等），用一组图形完整、清晰、正确地表达出零件的结构形状。如图 6-1 所示的齿轮轴，用一个移出断面图、一个基本视图和局部剖视图表达了该零件的结构。

（2）完整的尺寸　正确、完整、清晰、合理地标出零件的全部尺寸，能够表明形状的大小以及相互位置关系。

（3）技术要求　按国家标准的要求，用规定的数字、符号、文字或字母表示零件在加工、检验过程中应达到的质量要求，如几何公差、尺寸公差、表面粗糙度、热处理、材料、表面处理等要求。

另外对于不便于用符号标注在图中的技术要求，可用文字注写在标题栏的上方或者左方。在标题栏附近，需注写出已经做过表面粗糙度要求以外的零件表面的表面粗糙度要求。

（4）标题栏　标题栏由签字区、更改区、其他区、名称区和代号区组成。一般要填写零件名称、阶段标记、材料标记、重量、比例、图样代号、单位名称及设计、制图、工艺、审核、标准化、更改、批准等人员的签名和日期等。每张图样都应有标题栏。标题栏的方向一般与看图方向一致。

6.1.4　零件图的视图选择

1. 主视图选择的原则

主视图是零件图中最重要的视图，主视图选择得恰当与否，将会直接影响绘图、读图的方便程度。因此，在选择主视图时，通常应该考虑以下三个原则。

（1）形状特征原则　主视图的投影方向应该是最能反映零件形状、结构特征的方向，一般被称为"形状特征原则"。如图 6-2 所示的轴，显然，以 A 向作为此轴的主视图的投影方向，最能反映出轴的形状特征。

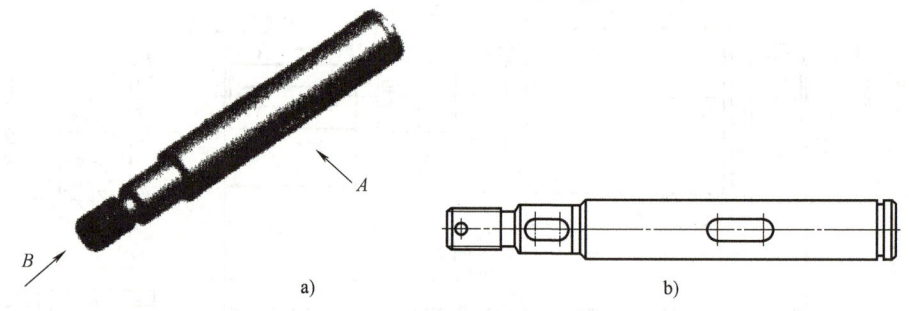

图 6-2　轴主视图的投影方向及位置
a）零件图　b）投影图

（2）工作位置原则　主视图应该尽量与零件在机器中的工作位置保持一致，这样便于把零件和整个机器联系起来，方便阅读零件图。如叉架、箱体等零件由于结构比较复杂，加工面相对较多，且需要在不同的机床上进行加工，所以，这类零件的主视图应该按照此零件在机器中的工作位置画出，如图 6-3 所示。

（3）加工位置原则　主视图应该尽可能与零件在机械加工中所处的位置保持一致，这样在加工零件时看图方便，可减少差错。轴、套、轮和盘盖等零件的主视图，通常按照车削加工位置安放，即将轴线水平放置，如图 6-4 所示。

（4）自然安放位置原则　在加工位置各不相同，工作位置又不固定的时候，可以按照零件能够自然安放平稳的位置作为主视图的位置。此外，还应该兼顾其他视图的选择，考虑到视图的布局合理，充分利用图幅。

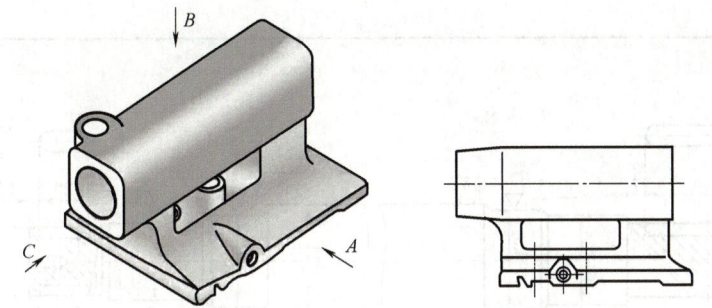

图 6-3 尾架体的主视图投影方向和位置

2. 其他视图的选择

在主视图确定后,其他图形的选择原则是在正确、完整、清晰地表达零件结构形状的前提下,选用的视图数量应该尽量减少。其他视图的选择,通常可以按照下述步骤进行。

1) 首先应该考虑零件主要形体的表达,除主视图之外,还需要几个必要的基本视图和其他视图。

2) 根据零件的内部结构,适当选择合适的剖视图和断面图。

图 6-4 主视图按加工位置安放
a) 合理　b) 不合理

3) 对于尚未表达清楚的细小结构和局部,可以采用局部放大图。

4) 应考虑是否可以省略、简化或取舍一些图形,对总体方案做进一步修改。每增加一个图形,都应该有其存在的意义。

视图的选择,应该在能够将零件内、外结构形状完整、清晰表达的前提下,力求使读图、绘图更方便,不应该为表达而表达,使图形复杂化。对于同一个零件,特别是形状结构复杂的零件,可以选择不同的表达方案,进行分析比较,最后选择一个相对较好的方案。

6.1.5 典型零件的视图选择与表达方法

(1) 轴套类零件　主要按照加工位置布置一个主视图,轴线水平放置。除此之外,用断面图表示出键槽、凹坑深度以及截面形状,用局部放大图表示出小结构的形状,如图 6-5 所示。

轴动画

(2) 盘盖类零件　一般按照轴线水平放置布置主视图,主视图取剖视,以表达其内部结构。为了表达端面的形状以及孔或肋的分布,再配置左视图。此外,适当添加局部视图或局部放大图、断面图等,以表达局部结构和尺寸等,如图 6-6 所示。

(3) 叉架类零件　它的视图按照主要形状特征和工作位置来确定,一般选用两个以上的基本视图来表达,如图 6-7 所示。

(4) 箱体类零件　箱体类零件的主视图通常按工作位置放置,同时适当取剖视,用以表达其主要结构、内部形状、壁厚等特征;通过俯视图表达外壳、底板形状、孔的分布以及底面凸台形状;可用局部剖视表达一些孔和螺纹孔等,如图 6-8 所示。

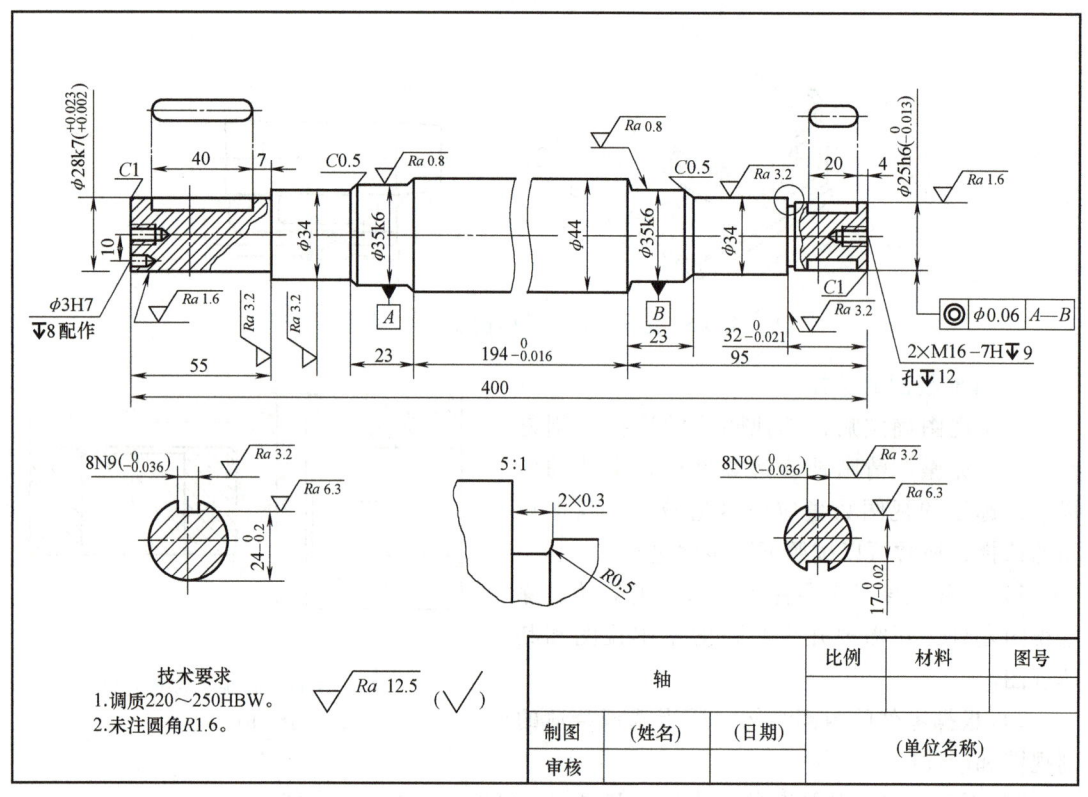

图 6-5　轴的视图选择与表达

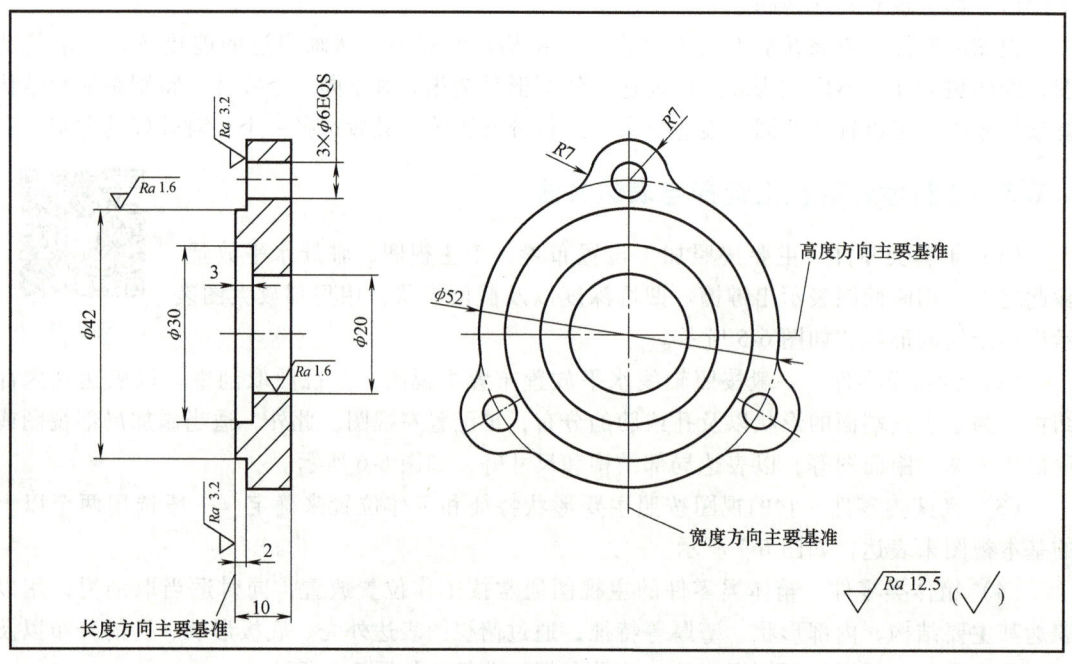

图 6-6　盘的视图选择与表达

模块6 零件图识读和绘制能力训练

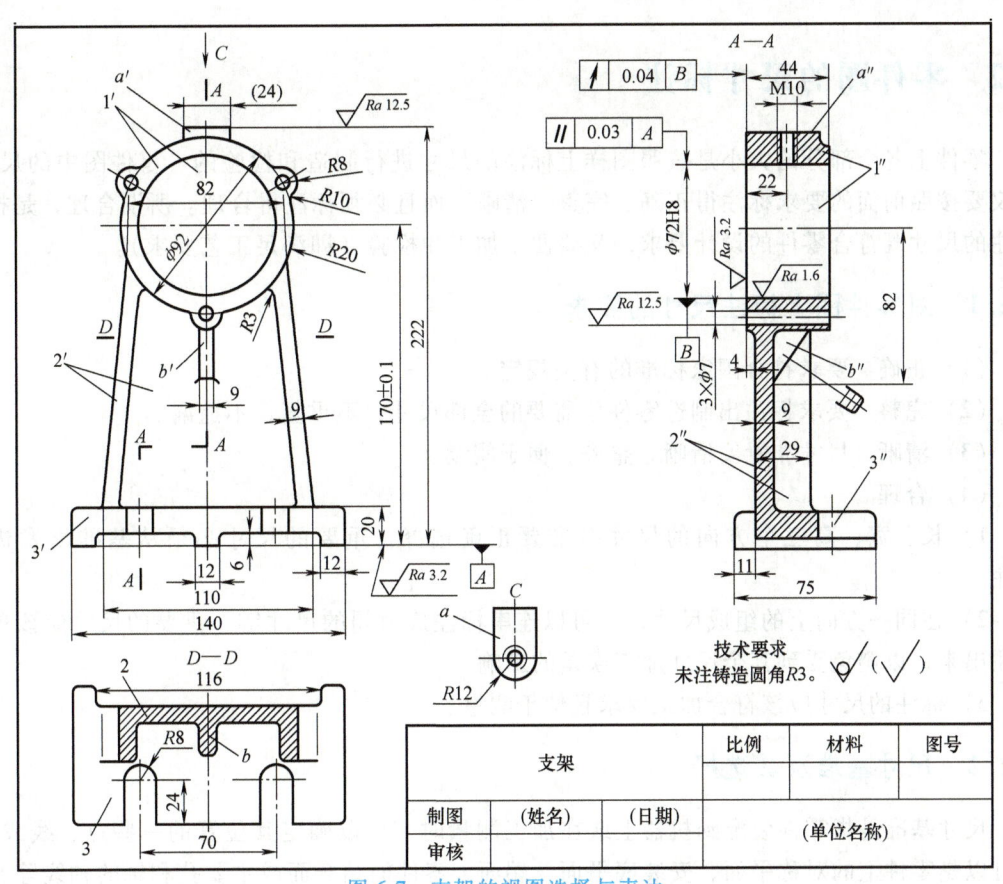

图 6-7　支架的视图选择与表达

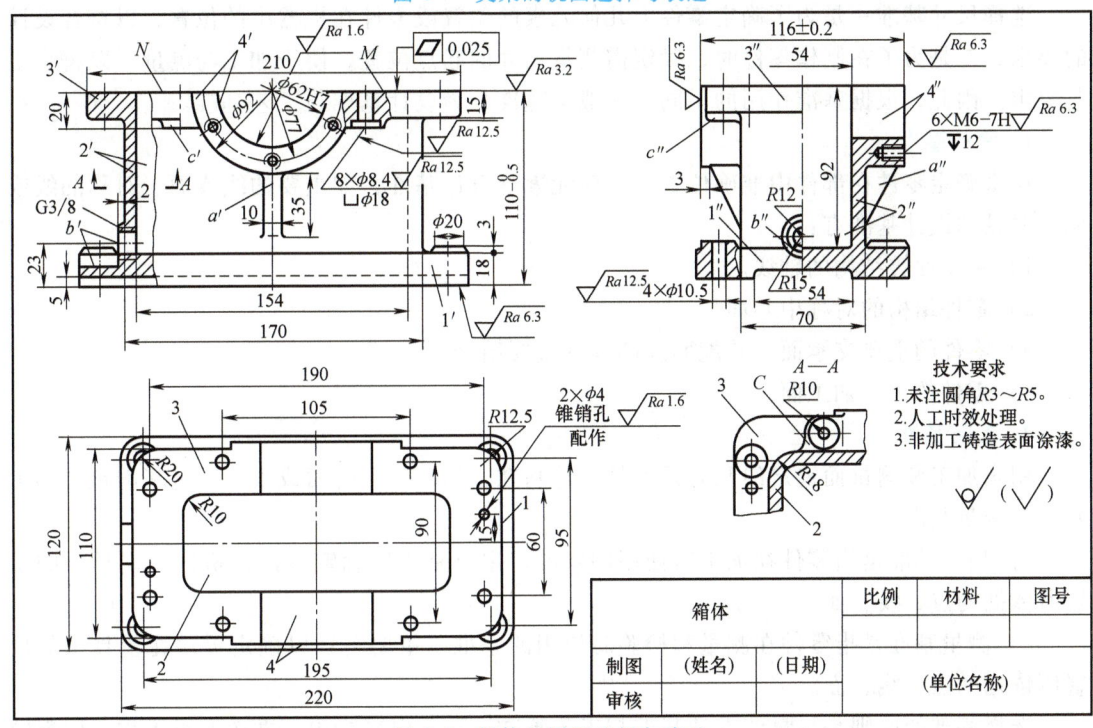

图 6-8　箱体的视图选择与表达

6.2 零件图的尺寸标注

零件上各个部分的大小是按照图样上标注的尺寸进行制造和检验的。零件图中的尺寸，不仅要按照前面的要求标注得正确、完整、清晰，而且必须标注得合理。所谓合理，是指所标注的尺寸既符合零件的设计要求，又要便于加工和检验（即满足工艺要求）。

6.2.1 对零件图上标注尺寸的要求

（1）正确　要求符合国家标准的有关规定。
（2）完整　要求标注出制造零件所需要的全部尺寸，不重复，不遗漏。
（3）清晰　尺寸布置要清晰、整齐，便于阅读。
（4）合理

1）长、宽、高三个方向的尺寸基准要正确选择，重要的尺寸必须从基准出发进行标注。

2）在同一方向上的组成尺寸，不可以连串标注成封闭的尺寸链，重要的尺寸应该单独标注出来，以避免受到其余尺寸加工误差的影响。

3）标注的尺寸应该符合加工要求且便于测量。

6.2.2 尺寸基准及其选择

尺寸基准是指零件装配到机器上或在加工测量时，用以确定其位置的一些点、线或面。它可以是零件上的对称平面、安装底平面、端面、零件的结合面或主要孔和轴的轴线等。

选择尺寸基准一是为了确定零件上几何元素的位置或零件在机器中的位置，以符合设计的要求；二是为了在制作零件时，确定需测量尺寸的起点位置，便于加工与测量，以符合工艺要求。因此，根据基准作用的不同，一般将基准分为设计基准与工艺基准。

1. 设计基准

用来确定零件在部件中准确位置的几何元素是设计基准，如重要的线或面、对称的线或面。常见的设计基准有：

1）主要回转结构的轴线。
2）零件结构的对称中心面。
3）零件的重要支承面、装配面及两零件重要结合面。
4）零件的主要加工面。

2. 工艺基准

用来加工和测量而选定的几何元素是工艺基准，如零件上的面或线。工艺基准包括加工基准与测量基准。

1）加工基准是指零件在加工时使用的基准，主要是用以确定零件在机床或夹具中的位置所依据的点、线、面。

2）测量基准是指零件在测量和检验时使用的基准，主要是用以确定零件在量具中的位置所依据的点、线、面。

选择基准的原则是尽量使设计基准与工艺基准一致，以减少由于两个基准不重合引起的尺寸误差。当设计基准与工艺基准不一致时，应该以保证设计要求为主，将重要尺寸从设计基准标注出，次要基准从工艺基准标注出，以便加工和测量，如图6-9所示。

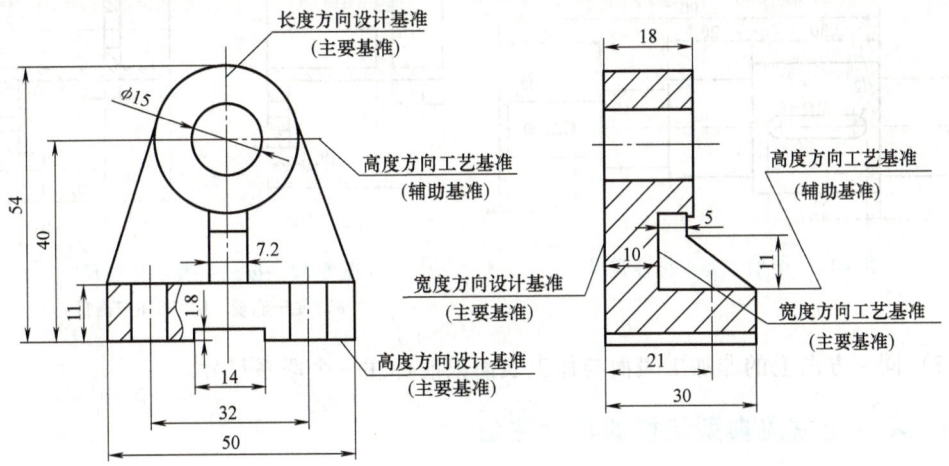

图6-9　正确选择尺寸基准

6.2.3　合理标注尺寸的一般原则

对零件图进行尺寸标注时，应该注意以下几项一般原则。

（1）重要尺寸应从主要基准直接注出　零件的重要尺寸是指影响产品性能、工作精度、装配精度及互换性的尺寸。为了使零件的重要尺寸不受其他尺寸误差的影响，应在零件图中直接把重要尺寸注出。图6-10a中尺寸A不受其他尺寸的影响，是重要尺寸。

（2）不能注成封闭尺寸链　封闭的尺寸链是首尾相接，形成一个封闭圈的一组尺寸。图6-10b中注成封闭尺寸链，尺寸B将受到A、C的影响而难以保证。正确的标注是将不重要的尺寸A去掉，B不受尺寸C的影响，如图6-10c所示。

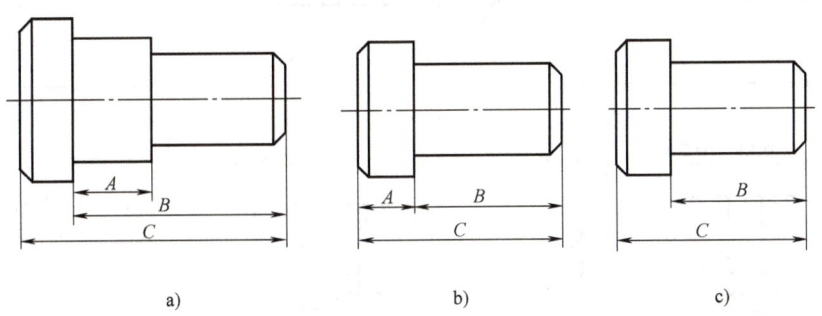

图6-10　尺寸标注
a）重要尺寸标注　b）封闭尺寸链　c）正确标注

（3）标注尺寸要考虑工艺要求　标注尺寸要考虑工艺要求，看图方便。不同的加工方法所用尺寸分开进行标注，以便于看图加工。如图6-11所示，把车削与铣削所需要的尺寸分开标注。

（4）便于测量　尺寸标注有多种方案，但要注意所标注尺寸是否方便测量，如图6-12所示结构，两种不同的标注方案中，不便于测量的方案是不合理的。

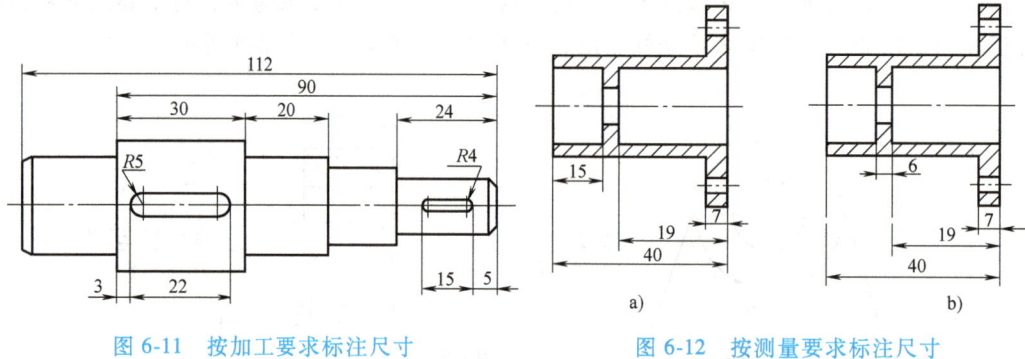

图 6-11　按加工要求标注尺寸　　　　图 6-12　按测量要求标注尺寸

a）便于测量　b）不便于测量

（5）同一方向上的非加工表面与加工表面只能标注一个联系尺寸。

6.2.4　零件上常见典型结构的尺寸注法

（1）光孔、沉孔和螺纹孔的尺寸注法　光孔、沉孔和螺纹孔是零件图上的常见结构，它们的尺寸标注方法见表 6-1。

表 6-1　零件上常见孔的尺寸标注方法

结构类型		标注方法	标注示例	说明
螺纹孔	通孔	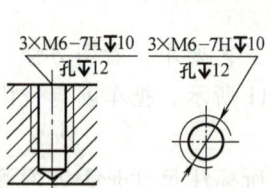		3×M6 表示大径为 6，均匀分布的三个螺纹孔，可以旁注也可以直接注出
	不通孔			螺纹孔深度可与螺纹孔直径连注也可分开注出，符号"▼"表示深度
		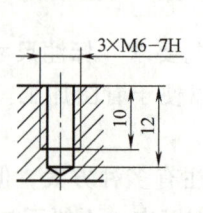		需要注出孔深时，应明确标注孔深尺寸

（续）

结构类型		标注方法	标注示例	说明
光孔	一般孔	4×φ5▼10	4×φ5，深10	4×φ5 表示直径为5，均匀分布的4个光孔，孔深可与孔径连注，也可以分开注出
	精加工孔	4×φ5$^{+0.012}_{0}$▼10 钻孔▼12	4×φ5$^{+0.012}_{0}$，深10，钻孔深12	光孔深为12，钻孔后需加工 φ5$^{+0.012}_{0}$，深度为10
	锥销孔	锥销孔φ5 装配时作	锥销孔φ5 装配时作	φ5 为与锥销孔相配的圆锥销小头直径，锥销孔通常是相邻两零件装在一起时加工的
沉孔	锥形沉孔	6×φ7 ⌵φ13×90°	φ13，90°，6×φ7	6×φ7 表示直径为7、均匀分布的6个孔，锥形部分尺寸可以旁注，也可直接注出。符号"⌵"表示埋头孔
	柱形沉孔	4×φ6 ⌴φ10▼3.5	φ10，3.5，4×φ6	柱形沉孔的小直径为6，大直径为10，深度为3.5，均需标注
	锪平面	4×φ7⌴φ16	⌴φ16，4×φ7	锪平 φ16 的深度不需标注，一般锪平到不出现毛面位置。符号"⌴"表示沉孔或锪平

（2）其他常见结构的尺寸注法　零件图上还有很多其他常见结构，如倒角、退刀槽、阶梯孔以及各种均布组成要素等，它们的尺寸标注方法见表6-2。

表 6-2 零件上其他常见结构的尺寸注法

结构类型	简化注法	说明
倒角		标注倒角 1×45°时，可注成 $C1$；倒角不是 45°时，要分开标注
退刀槽及越程槽		标注形式可按"槽宽×直径"或"槽宽×槽深"，也可将槽宽和直径分别标注
板厚		板状零件厚度，可在尺寸数字前加注符号"t"
均布的成组要素及同轴圆、同轴台阶孔		对尺寸相同的成组孔、槽等要素，应在尺寸后注出均布的缩写词"EQS" 同心圆或台阶孔尺寸，可采用共同的尺寸线，按顺序注出不同的直径

（续）

结构类型	简化注法	说明
同心或不同心圆弧	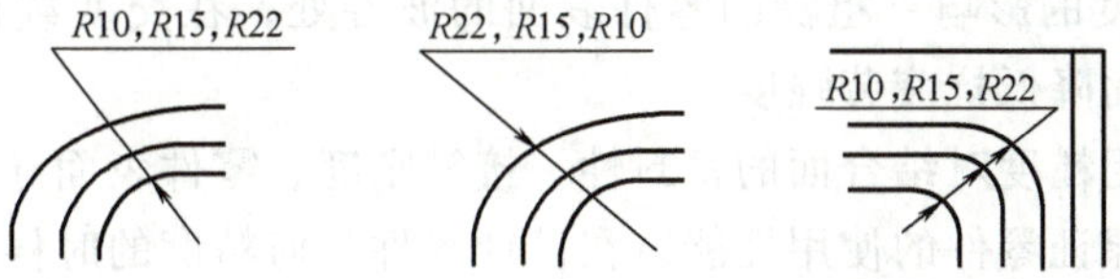 R10，R15，R22　　R22，R15，R10　　R10，R15，R22	一组同心圆弧或圆心位于一条直线上的多个不同心圆弧的半径尺寸，可采用共同的尺寸线，依次注出

6.3 零件图的技术要求

零件图中的技术要求主要指零件的几何精度方面的要求，包括表面结构要求、极限与配合、几何公差、热处理及表面涂镀层、零件材料及零件的加工、检验要求等。其中有些项目，如表面结构要求、极限与配合、几何公差、零件的材料等，这类有技术标准规定的一般是用符号、代号或标记标注在图形上，没有技术标准规定的要求可以用简明的文字注写在标题栏附近。

6.3.1 表面结构

表面结构是反映表面工作寿命和工作性能的指标，包括表面粗糙度、表面波纹度、表面缺陷以及宏观表面几何形状误差等表面特性。不同的表面质量要求应该采用表面结构的不同特性的指标来保证。

因为表面波纹度和表面缺陷目前应用较少，所以本节主要介绍表面粗糙度的相关内容。

1. 表面粗糙度的概念

零件表面的微观几何形状是由较小的间距与微小的峰谷形成的，表述这些间距状况与峰谷的高低程度的微观几何形状特征为表面粗糙度。表面粗糙度值越低，零件表面则越光洁。

2. 表面粗糙度对零件性能的影响

表面粗糙度会直接影响产品的质量，对零件表面的许多功能有非常大的影响。其影响主要表现在以下几个方面。

（1）对配合性质的影响　针对有配合要求的零件表面，由于相对运动会导致出现微小的波峰磨损，因此会影响配合性质。

对于间隙配合，粗糙零件表面的波峰会很快磨去，导致间隙增大，因此会影响原有的配合功能；对于过盈配合，波峰会在装配时被挤平填入波谷，使实际的有效过盈量减小，降低连接强度；对于有定位或导向要求的过渡配合，会在使用和拆装过程中发生磨损，使配合变松，降低定位和导向的精度。

（2）对耐磨性的影响　由于相互接触的表面间存在微观的几何形状误差，只能在轮廓峰顶处接触，实际的有效接触面积减小，导致单位面积上的压力增大，表面磨损加剧；但是在某些场合（如滑动轴承及液压导轨面的配合处），过于光滑的表面即表面粗糙度值过小的零件表面，由于金属分子之间的吸附作用，接触表面上的润滑油被挤掉后形成干摩擦，同样会使摩擦系数增大而加剧磨损。

(3) 对耐蚀性的影响　因为腐蚀性的液体或气体容易积存在波谷底部,腐蚀作用便会从波谷深入到金属零件的内部,造成锈蚀,所以零件表面越粗糙,波谷越深,腐蚀就会越严重。

(4) 对抗疲劳强度的影响　粗糙的零件表面的波谷处,在交变载荷、重载荷作用下容易引起应力集中,从而降低抗疲劳强度。

除此之外,表面粗糙度对结合面的密封性、接触刚度、零件表面导电性、零件的外观等都有影响,因此为了保证零件的使用性能,在设计零件几何精度的时候必须提出合理的表面粗糙度要求。

3. 表面粗糙度的评定参数

我国关于表面粗糙度的主要标准有《产品几何技术规范(GPS)　表面结构　轮廓法　术语、定义及表面结构参数》(GB/T 3505—2009)、《产品几何技术规范(GPS)　表面结构　轮廓法　表面粗糙度参数及其数值》(GB/T 1031—2009)、《产品几何技术规范(GPS)　技术产品文件中表面结构的表示法》(GB/T 131—2006)等。

实际中最常用的评定参数是幅度参数,即轮廓算数平均偏差 Ra 和轮廓最大高度 Rz。

(1) 轮廓算术平均偏差 Ra　轮廓算术平均偏差是指在一个取样长度内,轮廓偏距 $Z(x)$ 绝对值的算术平均值,如图 6-13 所示,用公式表示为

$$Ra = \frac{1}{lr}\int_0^{lr} |Z(x)| \, dx$$

或近似为

$$Ra = \frac{1}{n}\sum_{i=1}^{n} |Z_i|$$

式中　Z——轮廓偏距;
　　　Z_i——第 i 点轮廓偏距(i=1,2,3,…)。

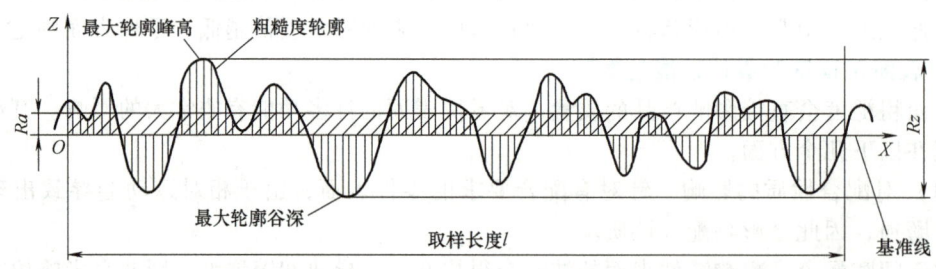

图 6-13　轮廓算术平均偏差 Ra

(2) 轮廓最大高度 Rz　轮廓最大高度是指在一个取样长度内,最大轮廓峰高与最大轮廓谷深之和的高度,如图 6-14 所示。

表面粗糙度的各个参数值已经标准化,设计时应依据最新国家标准《产品几何技术规范(GPS)表面结构　轮廓法　表面粗糙度参数及参数值》(GB/T 1031—2009)规定的参数值系列选取。

轮廓算术平均偏差 Ra 和轮廓最大高度 Rz 的数值分别见表 6-3 和表 6-4。

模块6 零件图识读和绘制能力训练

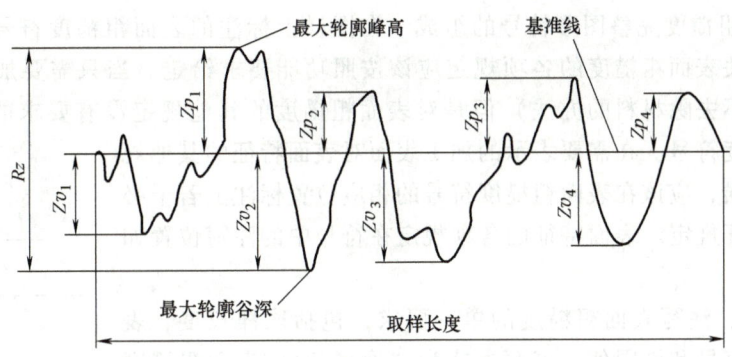

图 6-14　轮廓最大高度 Rz

表 6-3　Ra 的数值　　　　　　　　　　（单位：μm）

Ra			
0.012	0.2	3.2	50
0.025	0.4	6.3	100
0.05	0.8	12.5	
0.1	1.6	25	

表 6-4　Rz 的数值　　　　　　　　　　（单位：μm）

Rz			
0.025	0.4	6.3	100
0.05	0.8	12.5	200
0.1	1.6	25	400
0.2	3.2	50	800

4. 表面粗糙度符号及代号

（1）表面粗糙度符号　表面粗糙度的基本符号是由两条不等长的与被标注表面成 60°角的细实线组成的。表面粗糙度的符号及其意义见表 6-5。

表 6-5　表面粗糙度的符号及其意义（摘自 GB/T 131—2006）

符号类型	符号	意义及说明
基本图形符号	∨	基本符号,表示表面可用任何方法获得,当不加注表面粗糙度参数值或有关说明（例如表面处理、局部热处理状况）时,仅适用于简化代号标注,没有补充说明时不能单独使用
扩展图形符号	∀	基本符号加一短划,表示指定表面是用去除材料的方法获得。例如:车、铣、钻、磨、剪切、抛光、腐蚀、电火花加工等
	∀○	基本符号加一小圆,表示指定表面是用不去除材料的方法获得。例如:铸、锻、冲压变形、热轧、粉末冶金等,或者是用于保持原供应状况的表面（包括保持上道工序的状况）
完整图形符号	√ ∀ ∀○	在上述三个符号的长边上均可加一横线,用于标注表面结构的补充信息

(2) 表面粗糙度完整图形符号的组成　在图样上标注的表面粗糙度符号是此表面完工后的要求。有关表面粗糙度的各项规定应该按照功能要求给定。当只需要加工（采用去除材料的方法或不去除材料的方法）但是对表面粗糙度的其他规定没有要求的时候，允许只标注表面粗糙度符号。在需要表示的加工表面对表面特征的其他规定有要求的时候，应该在表面粗糙度符号的相应位置标注上若干必要项的表面特征规定。表面特征的各项规定在符号中的注写位置如图 6-15 所示。

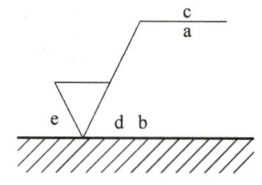

图 6-15　表面粗糙度的各项参数、符号的注写位置

1）位置 a：注写表面粗糙度的单一要求，包括取样长度、表面粗糙度参数符号和极限值。书写方式为"取样长度/表面粗糙度参数符号极限值"，如：-0.8/Rz6.3。

2）位置 a 和 b：当注写两个或多个表面粗糙度要求时，在位置 a 上注写第一个表面粗糙度要求，在位置 b 上注写第二个表面粗糙度要求，方法同 1）。如果有更多要求，图形符号应该在垂直方向扩大，a 和 b 的位置上移，其他表面粗糙度要求向下依次写出。

3）位置 c：注写加工方法、涂层、表面处理或其他工艺要求。

4）位置 d：注写表面纹理与纹理方向。

5）位置 e：注写所要求的加工余量，其数值单位为 mm。

5. 表面粗糙度在图样上的标注

(1) 标注规则　标注表面粗糙度的评定参数时，必须注出参数代号和相应的数值，数值的默认单位为 μm，数值的判断规则有两种：

1）16% 规则：表示表面粗糙度参数的所有实测值中允许 16% 测得值超过规定值，这是默认规则。

2）最大规则：表示表面粗糙度参数的所有实测值不得超过规定值，参数代号中应加上"max"。

(2) 标注示例　表面粗糙度参数的标注示例见表 6-6。

表 6-6　表面粗糙度参数的标注示例（摘自 GB/T 131—2006）

标注示例	意　义
$\sqrt{Rz\ 25}$	表示不允许去除材料,单向上限值(默认),表面粗糙度最大高度为 25μm,评定长度为 5 个取样长度(默认),"16% 规则"(默认)
$\sqrt{Rz\ \max\ 0.2}$	表示去除材料,单向上限值(默认),表面粗糙度最大高度的最大值为 0.2μm,评定长度为 5 个取样长度(默认),"最大规则"
$\sqrt{-0.8/Ra3\ 3.2}$	表示去除材料,单向上限值(默认),取样长度 0.8mm,算术平均偏差为 3.2μm,评定长度为 3 个取样长度,"16% 规则"(默认)
$\sqrt{U\ Ra\ \max\ 25\ L\ Ra\ 6.3}$	表示不去除材料,双向极限值,上限值:算术平均偏差为 25μm,"最大规则";下限值:算术平均偏差为 6.3μm,"16% 规则"(默认)。评定长度均为 5 个取样长度(默认)

6.3.2 极限与配合

我国关于极限与配合的主要标准有《产品几何技术规范（GPS） 极限与配合 第1部分：公差、偏差和配合的基础》（GB/T 1800.1—2020）、《产品几何技术规范（GPS） 极限与配合 第2部分：标准公差等级和孔、轴极限偏差表》（GB/T 1800.2—2020）等。

1. 极限、公差和偏差的基本术语

（1）尺寸　尺寸是用特定单位表示线性尺寸的数值，通常用 mm 表示（一般在书中不必注出），如长度、高度、深度、半径、直径、中心距等。

（2）公称尺寸　公称尺寸是指设计给定的尺寸，用 D 和 d 表示（孔用大写字母表示，轴用小写字母表示）。它是根据产品的使用要求、零件的刚度要求等，通过计算或实验的方法确定的。它的数值应该在优先数系中选择，以方便切削刀具、测量工具和型材等规格的选用。

（3）实际尺寸　实际尺寸是指通过测量得到的尺寸（D_a、d_a）。按同一图样要求所加工的各个零件，由于存在加工误差，其实际尺寸通常各不相同。

（4）极限尺寸　极限尺寸是允许尺寸变化的两个界限值。实际尺寸应该位于其中，也可以达到极限尺寸。其中较大的尺寸称为上极限尺寸（D_{max}、d_{max}），较小的尺寸称为下极限尺寸（D_{min}、d_{min}），如图 6-16 所示。合格零件的实际尺寸应该是：$D_{max} \geq D_a \geq D_{min}$，$d_{max} \geq d_a \geq d_{min}$。

（5）实体尺寸

1）最大实体状态（MMC）。即假定实际尺寸处处位于极限尺寸范围内并且使其具有最大的实体状态，即实际要素在给定长度上处处位于极限尺寸之内，并且具有材料量最多时候的状态。

2）最大实体尺寸（MMS）。即实际要素在最大实体状态下的极限尺寸。孔和轴的最大实体尺寸分别用 D_M、d_M 表示。对于孔，$D_M = D_{min}$；对于轴，$d_M = d_{max}$，如图 6-16 所示。

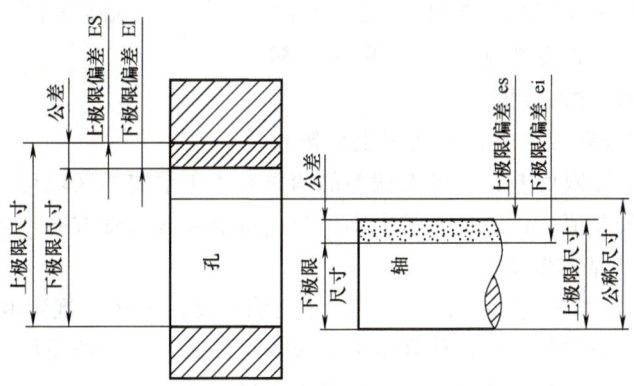

图 6-16　极限与配合的基本结构

3）最小实体状态（LMC）。即假定实际尺寸处处位于极限尺寸范围内并且使其具有最小的实体状态，即实际要素在给定长度上处处位于极限尺寸之内，并具有材料量最少时候的状态。

4）最小实体尺寸（LMS）。即实际要素在最小实体状态下的极限尺寸。孔和轴的最小实体尺寸分别用 D_L、d_L 表示。对于孔，$D_L = D_{max}$；对于轴，$d_L = d_{min}$，如图 6-16 所示。

(6) 极限偏差（简称偏差） 极限偏差是指某尺寸与公称尺寸的代数差值，其中上极限尺寸与公称尺寸之差是上极限偏差，下极限尺寸与公称尺寸之差是下极限偏差，实际尺寸与公称尺寸之差为实际偏差。其值可正、可负或为零。用公式表示如下：

孔　　　　　　　　　$ES = D_{max} - D$，$EI = D_{min} - D$，$E_a = D_a - D$

轴　　　　　　　　　$es = d_{max} - d$，$ei = d_{min} - d$，$e_a = d_a - d$

其中，ES 和 EI 分别表示上极限偏差和下极限偏差，孔用大写字母表示，轴用小写字母表示；E_a、e_a 分别表示孔和轴的实际偏差。

注意：标注和计算偏差时，极限偏差前面必须加注"+"或"-"号（零除外）。

(7) 尺寸公差（简称公差） 尺寸公差是指允许尺寸的变动量。公差、极限尺寸、极限偏差之间的关系如下：

孔　　　　　　　　　$T_h = D_{max} - D_{min} = ES - EI$

轴　　　　　　　　　$T_h = d_{max} - d_{min} = es - ei$

注意：公差和偏差是两个不同的概念。公差表示制造精度的要求，反映的是加工的难易程度；而偏差表示与公称尺寸的远离程度，它表示的是公差带的位置以及影响配合的松紧程度。图 6-16 所示的公差是将半径方向叠加到直径上（为了分析和图解方便）。

(8) 公差带图解 由图 6-16 可发现尺寸与公差的比例不便统一。因为尺寸是毫米级，而公差却是微米级，显然图中的公差部分被放大了。为了表示尺寸、公差和极限偏差之间的关系，可采用公差带图表示，用尺寸公差带的高度及其相互位置表示公差大小与配合性质，如图 6-17 所示，它由零线和公差带组成。

1) 零线：零线是确定偏差的基准线。零线所指的尺寸是公称尺寸，也是极限偏差的起始线。零线上方表示为正偏差，零线下方表示为负偏差，画图时一定要标注出相应的符号（"0""+""-"）。零线下方的单箭头必须与零线紧贴（靠紧），并标注出公称尺寸的数值。

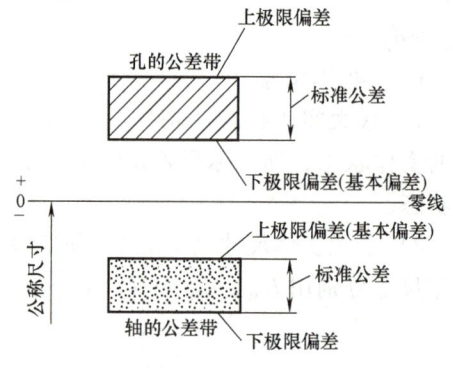

图 6-17　尺寸公差带图

2) 公差带：在公差带图中，由代表上极限尺寸与下极限尺寸或上极限偏差和下极限偏差的两条直线所限定的区域称为公差带。沿零线垂直方向的宽度表示公差值，代表公差带大小，公差带沿零线长度方向可适当选取。

(9) 公差等级和基本偏差

1) 公差等级。标准公差等级是指确定尺寸精确程度的等级。规定和划分公差等级的目的是为了简化与统一公差的要求，使规定的等级既可以满足不同的使用要求，又能够大致代表各种加工方法的精度，为设计和制造零件带来了极大的方便。

公差等级分为 20 级，用 IT01、IT0、IT1、IT2、IT3、…、IT18 来表示，见表 6-7。

2) 基本偏差。确定零件公差带相对零线位置的那个极限偏差称为基本偏差，它可以是上极限偏差，也可以是下极限偏差，通常为靠近零线的那个偏差。当公差带位置在零线以上时，它的基本偏差是下极限偏差；当公差带位置在零线以下时，它的基本偏差是上极限偏差。

表 6-7 标准公差等级（摘自 GB/T 1800.1—2020）

公称尺寸/mm		标准公差等级																		
大于	至	IT01	IT0	IT1	IT2	IT3	IT4	IT5	IT6	IT7	IT8	IT9	IT10	IT11	IT12	IT13	IT14	IT15	IT16	IT17	IT18
								μm									mm				
—	3	0.3	0.5	0.8	1.2	2	3	4	6	10	14	25	40	60	0.10	0.14	0.25	0.40	0.60	1.0	1.4
3	6	0.4	0.6	1	1.5	2.5	4	5	8	12	18	30	48	75	0.12	0.18	0.30	0.48	0.75	1.2	1.8
6	10	0.4	0.6	1	1.5	2.5	4	6	9	15	22	36	58	90	0.15	0.22	0.36	0.58	0.90	1.5	2.2
10	18	0.5	0.8	1.2	2	3	5	8	11	18	27	43	70	110	0.18	0.27	0.43	0.70	1.10	1.8	2.7
18	30	0.6	1	1.5	2.5	4	6	9	13	21	33	52	84	130	0.21	0.33	0.52	0.84	1.30	2.1	3.3
30	50	0.6	1	1.5	2.5	4	7	11	16	25	39	62	100	160	0.25	0.39	0.62	1.00	1.60	2.5	3.9
50	80	0.8	1.2	2	3	5	8	13	19	30	46	74	120	190	0.30	0.46	0.74	1.20	1.90	3.0	4.6
80	120	1	1.5	2.5	4	6	10	15	22	35	54	87	140	220	0.35	0.54	0.87	1.40	2.20	3.5	5.4
120	180	1.2	2	3.5	5	8	12	18	25	40	63	100	160	250	0.40	0.63	1.00	1.60	2.50	4.0	6.3
180	250	2	3	4.5	7	10	14	20	29	46	72	115	185	290	0.46	0.72	1.15	1.85	2.90	4.6	7.2
250	315	2.5	4	6	8	12	16	23	32	52	81	130	210	320	0.52	0.81	1.30	2.10	3.20	5.2	8.1
315	400	3	5	7	9	13	18	25	36	57	89	140	230	360	0.57	0.89	1.40	2.30	3.60	5.7	8.9
400	500	4	6	8	10	15	20	27	40	63	97	155	250	400	0.63	0.97	1.55	2.50	4.00	6.3	9.7

注：公称尺寸小于 1mm 时，无 IT14～IT18。

基本偏差代号用拉丁字母（按英文字母读音）表示，孔用大写字母表示，轴用小写字母表示。在26个英文字母中去掉易与其他学科的参数相混淆的五个字母 I、L、O、Q、W（i、l、o、q、w），再加上7个双写字母 CD、EF、FG、JS、ZA、ZB、ZC（cd、ef、fg、js、za、zb、zc），共28个基本偏差代号，构成孔（或轴）的基本偏差系列，如图6-18所示。它反映了28种公差带相对于零线的位置。

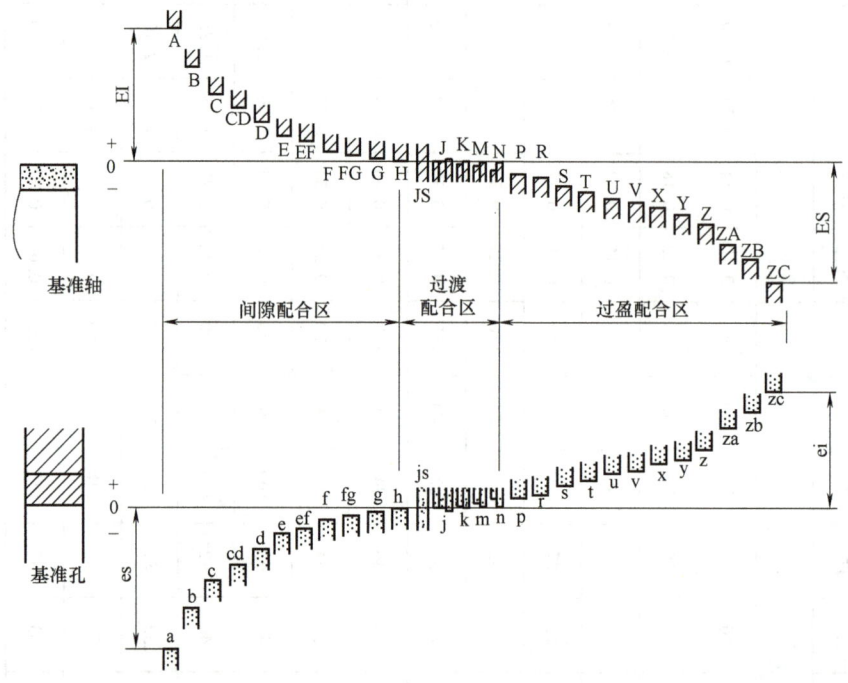

图6-18　基本偏差系列示意图

2. 配合的基本术语

（1）孔与轴

1）孔一般指工件的圆柱形内表面，也包括非圆柱形内表面（由两个平行平面或切面形成的包容面）。

2）轴一般指工件的圆柱形外表面，也包括非圆柱形外表面（由两个平行平面或切面形成的被包容面）。

所谓孔（或轴）的含义是广义的。其特性是：孔为包容面（尺寸之间无材料），在加工过程中，越加工尺寸越大；轴是被包容面（尺寸之间有材料），越加工尺寸越小。

采用广义孔和轴的目的，是为了确定工件的尺寸极限与相互的配合关系，同时拓展了极限与配合的使用范围。它不但应用于圆柱内、外表面的结合，也能够用于非圆柱的内、外表面的配合。如单键与键槽的配合，花键结合中的大径与小径以及键与键槽的配合等。

（2）配合　配合是指公称尺寸相同的、相互结合的孔与轴公差带之间的关系。在孔与轴的配合中，孔的尺寸减去轴的尺寸所得的代数差，代数差值为正时称为间隙（用 X 表示），其代数差值为负时称为过盈（用 Y 表示）。根据孔与轴公差带之间的关系，把配合分为三大类，即间隙配合、过渡配合和过盈配合。

1) 间隙配合。具有间隙（含最小间隙为零）的配合称为间隙配合。这时，孔的公差带在轴的公差带之上，一般指孔大、轴小的配合，也可以是零间隙配合，如图6-19所示。

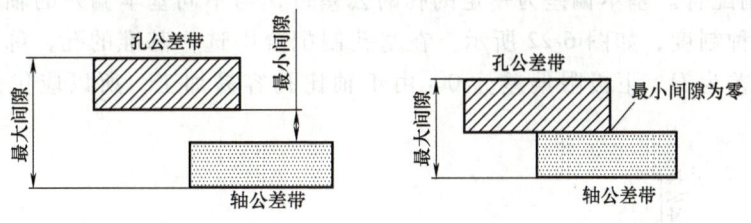

图6-19　间隙配合

2) 过盈配合。具有过盈（含最小过盈为零）的配合称为过盈配合。这时孔的公差带在轴的公差带之下，一般是指孔小、轴大的配合，如图6-20所示。

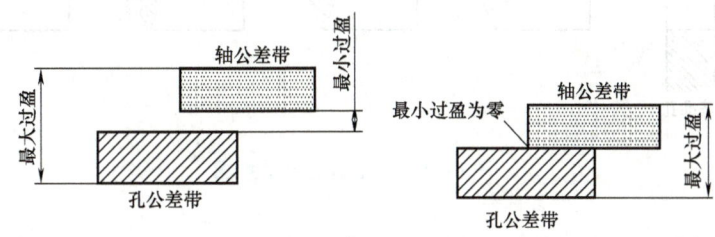

图6-20　过盈配合

3) 过渡配合。可能产生间隙或过盈的配合称为过渡配合。此时孔、轴的公差带相互交叠，是介于间隙配合与过盈配合之间的配合，如图6-21所示。但其间隙或过盈的数值都较小，通常来说，采用过渡配合的工件精度都相对较高。

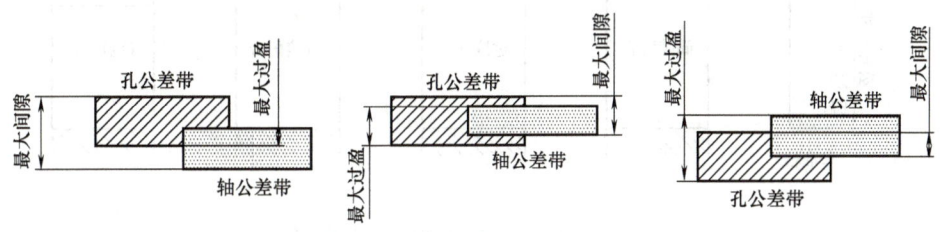

图6-21　过渡配合

(3) 配合的基准制　同一极限制的孔和轴组成配合的一种制度称为基准制。以两个相配合的孔和轴中的某一个为基准件，并选定标准公差带，在改变另一个非基准件的公差带的位置时，就会形成各种配合。在互换性生产中，会需要各种不同性质的配合，即使配合公差确定后，也可以通过改变孔、轴的公差带位置，使配合获得多种形式的组合。为了简化孔、轴公差的组合形式，统一孔（或轴）公差带的评判基准，进而达到减少定值刀具、量具的规格数量，获得最大的经济效益。国家标准 GB/T 1800.1—2009 中规定了两种基准制配合，即基孔制和基轴制。

1）基孔制配合。基本偏差为一定的孔的公差带，与不同基本偏差的轴的公差带形成各种配合的一种制度，如图 6-22 所示。在基孔制配合中选作基准的孔，称为基准孔，其特点是基本偏差为 H，下极限偏差为 0。由于轴比孔容易加工，所以应优先选用基孔制配合。

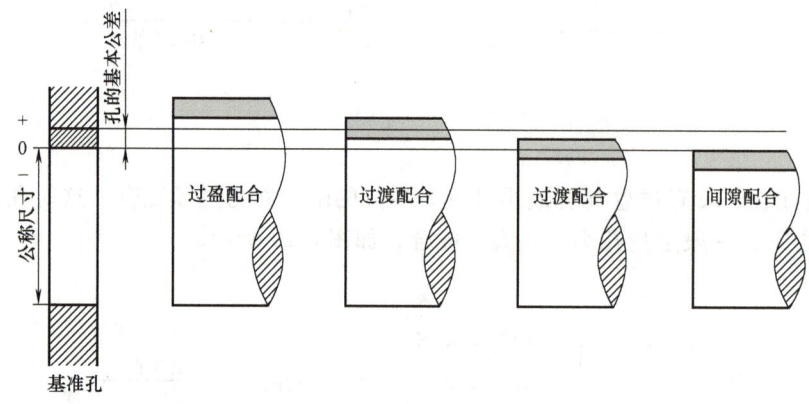

图 6-22　基孔制配合示意图

2）基轴制配合。基本偏差为一定的轴的公差带，与不同基本偏差的孔的公差带形成各种配合的一种制度，如图 6-23 所示。在基轴制配合中选作基准的轴，称为基准轴，其特点是基本偏差为 h，上极限偏差为 0。

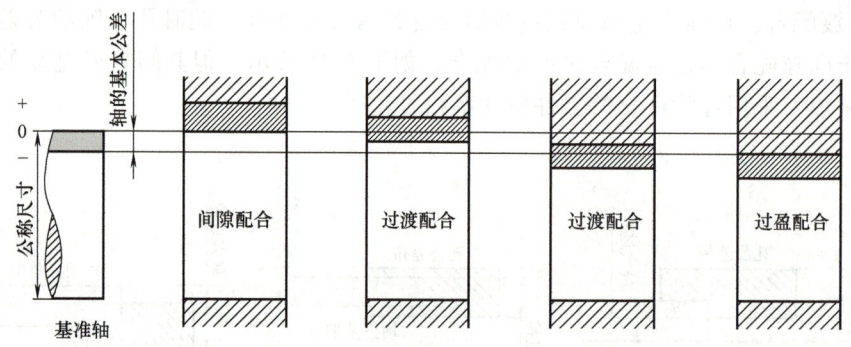

图 6-23　基轴制配合示意图

3. 公差与配合的标注方法

（1）零件图中的注法　标注时必须标注出公差带的两要素：基本偏差代号（位置要素）与公差等级数字（大小要素），标注时要使用同一字号的字体（即两个符号等高），如图 6-24 所示。

（2）装配图中的注法　配合代号标注在公称尺寸之后。配合代号用分式表示，分母表示轴的公差带代号，分子表示孔的公差带代号，如图 6-25 所示。

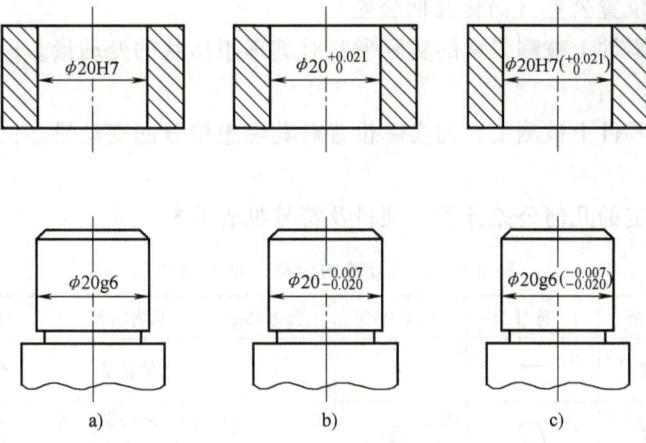

图 6-24 零件图中尺寸公差的标注方法

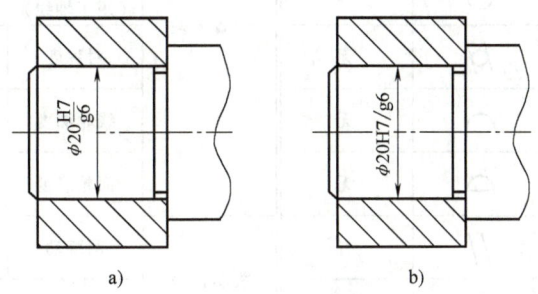

图 6-25 装配图中尺寸公差的标注方法

6.3.3 几何公差

1. 概述

在实际生产中，经过加工的零件，不仅会产生尺寸误差，同时会产生形状误差和位置误差，形状和位置公差统称为几何公差。例如，图 6-26 所示为一个理想形状的轴，而加工后的实际形状却是轴线弯了，因而产生了形状误差。又如，图 6-27 所示为一个理想形状的轴套，加工后的实际位置则是上表面倾斜了，因而产生了位置误差。

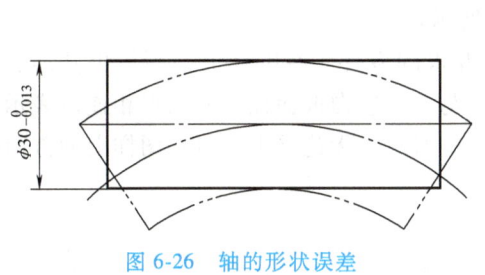

图 6-26 轴的形状误差

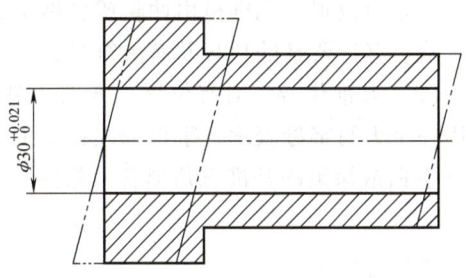

图 6-27 轴套的位置误差

如果零件存在严重的形状和位置误差，将会造成装配困难，影响机器的质量，所以，精度要求较高的零件，除给出尺寸公差之外，还应对形状和位置给出设计要求。这样才能将其误差控制在一个合理的范围之内。为此，国家标准规定了一项保证零件加工质量的技术指标——形状公差和位置公差（简称几何公差）。

形状误差是指零件上被测要素的实际形状对其理想形状的变动量。形状误差的最大允许值称为形状公差。

位置误差是指零件上被测要素的实际位置对其理想位置的变动量。位置误差的最大允许值称为位置公差。

国家标准中规定的几何公差分类、项目及符号见表 6-8。

表 6-8 几何公差的分类、项目及符号

公差类型	几何特征	符号	有无基准	公差类型	几何特征	符号	有无基准
形状公差	直线度	⏤	无	位置公差	位置度	⌖	有或无
	平面度	▱	无		同心度（用于中心点）	◎	有
	圆度	○	无		同轴度（用于轴线）	◎	有
	圆柱度	⌭	无		对称度	═	有
	线轮廓度	⌒	无		线轮廓度	⌒	有
	面轮廓度	⌓	无		面轮廓度	⌓	有
方向公差	平行度	∥	有	跳动公差	圆跳动	↗	有
	垂直度	⊥	有		全跳动	⌮	有
	倾斜度	∠	有	—	—	—	—
	线轮廓度	⌒	有	—	—	—	—
	面轮廓度	⌓	有	—	—	—	—

2. 几何公差代号及基准代号

（1）几何公差代号　几何公差代号由框格和带箭头的指引线组成。框格用细实线绘制，水平或垂直放置。此框格由两格或多格组成。框格中的内容从左到右填写几何公差符号、公差数值、基准要素的代号及有关符号，如图 6-28 所示。

（2）基准代号　对有位置、方向、跳动公差要求的零件，在图样上必须标出基准。基准用一个大写字母表示，字母标注在基准方格中，与一个空白或涂黑的三角形相连以表示基准（空白或涂黑的基准三角形含义相同），如图 6-29 所示。无论基准符号在图样上的方向如

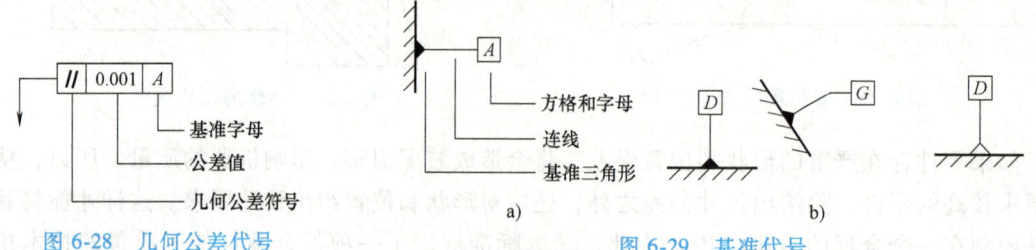

图 6-28 几何公差代号　　　　　图 6-29 基准代号

何，方格内的字母要求水平书写。

3. 几何公差的标注方法

1）在图样中，几何公差一般使用代号标注。当无法使用代号标注时，允许在技术要求中用文字说明。

2）基准要素或被测要素为轮廓线或轮廓表面时，基准符号应该靠近此基准要素，箭头应该指向相应被测要素的轮廓线或者引出线，并应该明显地与尺寸线错开。

3）当基准或被测要素是轴线、球心或中心平面等中心要素的时候，基准符号连线和框格指引线箭头应该与相应要素的尺寸线对齐。

4）同一要素有多项几何公差要求或多个被测要素有相同几何公差要求时，可按图6-30所示标注。

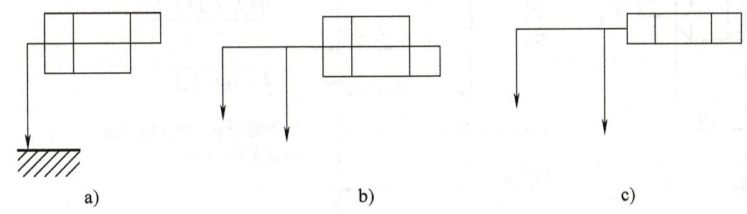

图6-30　多项要求的几何公差标注方法
a）同一要素有多项几何公差　b）、c）多个要素有同一项几何公差

5）当被测范围或基准范围仅为局部表面时，应该用尺寸和尺寸线把此段长度与其余部分区分开来。

4. 几何公差的选用

几何公差主要根据被测要素的加工的经济性和功能要求来选择。可以按照公差原则（GB/T 4249—2009）和类比应用示例，选用几何公差的项目（几何特征），公差值可以从有关标准中选择。

5. 几何公差在图样中的标注示例

几何公差的标注示例及公差带的解释，可以查阅国标GB/T 1182—2008，因教材篇幅有限，不做摘录。

如图6-31所示，图中几何公差的含义解释如下所述。

1）垂直度公差（位置公差）。即$\phi36$mm的右端面对基准A的垂直度公差是0.025mm，它的公差带是距离为0.025mm，并且垂直于基准线的两平行平面之间的区域。表明此被测面必须位于距离为0.025mm，并且垂直于基准A（基准轴线）的两平行平面之间。

2）圆柱度公差（形状公差）。即$\phi16f7$圆柱面的圆柱度公差是0.05mm，它的公差带是半径差为0.05mm的两同轴圆柱面之间的区域。表明此被测圆柱面必须位于半径差为0.05mm的两同轴圆柱面之间。

3）同轴度公差（位置公差）。即M8×1的轴线对基准A的同轴度公差是0.1mm，它的公差带是与基准A同轴且直径为0.1mm的圆柱面内的区域。表明被测圆柱面的轴线必须位于直径为$\phi0.1$mm，并且与基准A同轴的圆柱面内。

4）轴向圆跳动公差（位置公差）。即$\phi14$mm的端面对基准A的轴向圆跳动公差是0.1mm，它的公差带是与基准同轴的任一半径位置测量圆柱面上距离为0.1mm的两圆之间的区域。表明被测面围绕基准 A（基准轴线）旋转一周时，在任一测量圆柱面内轴向的跳动量不大于 0.1 mm。

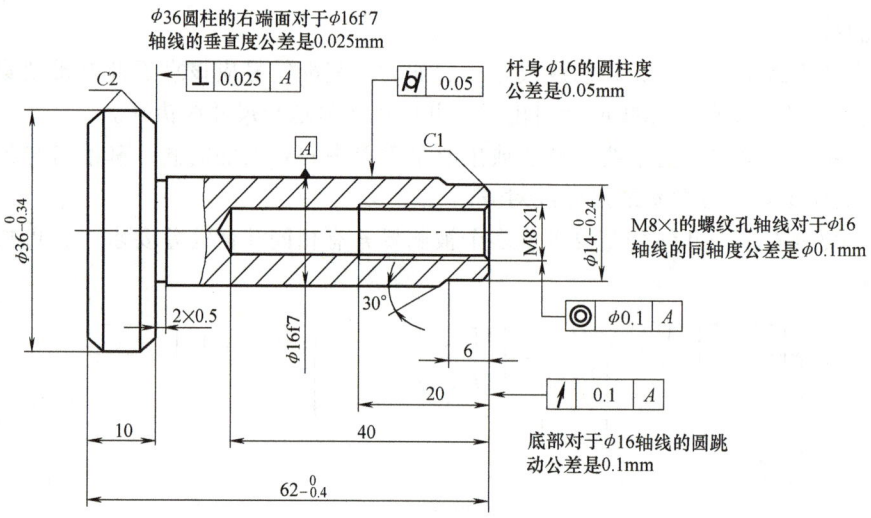

图 6-31 几何公差标注示例

6.4 零件图的识读方法与步骤

6.4.1 读零件图的基本要求

获取与零件相关的信息是读零件图的目的，通过识读零件图，可以获取零件在加工、装配过程中的所有依据。读零件图的基本要求是能够了解零件的名称、材料与用途；能够依据零件图的表达方案，了解各个零件组成部分的几何形状、相对位置及其结构特点，可以想象出零件的整体形状；能够分析得出零件的尺寸，识别尺寸基准和类别，确定零件各个组成部分的定形尺寸、定位尺寸及其工艺结构的尺寸；能够对零件图中标注的技术要求进行分析，明确制造该零件应该达到的技术指标且了解制造该零件时应该采用的加工方法。

6.4.2 阅读零件图

（1）先看标题栏，粗略了解零件 从标题栏中了解零件的名称、材料、比例、质量等，大致了解零件的类型、用途、结构特点、毛坯形式及其大小。如图 6-32 所示，从标题栏可以得知该零件为蜗轮箱体，属于箱体类零件，结构形状较为复杂，材料为铸铁，铸造毛坯，经过必要的机械加工而成。

（2）分析视图 在了解零件表达方案的基础上，运用形体分析法和线面分析法，根据视图的布局找出主视图及其他视图的位置，分析剖视图的剖切位置、数量、目的以及彼此间的联系，弄清各图样要表达的内容，进一步搞清各个细节的结构、形状并综合想象出零件的立体形象。

（3）分析尺寸 分析零件尺寸，了解零件的各个部分的大小。首先分析在长、宽、高

模块6 零件图识读和绘制能力训练

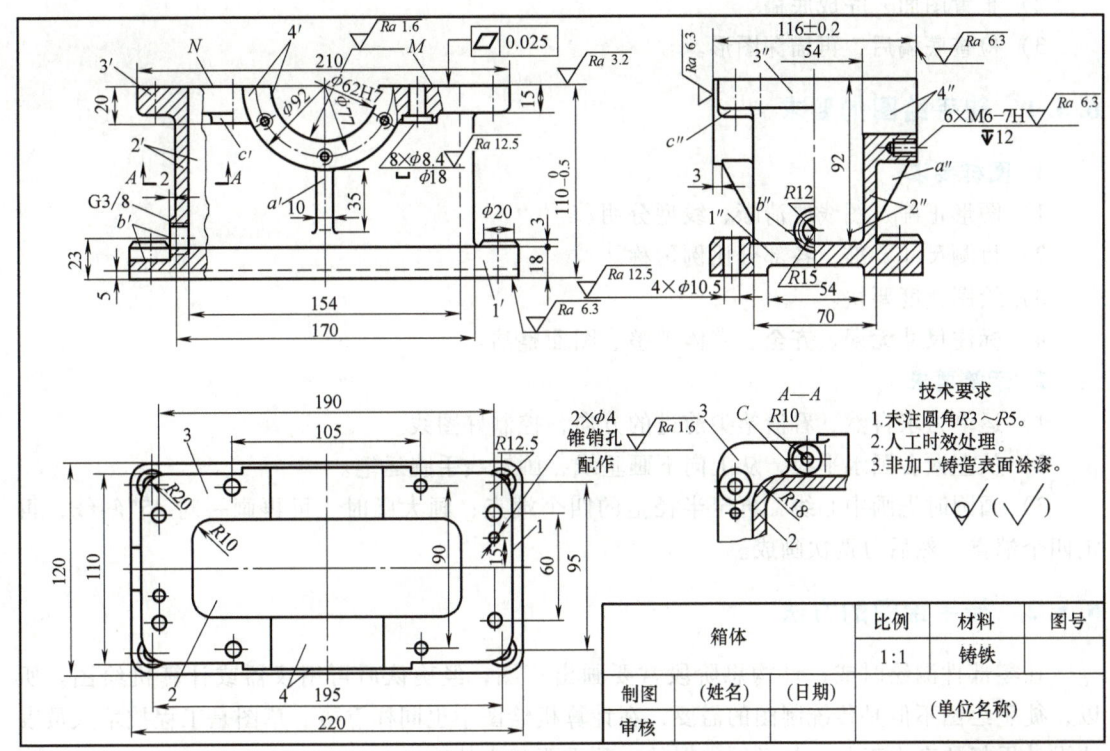

图 6-32 箱体零件图

阅读零件图的步骤

三个方向零件尺寸标注的基准，从基准出发找出各个部分的定形尺寸和定位尺寸。如图 6-32 所示，因箱体左与右、前与后方向形状对称，所以其长度方向和宽度方向的尺寸基准是左右对称轴线和前后对称轴线分别所在的平面，高度方向基准是上底面，其他尺寸可以根据基准自行分析。

（4）分析技术要求　根据零件图上标注的表面粗糙度、尺寸公差、几何公差以及其他技术要求，理解有关尺寸的加工精度、表面质量与其作用，进一步了解零件的结构特点及其设计意图，也可以据此确定零件的制造方法。

（5）全面总结、归纳　把零件的结构形状、尺寸标注以及技术要求等进行综合归纳，就能够对零件有较为全面的了解，能够全面地读懂零件图。

6.5　徒手绘制零件图

徒手绘图是指不借助绘图工具，目测估计图形与实物的比例，按一定画法要求徒手绘制的图样，这种图样也称为草图。在现场测绘、讨论设计方案、技术交流、现场参观时，通常需要绘制草图进行记录和交流。因此，工程技术人员必须具备徒手绘图的能力。由于计算机绘图的普及，草图的应用也越来越广泛。仪器绘图、计算机绘图、徒手绘图是目前主要的三种绘图手段。

徒手绘制零件图的正确步骤如下。

1）选择比例和图幅。

2）布置图面，完成底稿。

3）检查底稿后，再描深图形。

6.5.1 徒手绘图的要求

1. 图样要求

1）图形正确、图线要清晰、线型分明。

2）目测尺寸要准，各部分比例匀称。

3）绘图速度要快。

4）标注尺寸无误、齐全、字体工整、图面整洁。

2. 运笔要求

1）运笔力求自然，看清笔尖前进的方向，控制好图线。

2）从左向右画水平线，从上向下画垂线，画短线手腕运笔。

3）画圆时先画中心线，再定半径上的四个端点；画大圆时，可再画一对45°斜线，再定四个端点，然后分两次画成。

6.5.2 徒手绘图的方法

在零部件测绘时或设计构思阶段常要画出草图，经确认后再用仪器或计算机绘图。所以，徒手绘图不但是传统制图的需要，在计算机绘图中也同样重要。草图是工程技术人员表达设计思想的有力工具，是必须掌握的一项重要基本技能。

徒手绘图所使用的铅笔，铅芯削成圆锥形，用于画中心线和尺寸线的铅芯削得细一些，用于画可见轮廓线的铅芯削得粗一些。

初学者徒手绘图一般在方格纸上进行，以便于控制图样的大小和比例，控制线条的方向，如图6-33所示。

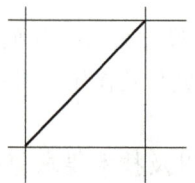 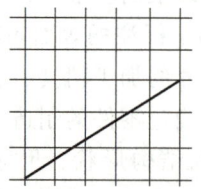 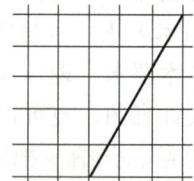

图6-33 在方格纸上画图

（1）徒手画直线 徒手画直线时，眼睛应看着线的末点，手腕放松，用力均匀，笔尖靠着纸面沿着直线方向一次画成。画线的方向应自然，切不可为了加粗线型而来回地涂画。如果感到直线的方向不够顺手，可将图纸旋转适当的角度。画短线要用手腕运笔，画长线则以手臂动作，且肘部不宜接触纸面，否则不易画直。画长线时可用目测方法在直线中间定出几个点，然后分段画出。水平线由左向右画，铅垂线由上向下画，以保证图线画得直。图6-34a、b、c所示分别为画水平线、垂直线、斜线时手臂的运笔姿势。

（2）常用角度的画法 画与水平线成30°、45°、60°的斜线时，可根据两直角边的比例关系，定出两端点，然后连接两点即为所画的角度线。如画10°、15°等角度线，可先画出30°角后再等分求得，如图6-35所示。

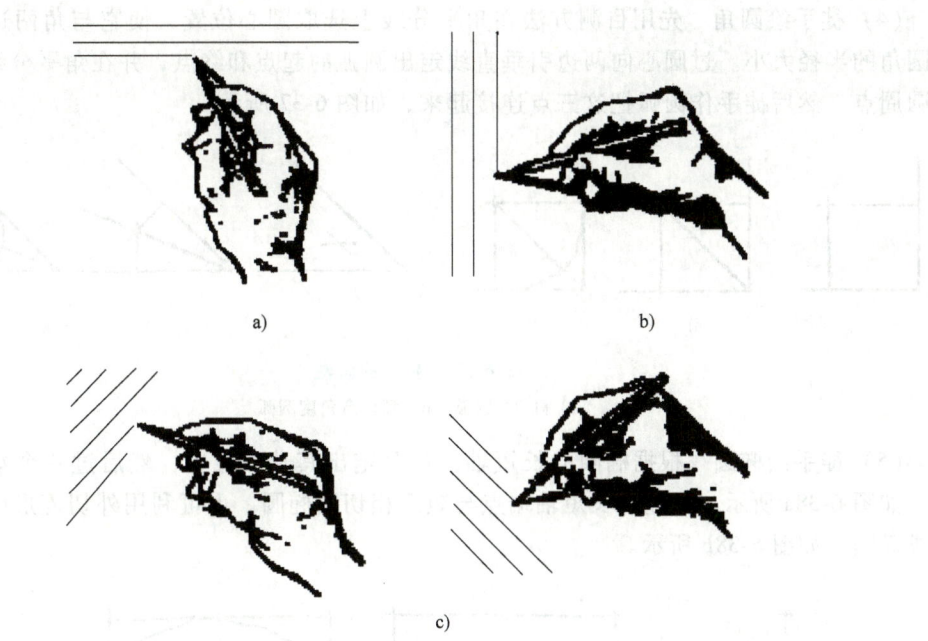

图 6-34 直线的画法
a) 移动手腕自左向右画水平线 b) 移动手腕自上向下画垂直线 c) 斜线的两种画法

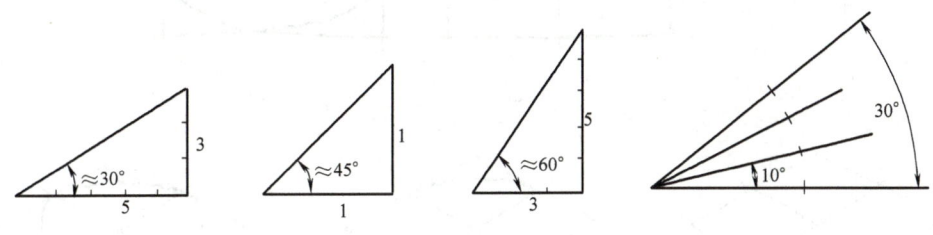

图 6-35 徒手画特殊角度

(3) 徒手绘圆和圆弧 画圆时，先徒手作两条互相垂直的中心线，定出圆心，在对称中心线上距圆心等于半径处截取 4 点，然后徒手将各点连接成圆。画直径较大的圆时，除对称中心线以外，可再过圆心画两条 45°方向的直线，同样截取 4 点，过 8 点徒手画圆，如图 6-36 所示。

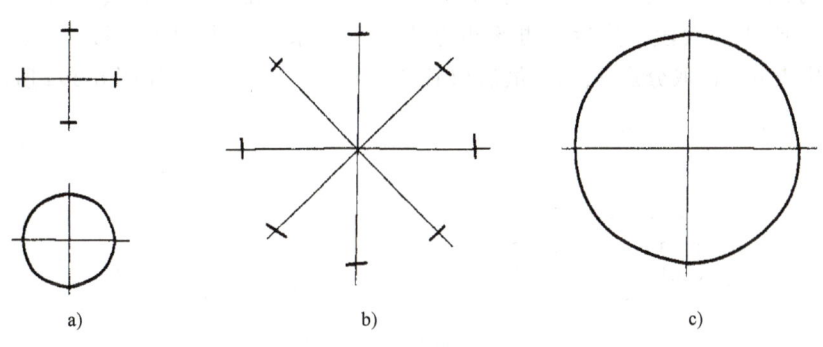

图 6-36 圆弧的画法

（4）徒手绘圆角　先用目测方法在角平分线上选取圆心位置，使它与角两边的距离等于圆角的半径大小。过圆心向两边引垂直线定出圆弧的起点和终点，并在角平分线上也定出一圆周点，然后徒手作圆弧把这三点连接起来，如图6-37所示。

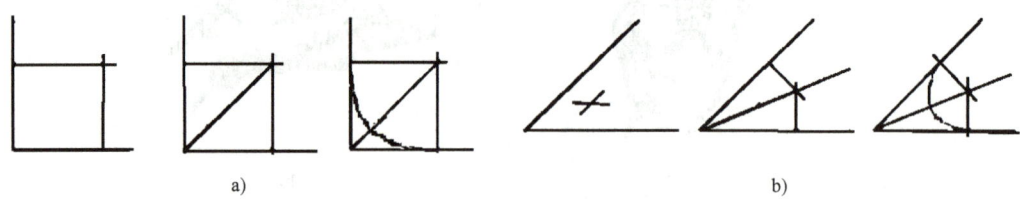

图 6-37　圆角的画法
a）画 90°圆弧　b）画任意角度圆弧

（5）徒手绘椭圆　根据椭圆的长短轴，目测定出其端点位置，然后过4个端点画一矩形，如图6-38a所示，再连接长短轴端点与矩形相切画椭圆。也可利用外切菱形画4段圆弧构成椭圆，如图6-38b所示。

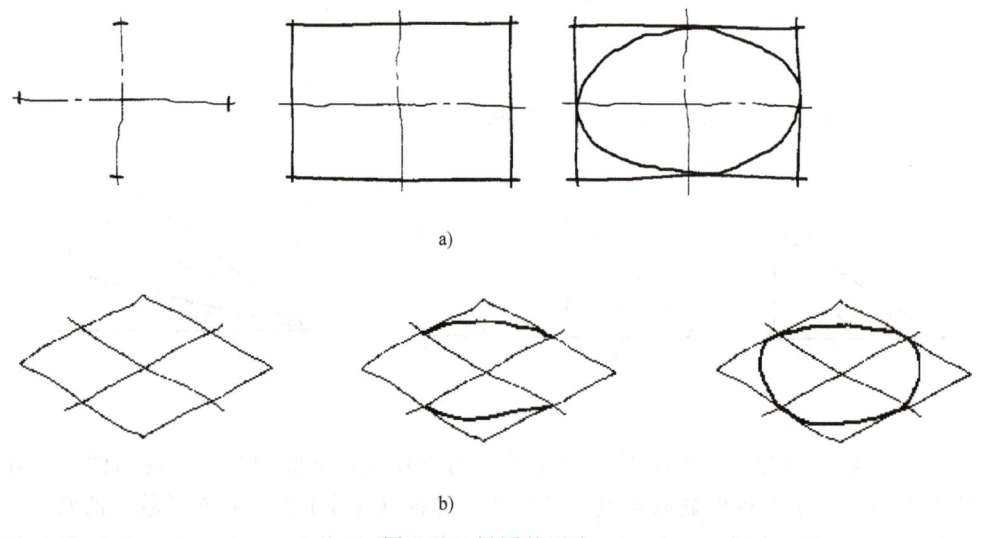

图 6-38　椭圆的画法
a）根据长短轴画椭圆　b）利用外切菱形画椭圆

（6）等分线段　等分线段时，根据等分数的不同，应凭目测先将线段分成相等或成一定比例的两（或几）大段，然后，再逐步分成符合要求的多个相等小段。如八等分线段，先目测取得中点4，再取分点2、6，最后取其余分点1、3、5、7，如图6-39a所示。又如五

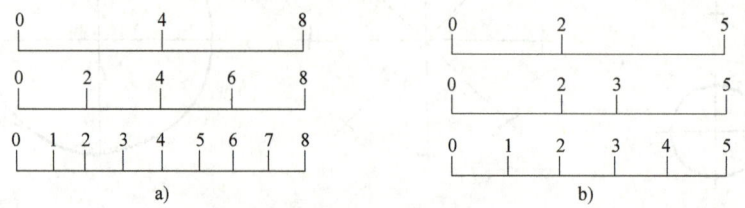

图 6-39　等分线段的画法
a）八等分　b）五等分

等分线段，先目测将线段分成 3∶2，得分点 2，再得分点 3，最后取得分点 1 和 4，如图 6-39b 所示。

（7）课堂徒手绘图

徒手绘图示例一：

初学徒手绘图，最好在方格纸上练习，待熟练后再用空白纸绘图。图 6-40 就是在一张方格纸上绘制的木模草图。

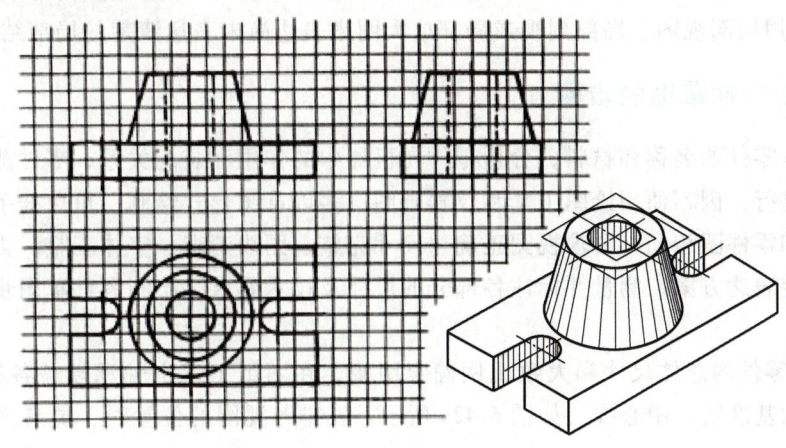

图 6-40　徒手绘图图例（一）

徒手绘图示例二：

在徒手绘图时应尽量利用方格纸上的线条和方格的角点。图形的大小比例，特别是各部分几何元素的大小和位置，应做到大致符合比例，应有意识地培养目测的能力。

如图 6-41 所示，作图步骤如下。

1）利用方格纸的线条和角点画出作图基准线、中心线及已知线段。

2）画连接线。

3）标注尺寸。

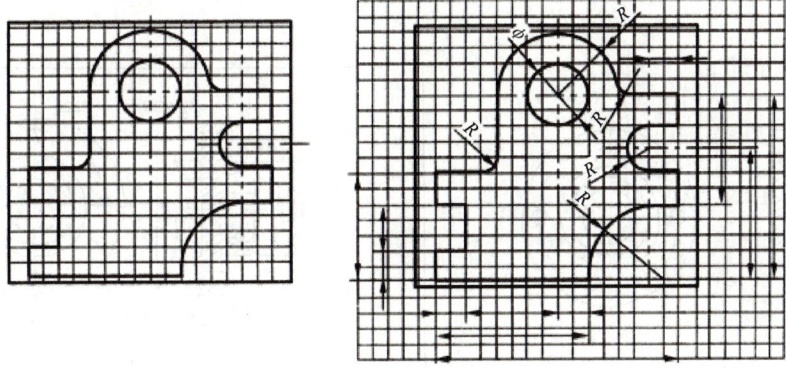

图 6-41　徒手绘图图例（二）

6.5.3　零件的视图选择

零件草图是凭目测徒手画出的图样。画图时要尽量保持零件各部分的大致比例关系；线型粗细分明，图面要整洁；字体工整，尺寸数字无误、无遗漏；遵守有关国家标准。它具有零件工作图所应包含的全部内容。其作图步骤与零件工作图的作图步骤完全相同。

1) 通常采用最能反映其形状特征及各结构间相对位置的一面作为主视图的投射方向。以安放位置或工作位置作为主视图的摆放位置。

2) 一般需要两个或两个以上的基本视图才能将其主要结构形状表达清楚。

3) 一般要根据具体零件选择合适的视图、剖视图、断面图来表达其内外结构。

4) 可采用局部视图、局部剖视或局部放大图来表达尚未表达清楚的局部结构。

6.5.4 绘制零件草图的步骤

首先了解零件的名称和材料，分析零件在机器中的作用和装配关系，零件测绘工作一般在生产现场进行，因不便用绘图工具和仪器画图，多以草图形式绘制，可以徒手完成。零件草图的内容和零件图相同，要求视图正确、尺寸完整、图线清晰、字体工整。再根据零件的结构特点确定表达方案，测量并标注各部分的尺寸及技术要求。绘制零件草图步骤如下。

案例一：

1) 根据零件的总体尺寸和大致比例确定图幅，在图纸上定出轴承端盖各视图的位置，画出各视图的基准线、中心线，如图6-42a所示。安排各视图的位置时，要考虑到各视图间

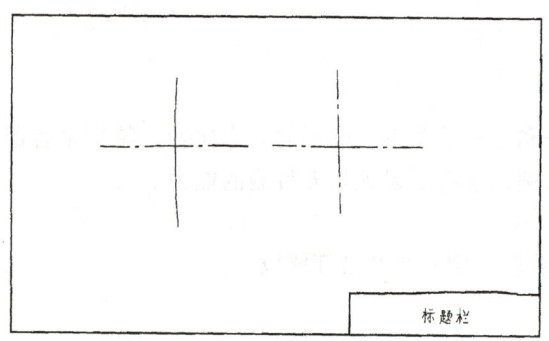

a)

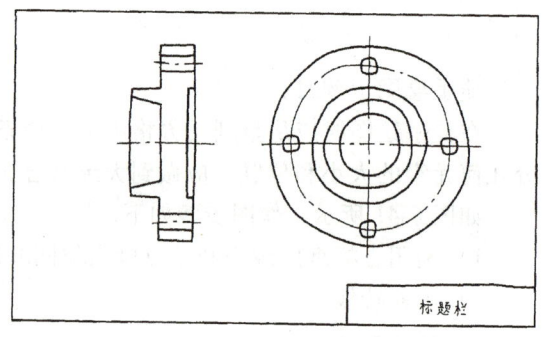

b)

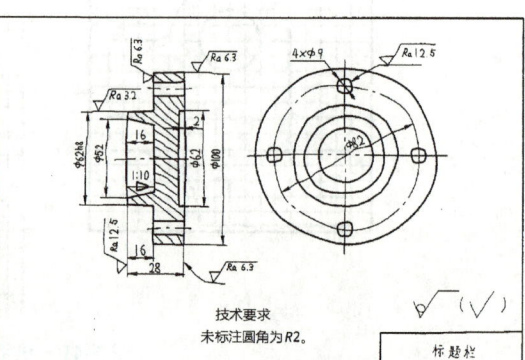

c)   d)

图6-42 轴承端盖草图的绘图步骤

应留出标注尺寸的位置及右下角放置标题栏的位置。

2) 详细地画出零件外部和内部的结构形状，以目测比例徒手画出各视图、剖视图等，如图6-42b所示。

3) 经过仔细校核无误后，描深轮廓线，画好剖面线，如图6-42c所示。

4) 标注轴承端盖的尺寸，选择基准，画出全部尺寸的尺寸线、尺寸界线及箭头。测量尺寸，填写尺寸数值。标注表面结构要求符号、几何公差，定出技术要求，填写标题栏中的相关内容，完成绘制零件草图的全部工作，如图6-42d所示。

案例二：

1) 确定绘图比例。根据零件的大小、视图数量和现有图纸的大小，确定适当的绘图比例。

2) 定布局。根据所选的比例，粗略确定各个视图应占的面积，在图纸上画出主要视图的绘图基准线和中心线。注意要为标注尺寸和画其他补充视图留出足够的地方，如图6-43所示。

3) 详细地画出零件的内外结构与形状，用细实线画底稿。检查、加深有关图线。注意各部分结构之间的比例应该协调，如图6-44所示。

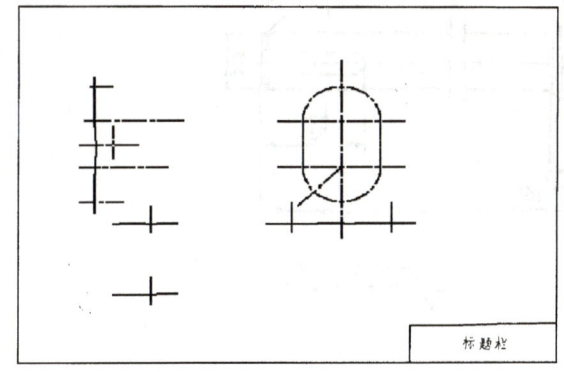

图6-43 定布局

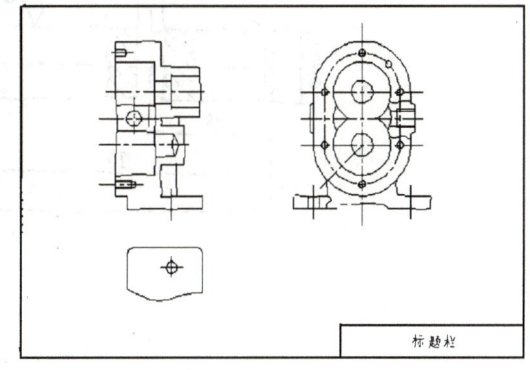

图6-44 用细实线画底稿

4) 画出尺寸界线和尺寸线。将应标注的尺寸的尺寸界线和尺寸线全部画出，如图6-45所示。

5) 集中测量、注写各尺寸，如图6-45所示。注意，最好不要画一个、量一个、标注一个。这样既费时，又容易将一些尺寸注错或遗漏。

6) 确定并注写技术要求。根据实践经验或通过用与样板进行比较，确定零件的表面粗糙度；查阅相关资料，确定零件的材料、尺寸公差、几何公差以及热处理要求等并记入图中。最后认真检查、修改全图并填写标题栏，完成草图的绘制，如图6-46所示。

测绘非标准零件时，均要绘制零件草图。零件草图应包括零件图的所有内容。图6-47所示为轴类零件草图，图6-48所示为齿轮泵的零件草图，学生可作为参考自行练习。

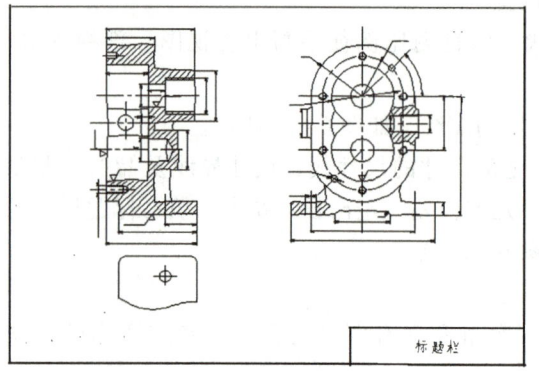 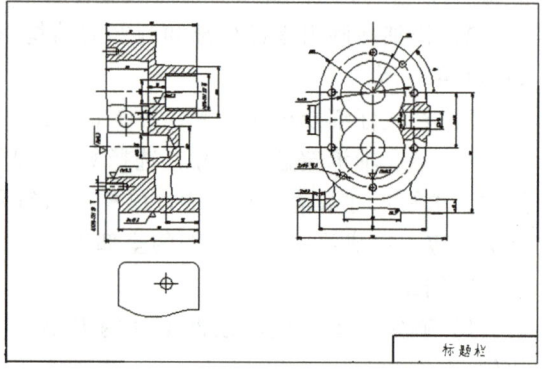

图 6-45　标出全部尺寸界线、尺寸线　　　　图 6-46　标注尺寸、完成全图

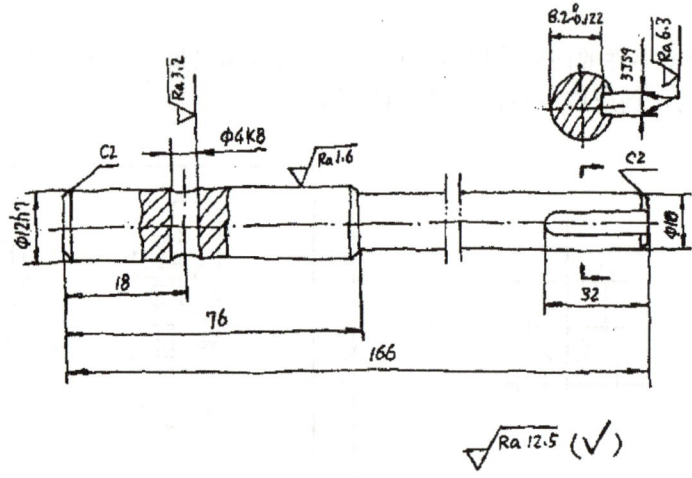

图 6-47　轴类零件草图

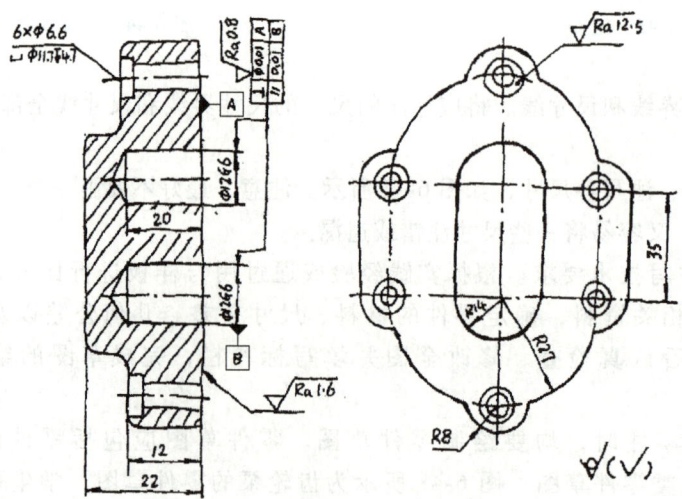

图 6-48　齿轮泵零件草图

6.5.5　绘草图时的注意事项

1）零件的制造缺陷（如砂眼、气孔、刀痕）和零件在工作中造成的磨损等，草图都不应画出。

2）零件上因制造、装配需要而形成的工艺结构，如铸造圆角、倒角等草图必须画出。

3）有配合关系的尺寸，一般只需测出它的公称尺寸，其配合性质和相应的公差值可查阅有关手册确定。没有配合关系的尺寸或不重要的尺寸，允许草图将测量所得尺寸做适当调整。

4）对螺纹、键槽、沉头孔、轮齿等标准结构的尺寸，应把测量的结果与标准值对照，采用标准的结构尺寸。

6.6　测量尺寸的工具与测量方法

6.6.1　常用测量工具

测量尺寸的常用工具有金属直尺、外卡钳、内卡钳、螺纹规和半径样板等。测量较精密的尺寸时，应使用游标卡尺或千分尺。

游标卡尺和千分尺只能用于测量加工过的表面，不允许用于测量表面粗糙的零件，以免磨损。用内、外卡钳进行测量时，需与金属直尺结合读出数值。

6.6.2　零件常用测量方法

测量尺寸是零件测绘过程中一个非常重要的环节，尺寸测量得是否准确，将会直接影响机器的装配与工作性能，所以要准确测量尺寸。

测量尺寸时，应该根据不同的尺寸精度要求选用不同的测量工具。

在零件测绘中，经常使用的测量工具、量具有金属直尺、内卡钳、外卡钳、游标卡尺、内径千分尺、外径千分尺、高度尺、螺纹规、圆弧规、量角器、曲线尺、铅丝和印泥等。

精度要求不高的尺寸，通常使用金属直尺、内卡钳、外卡钳等即可满足要求，精度要求较高的尺寸，通常使用游标卡尺、千分尺等精度较高的测量工具。对于特殊结构，通常使用特殊工具（如螺纹规、圆弧规、曲线尺）来测量。

下面介绍几种常见的测量方法。

1）用游标卡尺测量直径或深度，如图6-49a所示。

2）用金属直尺直接测量，或用内、外卡钳测量壁厚，如图6-49b所示。

3）用内、外卡钳和金属直尺配合测量，如图6-50a所示。

4）用金属直尺和直角尺直接测量，如图6-50b所示。

5）内、外卡钳测量孔的中心距或用金属直尺直接测量，如图6-51a所示。

6）用外卡钳与金属直尺配合直接测量孔中心高，如图6-51b所示。

7）用螺纹样板测量螺距，如图6-52a所示。

8）用半径样板测量圆角，在半径样板中找出与被测部分完全吻合的一片，从片上的数值可知圆角半径的大小，如图6-52b所示。

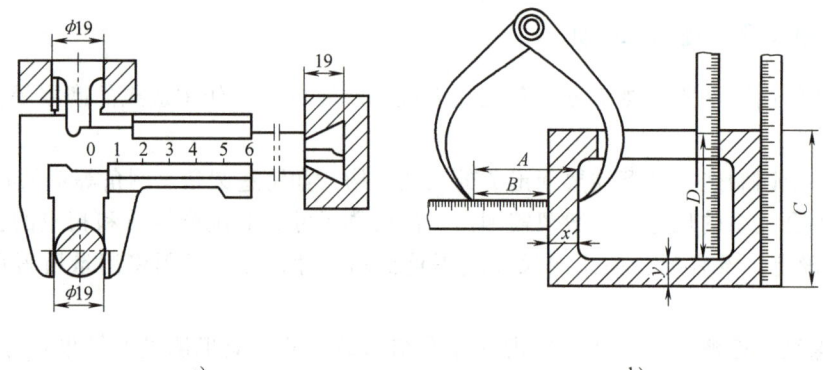

图 6-49　常用的测量工具和测量方法（一）

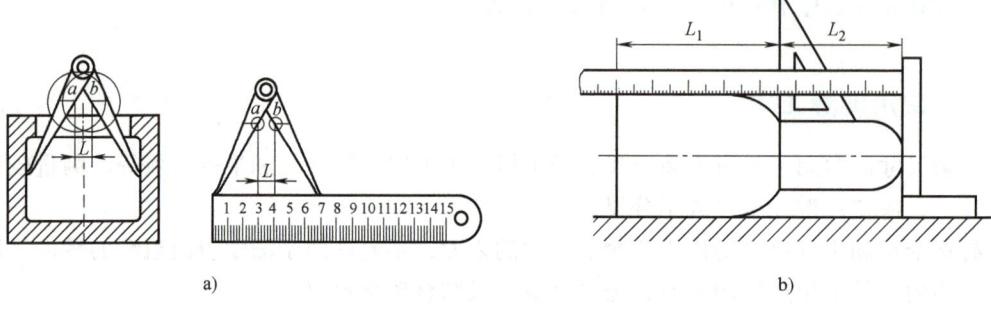

图 6-50　常用的测量工具和测量方法（二）

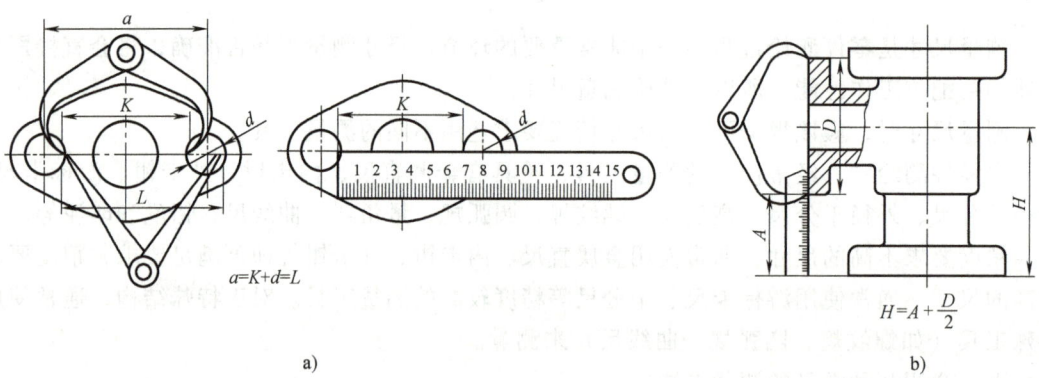

图 6-51　常用的测量工具和测量方法（三）

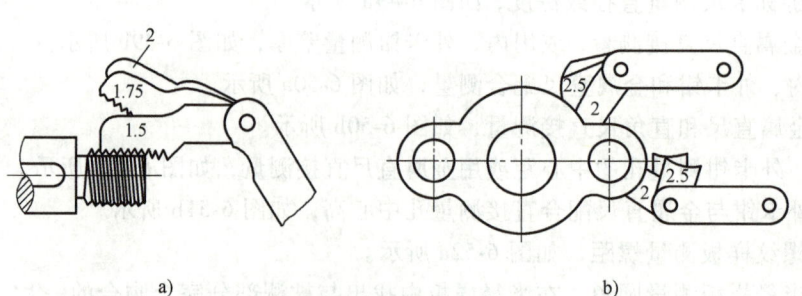

图 6-52　常用的测量工具和测量方法（四）

9）较精确的直径尺寸，多用千分尺测量，如图 6-53 所示。

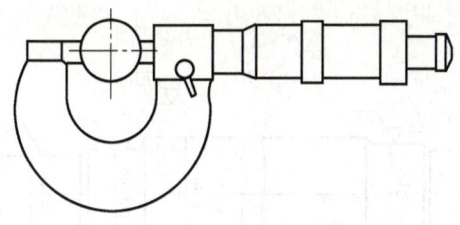

图 6-53　常用的测量工具和测量方法（五）

10）测量角度可以用游标量角器测量，如图 6-54 所示。

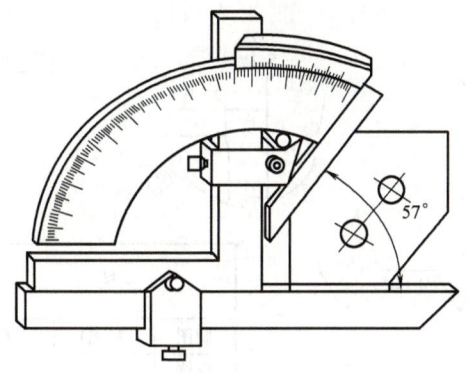

图 6-54　常用的测量工具和测量方法（六）

6.6.3　测量时的注意事项

1）测量尺寸时，为减少测量误差，应该正确选择测量基准。零件上磨损部位的尺寸，应该参考其配合零件的相关尺寸，或参考相关技术资料予以确定。

2）零件间相配合的结构的公称尺寸必须保持一致，并应进行精确测量，查阅有关手册，给出适当的尺寸偏差。

3）零件上的非配合尺寸，若测得为小数，则应圆整为整数后标出。

4）零件上的截交线与相贯线，不能机械地照着实物绘制。因为它们经常会因为制造上的缺陷而被歪曲。画图时，首先要分析它们是怎样形成的，然后利用学过的相应方法画出。

5）要重视零件上的细小结构，如倒角、圆角、凹坑、凸台、退刀槽以及中心孔等。如果是标准结构，在测得尺寸后，应该参照相应的标准查出其标准值，标注在图样上。

6）对于铸造缩孔、砂眼、加工的疵点、磨损等零件上的缺陷，不要在图样上画出。

【拓展任务】

1. 根据本模块所学内容，识读图 6-55 所示图形，从零件图中可以获得零件的哪些信息？

2. 测绘实训室任一零件，并绘制相应的机械工程图。

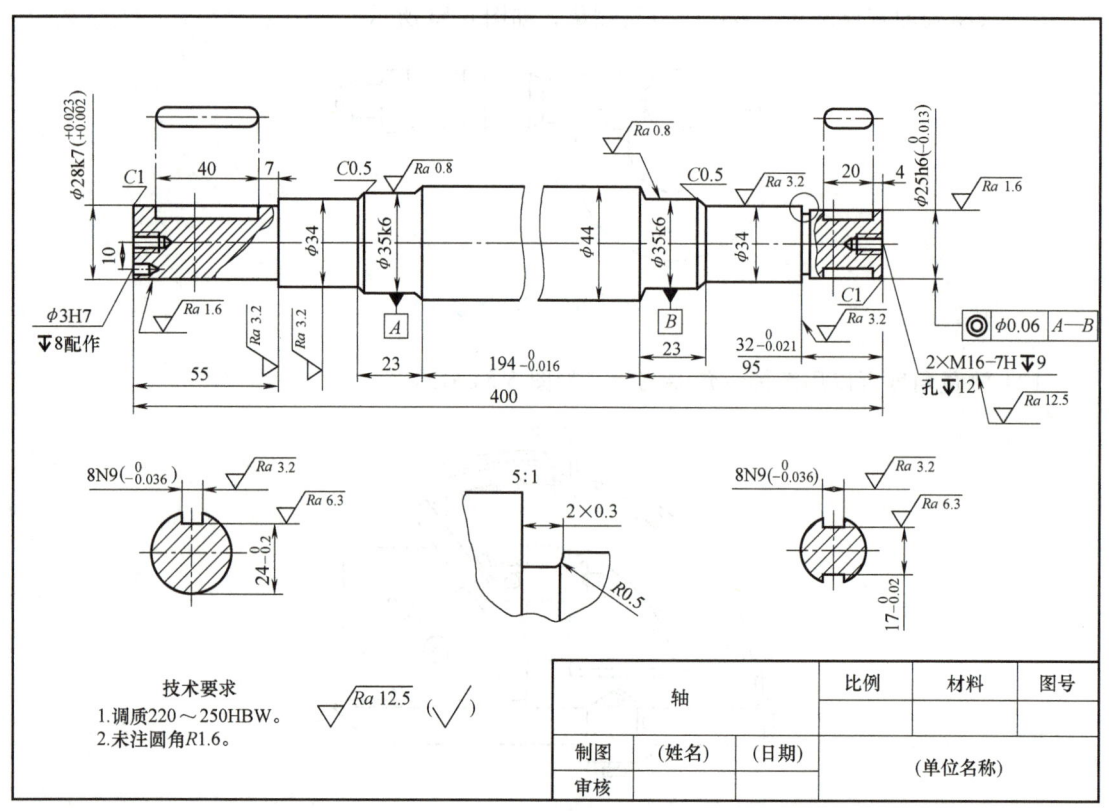

图 6-55　轴

模块 7

装配图识读和绘制能力训练

【课前阅读】

榫卯结构

从榫卯结构学装配图

古代木构建筑通常由成千上万个木构件组合而成。除椽子和望板外，这些木构件几乎全部都是通过榫卯结合在一起的。榫卯结构是中国古代建筑的一个主要特点，其功能在于将千百个独立、松散的构件紧密结合为一个符合设计要求和使用要求的整体，具有承受各种荷载的能力。榫卯结构在我国建筑及装修家具等领域应用广泛，历史悠久。据考证，早在春秋战国时期，我们的祖先就已经在木结构榫卯的应用方面达到了非常成熟的地步。到了唐宋时期，榫卯结构在建筑中的应用更加纯熟和讲究。宋代李诫所著的《营造法式》一书对榫卯技术进行了详细记载，这个时期可以说是木构榫卯技术发展的巅峰阶段。明清建筑的榫卯在构造上虽然简化了许多，但仍保留了其固有的功能。从现存实物考察，明清时期的建筑历经几百年，由于各种外力和自身荷载而被破坏的情况甚少，百年之后其功能依旧，充分显示了木构榫卯的可靠性。

木构榫卯种类繁多，形态各异。这些种类和形状的形成不仅与榫卯的功能有直接关系，还与其在木构件中所处位置、构件之间的组合角度、结合方式以及木构件的安装顺序和安装方法等因素密切相关。

沉浸于榫卯结构的奥秘中，我们仿佛穿越了时空的阻隔，领略到古人的智慧与匠心。这份古老的非物质文化遗产，不仅让我们在零件装配的实践中锻炼了技能，更点燃了我们对制图的热爱之火。面对装配图这一知识高峰，我们仿佛站在巨人的肩膀上，将所学的知识融会贯通，一步步攀登。而榫卯结构的引入，就像一座明亮的灯塔，照亮了我们前进的道路。

榫卯之美，美在它的精湛工艺，美在它的坚韧耐用。在古典建筑和明清家具中，榫卯结构的独特魅力展现得淋漓尽致。那些经过岁月洗礼的榫卯，虽然静默无声，却诉说着古人的匠心独运和精益求精的精神。通过观察和学习榫卯结构，我们不仅培养了专注细致的工匠精神，更在思考中发现了现代机械设备装配的精髓，增强了学习报国的决心。

榫卯，是中华民族智慧的结晶。通过深入学习和了解榫卯结构，我们感受到中国传统文化的博大精深和古人的无穷智慧。每一次探索都让我们为之震撼，每一次实践都让我们为之动容。这不仅激发了我们的爱国情怀，更增强了我们的文化自信。让我们一起沉浸在榫卯的世界中，感受古人的智慧与匠心，为中国的文化传承而努力！

【学习重点】

装配图的规定画法。

【学习难点】

装配图的规定画法和尺寸标注。

【思维导图】

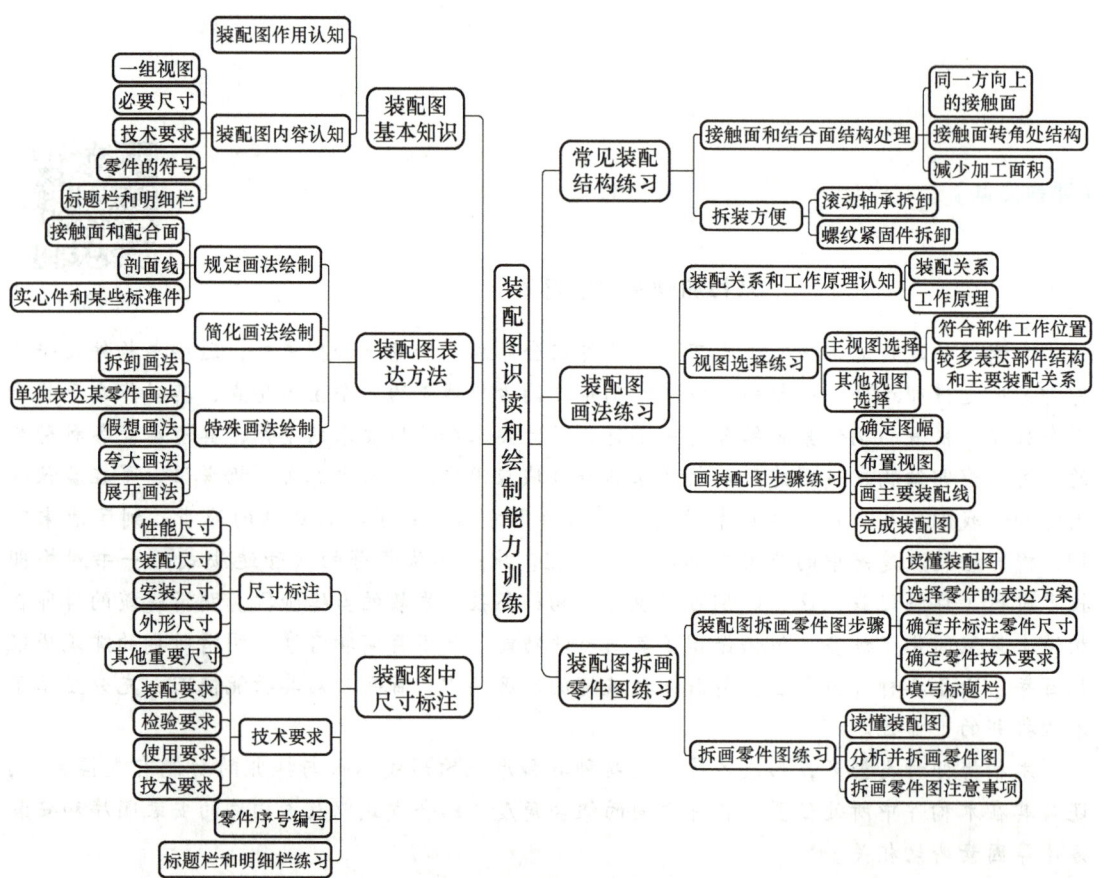

7.1 装配图的基础知识

表示部件或设备的工作原理、结构形状和装配关系的图样称为装配图。通常把表达整个产品的图样称为总装配图，而把表达其组成部分的部件图样称为部件的装配图。

7.1.1 装配图的作用

一台机器或一个部件，是由若干零件按一定的装配关系和技术要求装配而成的。在产品设计中，一般先根据产品的工作原理图画出装配草图。由装配草图整理成装配图，然后再根据装配图进行零件设计并画出零件图。在产品制造中，装配图是制订装配工艺规程，进行装配和检验的技术依据；是了解产品结构、分析工作原理、使用功能、掌握使用方法的技术资料；也是制订工艺规程，进行产品装配、检验、安装和维修的主要依据。滑动轴承的装配图如图 7-1 所示。装配图的作用有以下几个方面。

1）产品在设计时，首先要根据设计要求画出装配图，用以表达设备或部件的结构和工作原理。

2）产品在生产过程中，要根据装配图把制成的零件装配成部件或设备。

3）技术人员要根据装配图，了解设备的性能、结构、传动路线、工作原理、维护、调整和使用方法。

4）装配图可反映设计者的技术水平，也是进行技术交流的重要文件。

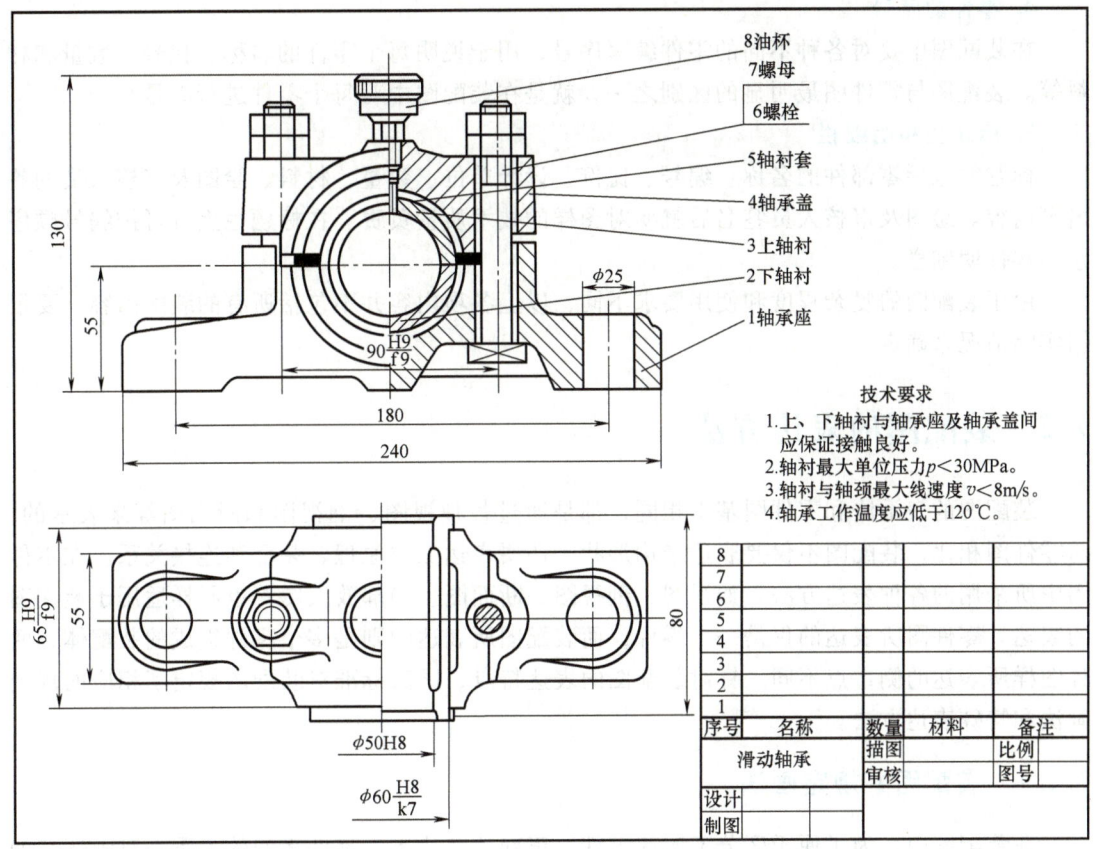

图 7-1 滑动轴承的装配图

7.1.2 装配图的内容

图 7-1 所示为滑动轴承的装配图，在装配图中必须清晰、准确地表达滑动轴承的工作原理、各组成零件之间的相对位置、装配和连接关系、主要零件的结构形状以及有关的尺寸、技术要求等。由图 7-1 可以看出，一张完整的装配图必须具有下列内容。

1. 一组视图

用视图、剖视图、断面图及特殊表达方法等组成的一组图形，能完整、清晰、准确地表达出机器的工作原理、各组成零件的相对位置、装配关系、连接方式和主要零件的形状结构等。

图 7-1 中采用了基本视图，由于结构基本对称，所以视图均采用了半剖视，这就比较清

楚地表示了轴承盖，轴承座和上、下轴衬的装配关系。

2. 必要尺寸

标注出反映机器或部件的装配体的规格、性能，零件间的相对位置，装配、检验和安装时所必需的一些尺寸。

3. 技术要求

用符号、文字等说明对机器或部件的工作性能、质量规范、装配、检验、调试、安装时应达到的技术指标，以及试验和使用等方面的有关条件要求和注意事项等。装配后要进行接触面涂色检查。

4. 零件的序号

在装配图中要对各种不同的零件编写序号，用于说明每个零件的名称、代号、数量和材料等。装配图与零件图最明显的区别之一，就是在装配图中对每个零件进行编号。

5. 标题栏和明细栏

标题栏包括零部件的名称、编号、比例、设计单位、数量、材料、绘图及审核人员的签名等内容。绘图及审核人员签名后就要对图样的技术质量负责。在标题栏上方可按编号顺序绘制零件明细栏。

由于装配图的复杂程度和使用要求不同，以上各项内容并不包括所有的装配内容，要根据实际情况来确定。

7.2 装配图的表达方法

装配图的表示法和零件图基本相同，都是通过各种视图、剖视图和断面图等来表示的，与零件图相比，装配图不仅要表达结构形状，还要表达工作原理、装配和连接关系。在零件图中所采用的各种表达方法，如视图、剖视图、断面图、局部放大图等也同样适用于装配图的表达。零件图所表达的仅是一个零件，而装配图所表达的则是多个零件组成的装配体，两种图样所表达的侧重点不同。针对装配图的表达特点，国家标准对装配图规定了相应的规定画法和特殊表达方法。

7.2.1 装配图的规定画法

在装配图中，为了便于区分不同的零件，正确地表达出各零件之间的关系，对画法有如下规定。

1. 接触面和配合面的画法

相邻两零件公称尺寸相同的两配合表面规定只画一条共有的轮廓线，如图7-2中的①所示；相邻两零件的不接触表面和公称尺寸不同的非配合表面应分别画出两条各自的轮廓线，即使间隙很小，也必须画出间隙，如图7-2中的②所示。

2. 剖面线的画法

相邻两个或多个零件的剖面线应有区别，或者方向相反，或者方向一致但间隔不等，如图7-2中的③所示。在装配图中，所有剖视图、断面图中同一零件的剖面线方向和间隔必须一致。这样有利于找出同一零件的各个视图，想象其形状和装配关系，当零件的断面厚度在图中等于或小于2mm时，允许将剖面涂黑以代替剖面线，如图7-2中的⑧所指的垫片。

3. 实心件和某些标准件的画法

在装配图的剖视图中，对紧固件以及螺栓、螺母、销、键等实心零件，若剖切平面通过其轴线或对称平面时，则这些零件均按不剖绘制，如图7-2中的⑤所示。但当剖切平面垂直于其轴线剖切时，则必须画出剖面线，如图7-1中螺栓的画法。如需表达零件的凹槽、键槽、销孔等构造，可采用局部剖视图。

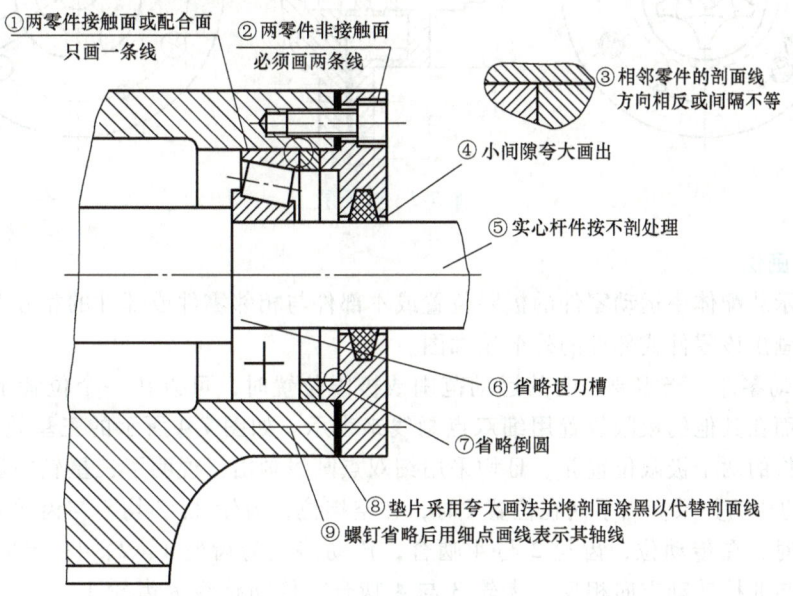

图 7-2　装配图的规定画法和简化画法

7.2.2　装配图的简化画法

1）对于装配图中若干相同的组件，如螺栓连接等，可详细地画出一组，其余只需用细点画线表示其位置即可，如图7-2中的⑨所示。

2）在装配图中，对于零件上的一些工艺结构，如小圆角、倒圆、倒角、退刀槽和砂轮越程槽等可以不画出来，如图7-2中⑥、⑦所示。

3）在装配图中，对薄的垫片等不易画出的零件可将其涂黑，如图7-2中的⑧所示。

7.2.3　装配图的特殊表达方法

1. 拆卸画法

在装配图的视图中，如果某些零件在其他视图上已经表达清楚，或某些零件的图形遮住了其后面需要表达的零件，或在某一视图上不需要画出某些零件时，可拆去某些零件后再画；也可选择沿零件接合面进行剖切的画法。如图7-1所示的滑动轴承装配图中的俯视图，这种画法称为拆卸画法。

2. 单独表达某零件的画法

在装配图中，当所选择的视图，零件的形状、结构已大部分表达清楚，但仍有少数零件的某些方面还未表达清楚时，可另外单独画出该零件的某一视图，并在零件视图的上方注出该零件的名称或编号，其标注方法与局部视图类似，如图7-3所示的转子泵中泵盖的"B"向视图。

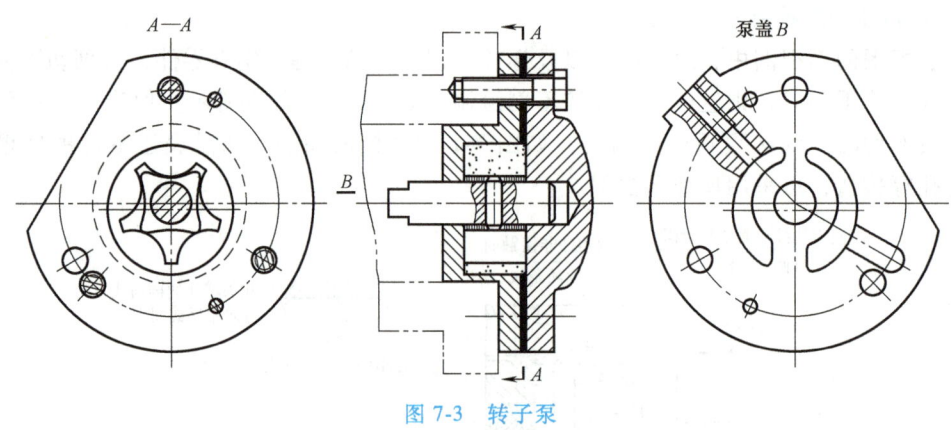

图 7-3 转子泵

3. 假想画法

为了表示装配体中运动零件的极限位置或本部件与相邻零件或部件的相互关系时,可用细双点画线画出该零件或部件的外形轮廓图。

(1) 运动零件 当需要表明其运动范围或极限位置时,可以在一个位置上用粗实线画出该零件,而在其他的极限位置用细双点画线来表示。如图 7-4 所示的三星轮交换齿轮架,图中手柄工作的两个极限位置Ⅱ、Ⅲ均采用细双点画线画出,说明了三星轮中齿轮 2 及齿轮 3 与齿轮 4 的传动关系。当手柄在位置Ⅰ时,在空档位,齿轮 2、3 均不与齿轮 4 啮合;当它处于位置Ⅱ时,在传动位,齿轮 2 与 4 啮合,传动路线为齿轮 1、2、4;当它处于位置Ⅲ时,齿轮 4 与Ⅱ档转动方向相反,齿轮 3 与 4 啮合,传动路线为齿轮 1、2、3、4。由此可见,手柄所处的位置不同,齿轮 4 的转向和转速也不相同。

(2) 相邻部件 为了表明本部件与相邻部件或零件的装配关系,对不属于本装配体的零件或部件,采用细双点画线画出该零件的轮廓线。如图 7-4 所示,左视图用细双点画线来

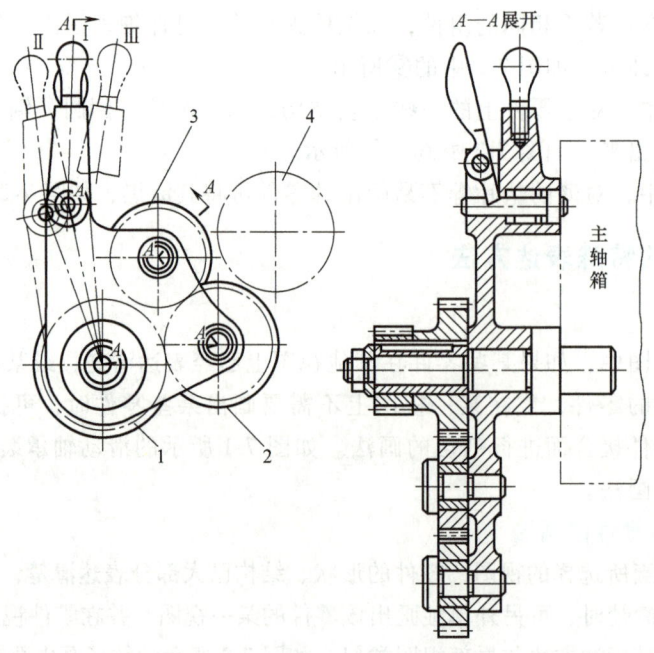

图 7-4 装配图的特殊表达方法

表示交换齿轮架的相邻零件——主轴箱。

4. 夸大画法

对于尺寸很小的零件或结构，如较小间隙、薄垫片、细丝弹簧等，若按它们的尺寸画图难以明显表示时，可不按比例，采用夸大画法。薄垫圈的厚度、小间隙等可适当夸大画出，如图7-5所示。

5. 展开画法

为了展示传动机构的传动路线和装配关系，通常假想用剖切平面按传动顺序沿轴线剖切，然后依次展开，将剖切平面均旋转到与选定的投影面平行的位置，然后再画出其剖视图，这种方法称为展开画法，如图7-4所示三星轮交换齿轮架传动机构的 A—A 展开图。

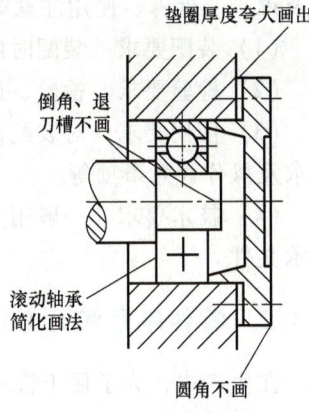

图 7-5 薄垫圈的夸大画法

7.3 装配图中的尺寸标注

7.3.1 装配图的尺寸标注与技术要求

1. 装配图的尺寸标注

装配图的作用与零件图不同，尺寸的标注要求也不同于零件图，不需要注出每个零件的全部尺寸，一般只需标注性能尺寸、装配尺寸、安装尺寸、外形尺寸和其他重要尺寸。

（1）性能尺寸　性能尺寸也称为规格尺寸，它们是表示机器或部件的性能、规格的有关尺寸。这些尺寸在设计时就已确定，如液压缸的活塞直径、活塞的行程、各种阀门连接管路的直径等。如图7-1所示的 $\phi50H8$ 就是规格尺寸，是滑动轴承的性能尺寸。

（2）装配尺寸　装配尺寸是表示装配体中各零件之间的相互配合关系和相对位置的尺寸。这些尺寸是保证装配体装配性能和质量的尺寸，包括配合尺寸和相对位置尺寸。图7-1中的装配尺寸有 90 H9/f9、$\phi60H8/k7$、65H9/f9 和中心高 55。

（3）安装尺寸　安装尺寸是将部件安装到其他零部件或基础上或工作位置所需的尺寸。图7-1中的安装尺寸有底座长240、底座宽55、安装螺栓孔中心距180、螺栓孔 $\phi25$。

（4）外形尺寸　外形尺寸是机器或部件的总长、总宽和总高尺寸，它们反映了机器或部件的体积大小，是机器或部件在包装、运输、安装和厂房设计时所需要的尺寸。图7-1中的外形尺寸有 240、80、130。

（5）其他重要尺寸　除以上四类尺寸外，在装配或使用中必须说明的尺寸，如主体零件的重要尺寸、中心距、运动件的极限位置尺寸、安装零件要有足够操作空间的尺寸等，如图7-1中滑动轴承的中心高55。

需要说明的是，以上五类尺寸之间并不是孤立的，同一尺寸可能有几种含义。有时一张装配图并不完全具备上述五类尺寸，因此对装配图中的尺寸需要具体分析，然后进行标注。对装配图没有意义的结构尺寸可以不注出来。

2. 装配图的技术要求

装配图的技术要求是指装配时的调整及加工说明，试验和检验的有关数据，技术性能指标及维护、保养、使用注意等事项的说明。主要有如下几个方面：

（1）装配要求　装配时的注意事项和装配后应达到的指标，如装配方法、装配精度等。

（2）检验要求　检验、试验的方法、条件及应达到的指标。

（3）使用要求　对装配体在使用、保养、维修时提出的要求，例如限温、限速、绝缘要求及操作注意事项等。

（4）技术要求　一般用文字写在明细栏上方或图样下方空白处，内容太多时可以另编技术文件。

7.3.2　零件序号编写方法

在生产中，为了便于管理图样和读装配图，对装配图上的每种零件都要进行编号，这种编号称为零件序号，同时要编制相应的明细栏。零、部件图的序号要和明细栏中的序号一致，不能产生差错。

1）装配图中所有的零件都必须编注序号。装配图中的序号由点、指引线、横线（或圆圈）和序号数字四部分组成。横线用细实线画出。指引线之间不允许相交，可允许弯折一次，当指引线通过剖面线区域时应与剖面线斜交，要避免与剖面线平行。序号的数字要比该装配图中所注尺寸数字高度大一号或大两号。零件序号编写形式如图7-6所示，同一装配图中编注序号的形式应一致。对于涂黑的剖面，可用箭头指向其轮廓线。

2）每个不同的零件编写一个序号，规格完全相同的零件只编一个序号。指引线末端不便画出圆点时，可在指引线末端画出箭头，箭头指向该零件的轮廓线，如图7-6所示。

3）零件的序号应沿水平或垂直方向，按顺时针方向或逆时针方向排列，并尽量使序号间隔相等，如图7-1所示。

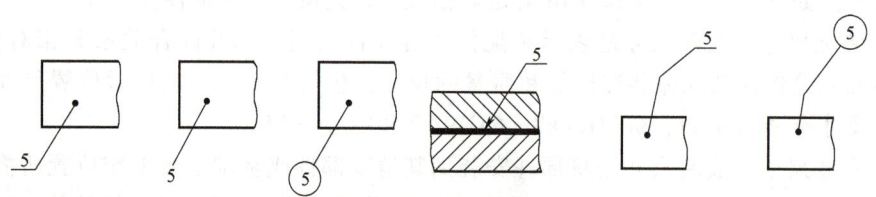

图7-6　零件序号编写形式

4）组件序号。装配图中的标准化组件，可采用公共指引线，零件的序号应沿水平或垂直方向按顺时针或逆时针方向排列，并尽量使序号间隔相等，如图7-7所示。

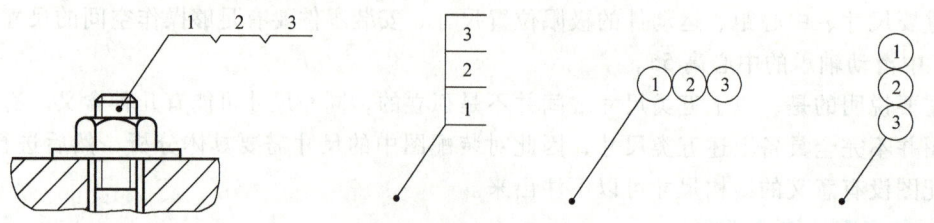

图7-7　零件组件序号

7.3.3 标题栏及明细栏

装配图中的标题栏与零件图中的标题栏基本一致，只是填写的内容上稍有区别。标题栏和明细栏应符合国家标准 GB/T 10609.1—2008 和 GB/T 10609.2—2009 的规定，如图 7-8 所示。标题栏画在装配图右下角，明细栏画在标题栏的上方，明细栏内分格线为细实线，外框线为粗实线，最上面的边框线规定使用细实线，栏中的编号与装配图中的零部件序号必须一致。绘制和填写标题栏、明细栏时应注意以下问题。

1）明细栏和标题栏的分界线用粗实线，明细栏的外框竖线和内部竖线及表头横线用粗实线，明细栏的其余横线均用细实线，也包括最上边一条横线。

2）零件序号栏应自下而上填写，以便增加零件时，可以继续向上画格。如位置不够时，可将明细栏按顺序画在标题栏的左边自下而上延续。

3）名称栏要写每种零件的名称，若为标准件应注出规定标记中除标准号以外的其余内容，如螺栓 M8×16。对齿轮、弹簧等具有重要参数的零件，尽量标出参数。

4）数量栏填写该零件在装配体中的数量。

5）材料栏填写制造该零件所用的材料标记，比如 HT150。

6）备注栏可填写必要的附加说明或其他有关的重要内容，例如齿轮的齿数、模数等。对标准件，还应注出国家标准代号。

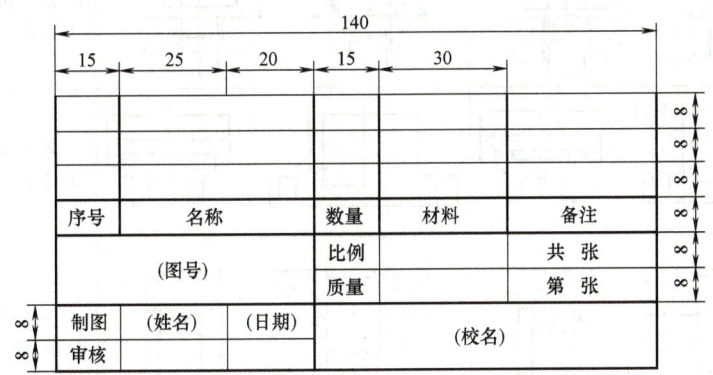

图 7-8 装配图标题栏与明细栏格式

7.4 常见的装配结构

零件应根据设计要求确定其结构，加工和装配结构的合理性，以保证机器和部件的使用性能，使连接可靠、装拆方便。还应考虑装配体上一些有关装配的工艺结构和常见装置，可使图样画得更合理，以满足装配要求。

1. 接触面与配合面结构的处理

（1）同一方向上的接触面 为了避免装配时表面互相发生干涉，两零件在同一方向上只应有一个接触面，如图 7-9 所示。接触面与配合面结构的合理性见表 7-1。

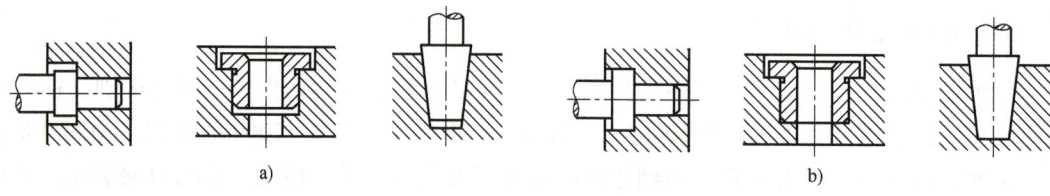

图 7-9 两零件接触面的结构
a) 正确　　b) 不正确

表 7-1 接触面与配合面结构的合理性

	合　理	不　合　理	说　明
接触面的结构			两零件同一方向上只能有一对接触面,以免干涉
			接触面转角处应有倒角或倒圆或凹槽,以利贴合
			做出沉孔或凸台,局部加工确保接触良好
			减少接触面积,既降低加工成本又改善接触状况
方便装卸的结构			不通孔变通孔、孔肩适当缩小,便于加工或拆卸
			内部螺柱头无法夹住时用双头螺柱才能上紧;须留出扳手活动空间

（2）接触面转角处的结构　两个配合零件在转角处不能设计成相同的圆角,否则既影响接触面之间的良好接触,又不易加工。轴肩面和孔端面相接触时,要在孔边倒角或在轴的根部切槽,确保证轴肩与孔的端面接触良好,如图 7-10 所示。

（3）减少加工面积　为使螺栓、螺钉、垫圈等紧固件与被连接表面之间有良好的接触面,需减少加工面积,把被连接表面加工成凸台或沉孔,如图 7-11 所示。

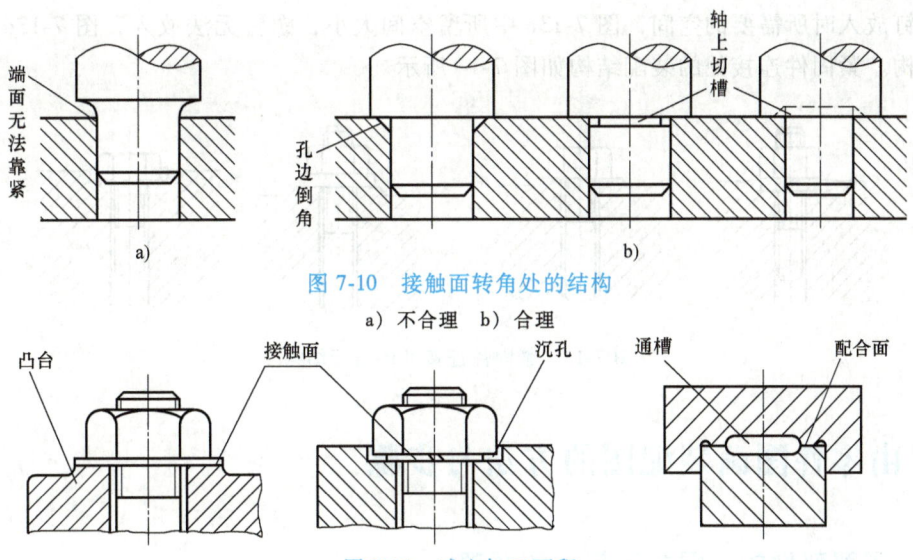

图 7-10 接触面转角处的结构
a) 不合理 b) 合理

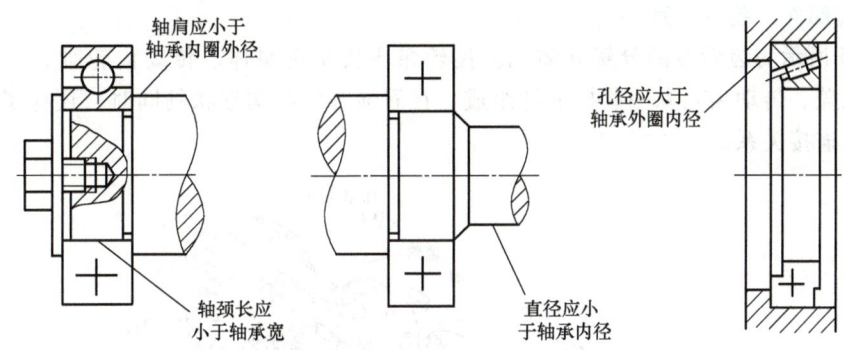

图 7-11 减少加工面积

2. 考虑装拆方便

（1）滚动轴承的拆卸 为便于拆卸滚动轴承，对轴肩及孔径的尺寸要合理设计，轴肩应小于轴承内圈外径，如图 7-12 所示。

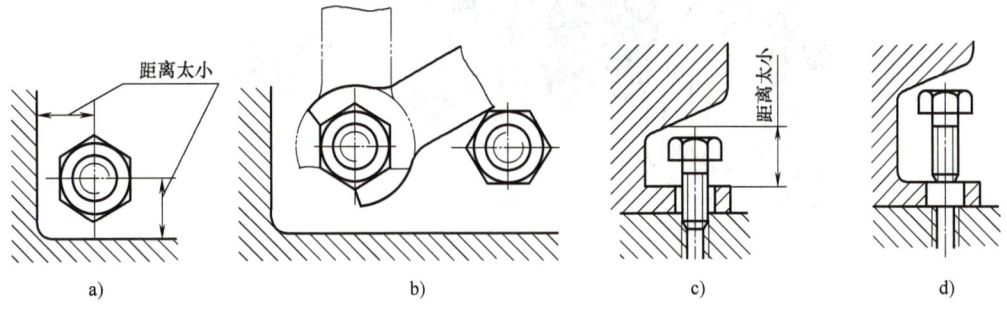

图 7-12 滚动轴承应便于拆卸

（2）螺纹紧固件的拆卸 在确定螺栓等紧固件的位置时，要考虑到扳手的活动空间。如图 7-13 所示，图 7-13a 中所留空间太小，扳手无法使用，图 7-13b 才是正确的结构；还应

图 7-13 考虑螺纹紧固件的拆卸方便
a)、c) 不合理 b)、d) 合理

考虑螺钉放入时所需要的空间，图 7-13c 中所留空间太小，螺钉无法放入，图 7-13d 才是正确的结构。紧固件连接处的装配结构如图 7-14 所示。

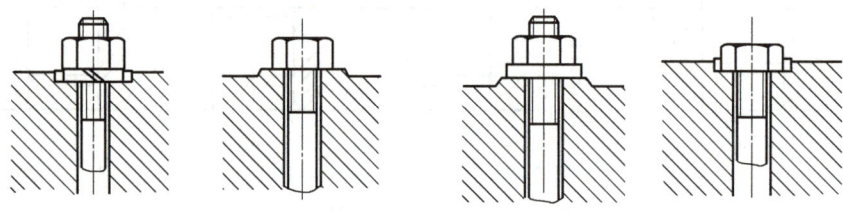

图 7-14 紧固件连接处的装配结构

7.5 由零件图画装配图的方法与步骤

7.5.1 了解部件的装配关系与工作原理

画装配图之前，先了解装配体的工作原理和零件的种类，看懂零件图，对照实物或装配示意图，仔细分析每个零件在装配体中的功能和零件间的装配关系等，在绘制部件装配图时，了解零件的装配关系及工作原理。

1. 了解部件的装配关系

图 7-15 所示为齿轮泵的分解立体图。齿轮泵主要是由泵体、传动齿轮轴、齿轮轴、左泵盖、右泵盖、传动齿轮和一些标准件组成。在看懂零件结构形状的同时，还应了解零件的相互位置及连接关系。

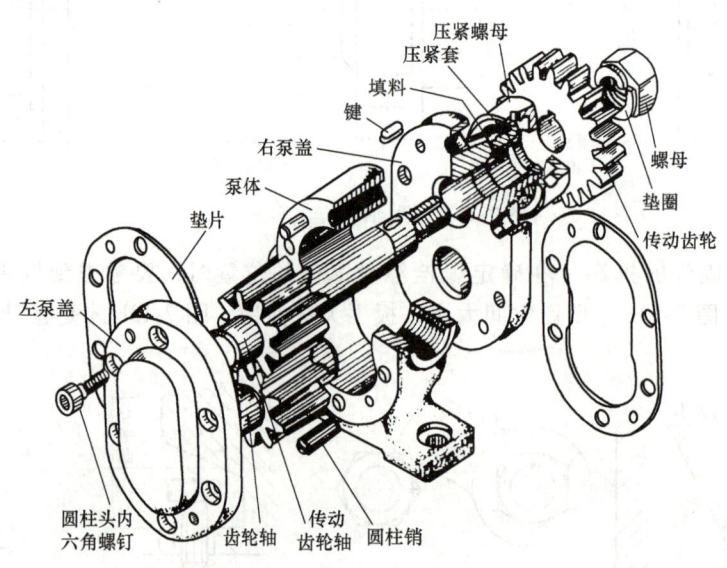

图 7-15 齿轮泵的分解立体图

2. 了解部件的工作原理

齿轮泵的工作原理如图 7-16 所示，当主动轮旋转时，带动从动轮按顺时针方向旋转。

在两个齿轮的啮合处，由于轮齿瞬时脱离啮合，使泵室右腔压力下降，产生局部真空，油池内的液压油便在大气压力作用下，从进油口进入泵室右腔的低压区，随着齿轮的继续转动，齿间将油带入泵室左腔，并使油产生压力经出油口排出。

7.5.2 视图选择

1. 装配图的主视图选择

1）通常是将机器或部件按工作位置或习惯位置放置。

2）主视图选择应尽量反映出部件的结构特征。对装配图应以工作位置和清楚反映主要装配关系、工作原理、主要零件的形状的那个方向作为主视图方向。图 7-17 所示齿轮泵的主视图就具有上述特点。

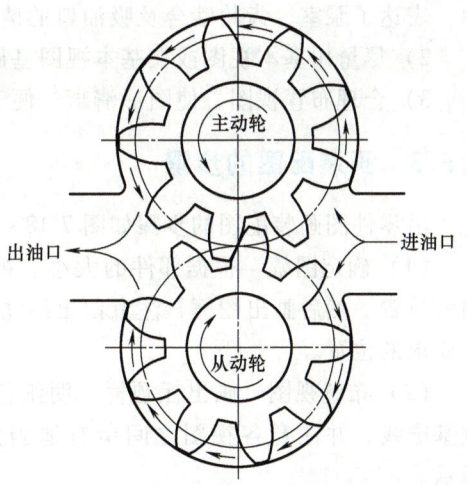

图 7-16 齿轮泵工作原理图

2. 其他视图的选择

选择其他视图主要是补充主视图的不足，进一步表达装配关系和主要零件的结构形状。其他视图的选择要考虑以下几点。

1）分析还有哪些装配关系、工作原理及零件的主要结构形状还没有表达清楚，要选择适当的视图及相应的表达方法。如图 7-17 所示齿轮泵的左视图，进一步表达了泵盖、泵体的形状及螺钉、销钉的分布情况；在半剖视图

齿轮泵动画

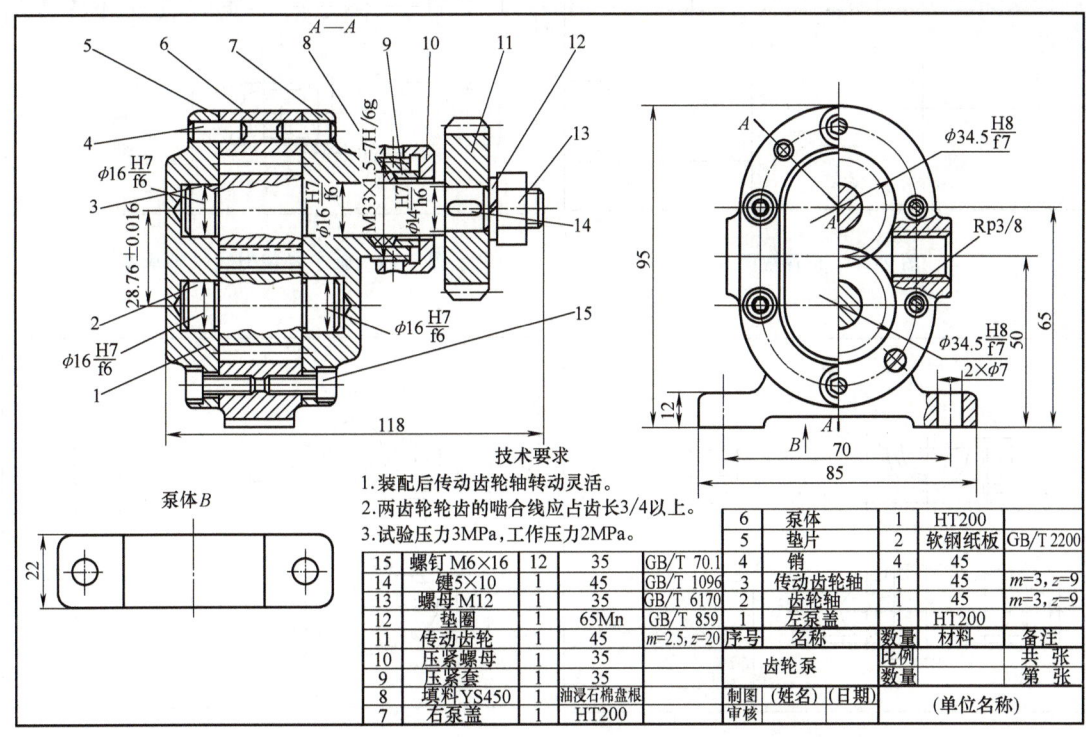

图 7-17 齿轮泵装配图

中，表达了泵室、齿轮啮合及吸油口的情况；B 向局部视图表达了泵体底板的形状。

2）尽量用基本视图或在基本视图基础上作剖视来表达有关内容。

3）合理布置视图，使图形清晰，便于看图。

7.5.3 画装配图的步骤

由零件图画装配图的步骤如图 7-18～图 7-24 所示。

（1）确定图幅　根据部件的大小、视图数量，确定绘图的比例和图纸幅面，安排各视图的位置。然后画出图框，注意留出编注零件序号、标注尺寸以及填写标题栏、明细栏和技术要求的位置。

（2）布置视图　画出标题栏、明细栏的位置；画各视图的主要轴线、中心线和图形定位基准线，并注意各视图之间留有适当间隔，以便标注尺寸和进行零件编号，如图 7-18 所示。

（3）画主要装配线　从主视图开始，按照装配干线，画出各个零件，完成装配图的底稿，如图 7-19～图 7-23 所示。

（4）完成装配图　编写零件序号，画剖面线、尺寸界线、尺寸线和箭头；写尺寸数字，填写标题栏、明细栏和技术要求，完成装配图，如图 7-24 所示。

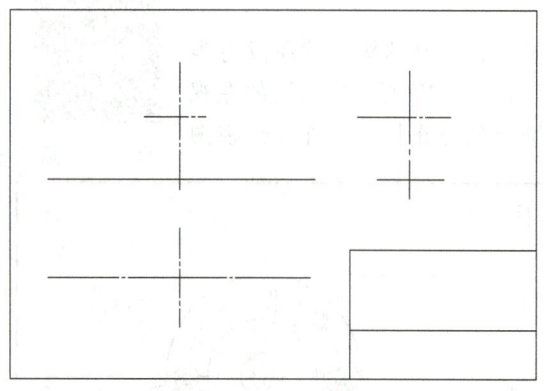

图 7-18　布置视图

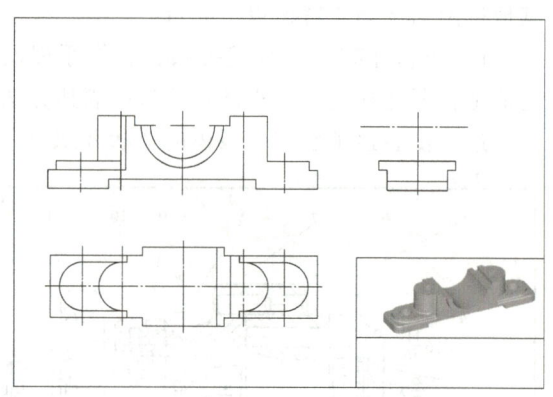

图 7-19　画主要装配线（轴承座）

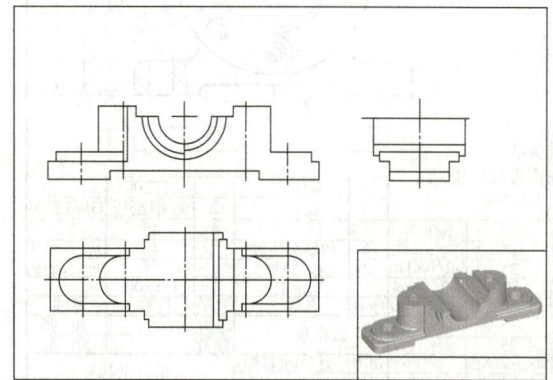

图 7-20　画主要装配线（下轴衬）

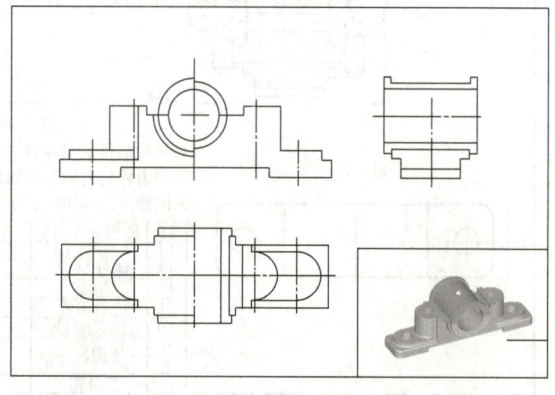

图 7-21　画主要装配线（上轴衬）

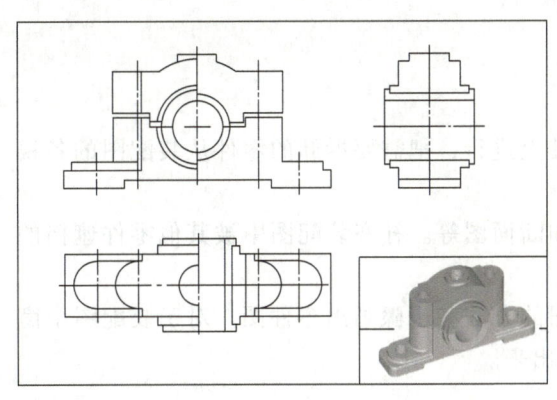

图 7-22 画主要装配线（轴承盖）

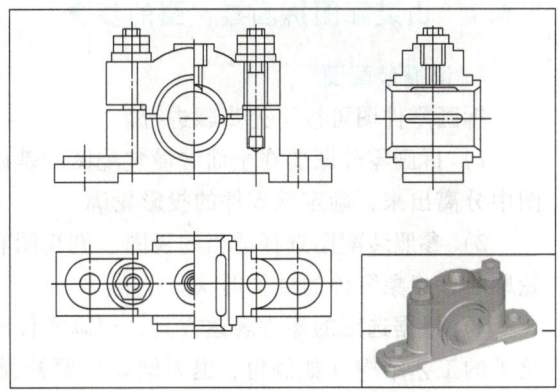

图 7-23 画销套、螺柱连接等

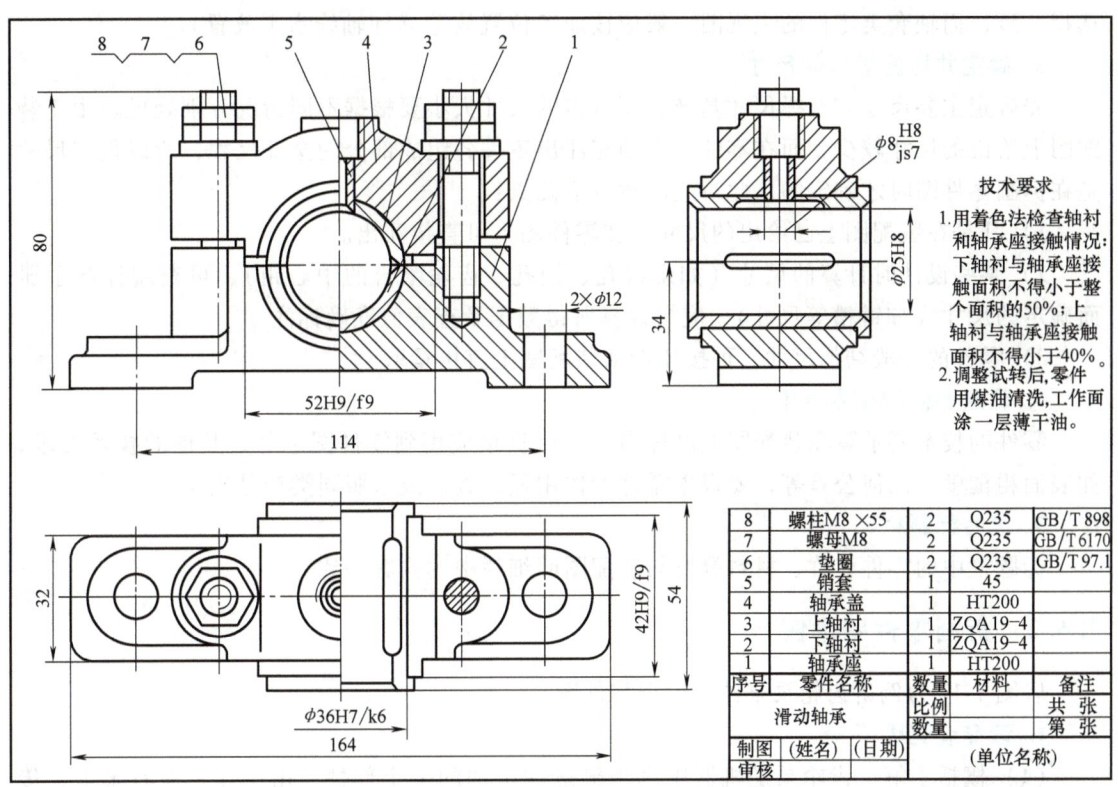

图 7-24 完成滑动轴承装配图

滑动轴承动画

7.6 由装配图拆画零件图

先画出装配图，然后再根据装配图拆画出零件图，这种由装配图画出零件图的过程称为拆画零件图。拆画零件图是在读懂装配图的基础上进行的。

7.6.1 由装配图拆画零件图的步骤

1. 读懂装配图

拆画零件图可按下列步骤进行。

1) 拆画零件图要在全面看懂装配图的基础上进行，把需要拆卸的零件从装配图的各视图中分离出来，确定该零件的投影轮廓。

2) 参照装配图选择适当的视图、剖视图和断面图等。补齐装配图中被其他零件遮挡的轮廓线，想象零件的结构形状。

3) 根据选定的零件表达方案，用画零件图的方法和步骤画出零件图。对于装配图中简化了的工艺结构（如倒角、退刀槽等）要补画出来。

2. 选择零件的表达方案

零件的表达方案要按零件本身的结构形状特点来确定，不能照搬装配图中的表达方法。通常对于比较大的主要零件（如箱体类零件）的主视图多与装配图中的位置和投射方向的选择一致，而轴套类零件的主视图一般应按加工位置放置（即轴线水平放置）。

3. 确定并标注零件的尺寸

先确定主要尺寸和选择尺寸基准，而具体的尺寸大小要根据不同情况分别处理。由于装配图上给出的尺寸较少，而在零件图上则需注出零件各组成部分的全部尺寸，所以很多尺寸是在拆画零件图时才确定的，此时应注意以下几点：

1) 凡是在装配图上已给出的尺寸，在零件图上可直接注出。

2) 某些设计时计算的尺寸（如螺纹孔、销孔、齿轮啮合的中心距）、可查阅标准手册而确定的尺寸（如键槽等尺寸），应按计算所得数据及查表值准确标注。

3) 零件的一般结构尺寸，可按比例从装配图上直接量取。

4. 确定零件的技术要求

零件的技术要求除在装配图上已标出的，可直接应用到零件图上外，其他的技术要求，如表面粗糙度、几何公差等，要根据零件的作用通过查表或参照同类产品确定。

5. 填写标题栏

标题栏中的零件名称、材料等要与装配图明细栏中的内容一致。

7.6.2 拆画零件图举例

以图 7-17 为例讲齿轮泵泵体的拆画零件图。

1. 读懂装配图

（1）概括了解　齿轮泵是机器中用来输送润滑油的一个部件，由泵体、左右泵盖、传动齿轮轴和齿轮轴等 15 个零件装配而成，其中 6 个为标准件。

（2）分析视图　齿轮泵的装配图用三个视图表达。主视图采用的是全剖视图，主要表达了齿轮泵的结构特点及各组成零件间的装配和连接关系；左视图采用沿左泵盖处的垫片与泵体结合面剖切的特殊表达方法，采用局部剖视图画出油孔，表达了齿轮泵进、出油口的结构和齿轮泵的工作原理及其外部形状。

（3）分析装配关系和工作原理　图 7-16 所示为齿轮泵的工作原理示意图。结合装配图 7-17 可以看出，动力由传动齿轮 11 输入，泵体 6 内装有齿轮轴 2 和传动齿轮轴 3，齿轮的两个端面由左、右泵盖1和7封闭。齿轮泵由泵体、泵盖、齿轮的各个齿槽组成工作腔。当齿轮按图示方向旋转时，进油腔的容积由于轮齿逐渐脱离啮合而增大，使进油腔内产生一定的真空度，当在真空吸力的作用下，油池内的润滑油经进油口被吸入进油腔；随着齿轮的转动，齿槽中的油不断地沿箭头方向被带到出油腔；出油腔的容积由于轮齿逐渐进入啮合而减小，使油压升高，润滑油经出油腔被不断地压入到出油口，经过滤清之后被输送到机器各需要润滑的部位。

2. 分析零件并拆画零件图

将需要拆画的零件从装配图中分离出来，再通过投影分析想象形体，弄清该零件的结构形状。重点分析的零件是泵体6及与其相邻的左泵盖1、右泵盖7、齿轮轴2和传动齿轮轴3。泵体6的左右两个端面分别与相邻的左泵盖1和右泵盖7的端面是结合面，在装配图上只需画一条线。三个零件之间是用螺钉15连接、用销4定位的，因此在泵体6上应该有螺纹孔及销孔。另外，泵体6的空腔内壁表面与齿轮轴2和传动齿轮轴3上齿轮的齿顶圆为配合面，在装配图上也只画一条线。

（1）分离零件 根据装配图的规定画法，按剖面线的方向及间隔将泵体从装配图中分离出来，如图7-25所示。由于在装配图中泵体的可见轮廓线可能被其他零件遮挡，所以分离出来的图形往往是不完整的，须补全外形轮廓线。还有，对于装配图中简化了的工艺结构（如倒角、退刀槽等）要补画出来，如图7-26所示。将主、左视图对照分析，想象出泵体的整体形状，如图7-27所示。

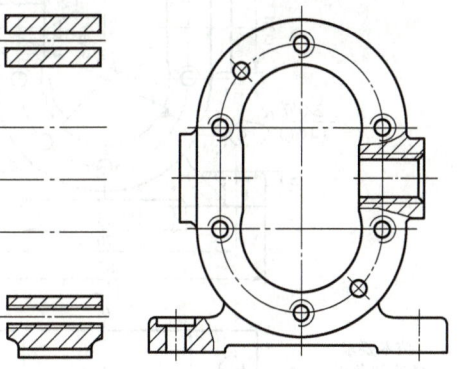

图7-25　分离出的泵体轮廓

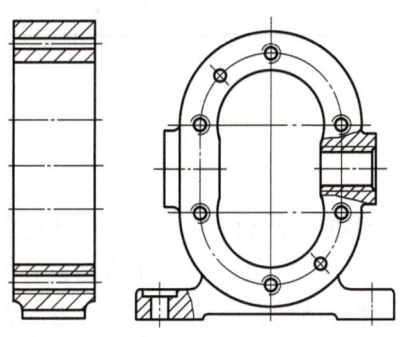

图7-26　补全泵体的轮廓

图7-27　想象出泵体的整体形状

（2）确定零件的视图表达 零件的视图表达要根据零件的结构形状确定，不能从装配图中照抄。在装配图中，泵体的左视图反映了一对齿轮的长圆形空腔，与空腔相通的进、出油口，销钉孔、螺纹孔和底座上沉孔的形状。画零件图时将这一方向作为泵体主视图的投射方向。装配图中省略未画出的工艺结构如倒角等，在拆画零件图时应按标准结构要素补全。

（3）确定并标注零件图的尺寸 装配图中已经注出的重要尺寸可直接抄注在零件图上，

如尺寸 φ34.5H8/f7 等。对装配图中未注的尺寸，可按比例从装配图中量取。

（4）技术要求　泵体的两个端面有密封要求，其表面粗糙度值要小，尺寸公差和几何公差等也应有一定的要求。另外，销钉孔及泵体的内腔，其表面粗糙度值也要小，其他表面可根据经济性的原则确定。零件的其他技术要求可用文字注写在标题栏附近。

图 7-28 所示为完成拆画的泵体零件图。

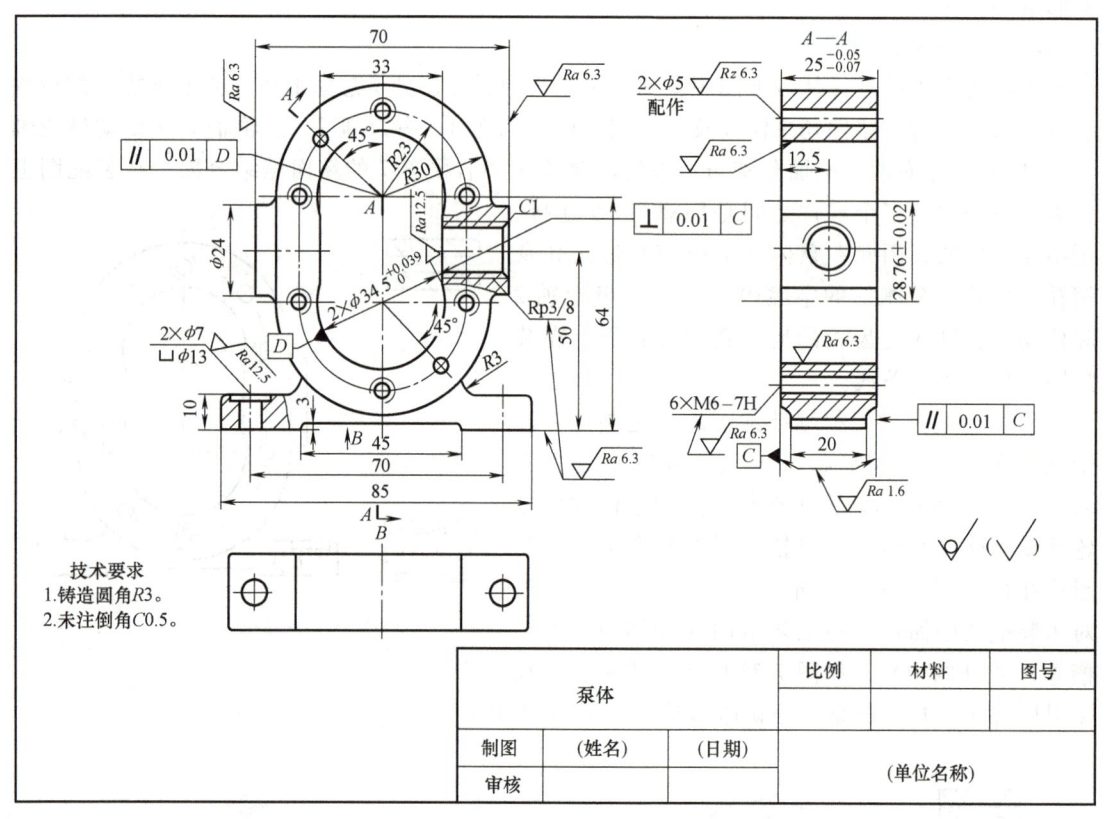

图 7-28　泵体零件图

3. 拆画零件图注意事项

1）装配图中的复杂零件，当表达不够完整时，根据功用及装配关系，对其结构形状加以补充和完善。装配图中省略的工艺结构，如倒角、退刀槽等，在零件图中应加以补充。

2）装配图的视图选择是从表达装配关系、工作原理考虑的，因此对零件的视图选择不应简单照抄，而要从零件的整体结构形状出发选择视图。

3）装配图中已标注的尺寸是设计时确定的重要尺寸，不应随意改动，其他尺寸可按比例从图中量取。对于标准结构，如螺钉的沉头孔、键槽、与滚动轴承外圈配合的孔等，应根据有关参数查阅标准，按标准设计的尺寸标注。对于齿轮传动的中心距等，则应通过计算注出尺寸。

4）对表面结构、公差配合、几何公差等技术要求，要根据装配图所示该零件在机器中的功用、与其他零件的相互关系，并结合结构和制造工艺方面的知识确定。

【拓展任务】

1. 读图 7-29 所示机用虎钳的装配图并填空。

1) 机用虎钳共用了_____种零件，标准件有_____种。

2) 主视图采用了_____剖视图。

3) 图中尺寸 φ20H8/h9 的公称尺寸是_____，孔的公差带代号是_____。

4) 螺母块 9 与活动钳身 4 通过件_____固定在一起。

5) 图中 205 和 60 属于_____尺寸，16 属于_____尺寸。

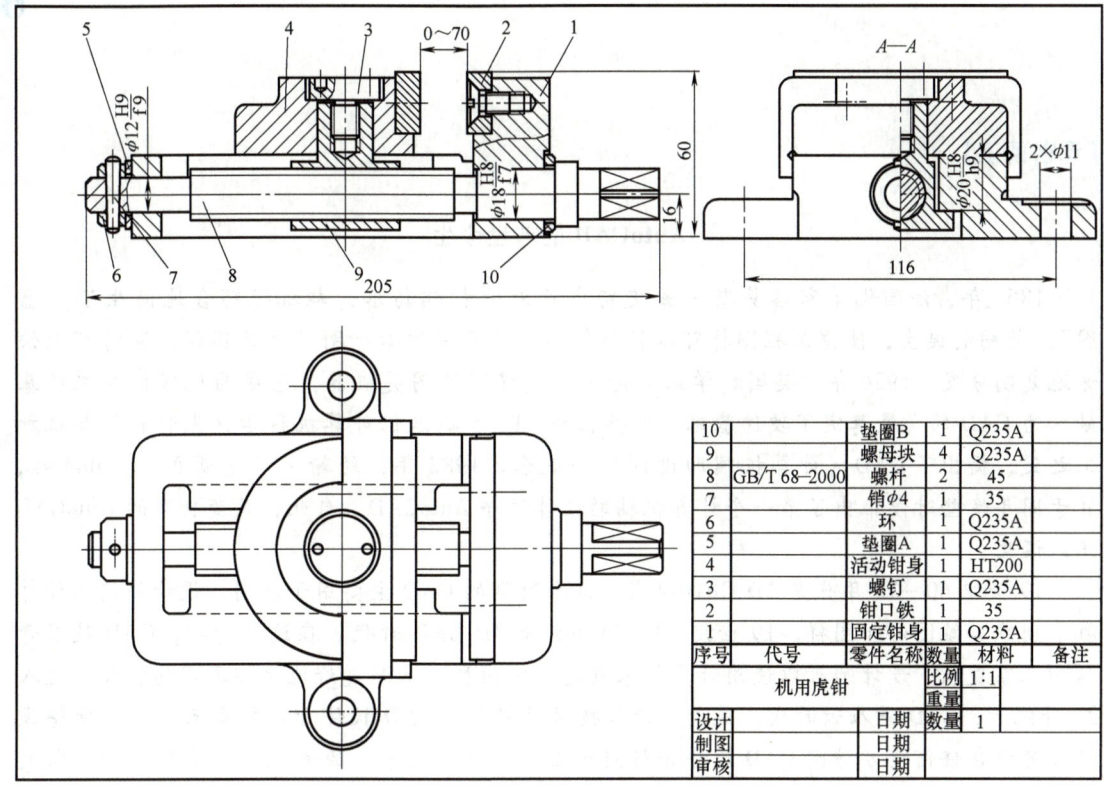

图 7-29 机用虎钳装配图

2. 通过所学装配图知识，利用 CAD 软件设计装配产品，如图 7-30 所示。

图 7-30 建模装配

模块 8

AutoCAD绘图能力训练

【课前阅读】

AutoCAD 的前世今生

1861年，法国化学家路易斯·波艾特威意外地打翻药水，却机缘巧合地诞生了"蓝图"。蓝图的诞生，使得工程图样可以精确复制，而不用担心抄图产生的错误，同时可以快速地复制分发。1936年，英国科学家艾伦·图灵发明了图灵机器，它成为现代计算机的基础，为CAD的发展奠定了硬件基础。道格拉斯.T.罗斯这位计算机科学家先驱和计算机加工之父，提出了CAD（计算机辅助设计）的概念。1982年，约翰·沃克创立了Autodesk，并于同年晚些时候推出了第一个计算机辅助设计程序AutoCAD。自此，改变世界的AutoCAD正式诞生。

19世纪60—70年代是2D CAD时代。这个时期的CAD主要用于制图，设计师使用计算机来创建二维图形和图样。19世纪80—90年代是3D CAD时代。在这个时期，CAD技术开始向三维发展，设计师可以使用计算机来创建立体模型，从而更好地模拟真实的物体。进入21世纪后，CAD进入云时代。随着云计算技术的兴起，CAD软件开始转向云端，这使得设计师可以在任何地方访问CAD软件并与团队成员协作。未来，随着人工智能技术的不断发展，CAD软件将会更加智能化，可以通过机器学习和深度学习技术来提高设计效率和精度。

随着计算机技术和互联网技术的快速发展，CAD软件开始与其他技术融合，如虚拟现实、增强现实、物联网等。这种融合为设计师提供了更多的选择和可能性，比如使用虚拟现实技术来模拟产品的使用场景，从而更好地评估设计的效果。同时，CAD软件还可以与物联网技术结合，实现智能化控制和远程监测，使得产品设计更加人性化和便利。随着CAD技术的不断发展和完善，它已经不仅仅应用于传统的机械设计和工业设计领域，还涉及建筑设计、电子设计、汽车设计、航空航天等多个领域。

【学习重点】

AutoCAD 2024 基本绘图命令及相关应用。

模块8　AutoCAD绘图能力训练

【学习难点】

运用 AutoCAD 2024 完成零件图样的绘制。

【思维导图】

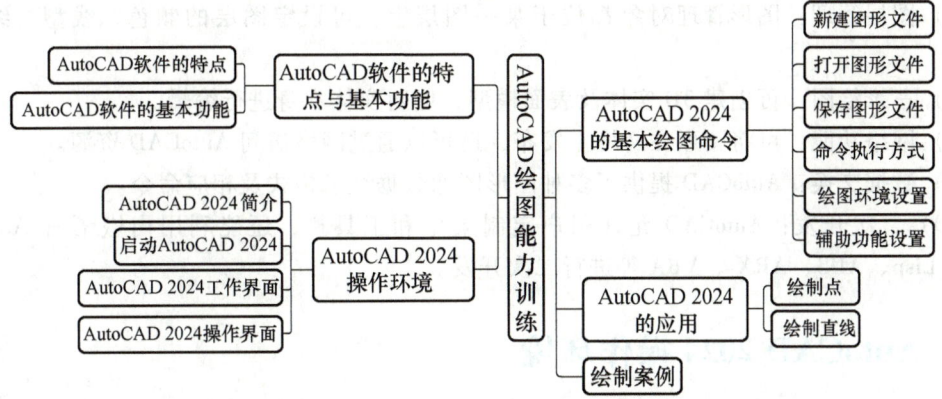

AutoCAD 是美国 Autodesk（欧特克）公司开发的专门用于计算机辅助设计的软件，广泛应用于土木、机械、电子等领域，现已经成为国际上广为流行的绘图工具。AutoCAD 具有良好的用户界面，通过交互菜单或命令行方式便可以进行各种操作。它的多文档设计环境，让非计算机专业人员也能很快地学会使用。AutoCAD 具有广泛的适应性，它可以在各种操作系统支持的微型计算机和工作站上运行。

8.1　AutoCAD 软件的特点与基本功能

8.1.1　AutoCAD 软件的特点

1）有完善的图形绘制功能。
2）有强大的图形编辑功能。
3）支持多种硬件设备。
4）通用性和易用性强。
5）支持多种操作平台。
6）有多种方式进行二次开发或用户定制。
7）能进行多种图形格式的转换，具有较强的数据处理能力。

8.1.2　AutoCAD 软件的基本功能

1）平面绘图功能：能以多种方式创建直线、多边形、圆、椭圆、样条曲线等基本的图形对象。

2）绘图辅助工具：AutoCAD 提供了正交、对象捕捉、极轴追踪、捕捉追踪等绘图工具。正交功能使用户可以很方便地绘制水平线、竖直线；对象捕捉功能方便用户拾取几何对象上的特殊点；追踪功能使画斜线及沿不同方向定位点变得更加容易。

3）编辑图形：AutoCAD 具有强大的编辑功能，可延长、修剪、移动、复制、旋转、阵列、拉伸、缩放对象等。

4）标注尺寸：可创建多种类型的尺寸，标注外观可自行设定。

5）书写文字：可在图形的任何位置和任何方向书写文字，可设定文字字体、倾斜角度及宽度缩放比例等属性。

6）图层管理：图形管理对象都位于某一图层上，可设定图层的颜色、线型、线宽等特性。

7）三维绘图：可创建 3D 实体及表面模型，能对实体本身进行编辑。

8）网络功能：可将图形在网络上发布，还可以通过网络访问 AutoCAD 资源。

9）数据交换：AutoCAD 提供了多种图形图像数据交换格式及相应命令。

10）二次开发：AutoCAD 允许用户定制菜单和工具栏，还能利用内嵌语言 Autolisp、Visual Lisp、ADS、ARX、VBA 等进行二次开发。

8.2 AutoCAD 2024 操作环境

8.2.1 AutoCAD 2024 简介

欧特克公司 2023 年 3 月发布了 AutoCAD 2024 版。该版本新增了活动洞察、智能块替换与放置、互联网图纸更新等功能。

8.2.2 启动 AutoCAD 2024

按照安装步骤，正确安装 AutoCAD 2024 软件，然后就可以开始启动并运行该软件了。要启动 AutoCAD 2024，用户可采用以下任意一种方法。

1）双击桌面上的"AutoCAD 2024"快捷图标启动，如图 8-1 所示。

2）在"开始菜单"→"程序"中找到 AutoCAD 2024 并单击启动，如图 8-2 所示。

图 8-1　AutoCAD 2024 快捷方式

图 8-2　开始菜单启动

3）右键单击桌面上的"AutoCAD 2024"图标，在弹出的快捷菜单中选择"打开"命令。当用户需要退出 AutoCAD 2024 时，可采用以下四种方法中的任意一种。

1）单击工作界面右上角的"关闭"按钮。

2）在 AutoCAD 2024 菜单栏中选择"文件"→"关闭"命令。

3）在命令行输入"QUIT"或"EXIT"命令并按<Enter>键。

4）在键盘上按下<Alt+F4>或<Ctrl+Q>组合键。

通过以上任意一种方法，可对当前图形文件进行关闭操作。如果当前图形有所修改且没有存盘，系统将出现 AutoCAD 警告对话框，询问是否保存图形文件，如图 8-3 所示。

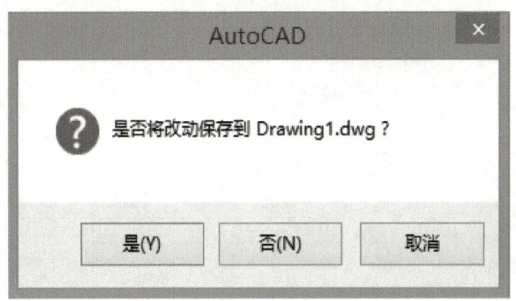

图 8-3 保存窗口

8.2.3 AutoCAD 2024 工作界面

AutoCAD 2024 提供了"草图与注释""三维基础""三维建模"三种工作空间模式，"AutoCAD 经典"工作空间模式需要下载相应插件才能使用。工作空间可以相互切换，只需在快速访问工具栏上，单击"工作空间"下拉列表，然后选择一个工作空间即可。或者在状态栏中单击按钮，在弹出菜单中选择相应的命令，如图 8-4 所示。

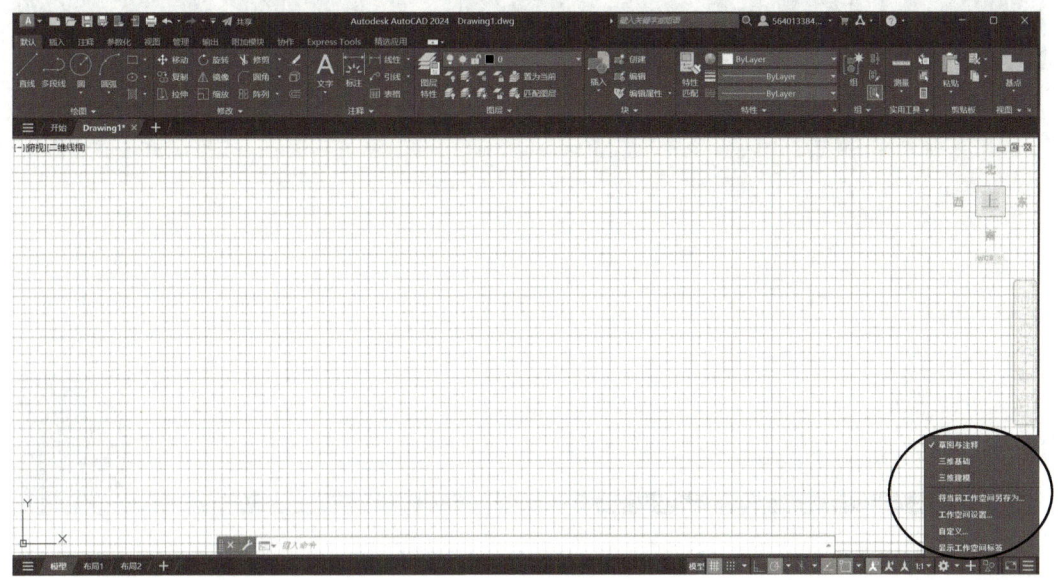

图 8-4 AutoCAD 2024 工作空间模式设置

（1）草图与注释空间 系统默认打开的是"草图与注释"空间，如图 8-5 所示。在该空间中可以使用"绘图""修改""图层""文字""表格""标注"等功能区面板方便地绘制二维图形。

图 8-5 AutoCAD 2024 草图与注释空间

（2）三维基础空间 三维基础空间用于显示特定于三维建模的基础工具，以便操作者更加方便地进行三维基础建模，如图 8-6 所示。

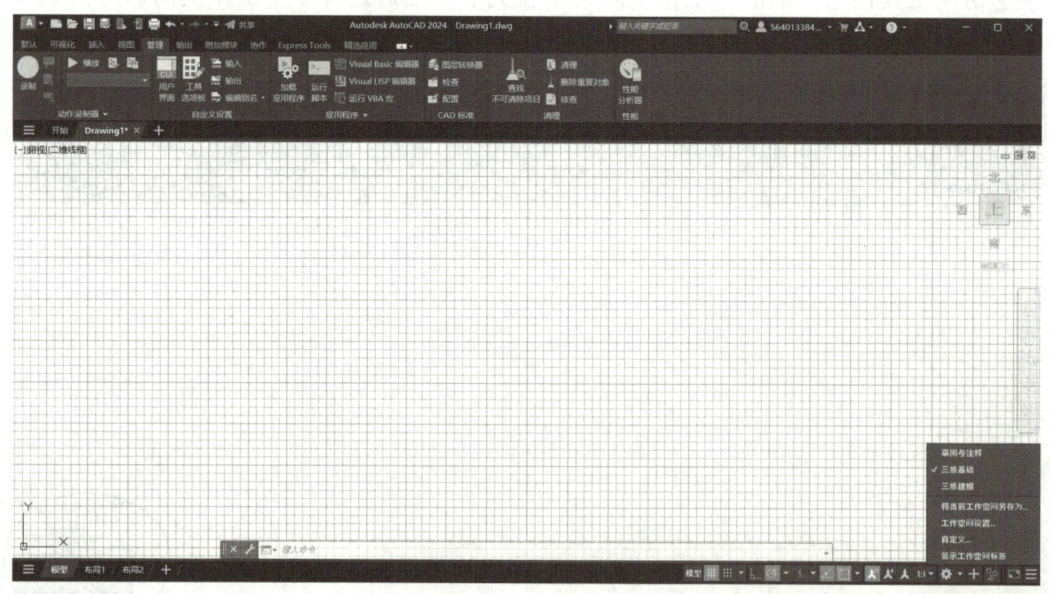

图 8-6 AutoCAD 2024 三维基础空间

（3）三维建模空间 三维建模空间是用于显示三维建模特有的工具，以便操作者更加方便地进行三维建模和渲染。在功能区中集中了"三维建模""视觉样式""光源""材质""渲染"和"导航"等面板，从而为绘制三维图形、观察图形、创建动画、设置光源、为三维对象附加材质等操作提供了非常便利的操作环境，如图 8-7 所示。

模块8 AutoCAD绘图能力训练

图 8-7　AutoCAD 2024 三维建模空间

8.2.4　AutoCAD 2024 操作界面

第一次启动 AutoCAD 2024 后，会弹出 Autodesk Exchange 对话框，单击对话框右上角的"关闭"按钮，将进入 AutoCAD 2024 工作界面，默认情况下，系统会直接进入如图 8-8 所示的"草图与注释"空间界面。该界面主要由菜单浏览器按钮、功能区选项板、快速访问工具栏、绘图区、命令行窗口和状态栏等元素构成。在该空间中，可以方便地使用"常用"选项卡中的绘图、修改、图层、标注、文字和表格等面板来进行二维图形的绘制。

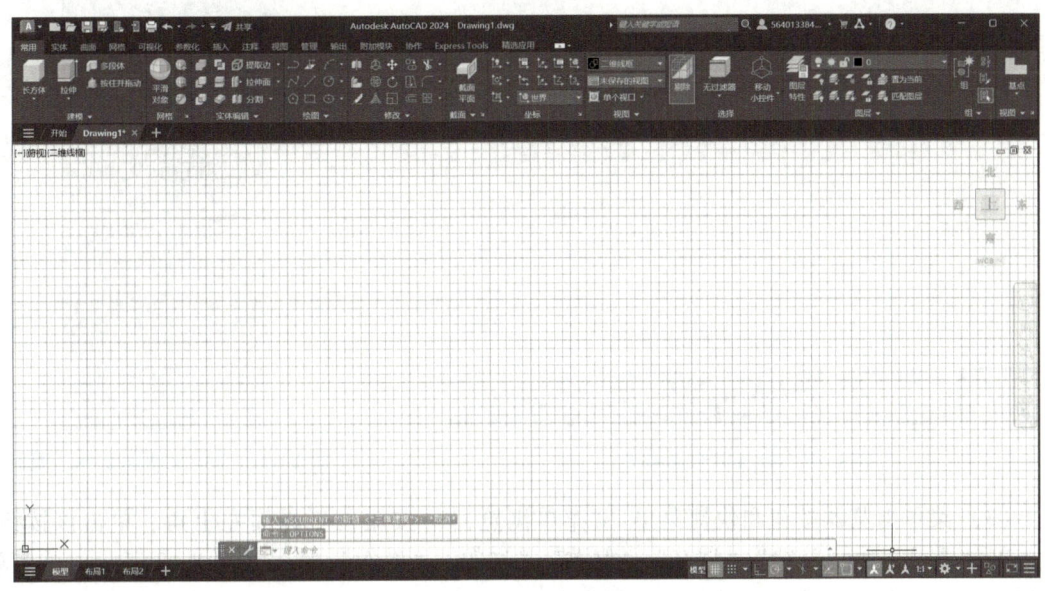

图 8-8　AutoCAD 2024 操作界面

201

（1）标题栏　标题栏在多数的Windows应用程序中都有，它位于应用程序窗口的最上面，用于显示当前正在运行的程序名及文件名等信息，如图8-9所示。如果是AutoCAD默认的图形文件，其名称为DrawingN.dwg（N是数字）。和以往的AutoCAD版本不一样的是，新版本丰富了标题栏的内容，在标题栏中可以看到当前图形文件的标题，进行"S小化""最大化（还原）"和"关闭"操作，还可以进行菜单浏览器、快速访问工具栏以及信息中心的操作。

图8-9　标题栏

标题栏中的信息中心提供了多重信息来源。在文本框中输入需要帮助的问题，然后单击"搜索"按钮，就可以获取相关帮助；单击"登录"按钮，可以登录Autodesk Online以访问与桌面软件集成的服务；单击"交换"按钮，可以打开Autodesk Exchang对话框，其中包含信息、帮助和下载内容，并可以访问AutoCAD社区。

（2）快速访问工具栏　在快速访问工具栏上，可以存储经常使用的命令，默认状态下，系统提供了"新建"按钮、"打开"按钮、"保存"按钮、"另存为"按钮、"打印"按钮、"放弃"按钮和"重做"按钮，主要的作用在于快速单击使用，如图8-10所示。如果单击"倒三角"按钮，将弹出如图8-11所示的菜单列表，可根据需要添加一些工具按钮到快速访问工具栏。

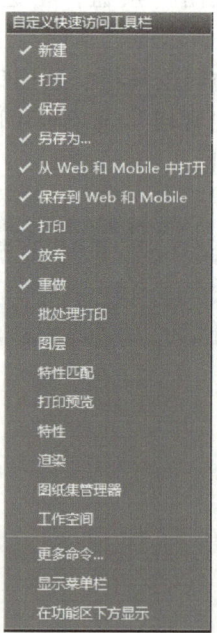

图8-10　快速访问工具栏　　　　图8-11　自定义快速访问工具栏

（3）菜单浏览器按钮和快捷菜单　"菜单浏览器"按钮位于界面左上角。单击该按钮，出现下拉菜单，如"新建""打开""保存""打印""发布"等，如图8-12所示。该菜单包括AutoCAD的部分命令和功能，选择命令即可执行相应操作。比如在弹出菜单的"搜索"

文本框中输入关键字,然后单击"搜索"按钮,就可以显示与关键字相关的命令。AutoCAD 的快捷菜单通常会出现在绘图区、状态栏、工具栏、模型或布局选项卡上,图 8-13 所示为右击绘图区弹出的快捷菜单。

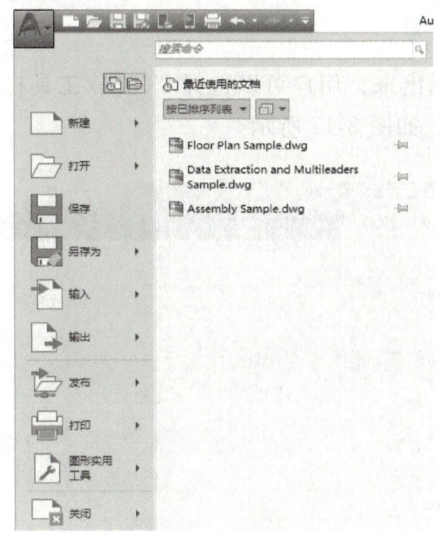

图 8-12　下拉菜单　　　　　　　　图 8-13　快捷菜单

（4）选项卡与面板　标题栏的下侧有选项卡,包括"默认""插入""注释""参数化""布局""视图"等。每个选项卡中包含若干个面板,每个面板中又包含许多由图标表示的按钮,例如"默认"选项卡中包括绘图、修改、图层、注释、块、特性、组、实用工具、剪贴板等面板,如图 8-14 所示。

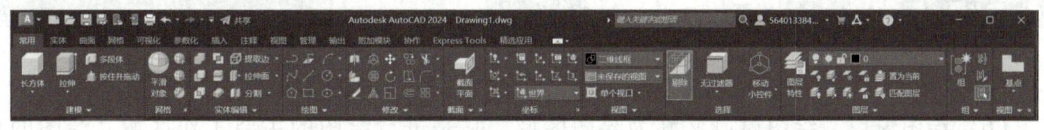

图 8-14　选项卡与面板

在选项卡最右侧显示有一个倒三角按钮,单击此按钮,将弹出快捷菜单,可以进行相应的单项选择来调整标签栏显示的幅度,如图 8-15 所示。

图 8-15　选项卡与面板的显示效果

（5）菜单栏与工具栏

1）菜单栏。在 AutoCAD 的环境中,默认状态下其菜单栏和工具栏处于隐藏状态。如果要显示菜单栏，可以在标题栏"工作空间"右侧单击其倒三角按钮，从弹出的列表框中选择"显示菜单栏"，即可显示 AutoCAD 的常规菜单栏，如图 8-16 所示。

| 文件(F) | 编辑(E) | 视图(V) | 插入(I) | 格式(O) | 工具(T) | 绘图(D) | 标注(N) | 修改(M) | 参数(P) | 窗口(W) | 帮助(H) |

图 8-16　AutoCAD 菜单栏

2）工具栏。如果要将 AutoCAD 的常规工具栏显示出来，用户可以选择"工具/工具栏"菜单项，从弹出的下级菜单中选择相应的工具栏即可，如图 8-17 所示。

图 8-17　显示工具栏

（6）绘图窗口　绘图窗口又称为绘图区域，它是进行绘图的主要工作区域，绘图的核心操作和绘制图形都在该区域中完成。绘图区域实际上是无限大的，可以通过缩放、平移等命令来观察绘图区域的图形。绘图窗口是用户在设计和绘图时最为关注的区域，所有图形都要显示在这个区域，所以要尽可能保持绘图窗口大一些。使用<Ctrl+0>组合键或按状态栏右下角的"全屏显示"按钮，可将绘图区域全屏显示。再次使用命令，则恢复原来的界面设置。

在绘图区域左下角显示有一个坐标系图标，默认情况下，坐标系为世界坐标系（World Coordinate System，WCS）。另外，在绘图区域还有一个十字光标，其交点为光标在当前坐标系中的位置。绘图窗口底部有模型标签和布局标签，在 AutoCAD 中有模型代表模型空间和布局代表图纸空间两个设计空间，单击下方标签可在这两个空间中进行切换，如图 8-18 所示。

"命令行"是 AutoCAD 与用户对话的一个平台，窗口位于绘图窗口的底部，用于执行输入的命令，并显示 AutoCAD 提示信息，用户应该密切关注命令行中出现的信息，根据信息提示进行相应的操作。

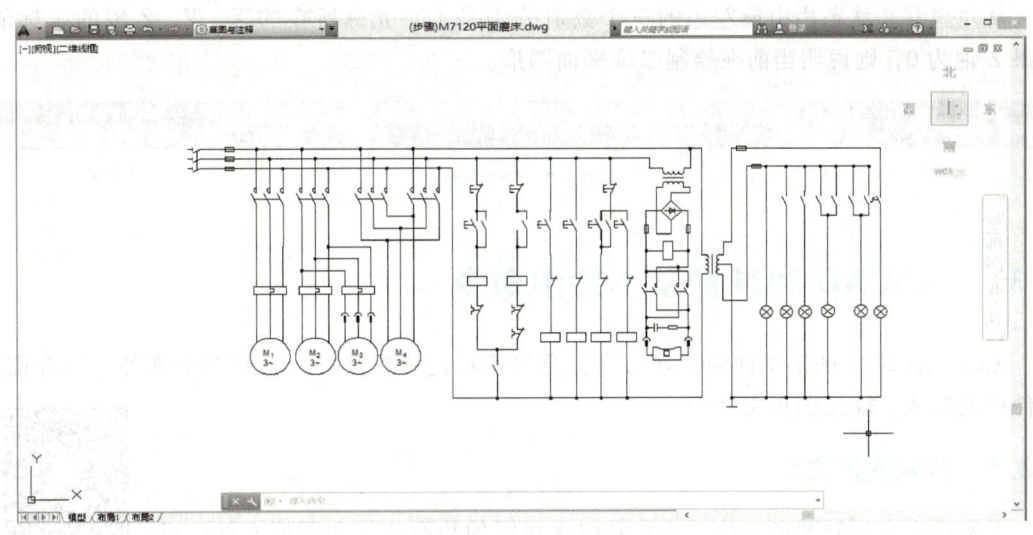

图 8-18 绘图区

等待命令的输入状态：表示系统等待用户输入命令，以绘制或编辑图形，如图 8-19 所示。正在执行命令状态：在执行命令的过程中，命令行中将显示该命令的操作提示，以方便用户快速确定下一步操作，如图 8-20 所示。

图 8-19 "命令"窗口

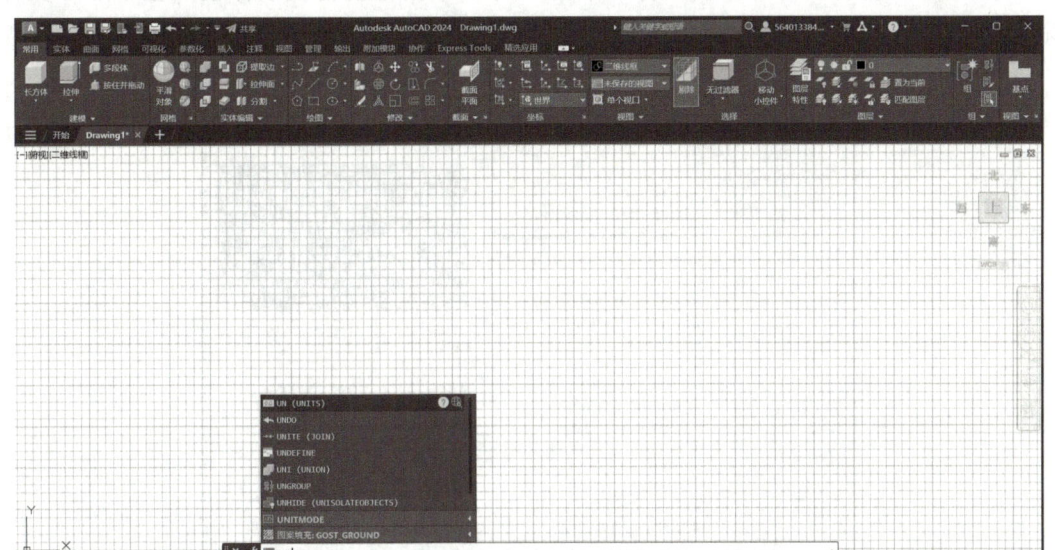

图 8-20 "UN"命令窗口

（7）状态栏　状态栏位于 AutoCAD 2024 窗口的最下方，用于显示 AutoCAD 当前的状态，如当前光标的坐标值、辅助工具按钮、常用工具区，如图 8-21 所示。

从左至右，状态栏中最左边的三个数值分别是十字光标所在的 X、Y、Z 轴的坐标值。如果 Z 轴为 0，则说明当前在绘制二维平面图形。

图 8-21　状态栏

8.3　AutoCAD 2024 的基本绘图命令

AutoCAD 2024 图形文件的管理功能主要包括新建图形文件、打开图形文件、保存图形文件以及输入、输出图形文件等。

8.3.1　新建图形文件

通常用户在绘制图形之前，首先要创建新图的绘图环境和图形文件，可使用以下方法：

AutoCAD 基本绘图命令

1）单击标题栏左边按钮，在弹出的下拉菜单中选择"新建"按钮。
2）在键盘上按下<Ctrl+N>组合键。
3）单击"快速访问"工具栏中的"新建"按钮。
4）在命令行输入"New"命令并按<Enter>键。

通过以上任意一种方法，可对图形文件进行新建操作。执行命令，系统会自动弹出"选择样板"对话框，在文件类型下拉列表中一般有 dwt、dwg、dws 三种类型的图形样板，用户可根据需要选择所需的样板文件，单击"打开"按钮就会以该样板建立新图形文件，如图 8-22 所示。

图 8-22　新建图形文件

每种图形样板文件中，系统都会根据所绘图形任务要求进行统一的图形设置，包括绘图单位类型和精度要求、捕捉、栅格、图层、图框等前期准备工作。

使用样板文件绘图，可以使用户所绘制的图形设置统一，大大提高工作效率。当然，用户可以根据需要自行创建新的样板文件。

在一般情况下，.dwt 格式的文件为标准样板文件，通常将一些规定的标准性的样板文件设置为.dwt 格式文件；.dwg 格式文件是普通样板文件；而.dws 格式文件是包含标准图层、标准样式、线性和文字样式的样板文件。

8.3.2 打开图形文件

打开图形文件的命令如下：
1）单击标题栏左边按钮，在弹出的下拉菜单中选择"打开"按钮。
2）在键盘上按下<Ctrl+O>组合键。
3）单击左上角"快速访问"工具栏中的"打开"按钮。
4）在命令行输入"Open"命令并按<Enter>键。

执行上述命令后，系统将自动弹出"选择文件"对话框，如图 8-23 所示，在"文件类型"下拉列表中有.dwg 文件、.dwt 文件、.dwf 文件和.dws 文件供用户选择。

8.3.3 保存图形文件

对图形文件进行修改后，即可对其进行保存。如果之前保存并命名了图形，则会保存所做的所有更改。如果是第一次保存图形，则会显示"图形另存为"对话框。

保存图形文件的命令如下：
1）单击标题栏左边按钮，在弹出的下拉菜单中选择"保存"按钮。
2）在键盘上按下<Ctrl+S>组合键。
3）单击左上角"快速访问"工具栏中的"保存"按钮。
4）在命令行输入"Save"命令并按<Enter>键。

执行上述命令，弹出"图形另存为"对话框，用户可以命名并进行保存。一般情况下，系统默认的保存格式为.dwg 格式，如图 8-24 所示。

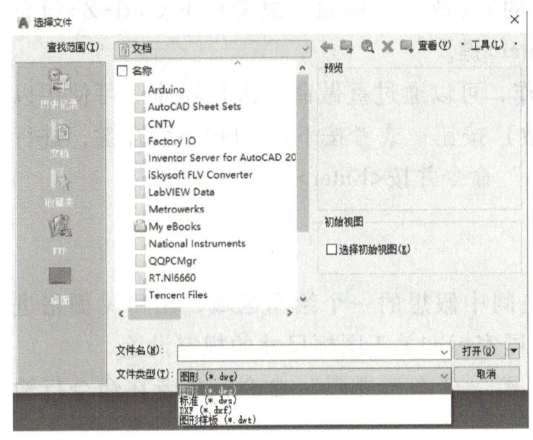

图 8-23 打开图形文件

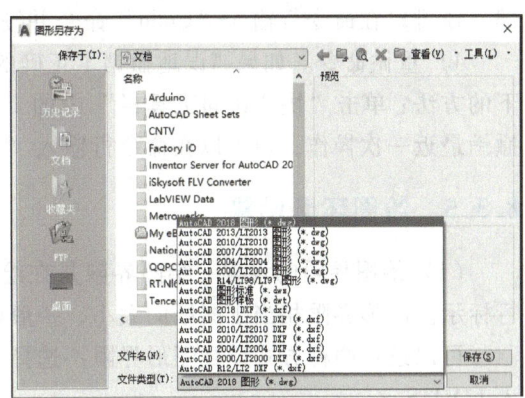

图 8-24 保存图形文件

在绘制图形时，可以设置为自动定时来保存图形。选择"工具"→"选项"命令，在弹出的"选项"对话框中选择"打开和保存"选项卡，勾选"自动保存"复选框，然后在"保存间隔分钟数"文本框中输入一个定时保存的时间，如图 8-25 所示。

8.3.4 命令执行方式

（1）在命令行直接输入命令或命令缩写 在命令行中输入命令，然后执行，再输入指定的参数即可。例如执行"直线"命令，可以输入 LINE 或命令简写 L，然后按 <Enter> 或空格键执行命令，接着在命令行中输入"0，0"，按 <Enter> 键确认直线第一点，再输入"50，100"并按 <Enter> 键确认第二点，从而由指定的两点绘制一条直线，如图 8-26 所示。

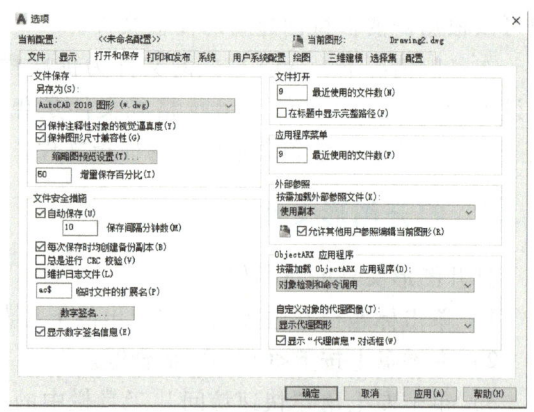

图 8-25　自动保存时间设置

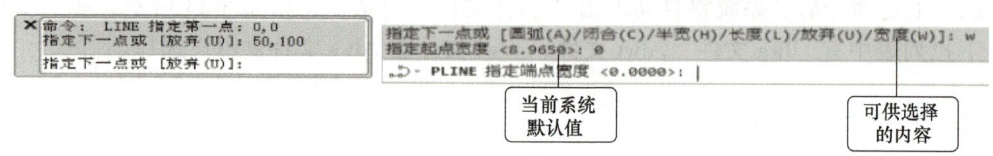

图 8-26　输入命令

（2）命令的中止、重复、撤销和重做 在 AutoCAD 环境中绘制图形时，对所执行的操作可以进行中止和重复操作。

1）中止命令。在执行命令过程中，用户可以对任何命令进行中止。可使用以下的方法：按下 <Esc> 键，当然有的命令需按两次 <Esc> 键才能彻底退出；或者单击鼠标右键，从弹出的快捷菜单中选择"取消"命令。

2）命令的重复。在命令行直接按 <Enter> 键或空格键，可重复调用上一个命令，不管上一个命令是完成了还是被取消了。

3）撤销命令。单击"快速访问工具栏"中的 a（放弃）按钮；或者按下 <Ctrl+Z> 组合键；还可以在命令行输入"Undo"命令并按 <Enter> 键。

4）重做命令。如果错误地撤销了正确的操作，可以通过重做命令进行还原。可使用以下的方法：单击"快速访问工具栏"中的（重做）按钮；或者按下 <Ctrl+Y> 组合键，进行撤销最近一次操作；也可以在命令行输入"Redo"命令并按 <Enter> 键。

8.3.5 绘图环境设置

（1）绘图界限的设置 绘图界限是在绘图空间中假想的一个绘图区域，用可见栅格进行标示。图形界限相当于图纸的大小，一般根据国家标准关于图幅尺寸的规定设置。

可以通过两种方式设置图形界限：选择"格式"→"图形界限"命令；或者在命令行输入 LIMITS ↙。

（2）绘图单位的设置 设置绘图单位，主要包括长度和角度的类型、精度和起始方向等内容。设置图形单位主要有以下两种方法：选择"格式"→"单位"或者在命令行输入 UNITS。

（3）绘图环境设置 设置系统参数是通过"选项"对话框进行的，如图 8-27 所示，该对话框中包含了 10 个选项卡，可以在其中查看、调整 AutoCAD 的设置。

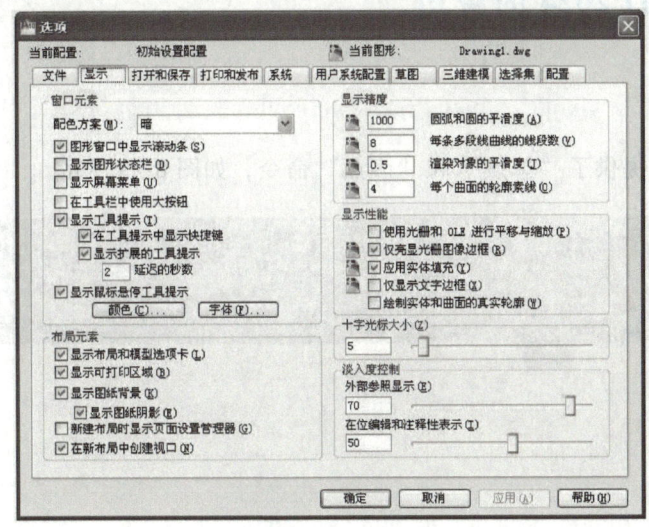

图 8-27 "选项"对话框

8.3.6 辅助功能设置

在 AutoCAD 2024 绘制或修改图形对象时，为了使绘图精度提高，可以使用系统提供的绘图辅助功能进行设置，从而提高绘制图形的精确度与工作效率。

（1）正交模式设置　在绘制图形时，当指定第一点后，连接光标和起点的直线总是平行于 X 轴或 Y 轴的，这种模式称为"正交模式"，用户可通过以下三种方法之一来启动。

1）在命令行中输入 Ortho，按<Enter>键。
2）单击状态栏中的"正交模式"按钮。
3）按<F8>键。

（2）草图设置　在 AutoCAD 2024 中，"草图设置"对话框是为绘图辅助工具整理的草图设置，这些工具包括捕捉和栅格、追踪、对象捕捉、动态输入、快捷特性和选择循环等。

（3）捕捉和栅格设置　"捕捉"用于设置鼠标光标按照用户定义的间距移动。"栅格"是点或线的矩阵，是一些标定位置的小点，可以提供直观的距离和位置参照。"草图设置"对话框的"捕捉和栅格"选项卡，用于启用或关闭"捕捉"和"栅格"功能，并设置"捕捉"和"栅格"的间距与类型，如图 8-28 所示。

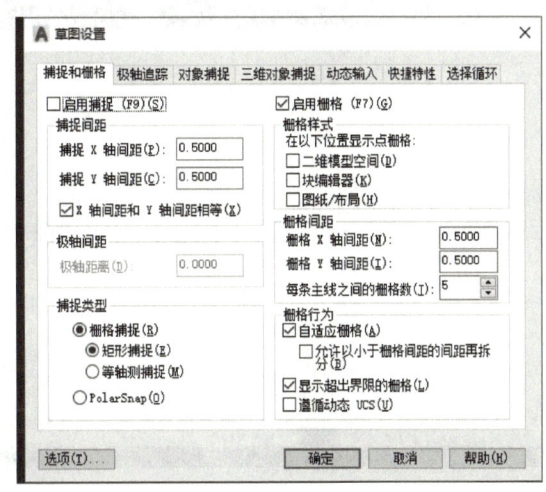

图 8-28 捕捉和栅格设置

8.4 AutoCAD 2024 的应用

8.4.1 绘制点

AutoCAD 2024 提供了"单点"和"多点"命令，如图 8-29 所示。

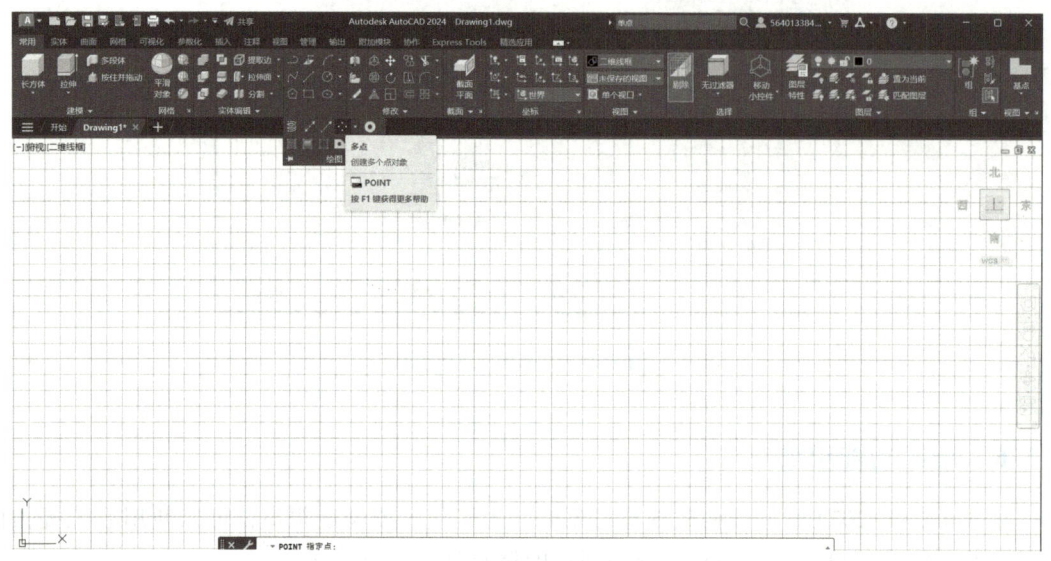

图 8-29 绘制"点"命令

（1）绘制一个点 光标移动到绘图区，单击，在键盘上输入"PO"并按<Enter>键，弹出"指定点"对话框，如图 8-30 所示。

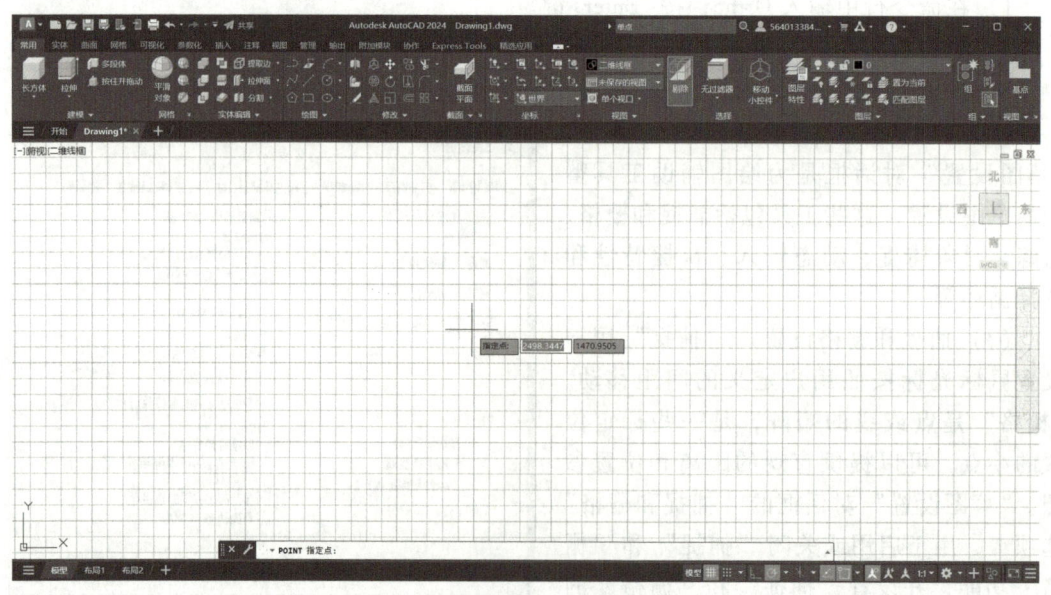

图 8-30 "点"命令

任意选择点的位置，单击即可，如图8-31所示。

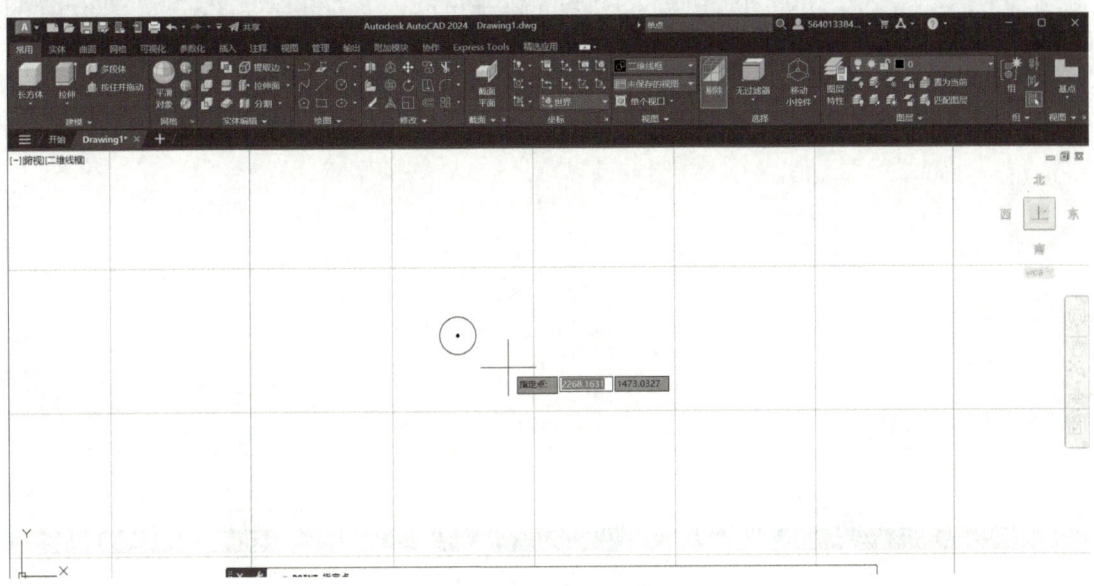

图8-31　点的绘制

（2）绘制多个点　单击菜单栏→绘图→点→多点按钮，如图8-32所示。

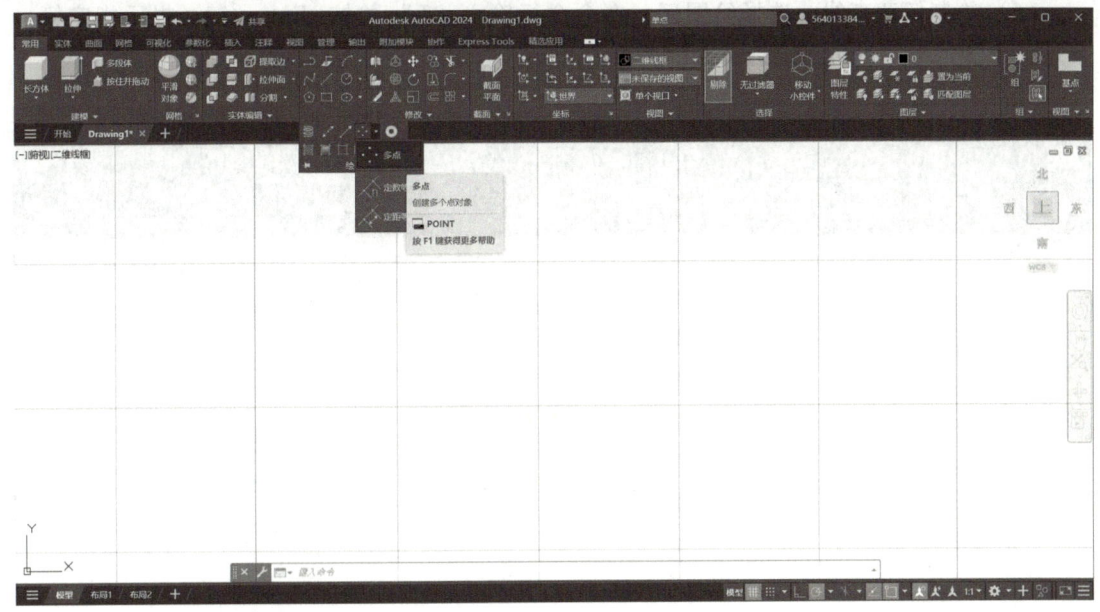

图8-32　多点命令

分别指定多个点的坐标，单击即可，如图8-33所示。

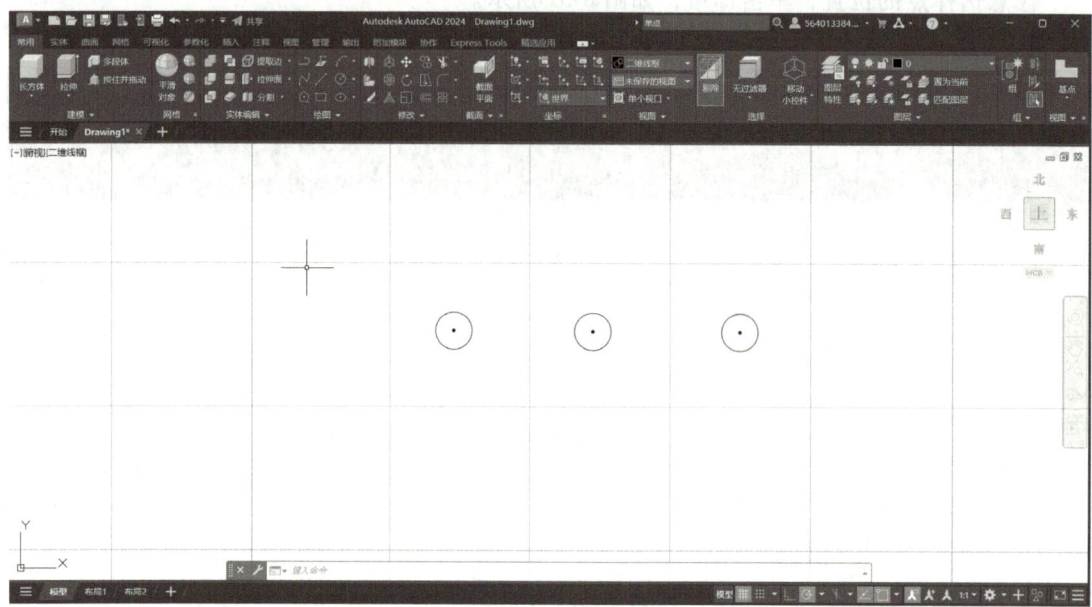

图 8-33　多点的绘制

8.4.2　绘制直线

根据两点确定一条直线的原理，可以在绘图区任意选择两点，即可绘制一条直线。

（1）绘制任意直线　选择绘图区，在命令行输入"L"并按<Enter>键，提示指定第一个点，单击鼠标左键可任意选择绘图区某一个点，如图 8-34 所示。

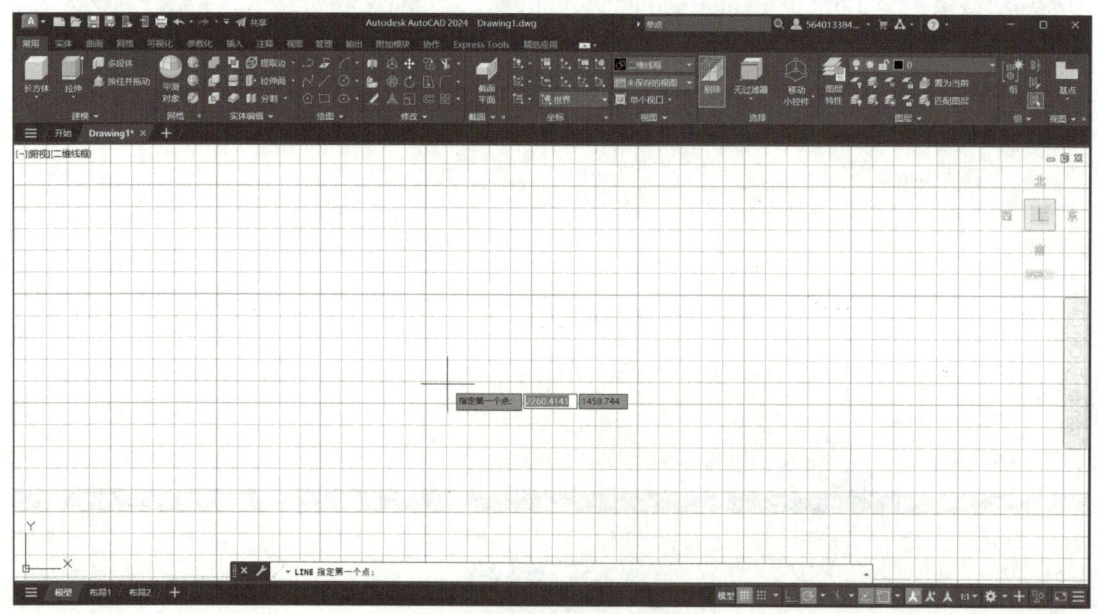

图 8-34　选择直线第一个点

移动光标指定下一个点的位置，单击即可完成直线的绘制，如图8-35所示。

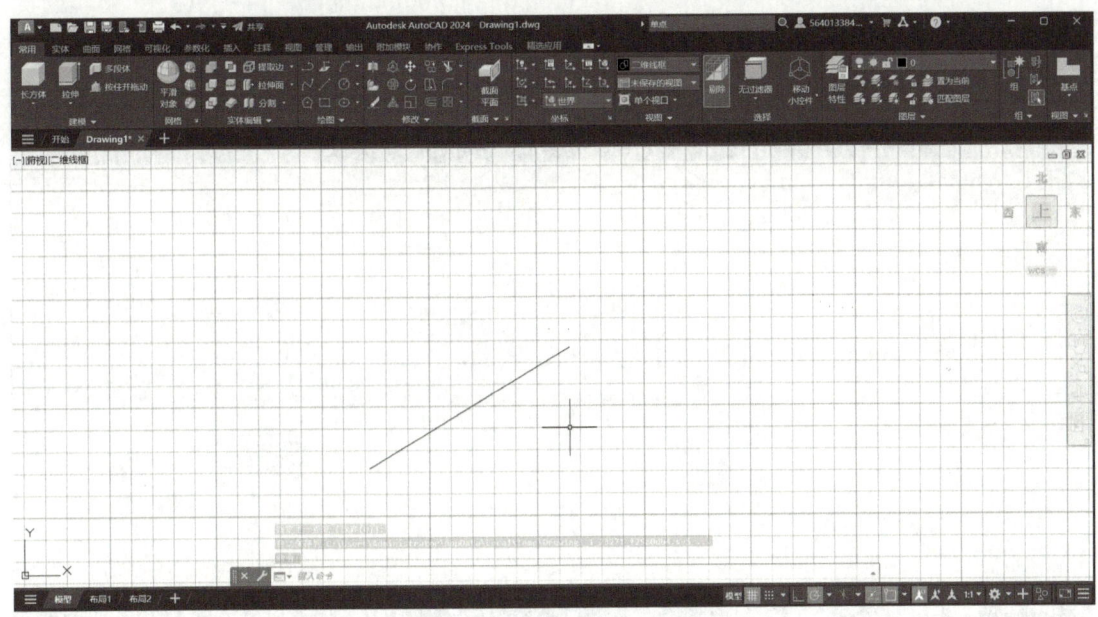

图8-35　绘制任意直线

（2）绘制规定长度的直线　在命令行输入"L"并按<Enter>键，根据提示，单击，指定直线第一个点。然后移动光标指向某一个方向，在直线上方输入需要绘制直线的长度（比如200）并按<Enter>键，再单击鼠标右键即可，如图8-36所示。

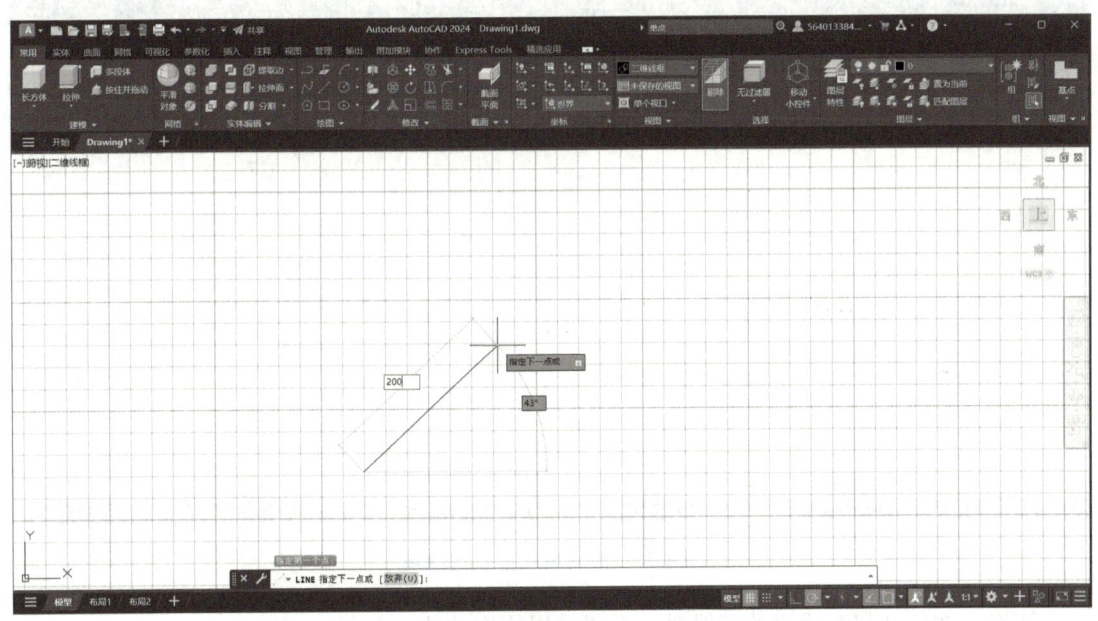

图8-36　绘制长度为200的直线

（3）绘制相互垂直的直线　单击右下角"正交限制光标"，开启直线正交选项，如图8-37所示。

图8-37　直线正交按钮

先绘制长度为200的线段，然后移动光标指向下一条直线方向，在直线上方输入线段长度（比如300），按<Enter>键，即绘制完成，如图8-38所示。

图8-38　绘制相互垂直的线段

注意，在绘制相互垂直的直线时，需要采用精度功能，包括：

极轴追踪：捕捉到最近的预设角度并沿该角度指定距离。

锁定角度：锁定到单个指定角度并沿该角度指定距离。

对象捕捉：捕捉到现有对象上的精确位置，例如多线段的端点、直线的中点或圆的中心点。

栅格捕捉：捕捉到矩形栅格中的增量。

坐标输入：通过笛卡儿坐标或极坐标指定绝对或相对位置。

其中，最常用的精度功能是极轴追踪、锁定角度和对象捕捉。

8.5 绘制案例

AutoCAD 2024 具有很强的绘图和编辑功能，可画出各种图形，下面以三维实体绘制举例。

三维实体的绘制中，常用到倒角、圆角、3D 镜像、3D 旋转以及编辑三维实体的面命令等，由于篇幅所限，在此只对部分命令进行描述。

案例一：

参照图 8-39 所示的底座三视图，完成底座的实体造型。

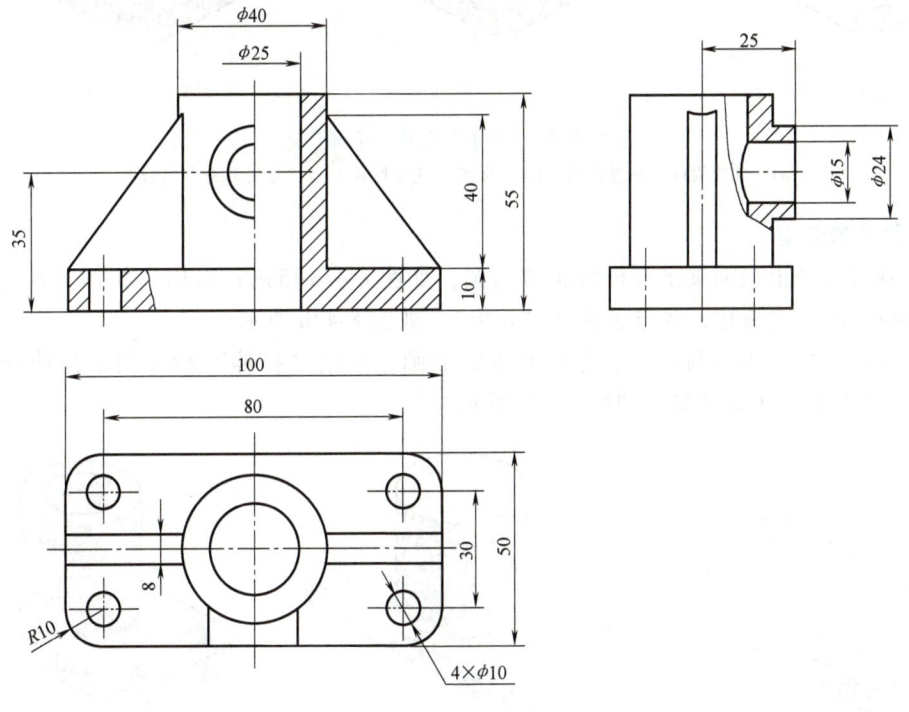

图 8-39 底座的三视图

1. 生成底板

1）切换"俯视图"，画出图 8-40a 所示的平面图形，并切换到等轴测视图，如图 8-40b 所示。

2）采用"拉伸"命令将底板拉高 10，并得到二维线框图，如图 8-41a 所示，切换到"真实"视觉样式，如图 8-41b 所示。

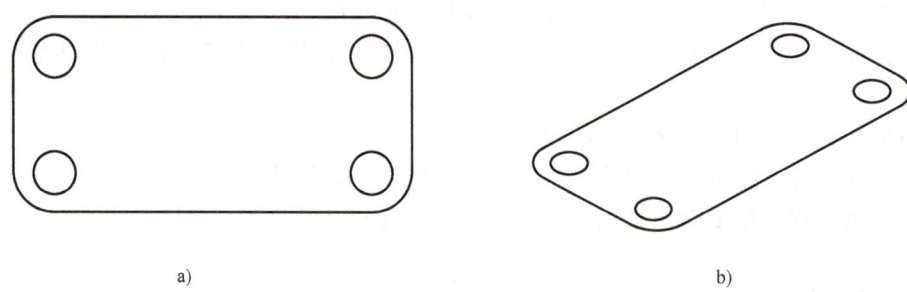

图 8-40　画出底板的平面图形
a）俯视图　b）等轴测视图

3）采用"差集"命令完成底板与圆柱的相减，生成孔，如图 8-41c 所示。

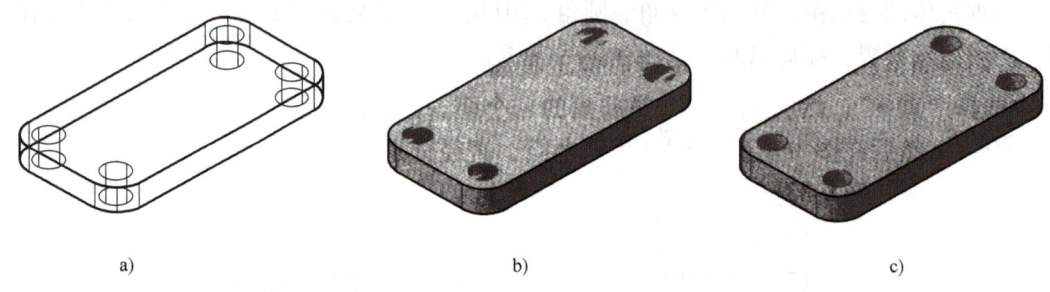

图 8-41　拉伸底板及 4 个圆柱
a）"二维线框"视觉样式　b）"真实"视觉样式　c）"差集"命令生成孔

2. 圆筒的造型

1）在底板的上表面画出直径为 $\phi40$ 的圆，如图 8-42a 所示；采用"拉伸"命令，将该圆向上拉伸 45 生成圆柱，并与底板求"并集"，如图 8-42b 所示。

2）在圆柱的上表面画出一个直径为 $\phi25$ 的圆，采用"拉伸"命令向下拉伸 55，再与外圆柱求"差集"生成圆筒，如图 8-42c 所示。

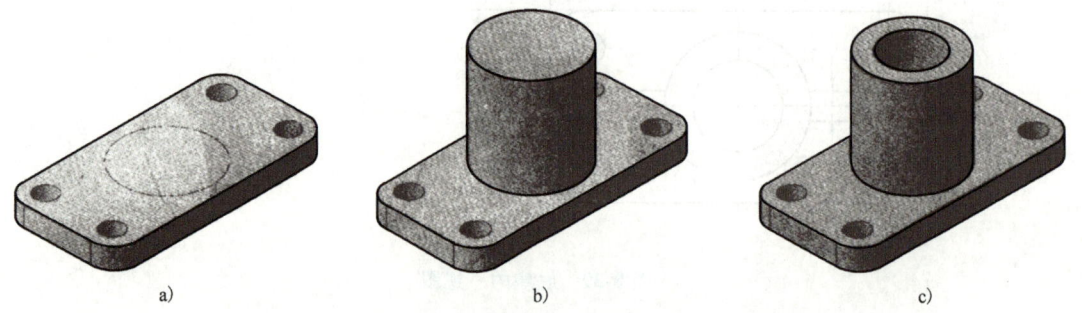

图 8-42　完成圆筒造型
a）在底板的上表面画圆　b）向上拉伸成圆柱　c）大圆柱减去小圆柱生成圆筒

3. 肋板的造型

1）换到主视图，在主视图中用"多段线"命令画出一个封闭的三角形（三角形高 40，底边长大于 30，以便与圆柱相交，例如取 33），如图 8-43a 所示；再切换到等轴测图，将其拉伸 8，如图 8-43b 所示。

2）将三角板移动到底板左边的中点位置，改三角板的颜色与底板一致，再用"镜像"命令将肋板镜像复制出一份，以底板对称中心线为镜像线，然后与底板求"并集"，完成肋板的造型，如图 8-43c 所示。

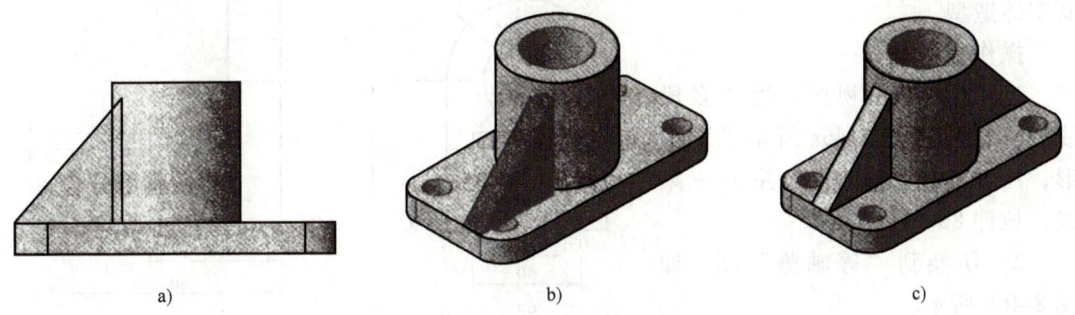

图 8-43　肋板造型过程

a）主视图　b）拉伸三角板　c）生成肋板

4. 凸台的造型

1）切到主视图，单击右侧工具选项板上的"UCS"命令，在命令行出现的提示中选择"面 F"，然后选择底板最前面的一个面，这时用户坐标系 UCS 便位于图 8-44a 所示的位置。然后在图中正确位置画出两个圆，直径分别为 $\phi24$ 与 $\phi15$，如图 8-44a 所示，其左视图如图 8-44b 所示。

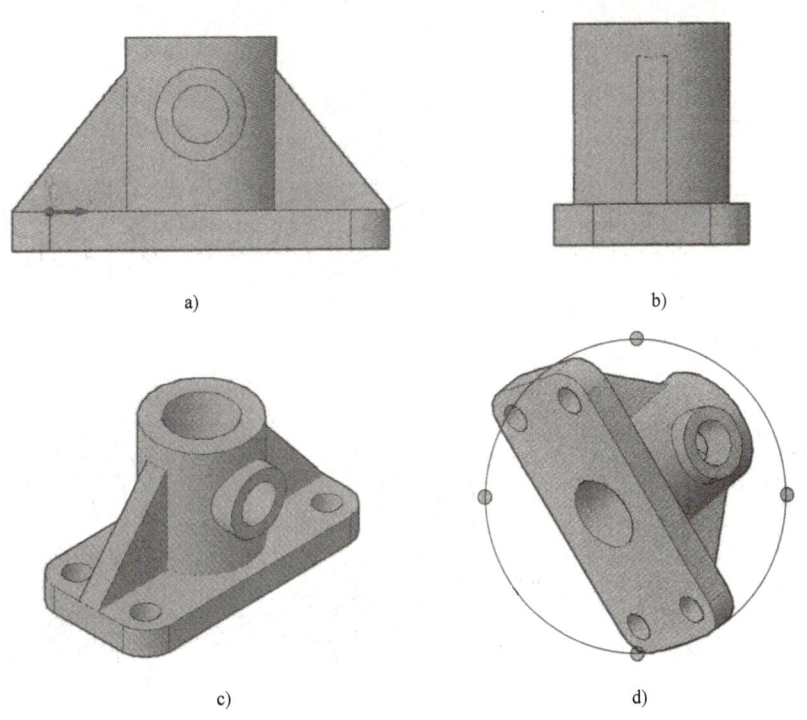

图 8-44　生成凸台

a）主视图画圆　b）左视图看圆　c）生成的实体造型　d）三维动态效果

2）将 φ24 的圆拉长 12，并与圆柱求"并集"。再拉伸 φ15 的小圆，长度为 15，并与圆柱求"差集"，完成实体的全部造型，如图 8-44c 所示。图 8-44d 所示为三维动态效果图。

案例二：

按图 8-45 所示的三视图，生成其实体造型。

操作步骤如下：

1）切换到主视图，用"多段线"命令画出图 8-46a 所示平面图形，用"Pedit"命令合并为一条线，拉伸 80。

2）切换到"等轴测"图，如图 8-46b 所示。

3）切换到"后视图"，利用捕捉定位画出图 8-46c 所示平面图形，用"Pedit"命令将所画部分合并为一条线。

4）切换到"等轴测"图，拉伸 20，可见到图 8-46d 所示的图形；求 φ30 孔与 U 形板的差集；再求 U 形板与底座的并集。

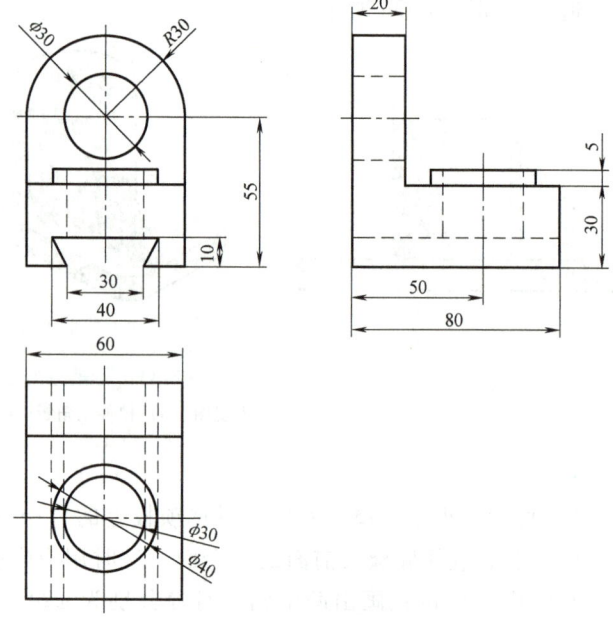

图 8-45 按三视图生成实体造型

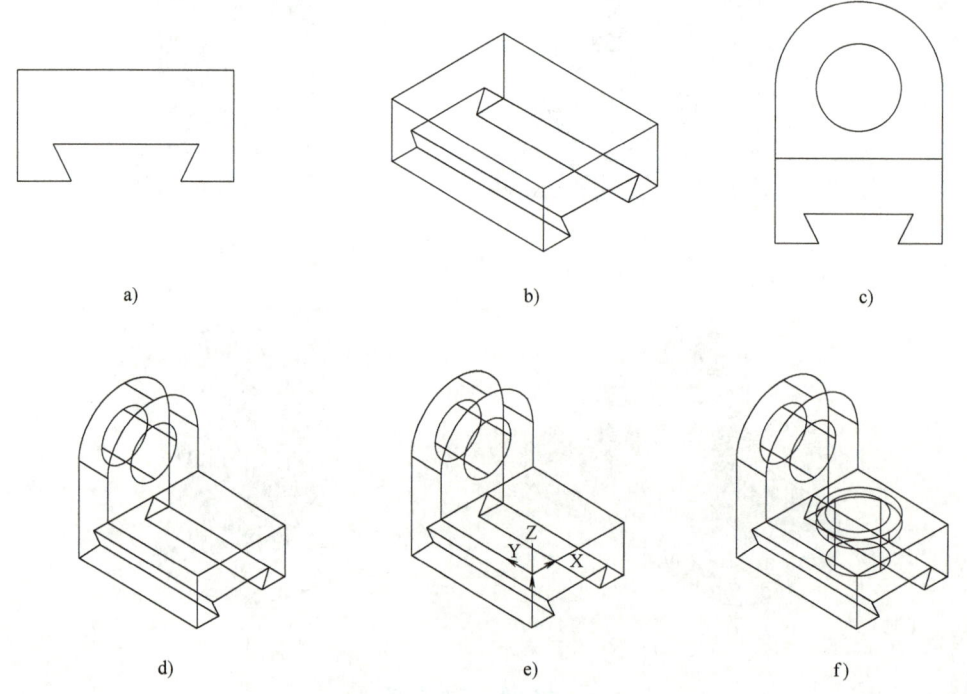

图 8-46 绘制过程

5）单击"工具"选项板上的"UCS"命令，在命令行出现的提示中选择"za"，然后选择底座上表面角点处指定新原点，再确定 Z 轴的正方向，这时用户坐标系 UCS 便位于图 8-46e 所示的位置，在图中正确位置画出圆 φ40，拉伸 5；得到圆凸台，再求圆凸台 φ40 与底座的并集。

6）平移 UCS 到圆凸台 φ40 的上表面，画圆孔 φ30，向下拉伸 25，求该孔与底座的差集，得到图 8-46f 所示图形。

7）选择"真实"命令，可得到图 8-47a 所示的图形。

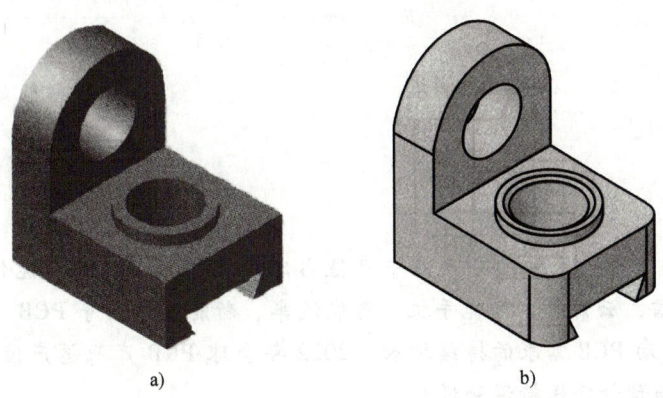

图 8-47 实体模型

a)"真实"实体 b)圆角和倒角后的实体

8）改变颜色为"青色"，视觉样式为"概念"，采用"修改"面板上的"圆角"和"倒角"命令，对实体进行操作，可得到图 8-47b 所示的实体，其中圆角半径为 $R10$，倒角为 $C2$。

【拓展任务】

根据 CAD 机械设计大赛要求，请用 AutoCAD 软件绘制完成图 8-48 所示图形，线型、颜色、粗细如图所示，并回答问题。

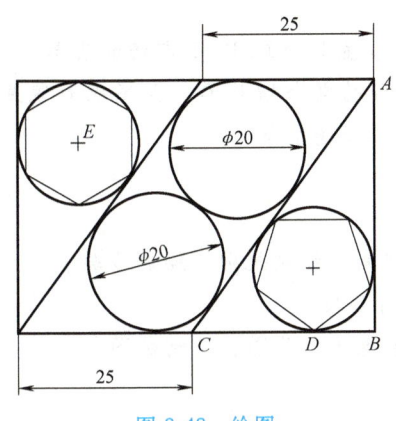

图 8-48 绘图

（1）D 点至 E 点的直线距离（保留三位小数）：_____。

（2）正六边形的周长（保留三位小数）：_____。

模块 9

电子与电气工程制图

【课前阅读】

　　PCB 行业是全球电子元件细分产业中产值占比最大的产业，在智能化、低碳化等因素的驱动下，5G 通信、云计算、智能手机、智能汽车、新能源汽车等 PCB 下游应用行业正在蓬勃发展，进而带动 PCB 需求的持续增长。2022 年全球 PCB 产业总产值增长 2.9%；未来几年全球 PCB 市场预计将保持温和增长。

　　PCB 产业在世界范围内广泛分布，美欧日发达国家起步早，技术设备先进，PCB 行业得到了长足发展。2000 年以前，北美、欧洲和日本三大地区占据全球 PCB 生产 70% 以上的产值，是最主要的生产基地。近二十年来，由于亚洲，尤其是我国，在劳动力、资源、政策、产业聚集等方面的优势，全球电子制造业产能不断向亚洲地区转移，PCB 行业呈现以亚洲为制造中心的新格局。自 2006 年开始，我国超越日本成为全球第一大 PCB 生产地区，PCB 的产量和产值均居世界第一。

　　我国作为全球 PCB 行业的最大生产地区，占全球 PCB 总产值的比例已由 2000 年的 8.1% 上升至 2021 年的 54.6%，北美、欧洲和日本的产值占比大幅下滑，我国和亚洲其他地区 PCB 行业发展较快。

　　据预测，亚洲在未来将继续主导全球 PCB 市场的发展，而我国的核心地位更加稳固，我国 PCB 行业预计将保持 4.3% 的复合增长率。在高端封装基板市场增长的带动下，我国 PCB 产值复合年均增长率保持在较高水平。

【学习重点】

　　1) 电气工程图的分类、格式、绘制规则、绘制步骤。
　　2) 用 AutoCAD 绘制电气原理图。
　　3) 用 Altium Designer 绘制电子电路图、印制板图⊖。

【学习难点】

　　1) AutoCAD 绘图软件及应用。

⊖ 机电一体化专业做。

2）车床电气控制电路图的绘制、万用表电路图的绘制。

3）Altium Designer 软件的应用。

【思维导图】

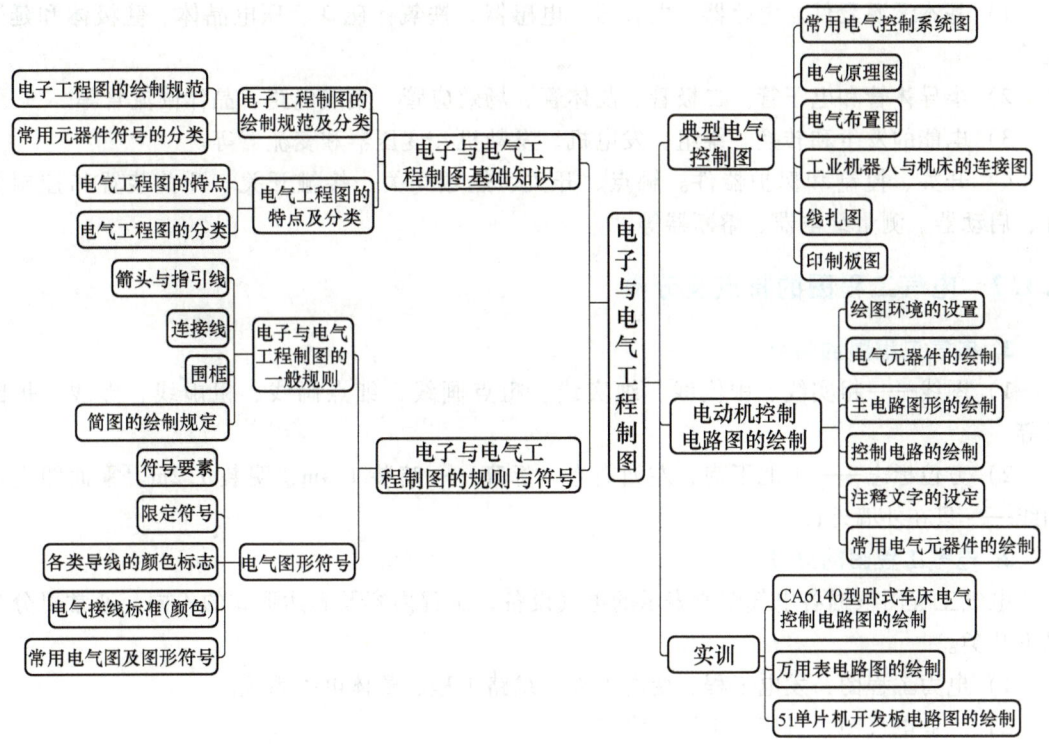

工程制图应用领域很广，其中应用最多的是机械、电子、电气、建筑、化工等领域。

在国家颁布的工程制图标准中，对电子与电气工程图的制图规则做了详细规定。本章主要介绍电子与电气工程制图，重点讲解电气工程图。

学习本章后，学生应掌握电子与电气工程图的种类和特点，了解电子与电气工程图的制图规范以及符号的分类，并能够绘制简单的电子与电气工程图。

9.1 电子与电气工程制图基础知识

9.1.1 电子工程制图的绘制规范及分类

电子工程图应用于家用电器、广播通信、计算机等弱电领域，表示电子电路中元器件或功能件的图形符号、元器件或功能件之间的连接线、端子代号、逻辑信号电平、项目代号、电子电路信息和补充信息等。

1. 电子工程图的绘制规范

（1）电子工程图绘制规则　电子工程图要在图形符号的上方或左方标出元器件的文字符号，当几个元器件接到公共零位线时，各元器件的中心应平齐，图中的信号流应从左至右，或从上至下连线，并尽量减少交叉和弯折。

（2）元器件放置规则　重或大的元器件放在安装板的下部，发热元器件安装在上部，强电和弱电要分开，要考虑方便维护、制造和安装，布线应整齐，元器件间应留出走线空间。

2. 常用元器件符号的分类

1）基本无源元件。电阻器、电容器、电感器、铁氧体磁珠、压电晶体、驻极体和延迟线等。

2）半导体管和电子管。二极管、晶体管、场效应管、集成电路、晶体闸流管等。

3）电能的发生和转换。绕组、发电机、发动机、变压器和变流器等。

4）开关、控制和保护器件。触点、开关、热敏开关、接触开关、开关装置和控制装置、启动器、测量继电器、熔断器等。

9.1.2　电气工程图的特点及分类

1. 电气工程图的特点

1）图线——粗实线、中实线、细实线、粗点画线、细点画线、粗虚线、虚线、折断线等。

2）方位标志——上北下南、左西右东。标高——暗装 1.4m，明装 1.2m。平面图定位轴线——只在外墙外面。

2. 电气工程图的分类

电气工程图根据各电气图所表示的电气设备、工程内容及表达形式的不同，通常可分为以下几类。

1）电力工程图：发电工程、变电工程、线路工程、整体电力系统。

2）工业电气图：机床、工厂、汽车等。

3）建筑电气图：照明、动力、电气设备、防雷接地等。

4）二次接线图：电气仪表、互感器、继电器及其他控制回路。

9.2　电子与电气工程制图的规则与符号

9.2.1　电子与电气工程制图的一般规则

国家标准对机械制图中的图幅、图线、字体等规定仍适用于电子与电气制图，但电子与电气工程图的绘制又有不同于机械制图的特点。

1. 箭头和指引线

（1）箭头　在电气制图中，为了区分不同的含义，规定信号线和连接线上的箭头必须开口，而指引线上的箭头必须是实心的。箭头形式及其使用对象见表 9-1。

表 9-1　箭头形式及其使用对象

箭头类型	开口	实心
箭头图形	 ———▷	 ———▶
使用对象	信号线,连接线	指引线

模块9 电子与电气工程制图

（2）指引线 指引线用细实线绘制，且指向被注释处，根据不同情况在指引线的末端加注，见表9-2。

表 9-2 指引线标记

末端位置	轮廓线内	轮廓线上	电路线上
标记形式	指引线末端用黑点	指引线末端用箭头	短斜线
图示			

2. 连接线

在电气图上，各种图形符号间的相互连线，统称为连接线。连接线的绘制直接影响电气图的效果和质量。

（1）连接线绘制的一般要求

1）连接线一般用细实线表示，计划扩展的内容可用虚线绘制。为突出或区分某些电路的功能，可采用不同粗细的图线表示，如在电力拖动电路中，主电缆电源部分的图线可用粗实线表示，以区别控制、指示等电路。

2）连接线应采用弯曲最小和交叉最少的直线绘制，且尽量避免采用斜线。

3）一条连接线不应在与另一条线交叉处改变方向，也不应穿过其他连接线的连接点，如图9-1所示。

4）两条连接线具有连接关系时，应使用连接点符号，即黑点表示。导线连接有"T"字形连接和"十"字形连接，如图9-2所示。

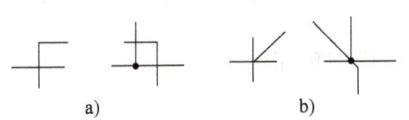
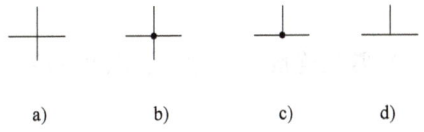

图9-1 导线、连接线互相穿越时的画法
　　a）正确　b）错误

图9-2 连接线的交叉与"T"字形连接
　　a）交叉（异面）　b）"十"字形连接
　　c）"T"字形连接　d）"T"字形连接省略黑点

（2）连接线的分组及其标记 为便于看图，对于母线、总线、配电线束及多芯电缆等平行连接线，应按功能分组。不能按功能分组的，可以任意分组，但每组不多于三条。组内线间距离应不小于5mm，且组间距离应大于线间距离，以便进行各种标注。为了表示连接线的功能或走向，可以在连接线上加注信号名或其他标记。无论单根连接线或成组连接线，其标记一般置于连接线的上方（水平布置）或左方（垂直布置），也可以置于连接线的中断处，必要时还可以在连接线上标出信号特性的信息，如走向、波形、传输速度等，使图样的

内容更便于理解。

（3）连接线的连续表示法　连接线一般用连续线条绘制。

1）用连续的单线表示连接线。对于多条走向相同的连接线，为避免平行线条过多，影响图面的清晰，常采用单线表示，即以单线代替多线，如图9-3所示，两端连接线对应具有相同位置，四根连接线具有平行关系。

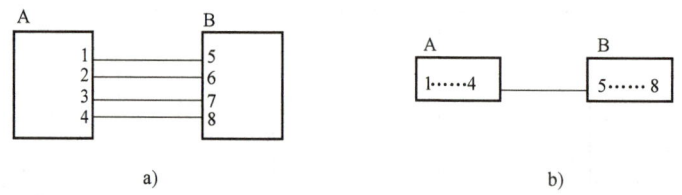

图9-3　用连续单线表示多线示例
a）两端连接线对应具有相同位置　b）可用单线表示多线

若某组线两端各自处于相同位置时，可直接将多根连接线用一根单线表示；若某组线两端处于不同位置时，必须在相互具有连接关系的线端加注标记，如图9-4所示。

2）单根导线汇入用单线表示的一组导线或连接线的绘制。此时，应采用如图9-5a所示的方法表示。汇接处为一短斜线，其方向应使看图者易于识别连接线进入或离开汇总线的方向，连接线末端注有相同的标记符号。这种方法多用于电气接线图中。

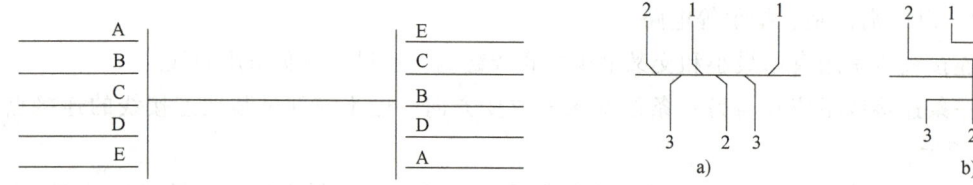

图9-4　表示两端连接线对应不同位置

图9-5　导线汇入多根连接线
a）单根导线汇入线组的表示方法
b）单根导线汇入线组的实际连接

3）常用连接线的标注。图9-6给出了几种常用连接线的标注。

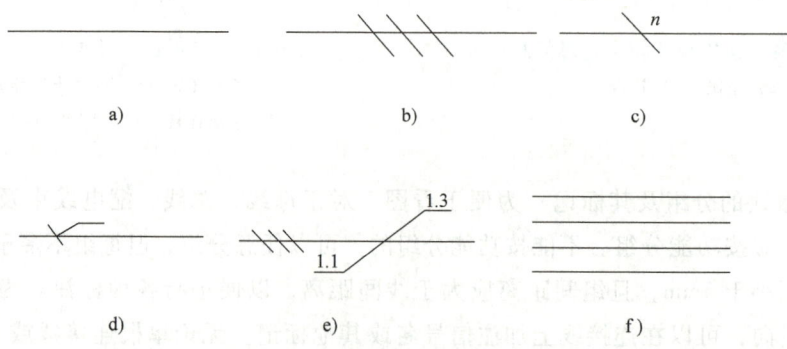

图9-6　常用连接线的标注
a）一条单线　b）三条线　c）n条线　d）线路特征　e）导线换位　f）4条线

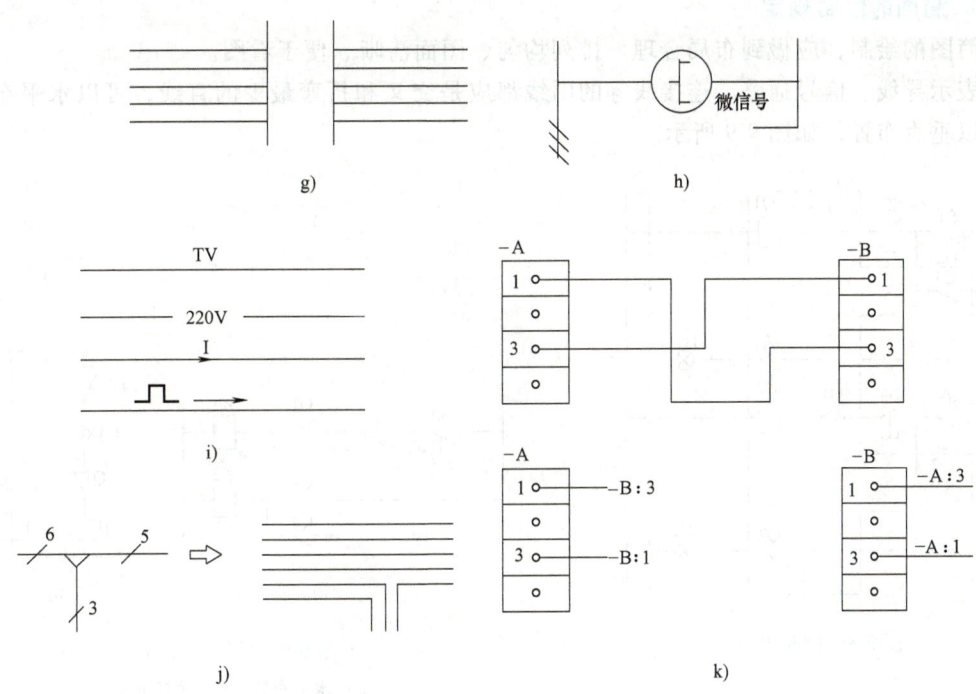

图9-6 常用连接线的标注（续）

g）输入/输出5条线　h）多相导线中性点　i）4种功能
j）3线输入，输出5线或6线　k）设备接口连接图

4）连接线的中断表示。当图中的连接线穿过符号密集的区域或出现连接线较长的情况时，连接线可用中断表示。中断线两端标注相同字母，如图9-7a所示。对于走向相同的线组，也可用中断画法，并在图上线组末端加注标记，如图9-7b所示。有时一条图线需要连接到另一张图上去，则必须采用中断线表示，如图9-7c所示。

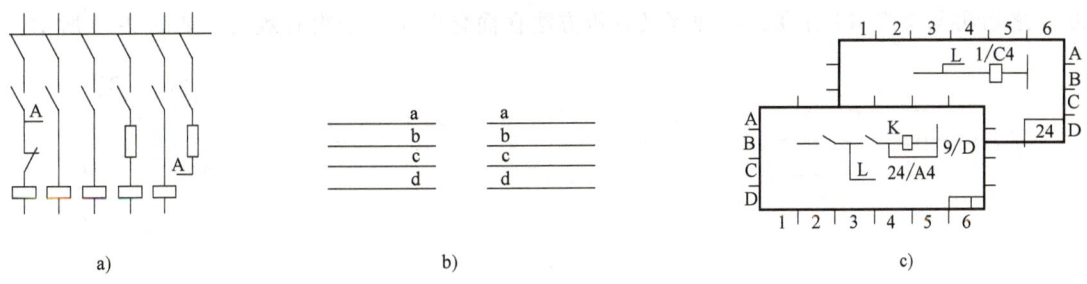

图9-7 中断线的画法

a）穿越图线时中断线的画法　b）导线组中断线的画法　c）连接到另一张图上的中断线画法

3. 围框

当需要在图上显示出图的一部分所表示的功能单元、结构单元或项目组等，可用细点画线围框表示。除插头插座和端子符号外，围框线不应与元件符号相交，也不应与指引线、连接线重合。为使图面清晰，围框的形状可以是不规则的，如图9-8所示。

4. 简图的绘制规定

简图的绘制，应做到布局合理、排列均匀、图面清晰、便于看图。

表示导线、信号通路、连接线等的图线都应是交叉和折弯最少的直线，可以水平布置，也可以垂直布置，如图9-9所示。

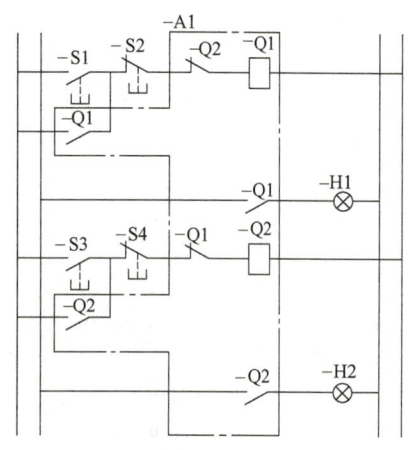

图9-8 围框画法

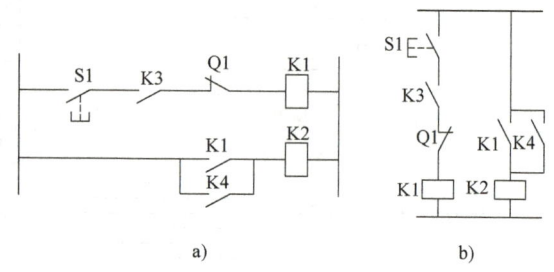

图9-9 简图的布局
a）水平布置 b）垂直布置

为了把相应的元件连接成对称的布局，也可以采用斜的交叉线对称布置，如图9-10所示。电路或元件应按功能布置，并尽可能按其工作顺序排列。

在分析串联、并联电路时，先找出各个节点，凡是用导线相连的两节点是等势点，可以等效为一个节点，连在两个相邻的节点间的电阻是并联的，把最基本的电路等效后，再对电路进一步分析。如图9-11所示，电阻R1和R2并联后，与电阻R4和R5并联的电路串联，之后再与电阻R3并联，这种逐级分析方法在简化电路中是很有效的，如图9-11所示。

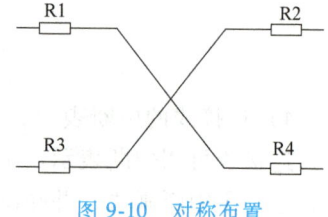

图9-10 对称布置

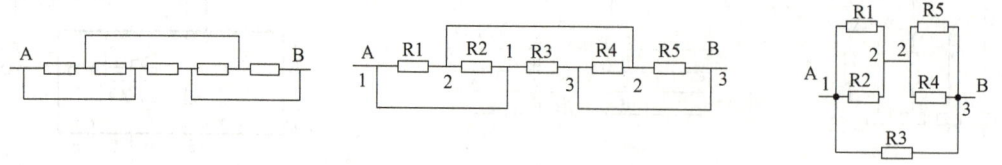

图9-11 混联简化电路

9.2.2 电气图形符号

绘制电气图形符号，应遵循国家标准GB/T 4728—2008《电气简图用图形符号》中的规定。电气图形符号包括一般符号、符号要素、限定符号和方框符号。其中通常符号和限定符号最为常用。

图形符号的方向通常取标准中示例的方向，为了避免导线折弯或交叉，在不改变符号意义的前提下，符号可以旋转或取镜像状态，但文字和指示方向不变，如图 9-12 所示。

1. 符号要素

图形符号的组成部分称为符号要素。不能单独使用，必须同其他图形组合才能形成设备或概念的完整符号。通常由符号要素构成一般符号，加限定符号后构成具体的图形符号，如图 9-13 所示。

2. 限定符号

附加于一般符号或其他符号之上，以提供某种确定或附加信息的图形符号的组成部分称为限定符号。它不能单独使用，如图 9-13c 所示，可调电容器图形符号中的箭头属于限定符号。

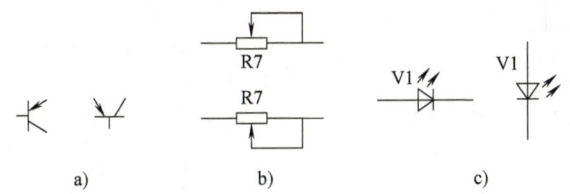 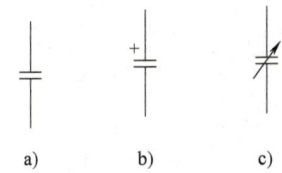

图 9-12 图形符号的方向
a) 图形旋转绘制 b) 镜像绘制 c) 指示方向和文字朝向不变

图 9-13 电容器图形符号的组成
a) 电容器一般符号 b) 极性电容器
c) 可调电容器

3. 各类导线的颜色标志

为便于识别成套装置中各种导线的作用和类别，明确规定各类导线的颜色标志如下。

1）黑色。装置和设备的内部布线。

2）棕色。直流电路的正极。

3）红色。交流三相电路的第三相（C 相）；晶体管的集电极；半导体二极管、整流二极管、晶闸管的阴极。

4）黄色。交流三相电路的第一相（A 相）；晶体管的基极；晶闸管和双向晶闸管的门极。

5）绿色。交流三相电路的第二相（B 相）。

6）蓝色。直流电路的负极；晶体管的发射极；半导体二极管、整流二极管、晶闸管的阳极。

7）淡蓝色。交流三相电路的零线或中性线；直流电路的接地中间线。

8）白色。双向晶闸管的主电极；无指定用色的半导体电路。

9）黄绿双色。安全用的接地线（保护地 E）。

10）红、黑色并行。用双芯导线或双根绞线连接的交流电路。低压电力电容器属柜内布线，可以用黑色，但又属于电力系统，也可以采用黄、绿、红按相序连接。

4. 电气接线标准（颜色）

CE 标准
动力线：三相全为黑色
控制火线：红色
零线：蓝色
24V+(24V)：黄色

国家标准
动力线：三相为黄绿红
控制火线：红色
零线：蓝色
24V+(24V)：黄色

地线：黄绿 　　　　　　　　　地线：黄绿
24V-(GND)：浅蓝色　　　　　　24V-(GND)：浅蓝色
控制零线：蓝色　　　　　　　　控制零线：黑色

5. 常用电气图及图形符号

电气图形符号如图 9-14 所示。

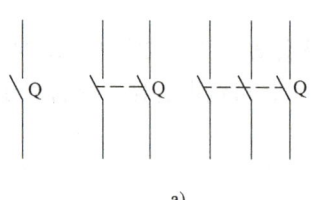

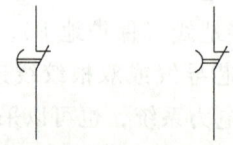

图 9-14　电气图形符号

a）闸刀开关单级、双级、三级　b）组合开关符号　c）熔断器图形符号　d）交流接触器图形符号
e）按钮开关图形符号　f）行程开关图形符号　g）时间继电器触点符号

9.3 典型电气控制图

电气控制图电路是用导线将电动机、电器、仪表等电器元件连接起来并实现某种要求的电气工程图。为了设计、研究分析、安装维修时阅读方便，需要用统一的工程语言即用图的形式来表示，并在图上用不同的图形符号来表示各种电器元件，又用不同的文字符号来表示图形符号所代表的电器元件的名称、用途、主要特征及编号等。根据机械运动形式对电气控制系统的要求，采用国家统一规定的图形符号、文字符号和标准画法来进行绘制。按照电气设备和电器的工作顺序，详细表示电路、设备或装置的全部基本组成和连接关系的图形就是电气控制系统图。

9.3.1 常用电气控制系统图

常见的电气控制系统图主要有电气原理图、电气布置图、电气安装接线图三种。在绘制电气控制系统图时，必须采用国家统一规定的图形符号、文字符号和绘图方法。在机床电气控制原理分析中最常用的是电气原理图。

电气控制系统图是电气控制线路的通用语言，为了便于交流与沟通，绘制电气控制系统图时，所有电器元件的图形符号和文字符号必须符合国家标准的规定，不可采用其他任何非标准符号。近年来，随着经济的发展，我国从国外引进了大量的先进设备，为了掌握引进的先进技术和设备，加强国际交流和满足国际市场的需要，我国制定了一系列国家标准，主要有《电气简图用图形符号》（GB/T 4728—2008~2018）、《电气技术用文件的编制 第1部分：规则》（GB/T 6988.1—2008）、《工业系统、装置与设备以及工业产品 结构原则与参照代号 第1部分：基本规则》（GB/T 5094.1—2018）等。电气控制系统中的图形和文字符号必须符合现行国家标准。

图形符号是用来表示一台设备或概念的图形、标记或字符。符号要素是一种具有确定意义的简单图形，必须同其他图形组合而构成一个设备或概念的完整符号。如电动机主电路标号由文字符号和数字组成。文字符号用以标明主电路中的元件或线路的主要特征；数字标号用以区别电路不同线段。接触器主触点的符号也是由接触器的触点功能和常开触点符号组合而成的。三相交流电源引入线采用 L1、L2、L3 标号，电源开关之后的三相交流电源主电路分别标 U、V、W。如 U11 表示电动机的第一相的第一个接点代号，U21 表示第一相的第二个接点代号，以此类推。

控制电路的标号通常是由三位或三位以下的数字组成的，交流控制电路的标号主要是以压降元件（如线圈）为分界，左侧用奇数标号，右侧用偶数标号。直流控制电路中正极按奇数标号，负极按偶数标号。

9.3.2 电气原理图

电气原理图也称为电路图，是根据电路的工作原理绘制的，它表示电流从电源到负载的传送情况和电器元件的动作原理，所有电器元件导电部件和接线端子之间的相互关系，电气原理图结构简单、层次分明。通过它可以很方便地研究和分析电气控制线路，了解控制系统的工作原理，电气原理图是根据电路的工作原理绘制的，它只表明各电器元件的导电部件和接线端子之间的相互关系，并不表示电器元件的实际安装位置、实际结构尺寸和实际配线方法的绘制，也不反映电器元件的实际大小。图9-15所示为笼型电动机正反转控制电气原理图。

电气原理图绘制的基本原则有以下几点。

1) 电气控制线路根据电路通过的电流大小可分为主电路和控制电路。主电路和控制电路应分别绘制。主电路包括从电源到电动机的电路，是强电流通过的部分，用粗实线绘制在图面的左侧或上部，控制电路是通过弱电流的电路，一般由按钮、电器元件的线圈、接触器的辅助触点、继电器的触点等组成，用细实线绘制在图面的右侧或下部。

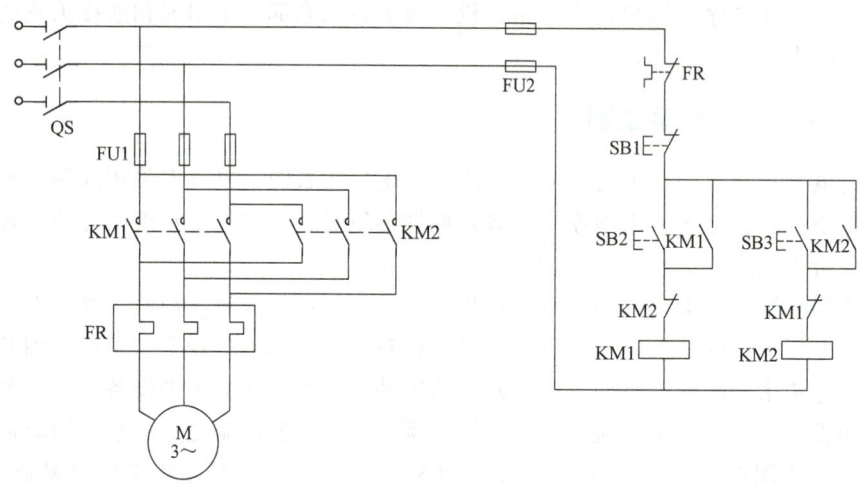

图9-15　笼型电动机正反转控制电气原理图

2) 电气原理图应按国家标准所规定的图形符号、文字符号和回路标号绘制，必须采用国家规定的统一标准。在图中各电器元件不画实际的外形图。

3) 各电器元件和部件在控制线路中的位置，要根据便于阅读的原则安排。同一电器元件的各个部件可以不画在一起，但要用同一文字符号标出。若有多个同一种类的电器元件，可在文字符号后加上数字序号，如KM1、KM2等。

4) 在电气原理图中，控制电路的分支线路，原则上应按照动作先后顺序排列，两线交叉连接时的电气连接点要用"实心圆"表示。无直接联系的交叉导线，交叉处不能用"实心圆"。表示需要测试和拆、接外部引出线的端子，应用符号"空心圆"表示。

5) 所有电器元件的图形符号，必须按电器未接通电源和没有受外力作用时的状态绘制。触点动作的方向是：当图形符号垂直绘制时为从左向右，即在垂线左侧的触点为常开触点，在垂线右侧的触点为常闭触点；当图形符号水平绘制时应为从下往上，即在水平线下方为常开触点，在水平线上方为常闭触点。

6) 图中电器元件应按功能布置，一般按动作顺序从上到下、从左到右依次排列。垂直布置时，类似项目应横向对齐；水平布置时，类似项目应纵向对齐。

7) 在电气原理图中，所有电器元件的型号、用途、数量、文字符号、额定数据，用小号字体标注在其图形符号的旁边，也可填写在元件明细栏中。

图9-16所示为CA6140型车床坐标图示法电气原理图，图中线路根据性质、作用和特点

分为交流主电路、交流控制电路、交流辅助电路和直流控制电路四部分。采用这种方法了解设备电气原理可一目了然。

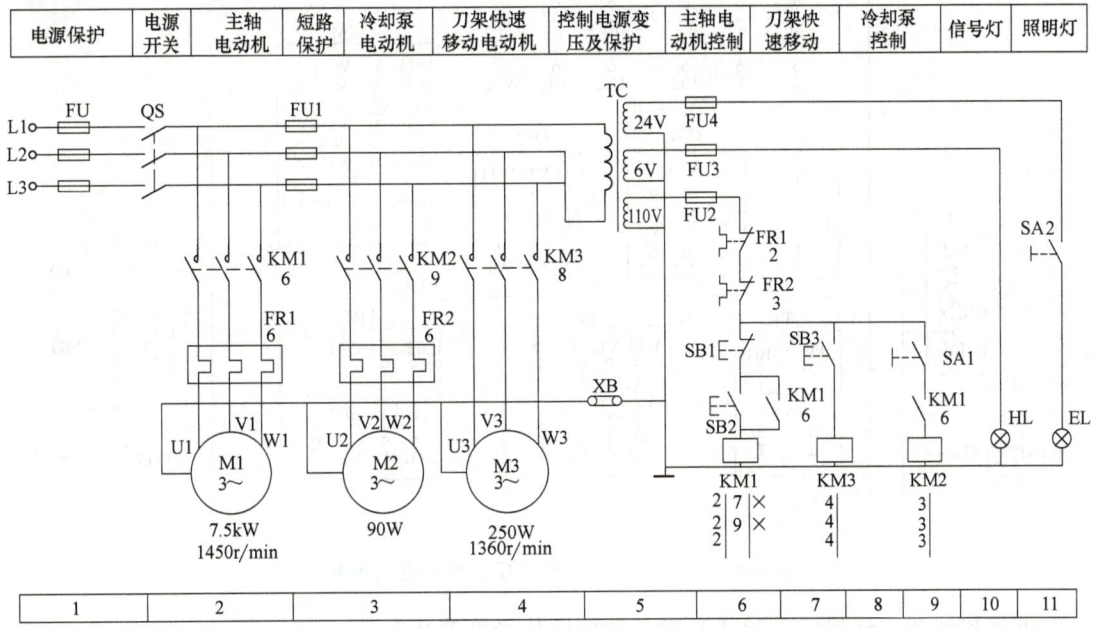

图 9-16　CA6140 型车床电气原理图

9.3.3　电气布置图

电气布置图是按照各电器元件相对实际位置绘制的接线图，根据电器元件布置最合理和连接导线最经济来安排。它又清楚地表明了各电器元件的相对位置和它们之间的电路连接。还为安装电气设备、电器元件之间进行配线及检修电气故障等提供了必要的依据。电气布置图中的文字符号、数字符号应与电气原理图中的符号一致，同一电器的各个部件应画在一起，各个部件的布置应尽可能符合这个电器的实际情况，对比例和尺寸应根据实际情况而定。

绘制电气布置图应遵循以下几点。

1) 用规定的图形、文字符号绘制各电器元件，元器件所占图面要按实际尺寸以统一比例绘制，应与实际安装位置一致，同一电器元件各部件应画在一起。

2) 一个元器件中所有的带电部件应画在一起，并用细点画线框起来，采用集中表示法。

3) 各电器元器件的图形符号和文字符号必须与电气原理图一致，而且必须符合国家标准。

4) 绘制安装接线图时，走向相同的多根导线可用单线表示。

5) 接线端子绘制，各电器元件的文字符号及端子板的编号应与原理图一致，并按原理图的接线进行连接。各接线端子的编号必须与电气原理图上的导线编号一致。

图 9-17 所示为笼型异步电动机正反转控制的电气布置图。

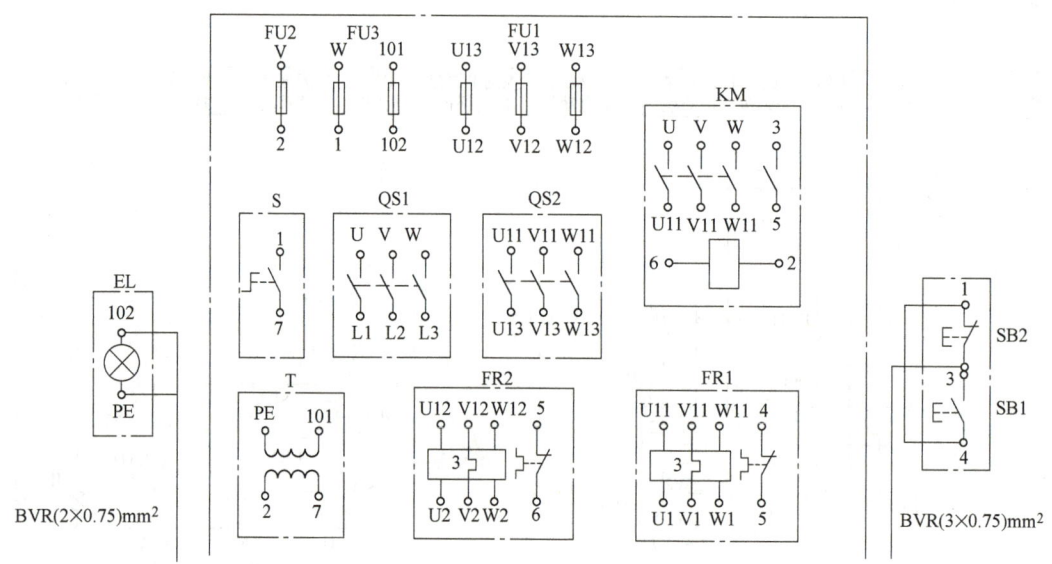

图 9-17　笼型异步电动机正反转控制电气布置图

电气接线图中连接线（导线）颜色的标记代号见表 9-3。

表 9-3　导线颜色的标记代号

颜色	黑色	棕色	红色	橙色	黄色	绿色	蓝色(含浅蓝)	紫(紫红)色
标记代号	BK	BN	RD	OG	YE	GN	BU	VT
颜色	灰(蓝灰)色	白色	粉红色	金黄色	青绿色		银白色	绿-黄色
标记代号	GY	WH	PK	GD	TQ		SR	GNYE

9.3.4　工业机器人与机床的连接图

目前，随着生产自动化，工业机器人正越来越多地应用于生产线上（如汽车组装生产线、半导体硅片搬运等），为了更好地协调机器人与数控车床的工作，必须建立机器人和机床之间安全可靠的通信机制，采用快速 I/O 通信模式。在硬件方面，通过屏蔽信号电缆将两者之间的 PLC 处理器中相应的输入与输出点进行连接，屏蔽电缆可以保证信号传输的稳定性。软件方面，通过机器人专用软件采集机床和机器人当前状态，编写相应的符合上下料逻辑的控制程序，最终达到数控机床与机器人的有效通信，从而实现模块化自动上下料柔性制造系统单元安全高效运行。工业机器人与机床连接框图如图 9-18 所示。

工业机器人各种动作轨迹调试完毕后，还要配合生产线上的动作要求，也

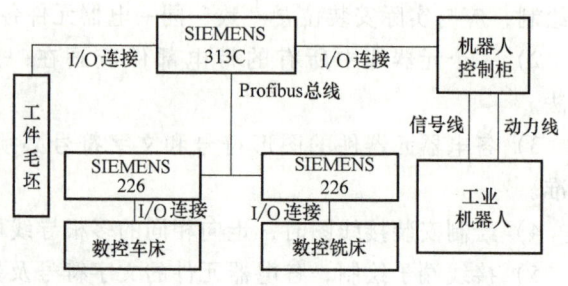

图 9-18　工业机器人与机床连接框图

就是还要和 PLC 连接通信。工业机器人与 PLC 之间的通信传输有"I/O"连接和通信线连接两种。

工业机器人使用 S7-300 与 PLC 连接，如图 9-19 所示；工业机器人主体和控制器之间使用自带通信电缆（直接接插）连接；S7-200 与车床连接如图 9-20 所示；S7-200 与铣床连接如图 9-21 所示。

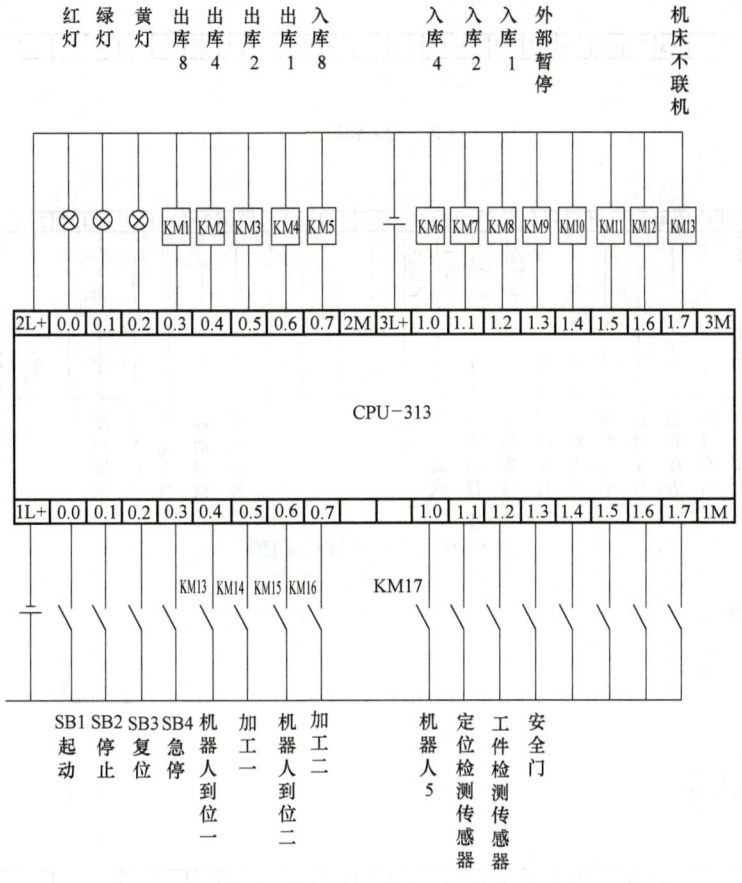

图 9-19 机器人与 PLC 连接

9.3.5 线扎图

由于电气结构中常常有很多导线，为保证布线整齐美观和使用安全，应将导线捆扎。表达线扎实际布图的工程图样称为线扎图。它是根据设备中各接线点的实际位置及接线图中走向的要求绘制的。

1. 线扎图的表示方法

（1）图例方式　图例方式绘制线扎图，导线的主干、分支和单线均采用粗实线绘制。为了便于施工和维护，同一线扎内的导线通常采用不同颜色的绝缘护套，导线的颜色也一并在图中进行标注。图 9-22 所示是数控机床的伺服系统线扎图。

（2）结构方式　导线的主线和分支用双线轮廓绘制，线束中引用的单根导线用粗实线绘制，线扎处用两条细实线绘制，电缆按实物简化，外形轮廓用粗实线绘制，如图 9-22 所示。

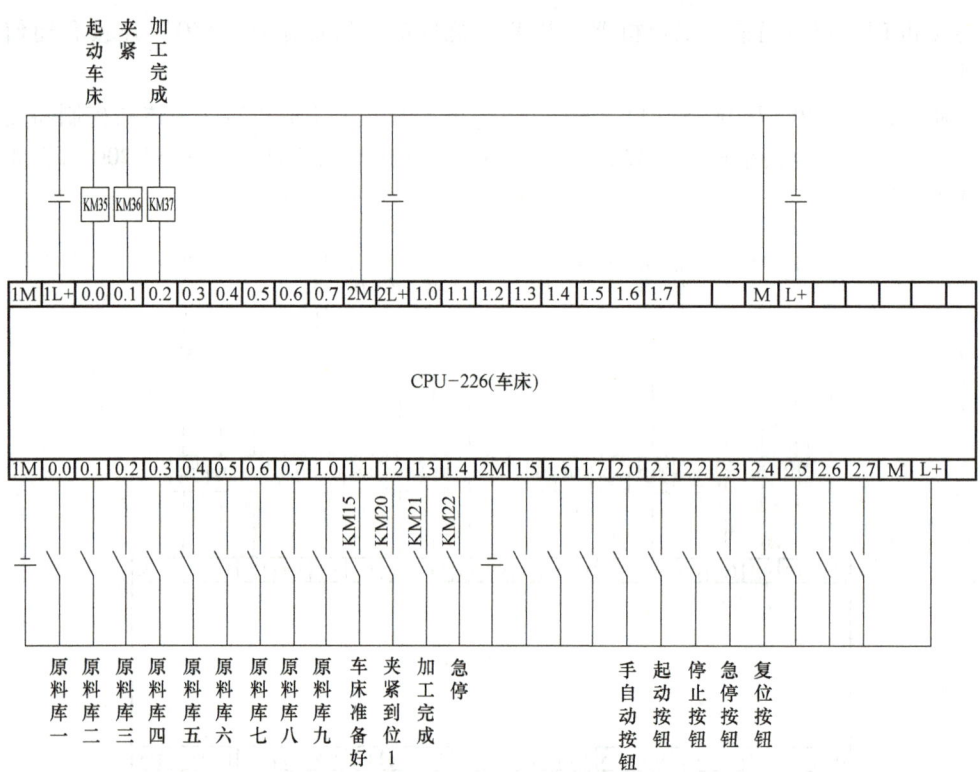

图 9-20　S7-200 与车床连接

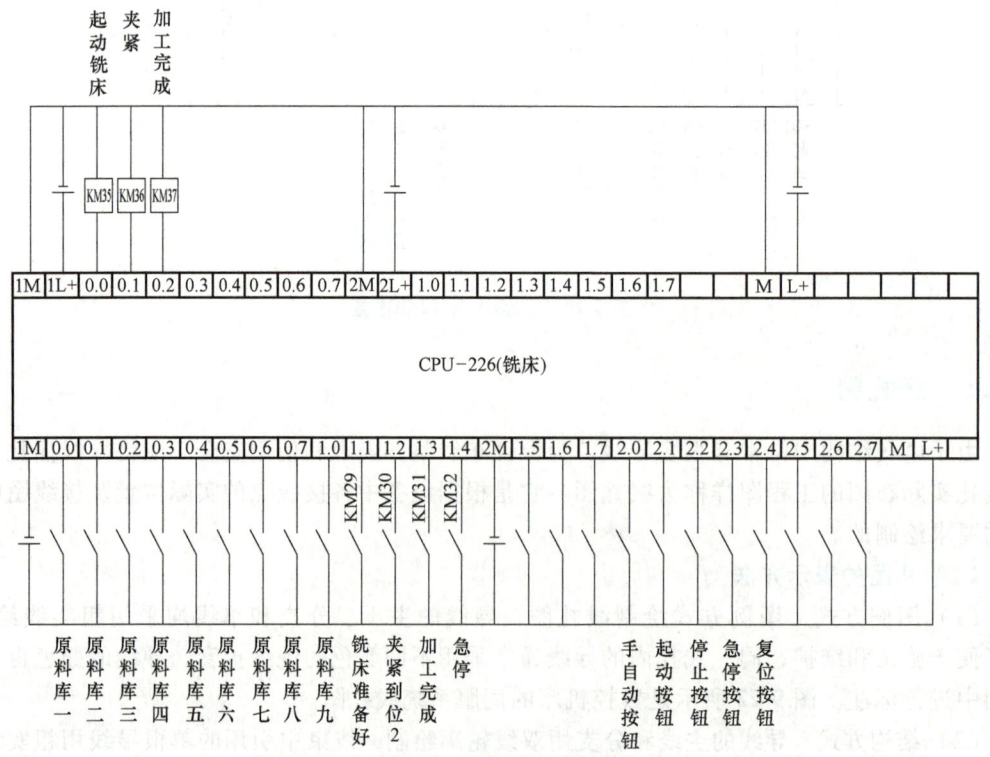

图 9-21　S7-200 与铣床连接

模块9　电子与电气工程制图

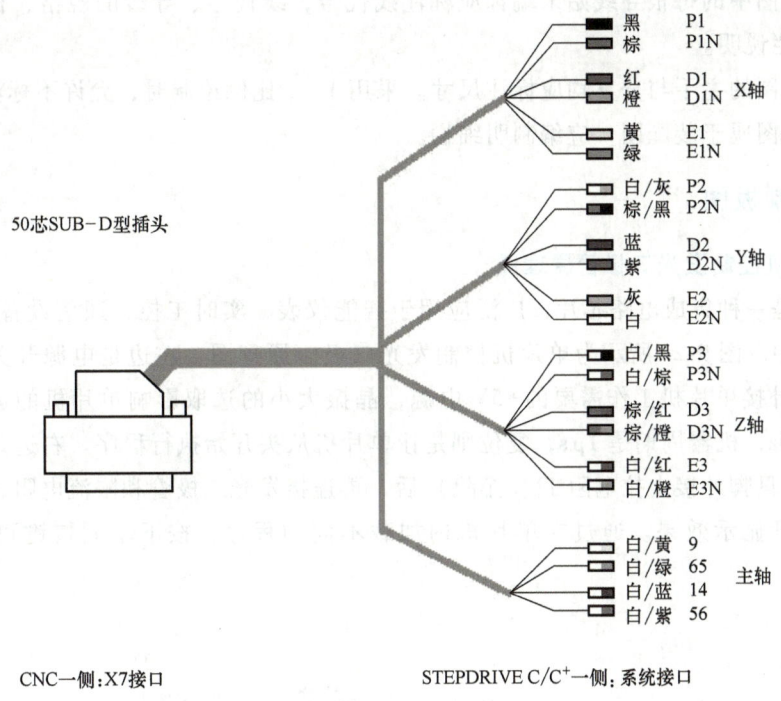

图 9-22　数控机床伺服系统线扎图

2. 线扎图的绘制方法

1）线扎图一般采用平面视图，在折弯处用折弯符号和用向视图补充表示，如图 9-23 所示。

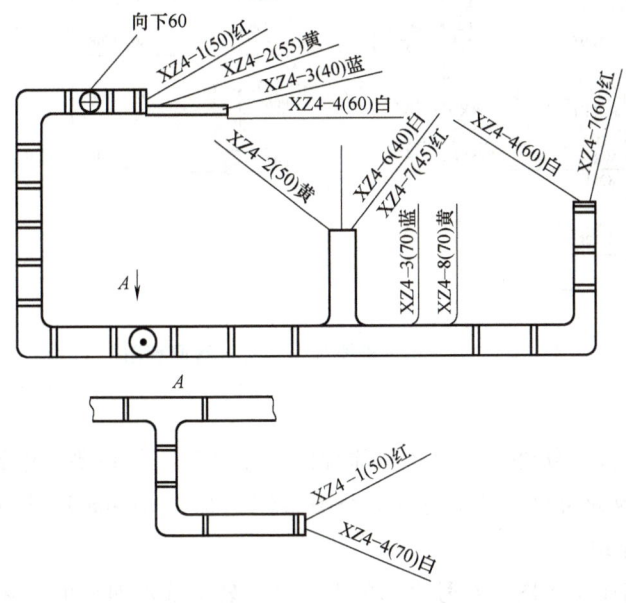

图 9-23　线扎图的结构方式

2)线扎图中的每根导线始末端都应标注线代号,线代号、导线的规格、长度、颜色等可列出明细栏说明。

3)线扎图的主干与分支均应标注尺寸。采用1∶1比例绘制时,允许不标注尺寸。

4)线扎图属于装配图,应编制明细栏。

9.3.6 印制板图

1. 单片机控制发光二极管原理图

单片机是一种集成电路芯片,广泛应用于智能仪表、实时工控、通信设备、导航系统、家用电器等中。图9-24所示为单片机控制发光二极管原理图,左边是电源开关、晶振和复位,J1负责外接单片机工作需要的+5V电源,晶振大小的选取影响单片机的运行速度,此次选择12MHz,机器周期是1μs,复位则是让单片机从头开始执行程序。右边是使用单片机的P0口的八只脚外接上拉电阻J2(排阻)后,再连接发光二极管和限流电阻,S3~S7是控制发光二极管显示效果。通过在单片机内加载不同的程序,按下不同按键可以实现不同效果。

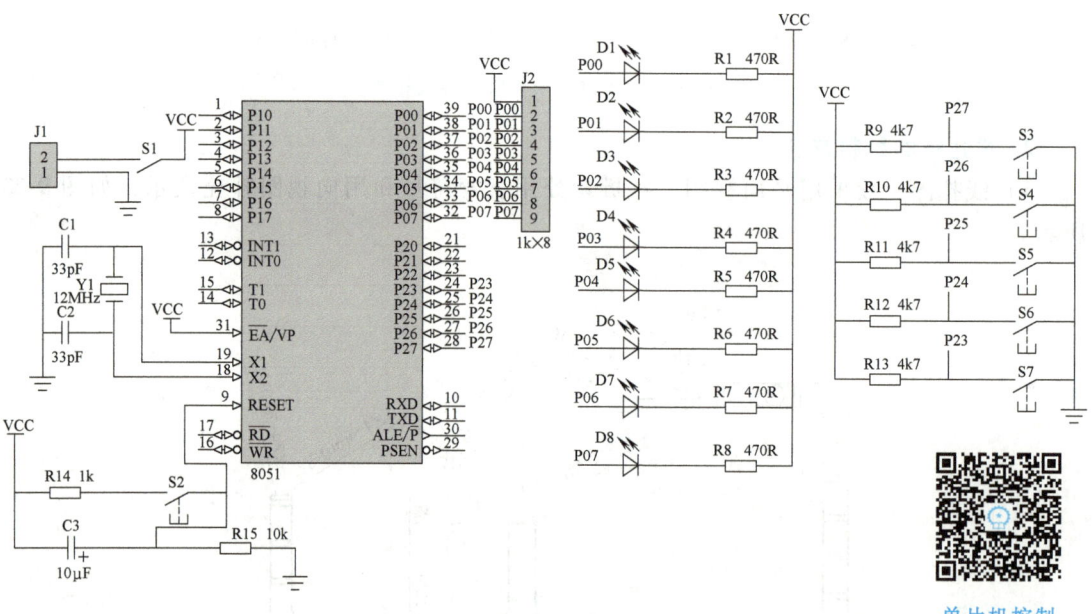

图9-24 单片机控制发光二极管原理图

单片机控制发光二极管原理图绘制流程

2. 印制板图

运用Altium Designer软件完成单片机原理图绘制之后,如果要将电路设计制作成实物,则还需要进行PCB板的绘制,即印制板电路图绘制。有关Altium Designer软件应用查看电子CAD,本节不再介绍。

印制板是将电路图中各图形符号之间的电气连接转变成所对应的实际元器件之间的电气连接的一种实物。它是由覆有铜箔的层压环氧塑料基板制成的。

印制板图是设计和制作印制板的重要技术资料。印制板图是采用正投影法和符号法绘制的，绘制时，应符合《印制板制图》（GB/T 5489—2018）和技术制图、电气制图等标准的要求。

印制板图包括印制板零件图和印制板组装件装配图（简称印制板装配图）。印制板零件图主要包括印制板结构要素图、印制板导电图形图和印制板标记符号图等。印制板结构要素图属于机械加工图，是用来表示印制板外形和板面上安装孔、槽等结构要素的尺寸及有关技术要求的图样；印制板装配图是表示各种元器件和结构件与印制板连接关系的图样。由于印制板结构要素图、印制板装配图的读图和绘制方法与机械制图一致，在此不再赘述。下面仅介绍印制板导电图形图和印制板标记符号图。

（1）印制板导电图形图 印制板导电图形图是在坐标网格上绘制的，一般采用计算机绘制。印制板导电图形图主要用于表示印制板导线、连接盘的形状和它们之间的相互位置，如图9-25所示。

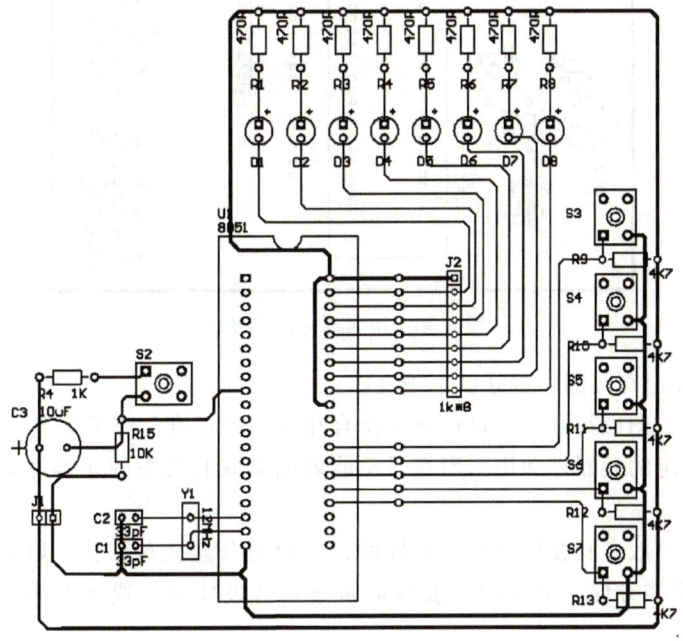

图 9-25 单片机控制发光二极管印制板导电图形图

在设计和绘制印制板导电图形图时，应遵守以下规定。

1）导电图形一般采用双线轮廓绘制，当印制导线宽度小于1mm或宽度基本一致时，可采用单线绘制。此时，应注明导线宽度、最小间距和连接盘的尺寸。

2）对双面印制板布线时，为减少寄生耦合电容的影响，双面的导线应尽量避免平行，特别是高频电路布线。

3）在一般情况下，导电图形应尽量采用宽短的印制导线。对于严格控制寄生电容影响的高阻抗信号线，要使用窄形印制导线。

4）为防止相邻印制导线间产生电压击穿或飞弧，以及避免在焊接时产生连焊现象，必须保证印制导线间的最小允许间距。在布线面积允许的情况下，尽量采用较大的导线间距。

5) 简化画法。有规律重复出现的导电图形可不全部绘出,但应指出其分布规律。

6) 多层印制板的每一导线层都应绘制一个视图,视图上应标出层次序号。

(2) 印制板标记符号图 印制板标记符号图是按元器件在印制板上的实际装接位置,采用元器件的图形符号、简化外形和它们在电路图、系统图或框图中的项目代号及装接位置标记等绘制的图样,印制板标记符号图如图 9-26 所示。

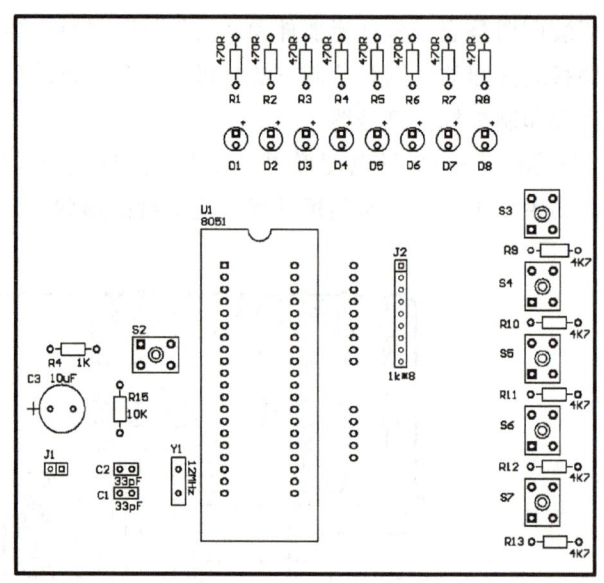

图 9-26 印制板标记符号图

绘制印制板标记符号图应遵守以下规定。

1) 图中采用的图形符号、项目代号应符合相应国家标准的有关规定。

2) 非焊接固定的元器件和用图形符号不能表明其安装关系的元器件可采用实物简化外形轮廓绘制。

3) 标记符号一般布置在印制板的元件面,并应避开连接盘和孔,以保证标记符号完整清晰。有时为了维修方便,可在印制板焊接面布置有极性和位置要求的元器件图形符号或标记。

按照线路板层数可分为单面板、双面板、四层板、六层板以及其他多层线路板。我们通常说的印制电路板是指裸板,即没有上元器件的电路板。

(3) 印制板上的常用电子元件符号 在印制板上的常用电子元件符号主要有 R 电阻、C 电容、D 二极管、Q 或者 VT 三极管、L 电感、F 熔断器、T 变压器、U 或者 IC 集成电路、S 开关、LED 发光二极管、K 继电器、GND 公共接地端、AC 交流、DC 直流、LS 蜂鸣器、X 或 Y 石英晶体振荡器(晶振)等。

在图 9-27 所示印制板中,R1~R14 表示电阻,C1~C5 表示电容,DS1~DS3 表示显示器,LED1~LED4 表示发光二极管,Q1~Q6 表示晶体管,E 表示发射极,B 表示基极,C 表示集电极,IC1 表示集成电路。一般情况下,第一个字母表示器件类别,第二个是数字,表示电路功能编号。

模块9 电子与电气工程制图

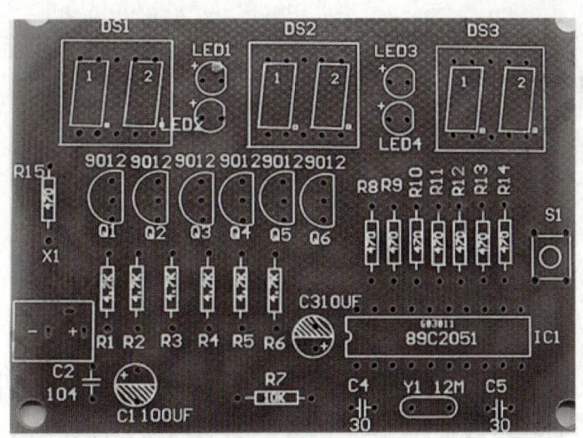

图 9-27 印制板示例

9.4 用 AutoCAD 绘制电动机控制电路图

本节主要通过对典型机械电气控制电路实例进行分析和绘制，阐述电气控制图的阅读及绘制方法，学生需要掌握利用 AutoCAD 绘制电气控制图的方法和技巧。

电动机广泛应用于工厂电气设备与生产机械电力拖动自动控制电路中，通过对控制电路的设置从而达到电动机的起动、运行、正转、反转等。电气控制图一般不严格要求比例尺寸，画出的图美观、整齐即可。如图 9-15 所示的笼型电动机正反转控制电路图，它主要由主回路和控制回路两部分组成，本节将详细介绍此电路图的绘制。

9.4.1 绘图环境的设置

1) 建立新文件，启动 AutoCAD 软件，系统自动创建一个空白文件，在快速访问工具栏上执行"保存"按钮菜单命令，将其保存为"异步电动机正反转控制电路图.dwg"文件。

2) 设置工具栏，在任意工具栏中单击鼠标右键，打开快捷菜单，选择标准、图层、对象特性、绘图、修改和标注 6 个命令，调出这些工具栏，并将它们移到绘图窗口适当的位置。也可以直接选择 AutoCAD 经典模式，调出常用工具栏。

3) 开启栅格，鼠标移至屏幕最下面的状态栏，单击"栅格"按钮，开启栅格。在状态栏单击右键选"设置"，单击"确定"按钮；或者输入"SE"命令设置栅格间距，参数设置如图 9-28 所示。

9.4.2 电气元器件的绘制

（1）绘制隔离开关

1) 执行"插入"命令（I）或单击图标，将"案例 CAD \ 01 常用电气元器件绘制"文件夹下的"多极开关"插入图形中，如图 9-29a 所示。

2) 执行"直线"命令（L），在图形中相应位置绘制长为 1.5mm 的水平线段，如图 9-29b 所示；再执行"镜像"命令，如图 9-29c 所示；执行"复制"命令，如图 9-29d 所示。

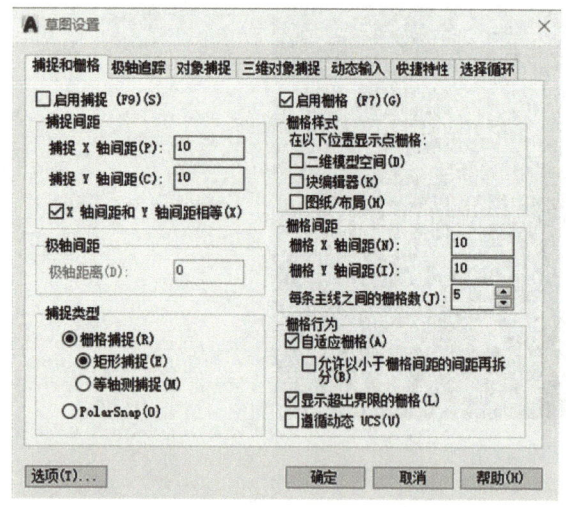

图 9-28 设置栅格参数

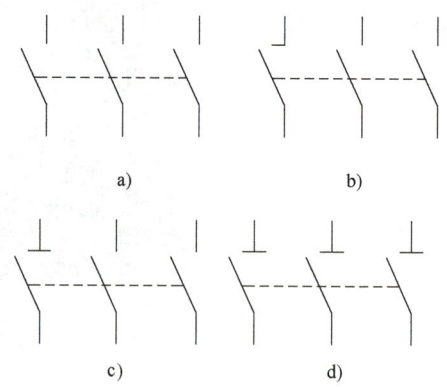

图 9-29 绘制隔离开关
a）插入图形 b）绘制直线 c）镜像 d）复制

3）执行"写块"命令（W），将绘制好的隔离开关图形保存为外部块文件，且保存到"案例 CAD\01 常用电气元器件绘制"文件夹里面。

（2）绘制接触器

1）执行"插入"命令（I），将"案例 CAD\01 常用电气元器件绘制"文件夹下的"多极开关"插入图形中，如图 9-30a 所示。

2）执行"圆弧"命令（ARC）或单击，分别在图形中相应位置绘制圆弧，再执行"复制"命令（CO）或单击，将圆弧复制两次，如图 9-30b 所示。

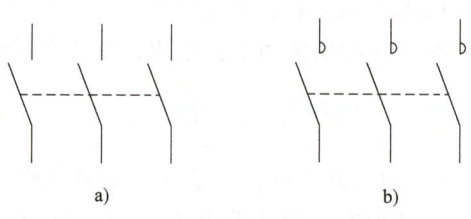

图 9-30 绘制接触器
a）插入图形 b）绘制图弧

3）执行"写块"命令（W），将绘制好的三极接触器图形保存为外部块文件，保存到"案例 CAD\01 常用电气元器件绘制"文件夹里面。

（3）绘制动断常闭按钮

1）执行"插入"命令（I），将"案例 CAD\01 常用电气元器件绘制"文件夹下的"动断常闭触点"插入图形中，如图 9-31a 所示。

2）执行"直线"命令（L），捕捉斜线中点水平向右绘制一条长为 10mm 的线段并将其改为虚线，如图 9-31b 所示。

3）执行"直线"命令（L），按照如图

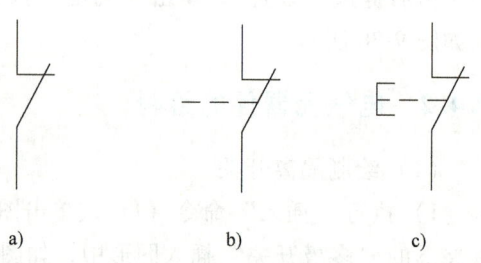

图 9-31 绘制动断常闭按钮
a）插入图形 b）绘制虚线 c）绘制直线

9-31c 所示的尺寸绘制直线。

4）执行"写块"命令（W），将绘制好的动断常闭按钮图形保存为外部块文件，即保存到"案例 CAD \ 01 常用电气元器件绘制"文件夹里面。

(4) 绘制热继电器

1）执行"矩形"命令（REC），绘制的矩形，如图 9-32a 所示。

2）执行"直线"命令（L），在矩形水平中点绘制一条垂直线段，如图 9-32b 所示。

3）执行"矩形"命令（REC），绘制矩形，执行"修剪"命令（TR），修剪不要的线段，如图 9-32c 所示。

4）执行"复制"命令（COPY），复制时分别向左向右输入距离 10，如图 9-32d 所示。

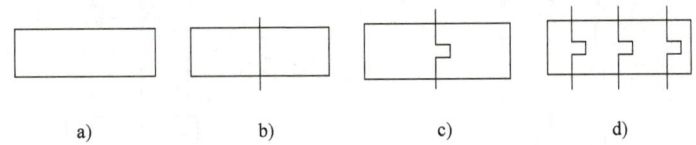

图 9-32　绘制热继电器

a）绘制矩形　b）绘制线段　c）绘制矩形并修剪　d）复制结果

5）执行"写块"命令（W），将绘制好的三极热继电器图形保存为外部块文件，且保存到"案例 CAD \ 01 常用电气元器件绘制"文件夹里面。

(5) 插入电气元器件　执行"插入"命令（I），将"案例 CAD \ 01 常用电气元器件绘制"文件夹下的电气元器件插入图形中，如图 9-33 所示。

9.4.3　主电路图形的绘制

1）绘制主电路进线，执行"圆"命令（C），绘制一个直径为 5mm 的圆；按 F8 打开正交模式，输入（SE）命令，选择对象捕捉模式"象限点"，执行"直线"命令，在圆右侧象限点为起点输入长度为 120mm，绘制一条直线段，如图 9-34a 所示。

2）执行"复制"命令（CO），选择水平直线和圆，将它们竖直向下复制操作，复制间距为 10mm，复制两组，如图 9-34b 所示。

3）把电动机、热继电器、接触器主触点、熔断器电路元件，通过执行移动命令或单击图标、复制命令、缩放命令，移动至如图 9-34c 所示位置。捕捉端点连接电路，并执行写块命令，把图保存为"电动机供电系统图"图块。

4）移动隔离开关到主进线上，通过"缩放""修剪"命令，把电动机供电电路和主进线连接，如图 9-34e 所示。

5）复制接触器主触点并连接，如图 9-34f 所示。

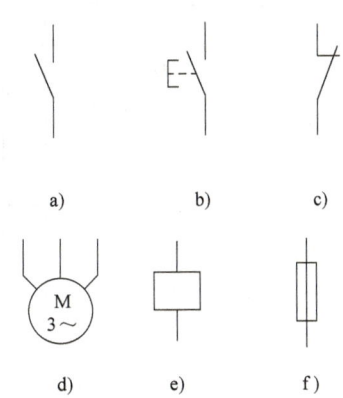

图 9-33　插入图形

a）单极开关　b）常开按钮　c）常闭触点
d）电动机　e）接触器线圈　f）熔断器

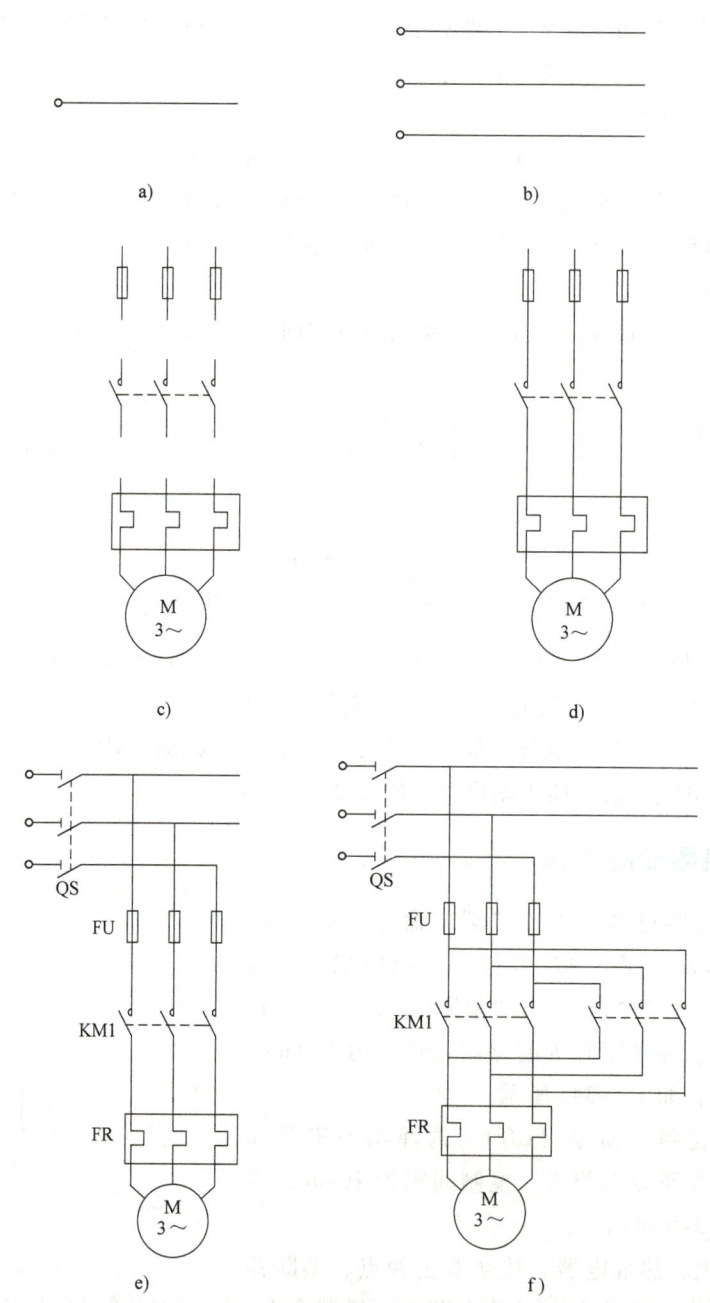

图 9-34 电动机电路

a) 绘制单线 b) 绘制三线 c) 放置元件 d) 连线 e) 电动机电路连接 f) 复制接触器主触点并连接

9.4.4 控制电路的绘制

1) 执行移动命令,将熔断器、按钮开关、继电器、接触器线圈、移动辅助触点到适当位置,连接起来如图 9-35a 所示。

2）执行复制命令，如图 9-35b 所示；然后连接电路元件，如图 9-35c 所示。

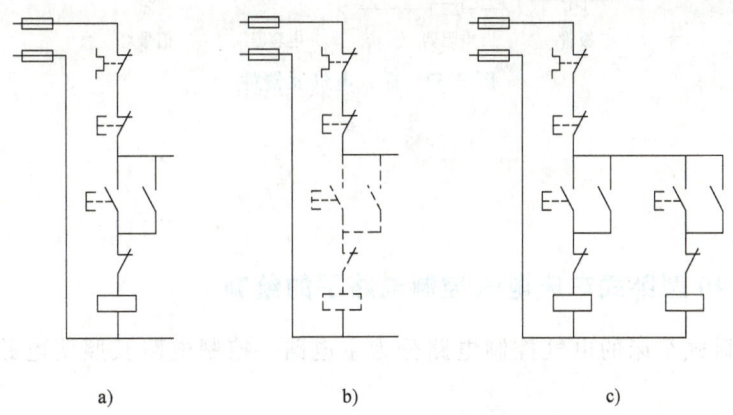

图 9-35　绘制控制电路
a）放置元件　b）复制　c）连接

9.4.5　注释文字的设定

用"移动""直线"工具，将主电路和控制电路连起；然后，注释文字，执行"移动文字"命令（MT）设置文字高度为 2.5mm，在图形适当位置进行文字注释，如图 9-36 所示。

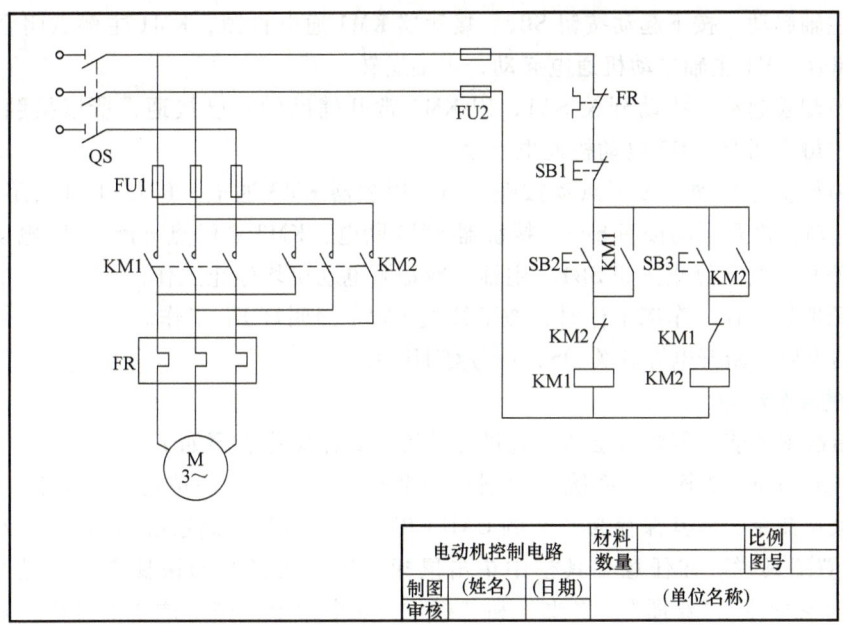

图 9-36　绘制电动机控制电路

9.4.6　常用电气元器件的绘制

1）在"图层控制"下拉列表中，将"电气元器件"图层设置为当前图层。
2）执行"插入块"命令（I），将二极管、电阻器、电容器、信号灯插入图形中，如图 9-37 所示。

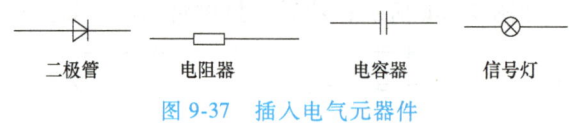

图 9-37 插入电气元器件

9.5 实训

9.5.1 CA6140 型卧式车床电气控制电路图的绘制

CA6140 型卧式车床的电气控制电路分为主电路、控制电路及照明电路三部分，如图 9-16 所示。

1. 电路组成

主电路共有三台电动机。M1 为主轴电动机；M2 为冷却泵电动机；M3 为刀架快速移动电动机。三相交流电源经转换开关 QS 引入。主轴电动机 M1 由接触器 KM1 控制起动，热继电器 FR1 为主轴电动机 M1 的过载保护。冷却泵电动机 M2 由接触器 KM2 控制起动停止，热继电器 FR2 为其过载保护。刀架快速移动电动机 M3 由接触器 KM3 控制起动停止，由于 M3 是短期工作，故未设过载保护。控制电路的电源由控制变压器 TC 二次侧输出 110V 电压提供（或用 220V）。接通电源开关 QS，信号灯 HL 亮。

（1）主轴起动　按下起动按钮 SB2，接触器 KM1 通电自锁，KM1 主触点闭合，KM1 辅助触点也闭合，M1 主轴电动机通电起动，主轴运转。

（2）冷却泵起动　拨动开关 SA1，因 KM1 常开辅助触点已接通，所以接触器 KM2 通电，KM2 主触点闭合，M2 电动机通电起动。

（3）刀架快速移动　按下点动按钮 SB3，接触器 KM3 通电，KM3 主触点闭合，M3 电动机通电起动；松开点动按钮 SB3，接触器 KM3 断电，KM3 主触点分断，M3 电动机停止。

（4）停止　按下停止按钮 SB1，主轴、冷却泵电动机均停止工作。

（5）照明灯工作　车床工作时，按下开关 SA2，照明灯 EL 工作。

工作结束后，断开电源开关 QS，信号灯 HL 灭。

2. 设置绘图环境

在开始绘图之前，需要对绘图环境进行设置，具体操作步骤如下。

1）启动 AutoCAD 软件，系统自动创建一个空白文件，在快速访问工具栏上执行"保存"按钮菜单命令，将其保存为"案例 CAD \ 02 \ 车床电气控制系统图.dwg"文件。

2）设置工具栏。在任意工具栏中单击鼠标右键，在打开的快捷菜单中选择"标准""图层""对象特性""绘图""修改"和"标注"6 个命令，调出这些工具栏，并将它们移到绘图窗口适当的位置。

3）在文件中新建"主回路层""控制回路层"和"文字说明层"3 个图层，并将"主回路层"设置为当前图层，各图层属性设置如图 9-38 所示。

4）开启栅格。鼠标移至屏幕最下面的状态栏单击"栅格"按钮，开启栅格。在状态栏单击右键选"设置"，按"确定"按钮；或者输入"SE"命令，在"草图设置"对话框里设置栅格间距，栅格间距设为 2.5。

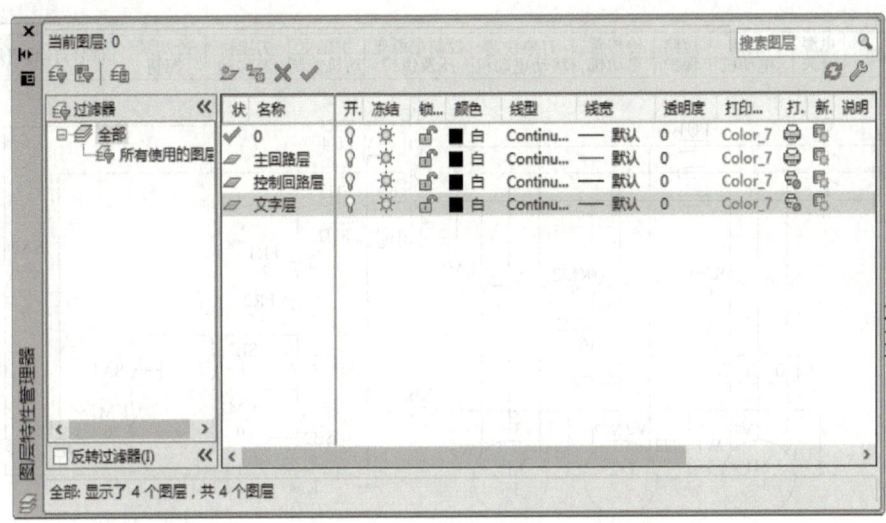

图 9-38　图层属性设置

3. 主电路绘制（图略）

1）执行插入命令（I），将"案例 CAD \ 01 常用电气元器件绘制"文件夹下的"隔离开关"插入图形中，将插入块移到左上方适当位置。

2）执行插入命令（I），将"熔断器"块移到隔离开关左侧位置，将二者连起来。

3）重复步骤一，调出块，将"电动机主控电路"块移到相应位置，调整元件。

4）打开正交模式，单击复制图标，进入框选，将虚线熔断器复制，右平移到适当位置。

5）单击复制图标进入框选。

6）把修改复制 2 份后的 M1 分别改为 M2、M3，删除与 M3 相连的热继电器。

4. 控制回路的绘制

1）执行"插入"命令（I），将"案例 CAD \ 01 常用电气元器件绘制"文件夹下的"熔断器"插入图中。

2）主轴电动机控制电路：复制熔断器到适当的位置；打开"案例 CAD \ 02 \ 异步电动机正反转控制电路图.dwg"文件，复制正反转控制电路图支路；执行"缩放、分解、移动、复制"命令，调整元件位置。

3）刀架快速移动控制电路：执行复制、移动命令，调整元件位置。

4）冷却泵控制电路：执行"复制、分解、移动"命令，连接元件。

5）照明控制电路：执行"插入"命令（I），将"案例 CAD \ 01 常用电气元器件绘制"文件夹下的"信号灯"插入图中，接着执行复制命令，连接元件。

5. 车床电气控制电路

车床电气控制电路如图 9-39 所示。

9.5.2　用 AutoCAD 绘制万用表电路图[一]

参照图 9-40~图 9-42，用 AutoCAD 绘制 MF47A 型万用表电路图。

[一] 机电一体化专业做

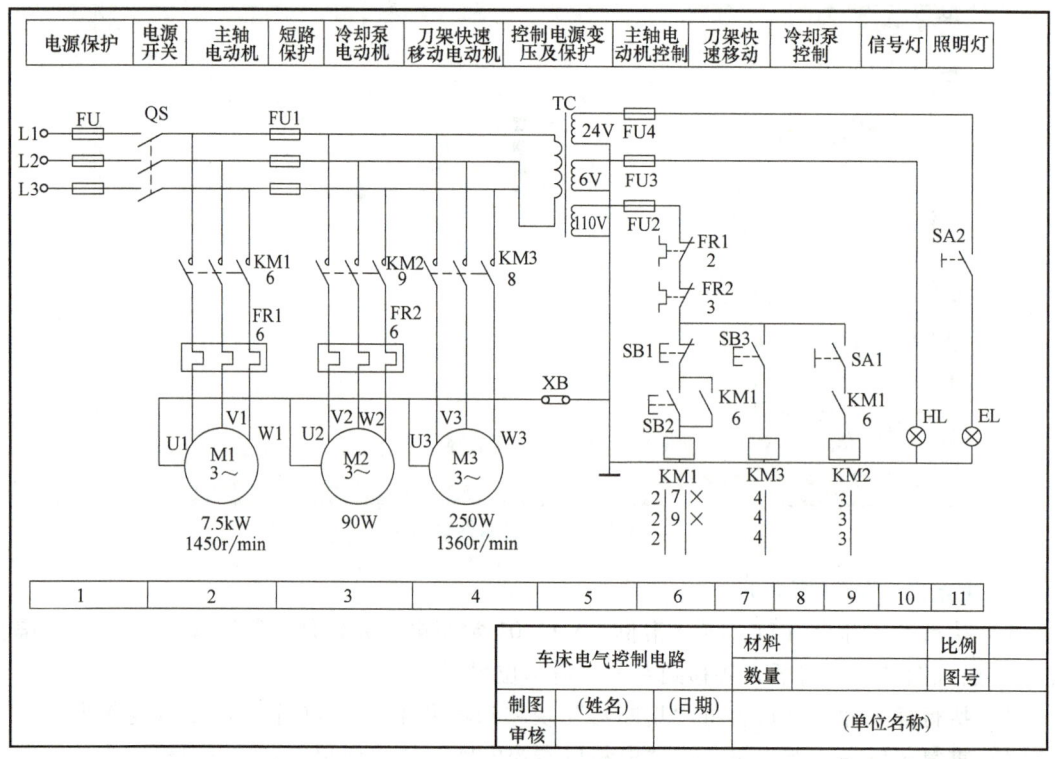

图 9-39　车床电气控制电路

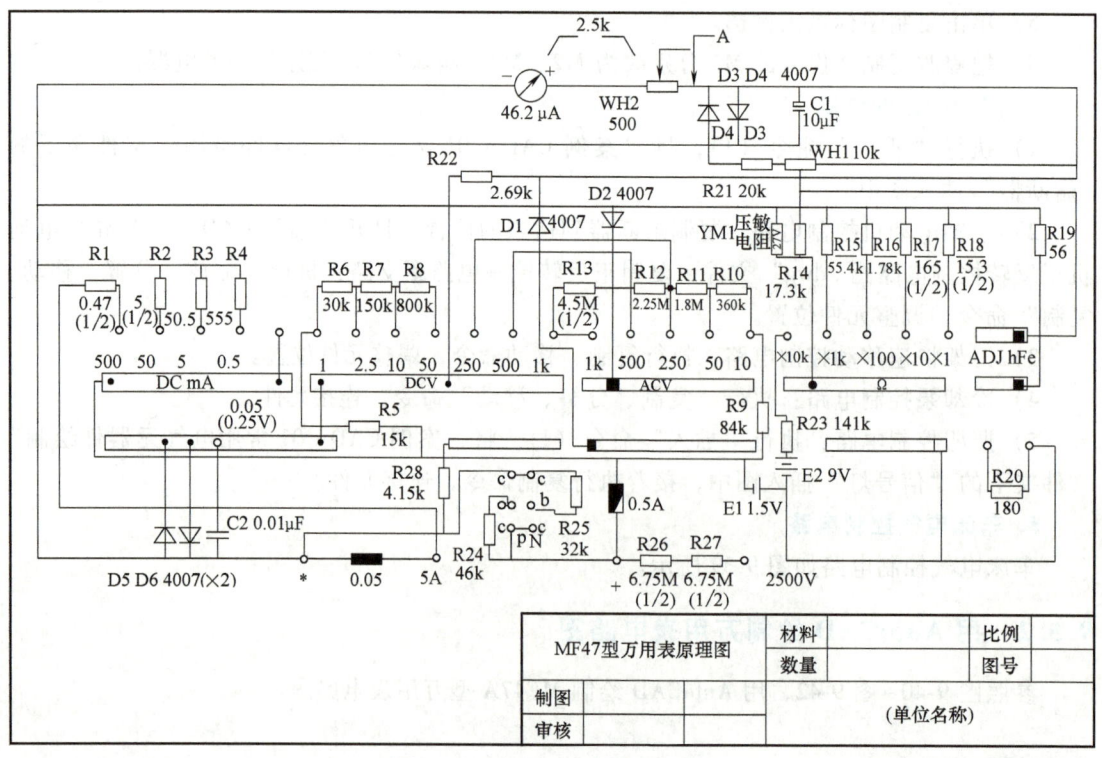

图 9-40　MF47 型万用表原理图

模块9 电子与电气工程制图

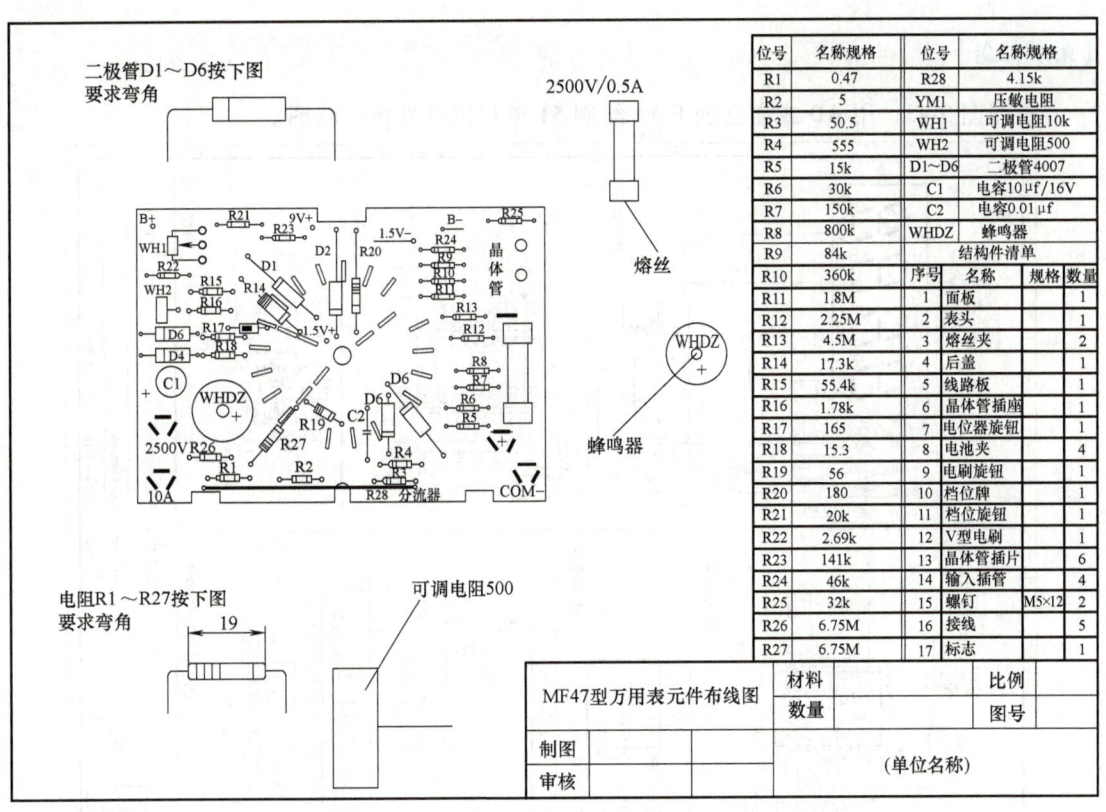

图 9-41　MF47 型万用表元件布线图

图 9-42　装配的 MF47 型万用表

【拓展任务】

参照图 9-43，用 AD 或嘉立创 EDA 绘制 51 单片机开发板电路图。

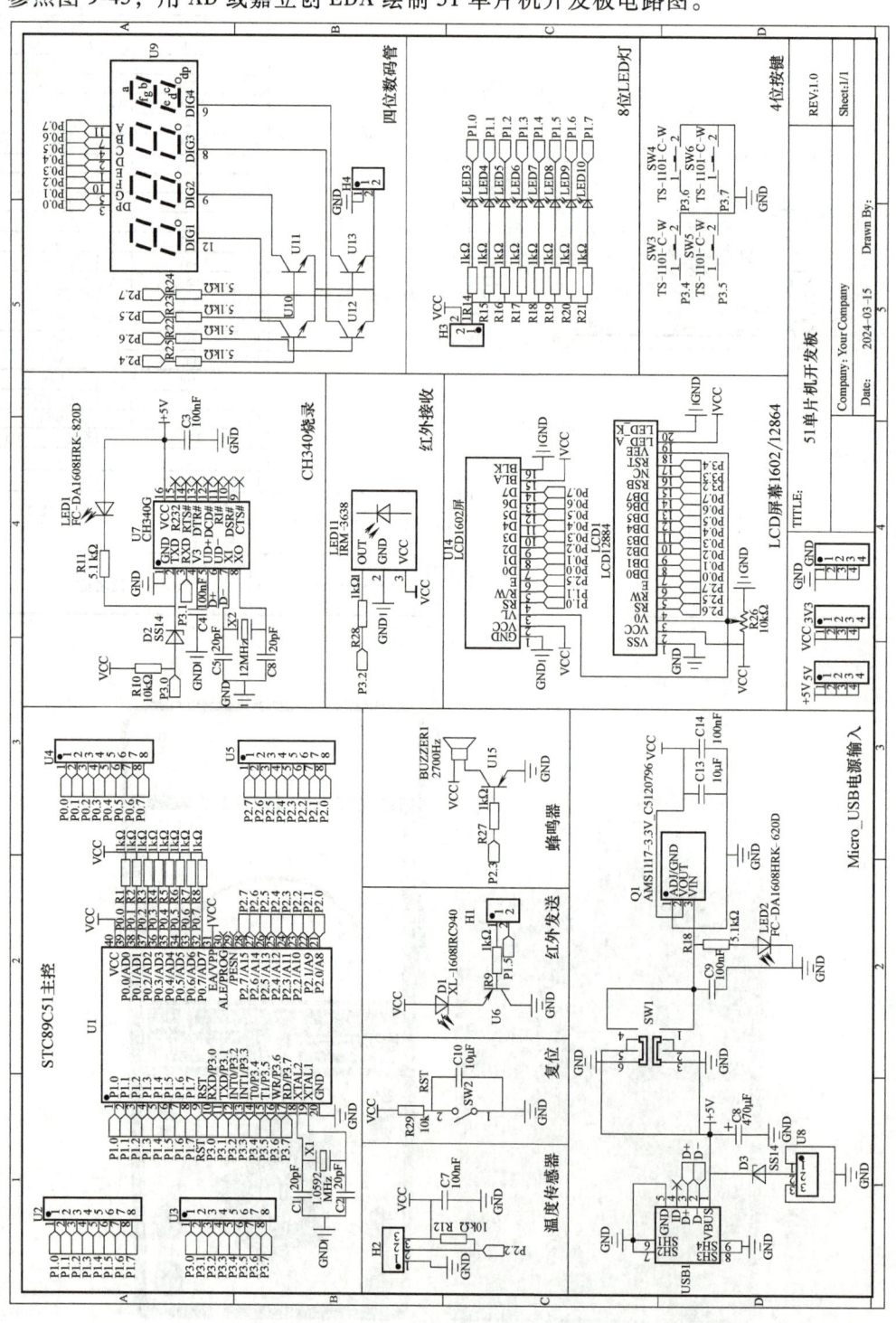

图 9-43 51 单片机开发板电路图

附 录

附录A　螺纹

表 A-1　普通螺纹直径、螺距与公差带（摘自 GB/T 193—2003、GB/T 197—2018）（单位：mm）

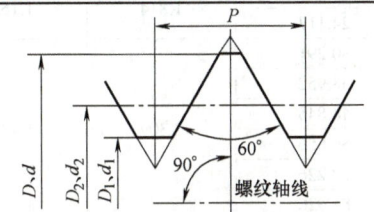

D——内螺纹大径（公称直径）
d——外螺纹大径（公称直径）
D_2——内螺纹中径
d_2——外螺纹中径
D_1——内螺纹小径
d_1——外螺纹小径
P——螺距

标记示例：

M16-6e（粗牙普通外螺纹、公称直径为 16mm、螺距为 2mm、中径及大径公差带均为 6e、中等旋合长度、右旋）

M20×2-6G-LH（细牙普通内螺纹、公称直径为 20mm、螺距为 2mm、中径及小径公差带均为 6G、中等旋合长度、左旋）

公称直径（D、d）			螺 距（P）	
第一系列	第二系列	第三系列	粗牙	细牙
4	—	—	0.7	0.5
5	—	—	0.8	0.5
6	—	—	1	0.75
—	7	—	1	0.75
8	—	—	1.25	1、0.75
10	—	—	1.5	1.25、1、0.75
12	—	—	1.75	1.25、1
—	14	—	2	1.5、1.25、1
—	—	15	—	1.5、1
16	—	—	2	1.5、1
—	18	—	2.5	2、1.5、1
20	—	—	2.5	2、1.5、1
—	22	—	2.5	2、1.5、1
24	—	—	3	2、1.5、1
—	—	25	—	2、1.5、1
—	27	—	3	2、1.5、1
30	—	—	3.5	(3)、2、1.5、1
—	33	—	3.5	(3)、2、1.5
—	—	35	—	1.5
36	—	—	4	3、2、1.5
—	39	—	4	3、2、1.5

螺纹种类	精度	外螺纹的推荐公差带			内螺纹的推荐公差带		
		S	N	L	S	N	L
普通螺纹	精密	(3h4h)	(4g) *4h	(5g4g) (5h4h)	4H	5H	6H
	中等	(5g6g) (5h6h)	*6e *6f |6g| 6h	(7e6e) (7g6g) (7h6h)	(5G) *5H	*6G |6H|	(7G) *7H

注：1. 优先选用第一系列直径，其次选择第二系列直径，最后选择第三系列直径。尽可能地避免选用括号内的螺距。
　　2. 公差带优先选用顺序为：带*的公差带、一般字体公差带、括号内公差带。紧固件螺纹采用方框内的公差带。
　　3. 精度选用原则：精密——用于精密螺纹，中等——用于一般用途螺纹。

表 A-2 管螺纹

55°密封管螺纹（摘自 GB/T 7306.1、7306.2—2000）　　　　55°非密封管螺纹（摘自 GB/T 7307—2001）

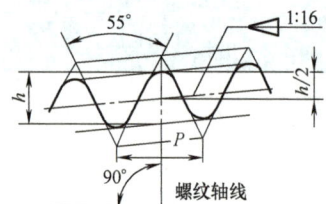 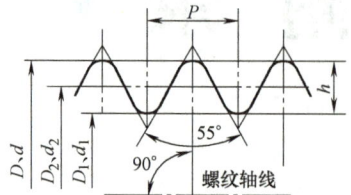

标记示例：　　　　　　　　　　　　　　　　　　　　　　　　标记示例：

$R_11/2$（尺寸代号为 1/2，与圆柱内螺纹相配合的右旋圆锥外螺纹）　　$G1/2LH$（尺寸代号为 1/2，左旋内螺纹）

$Rc1/2LH$（尺寸代号为 1/2，左旋圆锥内螺纹）　　　　　　　　　　$G1/2A$（尺寸代号为 1/2，A 级右旋外螺纹）

尺寸代号	大径 d、D /mm	中径 d_2、D_2 /mm	小径 d_1、D_1 /mm	螺距 P /mm	牙高 h /mm	每 25.4 mm 内的牙数 n
1/4	13.157	12.301	11.445	1.337	0.856	19
3/8	16.662	15.806	14.950			
1/2	20.955	19.793	18.631	1.814	1.162	14
3/4	26.441	25.279	24.117			
1	33.249	31.770	30.291	2.309	1.479	11
1¼	41.910	40.431	38.952			
1½	47.803	46.324	44.845			
2	59.614	58.135	56.656			
2½	75.184	73.705	72.226			
3	87.884	86.405	84.926			

附录 B　常用的标准件

表 B-1　六角头螺栓　　　　　　　　　　　　　（单位：mm）

六角头螺栓　C 级（摘自 GB/T 5780—2016）　　　　六角头螺栓　全螺纹　C 级（摘自 GB/T 5781—2016）

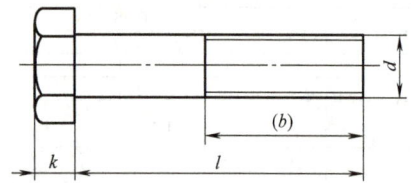 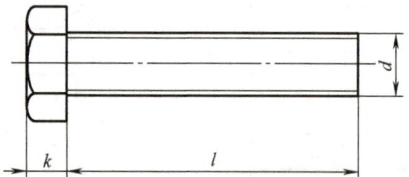 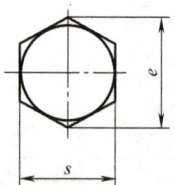

标记示例：

螺栓 GB/T 5780　M20×100（螺纹规格为 M20、公称长度 l=100mm、性能等级为 4.8 级、表面不经处理、产品等级为 C 级的六角头螺栓）

螺纹规格 d		M5	M6	M8	M10	M12	M16	M20	M24	M30	M36	M42
b 参考	$l_{公称}$≤125	16	18	22	26	30	38	46	54	66	—	—
	125<$l_{公称}$≤200	22	24	28	32	36	44	52	60	72	84	96
	$l_{公称}$>200	35	37	41	45	49	57	65	73	85	97	109
$k_{公称}$		3.5	4.0	5.3	6.4	7.5	10	12.5	15	18.7	22.5	26
s_{max}		8	10	13	16	18	24	30	36	46	55	65
e_{min}		8.63	10.89	14.2	17.59	19.85	26.17	32.95	39.55	50.85	60.79	71.3
l 范围	GB/T 5780	25~50	30~60	40~80	45~100	55~120	65~160	80~200	100~240	120~300	140~360	180~420
	GB/T 5781	10~50	12~60	16~80	20~100	25~120	30~160	40~200	50~240	60~300	70~360	80~420
$l_{公称}$		10、12、16、20~65（5 进位）、70~160（10 进位）、180、200、220~420（20 进位）										

表 B-2 1型六角螺母 C级（摘自 GB/T 41—2016） （单位：mm）

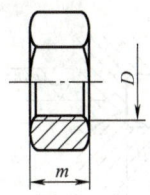
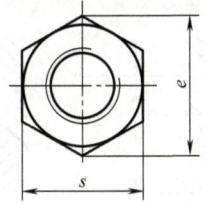

标记示例：

螺母 GB/T 41 M10

（螺纹规格为 M10、性能等级为 5 级、表面不经处理、产品等级为 C 级的 1 型六角螺母）

螺纹规格 D	M5	M6	M8	M10	M12	M16	M20	M24	M30	M36	M42	M48	M56
s_{max}	8	10	13	16	18	24	30	36	46	55	65	75	85
e_{min}	8.63	10.89	14.20	17.59	19.85	26.17	32.95	39.55	50.85	60.79	71.3	82.6	93.56
m_{max}	5.6	6.4	7.9	9.5	12.2	15.9	19	22.3	26.4	31.9	34.9	38.9	45.9

表 B-3 垫圈 （单位：mm）

平垫圈 A级（摘自 GB/T 97.1—2002）
平垫圈 倒角型 A级（摘自 GB/T 97.2—2002）
平垫圈 C级（摘自 GB/T 95—2002）
标准型弹簧垫圈（摘自 GB/T 93—1987）

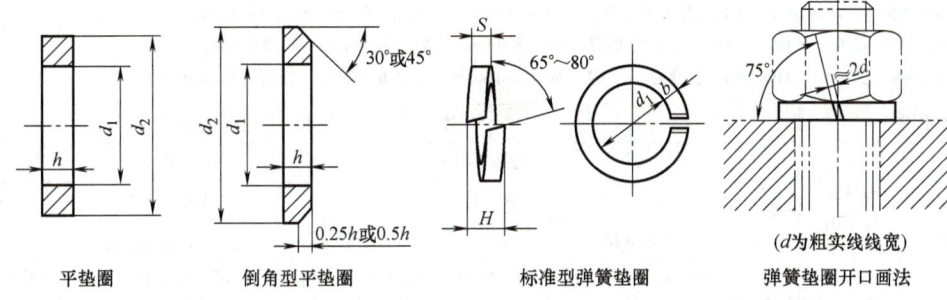

平垫圈　　　倒角型平垫圈　　　标准型弹簧垫圈　　　弹簧垫圈开口画法

标记示例：

垫圈 GB/T 95 8（标准系列、公称规格 8mm、硬度等级为 100HV 级、不经表面处理、产品等级为 C 级的平垫圈）

垫圈 GB/T 93 10（规格 10mm、材料为 65Mn、表面氧化的标准型弹簧垫圈）

公称尺寸 d(螺纹规格)		4	5	6	8	10	12	16	20	24	30	36	42	48
GB/T 97.1—2002 (A级)	d_1	4.3	5.3	6.4	8.4	10.5	13	17	21	25	31	37	45	52
	d_2	9	10	12	16	20	24	30	37	44	56	66	78	92
	h	0.8	1	1.6	1.6	2	2.5	3	3	4	4	5	8	8
GB/T 97.2—2002 (A级)	d_1	—	5.3	6.4	8.4	10.5	13	17	21	25	31	37	45	52
	d_2	—	10	12	16	20	24	30	37	44	56	66	78	92
	h	—	1	1.6	1.6	2	2.5	3	3	4	4	5	8	8
GB/T 95—2002 (C级)	d_1	4.5	5.5	6.6	9	11	13.5	17.5	22	26	33	39	45	52
	d_2	9	10	12	16	20	24	30	37	44	56	66	78	92
	h	0.8	1	1.6	1.6	2	2.5	3	3	4	4	5	8	8
GB/T 93—1987	d_{1min}	4.1	5.1	6.1	8.1	10.2	12.2	16.2	20.2	24.5	30.5	36.5	42.5	48.5
	$S=b$	1.1	1.3	1.6	2.1	2.6	3.1	4.1	5	6	7.5	9	10.5	12
	H_{max}	2.75	3.25	4	5.25	6.5	7.75	10.25	12.5	15	18.75	22.5	26.25	30

注：1. A级适用于精装配系列，C级适用于中等精度装配系列。
　　2. C级垫圈没有 $Ra3.2\mu m$ 和去毛刺的要求。

表 B-4　平键及键槽各部分尺寸（摘自 GB/T 1095—2003、GB/T 1096—2003）　　（单位：mm）

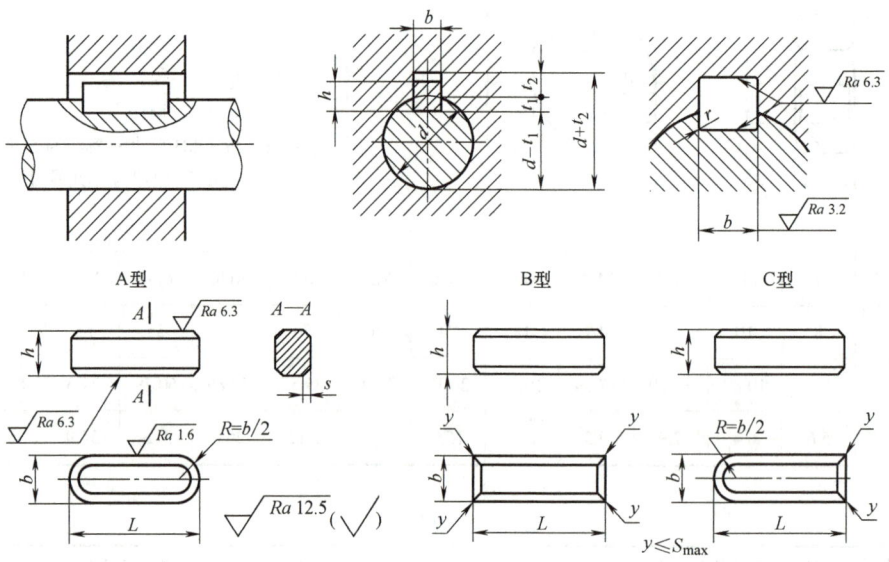

标记示例：

GB/T 1096　键 16×10×100（普通 A 型平键、宽度 b=16mm、高度 h=10mm、长度 L=100mm）

GB/T 1096　键 B16×10×100（普通 B 型平键、宽度 b=16mm、高度 h=10mm、长度 L=100mm）

GB/T 1096　键 C16×10×100（普通 C 型平键、宽度 b=16mm、高度 h=10mm、长度 L=100mm）

平键		键　　槽										
键尺寸 $b×h$	标准长度范围 L	宽 度 b					深　度				半径 r	
		基本尺寸 b	极　限　偏　差				轴 t_1		毂 t_2			
			正常联结		紧密联结	松联结						
			轴 N9	毂 JS9	轴和毂 P9	轴 H9	毂 D10	基本尺寸	极限偏差	基本尺寸	极限偏差	最小	最大
4×4	8～45	4	0 −0.030	±0.015	−0.012 −0.042	+0.030 0	+0.078 +0.030	2.5	+0.1 0	1.8	+0.1 0	0.08	0.16
5×5	10～56	5						3.0		2.3			
6×6	14～70	6						3.5		2.8		0.16	0.25
8×7	18～90	8	0 −0.036	±0.018	−0.015 −0.051	+0.036 0	+0.098 +0.040	4.0		3.3			
10×8	22～110	10						5.0		3.3			
12×8	28～140	12	0 −0.043	±0.0215	−0.018 −0.061	+0.043 0	+0.120 +0.050	5.0		3.3			
14×9	36～160	14						5.5		3.8		0.25	0.40
16×10	45～180	16						6.0	+0.2 0	4.3	+0.2 0		
18×11	50～200	18						7.0		4.4			
20×12	56～220	20	0 −0.052	±0.026	−0.022 −0.074	+0.052 0	+0.149 +0.065	7.5		4.9			
22×14	63～250	22						9.0		5.4		0.40	0.60
25×14	70～280	25						9.0		5.4			
28×16	80～320	28						10		6.4			
L 系列	8～22（2 进位）、25、28、32、36、40、45、50、56、63、70～110（10 进位）、125、140～220（20 进位）、250、280、320												

表 B-5　圆柱销、不淬硬钢和奥氏体不锈钢（摘自 GB/T 119.1—2000）　（单位：mm）

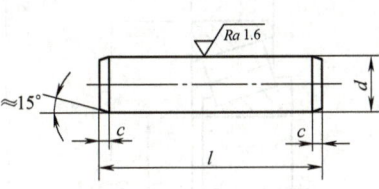

标记示例：

　　销 GB/T 119.1　10m6×50（公称直径 d=10mm、公差为 m6、公称长度 l=50mm、材料为钢、不经淬火、不经表面处理的圆柱销）

　　销 GB/T 119.1　6m6×30-A1（公称直径 d=6mm、公差为 m6、公称长度 l=30mm、材料为 A1 组奥氏体不锈钢、表面简单处理的圆柱销）

d 公称	2	2.5	3	4	5	6	8	10	12	16	20	25
$c\approx$	0.35	0.4	0.5	0.63	0.8	1.2	1.6	2.0	2.5	3.0	3.5	4.0
l 范围	6~20	6~24	8~30	8~40	10~50	12~60	14~80	18~95	22~140	26~180	35~200	50~200
l 公称	6~32（2 进位）、35~100（5 进位）、120~200（20 进位）（公称长度大于 200，按 20 递增）											

表 B-6　圆锥销（摘自 GB/T 117—2000）　（单位：mm）

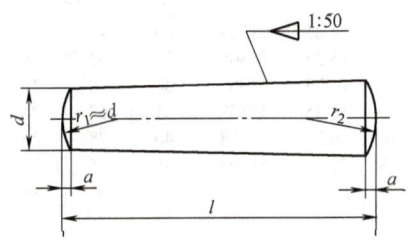

A 型（磨削）：锥面表面粗糙度 $Ra=0.8\mu m$

B 型（切削或冷镦）：锥面表面粗糙度 $Ra=3.2\mu m$

$$r_2 \approx \frac{a}{2}+d+\frac{(0.021)^2}{8a}$$

标记示例：

　　销 GB/T 117　6×30（公称直径 d=6mm、公称长度 l=30mm、材料为 35 钢、热处理硬度 28~38HRC、表面氧化处理的 A 型圆锥销）

d 公称	2	2.5	3	4	5	6	8	10	12	16	20	25
$a\approx$	0.25	0.3	0.4	0.5	0.63	0.8	1.0	1.2	1.6	2.0	2.5	3.0
l 范围	10~35	10~35	12~45	14~55	18~60	22~90	22~120	26~160	32~180	40~200	45~200	50~200
l 公称	10~32（2 进位）、35~100（5 进位）、120~200（20 进位）（公称长度大于 200，按 20 递增）											

表 B-7 滚动轴承

深沟球轴承(摘自 GB/T 276—2013)

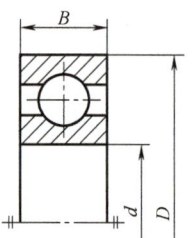

标记示例:
滚动轴承　6310　GB/T 276—2013
(深沟球轴承、内径 d=50mm、直径系列代号为3)

圆锥滚子轴承(摘自 GB/T 297—2015)

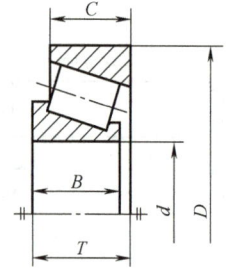

标记示例:
滚动轴承　30212　GB/T 297—2015
(圆锥滚子轴承、内径 d=60mm、宽度系列代号为0,直径系列代号为2)

推力球轴承(摘自 GB/T 301—2015)

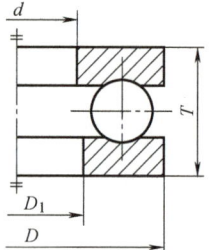

标记示例:
滚动轴承　51305　GB/T 301—2015
(推力球轴承、内径 d=25mm、高度系列代号为1,直径系列代号为3)

轴承型号	尺寸/mm			轴承型号	尺寸/mm					轴承型号	尺寸/mm			
	d	D	B		d	D	B	C	T		d	D	T	D_1
尺寸系列〔(0)2〕				尺寸系列〔02〕						尺寸系列〔12〕				
6202	15	35	11	30203	17	40	12	11	13.25	51202	15	32	12	17
6203	17	40	12	30204	20	47	14	12	15.25	51203	17	35	12	19
6204	20	47	14	30205	25	52	15	13	16.25	51204	20	40	14	22
6205	25	52	15	30206	30	62	16	14	17.25	51205	25	47	15	27
6206	30	62	16	30207	35	72	17	15	18.25	51206	30	52	16	32
6207	35	72	17	30208	40	80	18	16	19.75	51207	35	62	18	37
6208	40	80	18	30209	45	85	19	16	20.75	51208	40	68	19	42
6209	45	85	19	30210	50	90	20	17	21.75	51209	45	73	20	47
6210	50	90	20	30211	55	100	21	18	22.75	51210	50	78	22	52
6211	55	100	21	30212	60	110	22	19	23.75	51211	55	90	25	57
6212	60	110	22	30213	65	120	23	20	24.75	51212	60	95	26	62
尺寸系列〔(0)3〕				尺寸系列〔03〕						尺寸系列〔13〕				
6302	15	42	13	30302	15	42	13	11	14.25	51304	20	47	18	22
6303	17	47	14	30303	17	47	14	12	15.25	51305	25	52	18	27
6304	20	52	15	30304	20	52	15	13	16.25	51306	30	60	21	32
6305	25	62	17	30305	25	62	17	15	18.25	51307	35	68	24	37
6306	30	72	19	30306	30	72	19	16	20.75	51308	40	78	26	42
6307	35	80	21	30307	35	80	21	18	22.75	51309	45	85	28	47
6308	40	90	23	30308	40	90	23	20	25.25	51310	50	95	31	52
6309	45	100	25	30309	45	100	25	22	27.25	51311	55	105	35	57
6310	50	110	27	30310	50	110	27	23	29.25	51312	60	110	35	62
6311	55	120	29	30311	55	120	29	25	31.50	51313	65	115	36	67
6312	60	130	31	30312	60	130	31	26	33.50	51314	70	125	40	72
尺寸系列〔(0)4〕				尺寸系列〔13〕						尺寸系列〔14〕				
6403	17	62	17	31305	25	62	17	13	18.25	51405	25	60	24	27
6404	20	72	19	31306	30	72	19	14	20.75	51406	30	70	28	32
6405	25	80	21	31307	35	80	21	15	22.75	51407	35	80	32	37
6406	30	90	23	31308	40	90	23	17	25.25	51408	40	90	36	42
6407	35	100	25	31309	45	100	25	18	27.25	51409	45	100	39	47
6408	40	110	27	31310	50	110	27	19	29.25	51410	50	110	43	52
6409	45	120	29	31311	55	120	29	21	31.50	51411	55	120	48	57
6410	50	130	31	31312	60	130	31	22	33.50	51412	60	130	51	62
6411	55	140	33	31313	65	140	33	23	36.00	51413	65	140	56	68
6412	60	150	35	31314	70	150	35	25	38.00	51414	70	150	60	73
6413	65	160	37	31315	75	160	37	26	40.00	51415	75	160	65	78

注: 圆括号中的尺寸系列代号在轴承型号中省略。

附录 C 极限与配合

表 C-1 标准公差等级（摘自 GB/T 1800.1—2020）

公称尺寸 /mm		标准公差等级																
		IT1	IT2	IT3	IT4	IT5	IT6	IT7	IT8	IT9	IT10	IT11	IT12	IT13	IT14	IT15	IT16	IT17	IT18
大于	至	μm											mm						
—	3	0.8	1.2	2	3	4	6	10	14	25	40	60	0.1	0.14	0.25	0.4	0.6	1	1.4
3	6	1	1.5	2.5	4	5	8	12	18	30	48	75	0.12	0.18	0.3	0.48	0.75	1.2	1.8
6	10	1	1.5	2.5	4	6	9	15	22	36	58	90	0.15	0.22	0.36	0.58	0.9	1.5	2.2
10	18	1.2	2	3	5	8	11	18	27	43	70	110	0.18	0.27	0.43	0.7	1.1	1.8	2.7
18	30	1.5	2.5	4	6	9	13	21	33	52	84	130	0.21	0.33	0.52	0.84	1.3	2.1	3.3
30	50	1.5	2.5	4	7	11	16	25	39	62	100	160	0.25	0.39	0.62	1	1.6	2.5	3.9
50	80	2	3	5	8	13	19	30	46	74	120	190	0.3	0.46	0.74	1.2	1.9	3	4.6
80	120	2.5	4	6	10	15	22	35	54	87	140	220	0.35	0.54	0.87	1.4	2.2	3.5	5.4
120	180	3.5	5	8	12	18	25	40	63	100	160	250	0.4	0.63	1	1.6	2.5	4	6.3
180	250	4.5	7	10	14	20	29	46	72	115	185	290	0.46	0.72	1.15	1.85	2.9	4.6	7.2
250	315	6	8	12	16	23	32	52	81	130	210	320	0.52	0.81	1.3	2.1	3.2	5.2	8.1
315	400	7	9	13	18	25	36	57	89	140	230	360	0.57	0.89	1.4	2.3	3.6	5.7	8.9
400	500	8	10	15	20	27	40	63	97	155	250	400	0.63	0.97	1.55	2.5	4	6.3	9.7
500	630	9	11	16	22	32	44	70	110	175	280	440	0.7	1.1	1.75	2.8	4.4	7	11
630	800	10	13	18	25	36	50	80	125	200	320	500	0.8	1.25	2	3.2	5	8	12.5
800	1000	11	15	21	28	40	56	90	140	230	360	560	0.9	1.4	2.3	3.6	5.6	9	14
1000	1250	13	18	24	33	47	66	105	165	260	420	660	1.05	1.65	2.6	4.2	6.6	10.5	16.5
1250	1600	15	21	29	39	55	78	125	195	310	500	780	1.25	1.95	3.1	5	7.8	12.5	19.5
1600	2000	18	25	35	46	65	92	150	230	370	600	920	1.5	2.3	3.7	6	9.2	15	23
2000	2500	22	30	41	55	78	110	175	280	440	700	1100	1.75	2.8	4.4	7	11	17.5	28
2500	3150	26	36	50	68	96	135	210	330	540	860	1350	2.1	3.3	5.4	8.6	13.5	21	33

表 C-2　轴的基本偏差

公称尺寸 /mm		基　本　偏												
		上　极　限　偏　差，es												
		所　有　标　准　公　差　等　级											IT5和IT6	IT7	IT8
大于	至	a[①]	b[①]	c	cd	d	e	ef	f	fg	g	h	js	j		
—	3	-270	-140	-60	-34	-20	-14	-10	-6	-4	-2	0		-2	-4	-6
3	6	-270	-140	-70	-46	-30	-20	-14	-10	-6	-4	0		-2	-4	
6	10	-280	-150	-80	-56	-40	-25	-18	-13	-8	-5	0		-2	-5	
10	14	-290	-150	-95	-70	-50	-32	-23	-16	-10	-6	0		-3	-6	
14	18	-290	-150	-95	-70	-50	-32	-23	-16	-10	-6	0		-3	-6	
18	24	-300	-160	-110	-85	-65	-40	-25	-20	-12	-7	0		-4	-8	
24	30	-300	-160	-110	-85	-65	-40	-25	-20	-12	-7	0		-4	-8	
30	40	-310	-170	-120	-100	-80	-50	-35	-25	-15	-9	0	偏差=±ITn/2，式中n是标准公差等级数	-5	-10	
40	50	-320	-180	-130	-100	-80	-50	-35	-25	-15	-9	0		-5	-10	
50	65	-340	-190	-140		-100	-60		-30		-10	0		-7	-12	
65	80	-360	-200	-150		-100	-60		-30		-10	0		-7	-12	
80	100	-380	-220	-170		-120	-72		-36		-12	0		-9	-15	
100	120	-410	-240	-180		-120	-72		-36		-12	0		-9	-15	
120	140	-460	-260	-200		-145	-85		-43		-14	0		-11	-18	
140	160	-520	-280	-210		-145	-85		-43		-14	0		-11	-18	
160	180	-580	-310	-230		-145	-85		-43		-14	0		-11	-18	
180	200	-660	-340	-240		-170	-100		-50		-15	0		-13	-21	
200	225	-740	-380	-260		-170	-100		-50		-15	0		-13	-21	
225	250	-820	-420	-280		-170	-100		-50		-15	0		-13	-21	
250	280	-920	-480	-300		-190	-110		-56		-17	0		-16	-26	
280	315	-1050	-540	-330		-190	-110		-56		-17	0		-16	-26	
315	355	-1200	-600	-360		-210	-125		-62		-18	0		-18	-28	
355	400	-1350	-680	-400		-210	-125		-62		-18	0		-18	-28	
400	450	-1500	-760	-440		-230	-135		-68		-20	0		-20	-32	
450	500	-1650	-840	-480		-230	-135		-68		-20	0		-20	-32	

① 公称尺寸≤1mm时，不使用基本偏差 a 和 b。

数值(摘自 GB/T 1800.1—2020)

差	数	值	/ μm										
				下 极 限 偏 差，ei									
IT4 至 IT7	≤IT3 >IT7	所有标准公差等级											
k		m	n	p	r	s	t	u	v	x	y	z	za	zb	zc
0	0	+2	+4	+6	+10	+14		+18		+20		+26	+32	+40	+60
+1	0	+4	+8	+12	+15	+19		+23		+28		+35	+42	+50	+80
+1	0	+6	+10	+15	+19	+23		+28		+34		+42	+52	+67	+97
+1	0	+7	+12	+18	+23	+28		+33	+40	+39	+45	+50	+64	+90	+130
														+77	+108	+150
+2	0	+8	+15	+22	+28	+35		+41	+47	+54	+63	+73	+98	+136	+188
							+41	+48	+55	+64	+75	+88	+118	+160	+218
+2	0	+9	+17	+26	+34	+43	+48	+60	+68	+80	+94	+112	+148	+200	+274
							+54	+70	+81	+97	+114	+136	+180	+242	+325
+2	0	+11	+20	+32	+41	+53	+66	+87	+102	+122	+144	+172	+226	+300	+405
					+43	+59	+75	+102	+120	+146	+174	+210	+274	+360	+480
+3	0	+13	+23	+37	+51	+71	+91	+124	+146	+178	+214	+258	+335	+445	+585
					+54	+79	+104	+144	+172	+210	+254	+310	+400	+525	+690
+3	0	+15	+27	+43	+63	+92	+122	+170	+202	+248	+300	+365	+470	+620	+800
					+65	+100	+134	+190	+228	+280	+340	+415	+535	+700	+900
					+68	+108	+146	+210	+252	+310	+380	+465	+600	+780	+1000
+4	0	+17	+31	+50	+77	+122	+166	+236	+284	+350	+425	+520	+670	+880	+1150
					+80	+130	+180	+258	+310	+385	+470	+575	+740	+960	+1250
					+84	+140	+196	+284	+340	+425	+520	+640	+820	+1050	+1350
+4	0	+20	+34	+56	+94	+158	+218	+315	+385	+475	+580	+710	+920	+1200	+1550
					+98	+170	+240	+350	+425	+525	+650	+790	+1000	+1300	+1700
+4	0	+21	+37	+62	+108	+190	+268	+390	+475	+590	+730	+900	+1150	+1500	+1900
					+114	+208	+294	+435	+530	+660	+820	+1000	+1300	+1650	+2100
+5	0	+23	+40	+68	+126	+232	+330	+490	+595	+740	+920	+1100	+1450	+1850	+2400
					+132	+252	+360	+540	+660	+820	+1000	+1250	+1600	+2100	+2600

表 C-3　孔的基本偏差

公称尺寸/mm		基　本　偏　差														
		下　极　限　偏　差，EI														
		所　有　标　准　公　差　等　级										IT6	IT7	IT8	≤IT8	>IT8	≤IT8	>IT8
大于	至	A[①]	B[①]	C	CD	D	E	EF	F	FG	G	H	JS	J		K[③,④]		M[②,③,④]	
—	3	+270	+140	+60	+34	+20	+14	+10	+6	+4	+2	0		+2	+4	+6	0	0	-2	-2
3	6	+270	+140	+70	+46	+30	+20	+14	+10	+6	+4	0		+5	+6	+10	-1+Δ		-4+Δ	-4
6	10	+280	+150	+80	+56	+40	+25	+18	+13	+8	+5	0		+5	+8	+12	-1+Δ		-6+Δ	-6
10	14	+290	+150	+95	+70	+50	+32	+23	+16	+10	+6	0	偏差=±ITn/2，式中 n 为标准公差等级数	+6	+10	+15	-1+Δ		-7+Δ	-7
14	18																			
18	24	+300	+160	+110	+85	+65	+40	+28	+20	+12	+7	0		+8	+12	+20	-2+Δ		-8+Δ	-8
24	30																			
30	40	+310	+170	+120	+100	+80	+50	+35	+25	+15	+9	0		+10	+14	+24	-2+Δ		-9+Δ	-9
40	50	+320	+180	+130																
50	65	+340	+190	+140		+100	+60		+30		+10	0		+13	+18	+28	-2+Δ		-11+Δ	-11
65	80	+360	+200	+150																
80	100	+380	+220	+170		+120	+72		+36		+12	0		+16	+22	+34	-3+Δ		-13+Δ	-13
100	120	+410	+240	+180																
120	140	+460	+260	+200		+145	+85		+43		+14	0		+18	+26	+41	-3+Δ		-15+Δ	-15
140	160	+520	+280	+210																
160	180	+580	+310	+230																
180	200	+660	+340	+240		+170	+100		+50		+15	0		+22	+30	+47	-4+Δ		-17+Δ	-17
200	225	+740	+380	+260																
225	250	+820	+420	+280																
250	280	+920	+480	+300		+190	+110		+56		+17	0		+25	+36	+55	-4+Δ		-20+Δ	-20
280	315	+1050	+540	+330																
315	355	+1200	+600	+360		+210	+125		+62		+18	0		+29	+39	+60	-4+Δ		-21+Δ	-21
355	400	+1350	+680	+400																
400	450	+1500	+760	+440		+230	+135		+68		+20	0		+33	+43	+66	-5+Δ		-23+Δ	-23
450	500	+1650	+840	+480																

① 公称尺寸≤1mm 时，不适用基本偏差 A 和 B，不使用标准公差等级大于IT8的基本偏差N。

② 特例：对于公称尺寸大于 250～315mm 的公差带代号 M6，$ES=-9\mu m$（计算结果不是-11μm）。

③ 为确定 K、M、N和P～ZC 的值，见 GB/T 1800.1—2020 中的 4.3.2.5。

④ 对于 Δ 值，见本表右边的最后六列。

数值（摘自 GB/T 1800.1—2020）

差			数			值 / μm							Δ 值 / μm					
			上 极 限 偏 差，ES															
≤IT8	>IT8	≤IT7	>IT7 的标准公差等级										标准公差等级					
N[①,③]		P 至 ZC[③]	P	R	S	T	U	V	X	Y	Z	ZA	ZB	ZC	IT3	IT4	IT5	IT6	IT7	IT8
-4	-4		-6	-10	-14		-18		-20		-26	-32	-40	-60	0	0	0	0	0	0
-8+Δ	0		-12	-15	-19		-23		-28		-35	-42	-50	-80	1	1.5	1	3	4	6
-10+Δ	0		-15	-19	-23		-28		-34		-42	-52	-67	-97	1	1.5	2	3	6	7
-12+Δ	0		-18	-23	-28		-33	-39	-40	-45	-50	-64	-77	-90	-108	-130	-150	1	2	3	3	7	9
-15+Δ	0		-22	-28	-35	-41	-41	-48	-47	-55	-54	-64	-63	-75	-73	-88	-98	-118	-136	-160	-188	-218	1.5	2	3	4	8	12
-17+Δ	0		-26	-34	-43	-48	-54	-60	-70	-68	-81	-80	-97	-94	-114	-112	-136	-148	-180	-200	-242	-274	-325	1.5	3	4	5	9	14
-20+Δ	0		-32	-41	-43	-53	-59	-66	-75	-87	-102	-102	-120	-122	-146	-144	-174	-172	-210	-226	-274	-300	-360	-405	-480	2	3	5	6	11	16
-23+Δ	0		-37	-51	-54	-71	-79	-91	-104	-124	-144	-146	-172	-178	-210	-214	-254	-258	-310	-335	-400	-445	-525	-585	-690	2	4	5	7	13	19
-27+Δ	0		-43	-63	-65	-68	-92	-100	-108	-122	-134	-146	-170	-190	-210	-202	-228	-252	-248	-280	-310	-300	-340	-380	-365	-415	-465	-470	-535	-600	-620	-700	-780	-800	-900	-1000	3	4	6	7	15	23
-31+Δ	0		-50	-77	-80	-84	-122	-130	-140	-166	-180	-196	-236	-258	-284	-284	-310	-340	-350	-385	-425	-425	-470	-520	-520	-575	-640	-670	-740	-820	-880	-960	-1050	-1150	-1250	-1350	3	4	6	9	17	26
-34+Δ	0		-56	-94	-98	-158	-170	-218	-240	-315	-350	-385	-425	-475	-525	-580	-650	-710	-790	-920	-1000	-1200	-1300	-1550	-1700	4	4	7	9	20	29
-37+Δ	0		-62	-108	-114	-190	-208	-268	-294	-390	-435	-475	-530	-590	-660	-730	-820	-900	-1000	-1150	-1300	-1500	-1650	-1900	-2100	4	5	7	11	21	32
-40+Δ	0		-68	-126	-132	-232	-252	-330	-360	-490	-540	-595	-660	-740	-820	-920	-1000	-1100	-1250	-1450	-1600	-1850	-2100	-2400	-2600	5	5	7	13	23	34

表 C-4 优先选用的轴的公差带（摘自 GB/T 1800.2—2020）（偏差单位：μm）

代号		a	b	c	d	e	f	g	h				js	k	n	p	r	s
公称尺寸/mm		公 差 等 级																
大于	至	11	11	11	9	8	7	6	6	7	9	11	6	6	6	6	6	6
—	3	−270 −330	−140 −200	−60 −120	−20 −45	−14 −28	−6 −16	−2 −8	0 −6	0 −10	0 −25	0 −60	±3	+6 0	+10 +4	+12 +6	+16 +10	+20 +14
3	6	−270 −345	−140 −215	−70 −145	−30 −60	−20 −38	−10 −22	−4 −12	0 −8	0 −12	0 −30	0 −75	±4	+9 +1	+16 +8	+20 +12	+23 +15	+27 +19
6	10	−280 −370	−150 −240	−80 −170	−40 −76	−25 −47	−13 −28	−5 −14	0 −9	0 −15	0 −36	0 −90	±4.5	+10 +1	+19 +10	+24 +15	+28 +19	+32 +23
10	18	−290 −400	−150 −260	−95 −205	−50 −93	−32 −59	−16 −34	−6 −17	0 −11	0 −18	0 −43	0 −110	±5.5	+12 +1	+23 +12	+29 +18	+34 +23	+39 +28
18	30	−300 −430	−160 −290	−110 −240	−65 −117	−40 −73	−20 −41	−7 −20	0 −13	0 −21	0 −52	0 −130	±6.5	+15 +2	+28 +15	+35 +22	+41 +28	+48 +35
30	40	−310 −470	−170 −330	−120 −280	−80 −142	−50 −89	−25 −50	−9 −25	0 −16	0 −25	0 −62	0 −160	±8	+18 +2	+33 +17	+42 +26	+50 +34	+59 +43
40	50	−320 −480	−180 −340	−130 −290														
50	65	−340 −530	−190 −380	−140 −330	−100 −174	−60 −106	−30 −60	−10 −29	0 −19	0 −30	0 −74	0 −190	±9.5	+21 +2	+39 +20	+51 +32	+60 +41	+72 +53
65	80	−360 −550	−200 −390	−150 −340													+62 +43	+78 +59
80	100	−380 −600	−220 −440	−170 −390	−120 −207	−72 −126	−36 −71	−12 −34	0 −22	0 −35	0 −87	0 −220	±11	+25 +3	+45 +23	+59 +37	+73 +51	+93 +71
100	120	−410 −630	−240 −460	−180 −400													+76 +54	+101 +79
120	140	−460 −710	−260 −510	−200 −450	−145 −245	−85 −148	−43 −83	−14 −39	0 −25	0 −40	0 −100	0 −250	±12.5	+28 +3	+52 +27	+68 +43	+88 +63	+117 +92
140	160	−520 −770	−280 −530	−210 −460													+90 +65	+125 +100
160	180	−580 −830	−310 −560	−230 −480													+93 +68	+133 +108
180	200	−660 −950	−340 −630	−240 −530	−170 −285	−100 −172	−50 −96	−15 −44	0 −29	0 −46	0 −115	0 −290	±14.5	+33 +4	+60 +31	+79 +50	+106 +77	+151 +122
200	225	−740 −1030	−380 −670	−260 −550													+109 +80	+159 +130
225	250	−820 −1110	−420 −710	−280 −570													+113 +84	+169 +140
250	280	−920 −1240	−480 −800	−300 −620	−190 −320	−110 −191	−56 −108	−17 −49	0 −32	0 −52	0 −130	0 −320	±16	+36 +4	+66 +34	+88 +56	+126 +94	+190 +158
280	315	−1050 −1370	−540 −860	−330 −650													+130 +98	+202 +170
315	355	−1200 −1560	−600 −960	−360 −720	−210 −350	−125 −214	−62 −119	−18 −54	0 −36	0 −57	0 −140	0 −360	±18	+40 +4	+73 +37	+98 +62	+144 +108	+226 +190
355	400	−1350 −1710	−680 −1040	−400 −760													+150 +114	+244 +208
400	450	−1500 −1900	−760 −1160	−440 −840	−230 −385	−135 −232	−68 −131	−20 −60	0 −40	0 −63	0 −155	0 −400	±20	+45 +5	+80 +40	+108 +68	+166 +126	+272 +232
450	500	−1650 −2050	−840 −1240	−480 −880													+172 +132	+292 +252

表 C-5　优先选用的孔的公差带（摘自 GB/T 1800.2—2020）　（偏差单位：μm）

代号		A	B	C	D	E	F	G	H			JS	K	N	P	R	S
公称尺寸/mm		\multicolumn{14}{c}{公　差　等　级}								
大于	至	11	11	11	10	9	8	7	7	8	9	11	7	7	7	7	7	7
—	3	+330 +270	+200 +140	+120 +60	+60 +20	+39 +14	+20 +6	+12 +2	+10 0	+14 0	+25 0	+60 0	±5	0 -10	-4 -14	-6 -16	-10 -20	-14 -24
3	6	+345 +270	+215 +140	+145 +70	+78 +30	+50 +20	+28 +10	+16 +4	+12 0	+18 0	+30 0	+75 0	±6	+3 -9	-4 -16	-8 -20	-11 -23	-15 -27
6	10	+370 +280	+240 +150	+170 +80	+98 +40	+61 +25	+35 +13	+20 +5	+15 0	+22 0	+36 0	+90 0	±7.5	+5 -10	-4 -19	-9 -24	-13 -28	-17 -32
10	18	+400 +290	+260 +150	+205 +95	+120 +50	+75 +32	+43 +16	+24 +6	+18 0	+27 0	+43 0	+110 0	±9	+6 -12	-5 -23	-11 -29	-16 -34	-21 -39
18	30	+430 +300	+290 +160	+240 +110	+149 +65	+92 +40	+53 +20	+28 +7	+21 0	+33 0	+52 0	+130 0	±10.5	+6 -15	-7 -28	-14 -35	-20 -41	-27 -48
30	40	+470 +310	+330 +170	+280 +120	+180 +80	+112 +50	+64 +25	+34 +9	+25 0	+39 0	+62 0	+160 0	±12.5	+7 -18	-8 -33	-17 -42	-25 -50	-34 -59
40	50	+480 +320	+340 +180	+290 +130														
50	65	+530 +340	+380 +190	+330 +140	+220 +100	+134 +60	+76 +30	+40 +10	+30 0	+46 0	+74 0	+190 0	±15	+9 -21	-9 -39	-21 -51	-30 -60	-42 -72
65	80	+550 +360	+390 +200	+340 +150													-32 -62	-48 -78
80	100	+600 +380	+440 +220	+390 +170	+260 +120	+159 +72	+90 +36	+47 +12	+35 0	+54 0	+87 0	+220 0	±17.5	+10 -25	-10 -45	-24 -59	-38 -73	-58 -93
100	120	+630 +410	+460 +240	+400 +180													-41 -76	-66 -101
120	140	+710 +460	+510 +260	+450 +200	+305 +145	+185 +85	+106 +43	+54 +14	+40 0	+63 0	+100 0	+250 0	±20	+12 -28	-12 -52	-28 -68	-48 -88	-77 -117
140	160	+770 +520	+530 +280	+460 +210													-50 -90	-85 -125
160	180	+830 +580	+560 +310	+480 +230													-53 -93	-93 -133
180	200	+950 +660	+630 +340	+530 +240	+355 +170	+215 +100	+122 +50	+61 +15	+46 0	+72 0	+115 0	+290 0	±23	+13 -33	-14 -60	-33 -79	-60 -106	-105 -151
200	225	+1030 +740	+670 +380	+550 +260													-63 -109	-113 -159
225	250	+1110 +820	+710 +420	+570 +280													-67 -113	-123 -169
250	280	+1240 +920	+800 +480	+620 +300	+400 +190	+240 +110	+137 +56	+69 +17	+52 0	+81 0	+130 0	+320 0	±26	+16 -36	-14 -66	-36 -88	-74 -126	-138 -190
280	315	+1370 +1050	+860 +540	+650 +330													-78 -130	-150 -202
315	355	+1560 +1200	+960 +600	+720 +360	+440 +210	+265 +125	+151 +62	+75 +18	+57 0	+89 0	+140 0	+360 0	±28.5	+17 -40	-16 -73	-41 -98	-87 -144	-169 -226
355	400	+1710 +1350	+1040 +680	+760 +400													-93 -150	-187 -244
400	450	+1900 +1500	+1160 +760	+840 +440	+480 +230	+290 +135	+165 +68	+83 +20	+63 0	+97 0	+155 0	+400 0	±31.5	+18 -45	-17 -80	-45 -108	-103 -166	-209 -272
450	500	+2050 +1650	+1240 +840	+880 +480													-109 -172	-229 -292

附录 D 常用的机械加工一般规范和零件的结构要素

表 D-1 零件倒圆与倒角（摘自 GB/T 6403.4—2008）   （单位：mm）

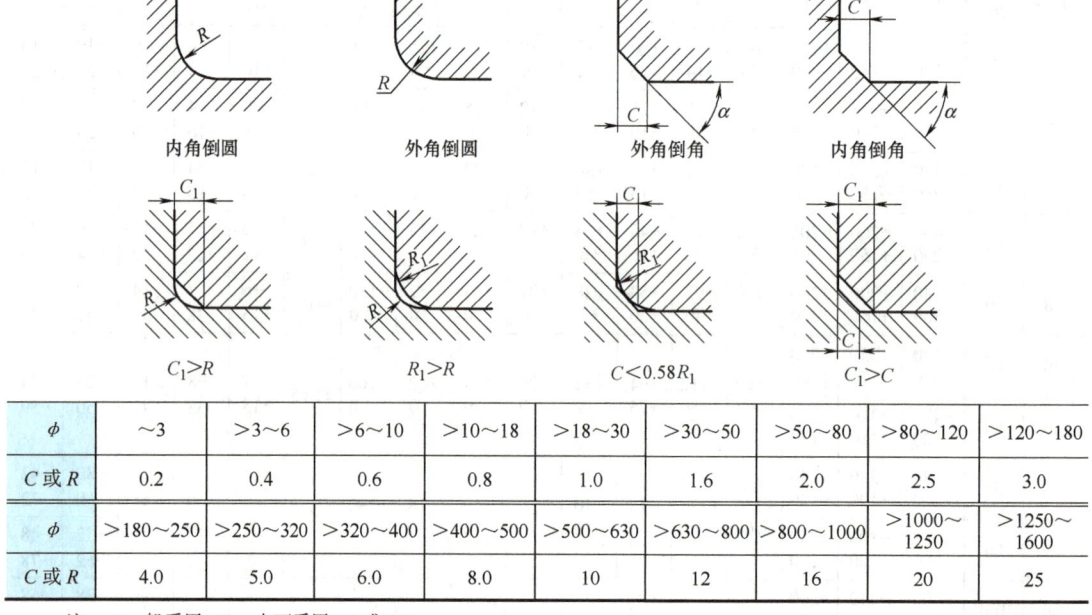

ϕ	~3	>3~6	>6~10	>10~18	>18~30	>30~50	>50~80	>80~120	>120~180
C 或 R	0.2	0.4	0.6	0.8	1.0	1.6	2.0	2.5	3.0
ϕ	>180~250	>250~320	>320~400	>400~500	>500~630	>630~800	>800~1000	>1000~1250	>1250~1600
C 或 R	4.0	5.0	6.0	8.0	10	12	16	20	25

注：α 一般采用 45°，也可采用 30°或 60°。

表 D-2 回转面及端面砂轮越程槽（摘自 GB/T 6403.5—2008）   （单位：mm）

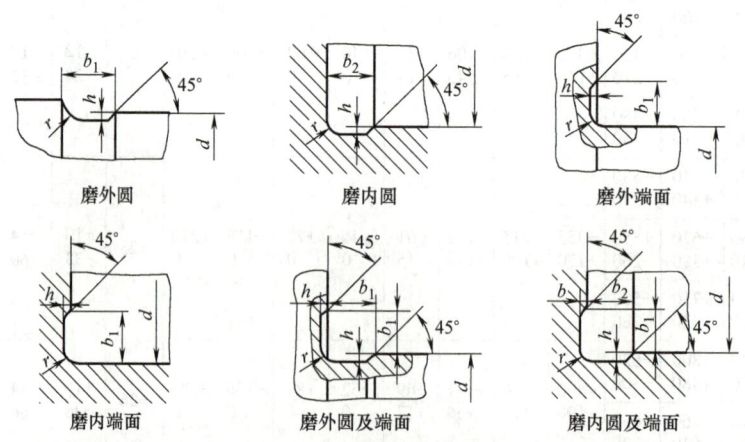

d	~10			10~50		50~100		100	
b_1	0.6	1.0	1.6	2.0	3.0	4.0	5.0	8.0	10
b_2	2.0		3.0	4.0		5.0		8.0	10
h	0.1		0.2	0.3		0.4		0.8	1.2
r	0.2		0.5	0.8		1.0	1.6	2.0	3.0

注：1. 越程槽内与直线相交处，不允许产生尖角。
　　2. 越程槽深度 h 与圆弧半径 r，要满足 $r \leqslant 3h$。

表 D-3 普通螺纹退刀槽和倒角（摘自 GB/T 3—1997） （单位：mm）

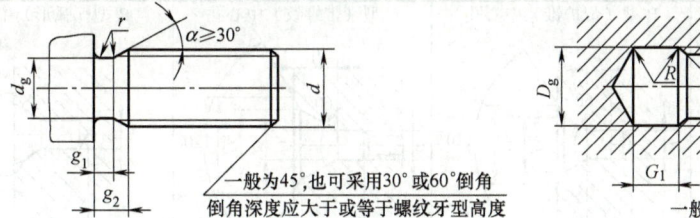
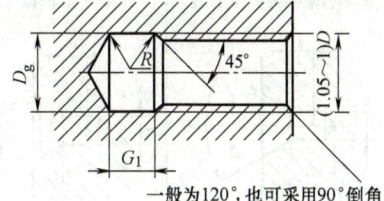

一般为45°，也可采用30°或60°倒角
倒角深度应大于或等于螺纹牙型高度

一般为120°，也可采用90°倒角

螺距 P	外螺纹				内螺纹			
	g_2 max	g_1 min	d_g	$r \approx$	G_1 一般	G_1 短的	D_g	$R \approx$
0.5	1.5	0.8	d−0.8	0.2	2	1		0.2
0.6	1.8	0.9	d−1		2.4	1.2		0.3
0.7	2.1	1.1	d−1.1		2.8	1.4	D+0.3	
0.75	2.25	1.2	d−1.2	0.4	3	1.5		0.4
0.8	2.4	1.3	d−1.3		3.2	1.6		
1	3	1.6	d−1.6	0.6	4	2		0.5
1.25	3.75	2	d−2		5	2.5		0.6
1.5	4.5	2.5	d−2.3	0.8	6	3		0.8
1.75	5.25	3	d−2.6	1	7	3.5		0.9
2	6	3.4	d−3		8	4		1
2.5	7.5	4.4	d−3.6	1.2	10	5		1.2
3	9	5.2	d−4.4	1.6	12	6	D+0.5	1.5
3.5	10.5	6.2	d−5		14	7		1.8
4	12	7	d−5.7	2	16	8		2
4.5	13.5	8	d−6.4	2.5	18	9		2.2
5	15	9	d−7		20	10		2.5
5.5	17.5	11	d−7.7	3.2	22	11		2.8
6	18	11	d−8.3		24	12		3
参考值	≈3P	—	—	—	=4P	=2P	—	≈0.5P

注：d、D 为螺纹公称直径代号。"短"退刀槽仅在结构受限制时采用。

表 D-4 紧固件通孔及沉孔尺寸 （单位：mm）

螺纹规格 d			M4	M5	M6	M8	M10	M12	M16	M18	M20	M24	M30	M36
通孔尺寸 d_1			4.5	5.5	6.6	9	11	13.5	17.5	20	22	26	33	39
GB/T 152.3—1988	用于内六角圆柱头螺钉	d_2	8	10	11	15	18	20	26	—	33	40	48	57
		t	4.6	5.7	6.8	9	11	13	17.5	—	21.5	25.5	32	38
		d_3	—	—	—	—	—	16	20	—	24	28	36	42
	用于开槽圆柱头螺钉	d_2	8	10	11	15	18	20	—	—	33	—	—	—
		t	3.2	4	4.7	6	7.0	8	10.5	—	12.5	—	—	—
		d_3	—	—	—	—	—	16	20	—	24	—	—	—
GB/T 152.4—1988	用于六角头螺栓及六角螺母	d_2	10	11	13	18	22	26	33	36	40	48	61	71
		d_3	—	—	—	—	—	16	20	22	24	28	36	42
		t	只要能制出与通孔 d_1 的轴线垂直的圆平面即可											
螺纹规格 d			M1.6	M2	M2.5	M3	M3.5	M4	M5	M6	M8	M10	—	—
GB/T 152.2—2014 90°±1°	用于沉头及半沉头螺钉	d_h min	1.8	2.4	2.9	3.4	3.9	4.5	5.5	6.6	9	11	—	—
		D_c min	3.6	4.4	5.5	6.3	8.2	9.4	10.4	12.6	17.3	20	—	—
		$t \approx$	0.95	1.05	1.35	1.55	2.25	2.55	2.58	3.13	4.28	4.65	—	—

表 D-5　中心孔（摘自 GB/T 145—2001、GB/T 4459.5—1999）　　　（单位：mm）

形式及标记示例	A 型（不带护锥）中心孔	B 型（带护锥）中心孔	C 型（带螺纹）中心孔	R 型（弧形）中心孔
	标记示例： GB/T 4459.5-A4/8.5 （d=4，D=8.5）	标记示例： GB/T 4459.5-B2.5/8 （d=2.5，D_2=8）	标记示例： GB/T 4459.5-CM10L30/16.3 （d=M10，L=30，D_3=16.3）	标记示例： GB/T 4459.5-R3.15/6.7 （d=3.15，D=6.7）
用途	通常用于加工后可以保留的场合（此情况占大多数）	通常用于加工后必需要保留的场合	通常用于一些需要带压紧装置的零件	通常用于需要提高加工精度的场合

要　求	规定表示法	简化表示法	说　明
在完工的零件上要求保留中心孔	GB/T 4459.5-B4/12.5	B4/12.5	采用 B 型中心孔 d=4，D_2=12.5 注：中心孔符号的图线宽度等于图样中尺寸数字字高（h）的 1/10
在完工的零件上可以保留中心孔（是否保留都可以，绝大多数情况如此）	GB/T 4459.5-A2/4.25	A2/4.25	采用 A 型中心孔 d=2，D=4.25 一般情况下，均采用这种方式
	2×A4/8.5 GB/T 4459.5	2×A4/8.5	采用 A 型中心孔 d=4，D=8.5 同一轴的两端中心孔相同，可只在一端标出，但应注出其数量
在完工的零件上不允许保留中心孔	GB/T 4459.5-A1.6/3.35	A1.6/3.35	采用 A 型中心孔 d=1.6，D=3.35 注：中心孔符号的图线宽度等于图样中尺寸数字字高（h）的 1/10

注：1．对于标准中心孔，在图样中可不绘制其详细结构。
　　2．在不致引起误解时，可省略标准编号。

参 考 文 献

[1] 于梅. 工程制图：非机械类 [M]. 2版. 北京：机械工业出版社，2017.
[2] 胡建生. 机械制图：多学时 [M]. 5版. 北京：机械工业出版社，2023.
[3] 金大鹰. 机械制图：机械类专业 [M]. 5版. 北京：机械工业出版社，2020.
[4] 陈彩萍. 工程制图 [M]. 4版. 北京：高等教育出版社，2018.
[5] 王海涛. 机械制图 [M]. 北京：电子工业出版社，2018.
[6] 王晨曦. 机械制图 [M]. 北京：北京邮电大学出版社，2014.
[7] 谢军. 现代工程制图 [M]. 北京：中国铁道出版社，2014.
[8] 邓祖才，任国强. 机械制图与识图 [M]. 2版. 成都：西南交通大学出版社，2015.
[9] 徐健，吴长贵. 工程制图与电气CAD实用教程 [M]. 成都：西南交通大学出版社，2014.

高等职业教育机电类专业系列教材

书名	作者	书号
工程力学 第2版	王亚双 杨 兵	72251
工程力学简明教程	李剑光 徐 皓	68804
机械制造技术 第2版	李建松 许大华	72059
机械设计基础	徐艳敏	60243
工程力学与机械设计基础 第2版	柴鹏飞	76310
机械设计课程设计指导书 第3版	柴鹏飞	65872
公差配合与技术测量	吴 拓	67189
液压传动 第4版	丁问司 丁树模	63834
◆ 工程制图与CAD 第2版	谭 静 任 娇	76203
工程制图与CAD习题集	刘祖其 谭 静	63181
机电设备管理 第2版	刘 江 徐 皓	73865
液压与气动技术	徐文琴	76099
通用机械设备 第2版	郑祖斌	63860
钳工实训一体化教程	詹建新 方跃忠	62663

机工教育微信服务号

ISBN 978-7-111-76203-4

策划编辑◎刘良超 /封面设计◎王旭　　　定价：59.80元